中国现代化研究论坛

服务业现代化的发展趋势和战略选择

中国科学院中国现代化研究中心　编

科学出版社
北京

图书在版编目（CIP）数据

服务业现代化的发展趋势和战略选择 / 中国科学院中国现代化研究中心编．—北京：科学出版社，2018.9

（中国现代化研究论坛）

ISBN 978-7-03-058769-5

Ⅰ.①服…　Ⅱ.①中…　Ⅲ.①服务业-现代化-研究-中国　Ⅳ.①F726.9

中国版本图书馆CIP数据核字（2018）第207256号

责任编辑：付　艳　崔文艳 / 责任校对：何艳萍

责任印制：张欣秀 / 封面设计：陈　敬

编辑部电话：010-64033934

E-mail：edu_psy@mail.sciencep.com

科学出版社出版

北京东黄城根北街 16 号

邮政编码：100717

http://www.sciencep.com

北京建宏印刷有限公司 印刷

科学出版社发行　各地新华书店经销

*

2018年9月第　一　版　开本：720×1000　B5

2019年1月第二次印刷　印张：18 1/4

字数：350 000

定价：99.00元

（如有印装质量问题，我社负责调换）

《服务业现代化的发展趋势和战略选择》编委会

前　言

Preface

人类从非洲走来，在亚洲创造了农业文明，在欧洲创造了工业文明，在美洲孕育了知识文明。从农业文明向工业文明转变是第一次现代化，从工业文明向知识文明转变是第二次现代化。如果说第一次现代化是以工业和城市为基础的经典现代化，那么，第二次现代化则是以科学和信息为基础的新现代化。显然，现代化是人类文明的最新篇章。

在人类文明的长河里，不同民族有不同的表现，不同国家有不同的成就。不同民族和国家的文明进程是不同步的，世界现代化具有进程不同步性和分布不均衡性。目前，大约有20多个国家已经进入第二次现代化，大约有100个国家和地区处于第一次现代化进程中，有一些国家和地区仍然处于农业社会，有一些少数民族仍然停留在原始社会。虽然不同国家和地区的现代化水平不同，但它们多数受到第二次现代化的吸引和影响。科学和信息正在改变世界。

众所周知，实现现代化既是中华民族几代人的追求和梦想，也是我国近两个世纪的奋斗目标，它关系着我们每一个人的未来，需要每一个人的努力，我国科学界更是肩负着不可替代的历史责任。根据邓小平同志的“三步走”发展战略，中国将在2050年前后达到世界中等发达国家水平，基本实现现代化。在一个近14亿人口的发展中大国，用50年时间基本实现现代化，是史无前例的伟大壮举。中国要达到世界发达国家水平，全面实现现代化，预计要到21世纪下半叶。如此宏伟的现代化世纪工程，如果没有科学的现代化理论和战略研究，现代化目标就有可能落空。特别是在经济全球化条件下，对现代化规律和特征的认识，是制定国家发展战略、地区发展战略、部门发展战略和科技发展战略等的重要基础。

世界现代化研究是在20世纪50年代开始起步的，虽然其思想源头可以追溯到更早。在20世纪后50年里，世界现代化研究出现了三次浪潮，它们分别是20世纪50—60年代的（经典）现代化研究，70—80年代的后现代研究，80—90年代的新现代化研究。在这三次研究浪潮中产生了一系列的理论创新，而且流派纷呈。在20世纪30年代，我国学者就进行过现代化讨论。在20世纪80年代，我国学者开始进行经典现代化理论研究，先后出版了一批高水平的学术著作。20世纪90年代以来，在国家自然科学基金委员会、科技部和中国科学院的资助下，新现代化研究取得了一批研究成果，如1999年以来陆续出版的"第二次现代化丛书"和2001年以来陆续出版的"中国现代化报告"年度系列等。2002年中国科学院中国现代化研究中心成立，中国现代化研究进入一个新阶段，现代化研究成果不断涌现。

为服务国家现代化的战略目标，推动中国现代化的理论研究，促进自然科学与社会科学的学科交叉，建立现代化研究的交流与合作平台，参照国际科学研究的惯例，中国现代化研究中心于2002年开始编印《科学与现代化》简报，从2003年开始编印《科学与现代化文集》，从2003年开始联合举办"中国现代化研究论坛"，从2011年开始编印 *Modernization Science Newsletter* 简报，从2013年开始联合举办"世界现代化论坛"，从2017年开始编印《现代化动态》简报，介绍和交流现代化研究的最新进展和研究成果。

截至目前，中国现代化研究中心已经编印了74期《科学与现代化》简报、29期 *Modernization Science Newsletter* 简报和3期《现代化动态》简报，举办了15期"中国现代化研究论坛"和2期"世界现代化论坛"。《科学与现代化》和《现代化动态》不是正式出版物，虽然有些论文或内容已经发表，但仍有许多精彩文章没有正式发表。

为适应我国现代化建设和现代化研究的快速发展的需要，为了让更多读者能够分享现代化研究的成果，中国现代化研究中心决定编辑出版"中国现代化研究论坛"系列文丛，并得到科学出版社的大力支持。已经出版的文选包括：《中国现代化战略的新思维》《中国经济现代化的新路径》《中国社会现代化的新选择》《中国文化现代化的新探索》《生态现代化：原理与方法》《全球化与现代化：全球化背景下中国现代化的战略选择》《世界现代化进程的关键点》《现代化的新机遇与新挑战》《21 世纪现代化的特征与前途》《第六次科技革命的战略机遇》《中国复兴的科学基础和战略机遇》《农业现代化的趋势和路径》《城市和郊区的现代化》《现代化对话》等。

本书《服务业现代化的发展趋势和战略选择》是第十四期中国现代化研究论坛论文集的选编，包括“服务业现代化的战略分析”、“服务业现代化的国际经验”、“服务业现代化的理论分析”和“中国服务业现代化的政策和实践”四个方面的优秀论文，在一定程度上代表了我国服务业现代化研究领域的最新成果。

“中国现代化研究论坛”文丛中每一篇文章都是文章原作者的成果，文章原作者拥有文章的全部知识产权。秉承“百花齐放，文责自负”的原则，本书中每一篇文章的科学性和客观性由文章的原作者负责。

在过去的十余年里，现代化研究得到有关领导和部门的大力支持，得到许多专家学者的积极响应和参与，受到媒体和社会的关注。特此向他们表示衷心的感谢！感谢为现代化研究和本文集做出贡献的朋友！感谢为本文集编辑、出版辛勤劳动的科学出版社的领导和编辑！

让我们携手努力，把中国现代化研究推向世界前沿，为中华民族伟大复兴添砖加瓦！

何传启

国际欧亚科学院院士

中国科学院中国现代化研究中心主任

2018 年 5 月

目录 Contents

Ⅳ　中国服务业现代化的政策和实践

Ⅰ. 服务业现代化的战略分析

Stategic Analysis of Service Industry Modernization

中国服务业现代化的路线图

何传启

中国科学院中国现代化研究中心　中国科学院大学

引言

2016 年 2 月 29 日，国家统计局发布“2015 国民经济和社会发展统计公报”。该统计公报显示，2012 年我国第三产业首次超过第二产业，成为最大产业；2015 年我国第三产业占 GDP 比例首次超过 50%，占国民经济的半壁江山（表 1）。根据国际标准行业分类，第一产业是农业，第二产业是工业，第三产业是服务业。以服务业为基础的经济可简称“服务经济”。

表 1　2000—2015 年中国三次产业增加值占国内生产总值的比例　（单位：%）

部门	2000年	2005年	2010年	2011年	2012年	2013年	2014年	2015年
农业	15.1	12.1	10.1	9.5	9.5	9.4	9.2	9.0
工业	45.9	47.4	46.7	46.1	45.0	43.7	42.7	40.5
服务业	39.0	40.5	43.2	44.3	45.5	46.9	48.1	50.5

注：中国工业增加值占 GDP 比例，2006 年为 47.9%，2006 年以后比例下降

资料来源：国家统计局，2016

中国服务经济占 GDP 的比例超过 50%，引发两个值得研究的课题。其一，中国经济已经从工业经济为主进入服务经济为主的阶段，我们还能沿用工业经济的发展思路和发展模式吗？如果不能，中国经济怎么办？其二，服务经济比例已经超过 50%，成为国民经济的主体，那么，服务经济如何发展，服务业如何现代化？

最近几年，服务经济的兴起，服务业的发展，已经受到我国政府和学界的高度重视。2007 年国务院发布了《关于加快发展服务业的若干意见》。近年来，国务院颁布了促进服务业发展的一系列文件，为服务业的发展提供了政策指引。

《中国现代化报告：服务业现代化研究》是一个年度系列报告，每年报告的主题不同：2005 年研究了经济现代化，2012 年研究农业现代化，2015 年研究工

业现代化，2016 年研究服务业现代化。《中国现代化报告 2016》是我们的第 15 本年度报告。它分析了世界服务业的发展趋势和中国服务业的基本国情，提出了《国际行业分类（建议版）》和中国服务业现代化的路线图。本文简要介绍中国服务业现代化路线图的基本思路、主要内容和政策建议。

一、制定路线图的基本思路

我们认为，制定路线图的基本思路应该是尊重规律，尊重国情，把握机遇，迎头赶上。

1．尊重规律：世界经济的三次转型

第一，世界经济发展包括了四个时代和三次转型。从人类诞生到 21 世纪，根据世界经济的结构特征，世界经济的发展前沿大致可以分为四个时代，分别是原始经济、农业经济、工业经济和知识经济时代。原始经济以狩猎采集为主，农业经济以农业牧业为主，工业经济以工业和服务业为主，而知识经济以知识产业为主。

同时，世界经济先后发生了三次转型。第一次是从原始经济向农业经济的转型，大致时间是公元前 8000 年—公元 1760 年。第二次是从农业经济向工业经济的转型，大致时间是 1761—1970 年。第三次是从工业经济向知识经济的转型，大致时间是 1971 年以后。

根据发达国家经验，第三次转型可以细分为两个小阶段。第一阶段，从工业经济向服务经济的转型，大致时间是 1971—1990 年，完成转型的标准是服务业增加值占 GDP 比例和服务业劳动力占就业劳动力比例都超过 50%。第二阶段，从服务经济向知识经济转型，大致时间是 1990 年以来，完成转型的标准是知识产业增加值占 GDP 比例和知识产业劳动力占就业劳动力比例都超过 40%。服务经济时代是一个从工业经济向知识经济转型的过渡期。

第二，自 18 世纪以来，服务经济的发展经历了两次转型，分别对应世界经济的两次转型。

第一次转型是从传统服务业向现代服务业转型，简称为第一次服务业现代化，在发达国家其发生时间大致是 1760—1970 年。其间，服务业的规模扩张（图 1），结构发生很大变化（表 2）。例如，1800—1970 年，在美国等 8 个发达国家中，交通和运输占 GDP 的比例先升后降，商业服务占 GDP 的比例先升后降，而其他服务业占 GDP 比例不断上升（表 2）。

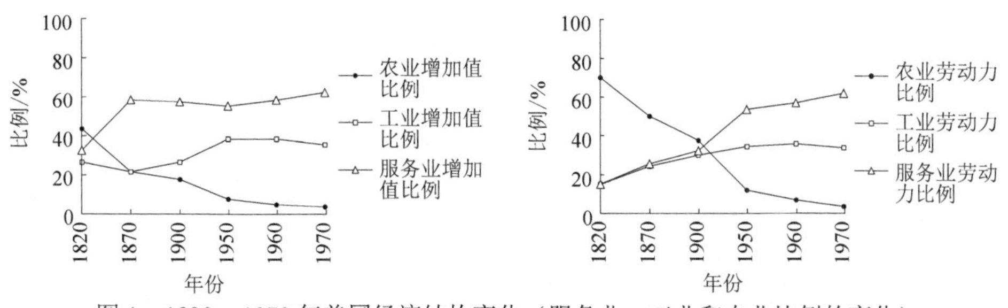

图 1　1820—1970 年美国经济结构变化（服务业、工业和农业比例的变化）

资料来源：库兹涅茨，1999；麦迪森，2003；米切尔，2002；World Bank，2015

表 2　服务业部门增加值占 GDP 的比例的变化趋势

项目	第一次服务业现代化 从传统服务业向现代服务业转型 （1800—1970年美国等8个发达国家）		第二次服务业现代化 从现代服务业向知识服务业转型 （1970年以来OECD15个国家）	
	变化趋势	服务部门	变化趋势	服务部门
知识服务	上升	金融，通信，教育，健康，政府	上升	专业、科学和技术服务，信息和交流，人体健康和社会工作，行政和辅助，艺术、娱乐和文娱
			先升后降	公共管理与国防（政府）
			国别差异	教育，金融和保险，国际组织
劳务服务	上升	食宿，个人服务，房地产	下降	批发和零售业，运输和储存
	先升后降	交通和运输，商业服务	国别差异	食宿，房地产，其他服务，家庭服务

资料来源：何传启，2016

第二次转型是从现代服务业向知识服务业的转型，简称为第二次服务业现代化，在发达国家其发生时间大致是 1970 年以来。服务业的结构再次发生变化。此时，服务业可以分为两大集群。其一，劳务性服务业是以体力和低技术为基础的、劳务密集和知识含量较低的服务部门，包括批发和零售等 6 个服务部门。其二，知识型服务业是以知识和信息为基础的、知识含量较高的服务部门，包括专业和科技服务等 9 个服务部门（表 3）。

1970 年以来，OECD 的 15 个发达国家，在知识型服务业里面，有 5 个部门上升，1 个部门下降，3 个部门存在国别差异；在劳务型服务业里面，2 个部门下降，4 个部门存在国别差异（表 2）。15 个国家的总体情况是，知识型服务业占服务业比例上升，劳务型服务业占服务业比例下降（图 2）；知识型服务业占 GDP 比例上升，劳务型服务业占 GDP 比例先升后降（图 3）。服务经济的两次转型具有完全不同的结构特征。

表 3　服务业的两大集群

集群	定义	《国际标准行业分类4.0版》的服务部门
劳务型服务业	以体力和低技术为基础的、劳务密集和知识含量较低的服务部门	6个部门：批发和零售业、汽车和摩托车的修理；运输和储存；食宿服务活动；房地产活动；其他服务活动；家庭作为雇主的活动、家庭自用、未加区分的物品生产和服务活动
知识型服务业	以知识和信息为基础的、知识含量较高的服务部门	9个部门：专业、科学和技术活动；教育；信息和交流；艺术、娱乐和文娱活动；人体健康和社会工作活动；金融和保险活动；行政和辅助活动；公共管理与国防、强制性社会保障；国际组织和机构的活动

注：根据知识含量高低，把服务业分成劳务型和知识型；这种分类是相对的，有些部门有交叉。例如，在行政和辅助活动部门，汽车的出租和租赁、安保活动、为楼房和院落景观活动提供的服务等，属于劳务型服务业

资料来源：何传启，2016

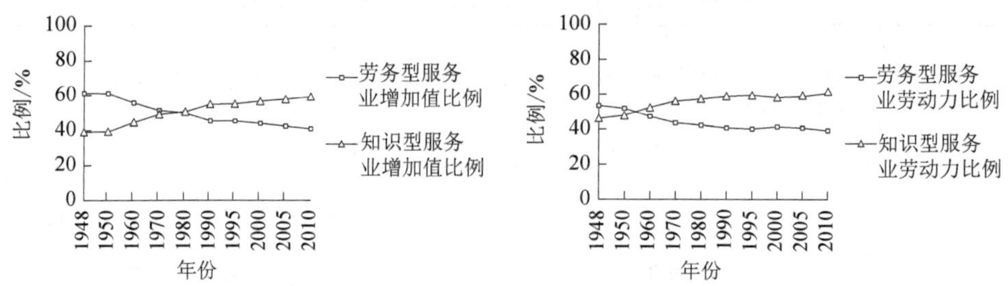

图 2　1948—2010 年美国服务业结构变化（劳务型服务业和知识型服务业比例的变化）

资料来源：BEA，2015；OECD，2015

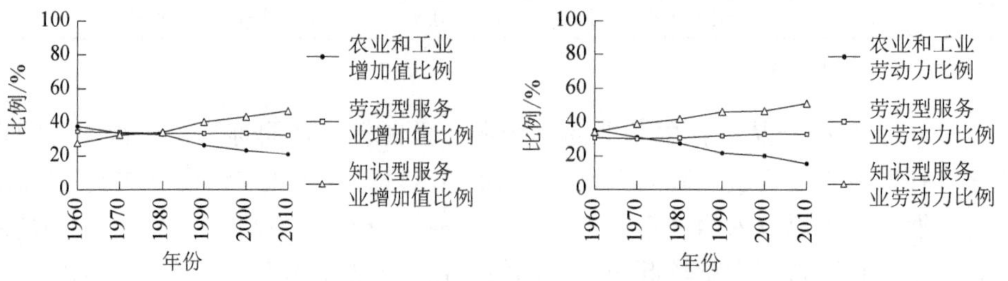

图 3　1960—2010 年美国经济结构变化（农业和工业、劳务型服务业和知识型服务业比例的变化）

资料来源：BEA，2015；OECD，2015

第三，1960 年以来世界服务经济迅速扩张，但国家或地区间的进程不同步。1960 年以来，服务增加值占 GDP 比例和服务业劳动力占就业劳动力比例超过 50% 的国家数量不断增加。2010 年以来，世界平均进入服务经济时代，世界服务业增加值占 GDP 比例和服务业劳动力占就业劳动力比例都超过了 50%。2013 年，全球大约 70 多个国家或地区进入服务经济时代。

1950—2000 年，发达国家全部完成从工业经济向服务经济的转变。目前，部分发达国家处于从服务经济向知识经济的转型过程中，包括如荷兰、德国等；部分发达国家已经进入知识经济时代，如美国、法国、丹麦等。

第四，工业经济和知识经济有不同的特点。一是产业结构不同。工业经济是农业、工业、服务业三次产业；知识经济是物质产业、服务产业和知识产业三大产业（表 4）。二是结构变迁不同。工业经济时代，工业比例上升，农业比例下降（图 1）。在知识经济时代，则是知识产业比例上升，物质产业比例下降，工业比例下降，农业比例也下降（图 3）。

表 4　工业经济和知识经济的产业结构

<table>
<tr><th colspan="2">工业经济的产业结构
国际标准行业分类（2.0版）（1968年）</th><th colspan="3">知识经济的产业结构
国际行业分类（建议版）（2016年）</th></tr>
<tr><th>三次产业</th><th>产业部门</th><th>三大产业</th><th>产业集群</th><th>产业部门</th></tr>
<tr><td>农业</td><td>农业、林业、狩猎和渔业</td><td rowspan="2">物质产业</td><td>农业</td><td>农业（农林及渔业）</td></tr>
<tr><td>工业</td><td>采矿和采石
制造业
公用事业（电气水）
建筑业</td><td>工业</td><td>采矿和采石
制造业
建筑业
公用事业（电气水）
环境治理</td></tr>
<tr><td rowspan="4">服务业</td><td rowspan="4">批发和零售、餐馆和旅馆
运输、储存和通信
金融、保险、房地产和商业服务
社区、社会和个人服务
其他不能分类的活动</td><td rowspan="2">服务产业（劳务型服务）</td><td>流通服务</td><td>批发和零售
运输和储存
食宿服务
房地产和租赁</td></tr>
<tr><td>其他服务</td><td>其他个人和家庭服务
其他的劳务服务</td></tr>
<tr><td rowspan="2">知识产业（知识型服务）</td><td>人类发展服务</td><td>科学研发
教育
信息和交流
艺术、娱乐和文娱
旅行服务
健康和社会帮助</td></tr>
<tr><td>基本运行服务</td><td>金融和保险
专业和技术活动
行政和辅助
公共管理和社会安全
成员组织的活动
国际组织的活动</td></tr>
</table>

资料来源：何传启，2016

2．尊重国情：中国经济处于转型期

首先，目前中国经济处于向服务经济的转型期。2015 年，中国服务业增加值比例为 50.5%，服务业劳动力比例大约是 43.5%。这表明中国进入从工业经济向服务经济转型的转型期。自 2000 年以来，中国知识型服务业比例逐步提高，2012 年达到 22%。这为中国经济向知识经济的转型打下了基础。

其次，中国服务业的国际差距比较大。发达国家在 2000 年全部完成向服务

经济的转型。目前，意大利等国家处于服务经济时代，德国等国家处于向知识经济的转型期，美国等国家已经进入知识经济时代。中国 2015 年才开始向服务经济转型。目前，我国尚未进入服务经济时代，我国具有向知识经济转型的部分特点，但是没有进入知识经济时代。

中国服务业的规模和效率的国际差距也比较大。2013 年，中国服务业比例是 46%，美国是 78%；人均服务业增加值，美国是中国的 11 倍，德国是中国的 7 倍；服务业劳动力生产率，美国是中国的 7 倍，德国是中国的 5 倍。

中国知识经济的差距比服务业还要大。2010 年，美国知识服务业比例是中国的 2.4 倍，德国是中国的 1.9 倍；人均知识型服务业，美国是中国的 23 倍，德国是中国的 11 倍；2103 年人均服务业，美国是中国的 11 倍，德国是中国的 7 倍。

最后，中国经济面临四大转型挑战。一是农业转型，从白色机械农业向绿色智慧农业的转型；二是工业转型，从机械化工业向智能化工业的转型，就是所谓的工业 4.0；三是服务业转型，从劳务型服务业向知识型服务业的转型；四是经济的总体转型，从工业经济向服务经济和知识经济的转型。

3. 把握机遇：主要是三个机遇

首先是第五次科技革命，就是信息革命的尾声机遇。其次是第六次科技革命，新生物学和再生革命的先声机遇。最后是知识经济的转型机遇，就是知识型服务业的发展。目前，中国服务业存在两个国际差距。一是劳务型服务业，2010 年，我国流通服务占 GDP 比例为 21%，美国是 30%；二是知识型服务比例，2010 年，我们知识型服务业比例是 20%，美国是 48%。

4. 迎头赶上：需要战略谋划

目前，发达国家部分进入知识经济时代，世界经济平均处于服务经济时代，中国经济处于向服务经济的转型期，服务业比例超过 50%。在知识经济时代，中国该怎么办？

我们认为，中国可以制定服务业现代化的路线图，实施知识强国战略，实现五大目标。

首先，两个转型协调推进，开辟现代化的运河。第一个转型，从工业经济向服务经济的转型；目前中国处于转型期，需要加快。第二个转型，从服务经济向知识经济转型；目前中国知识型服务业比例逐步上升，有一定基础。

其次，制定服务业现代化的路线图，进行战略谋划。服务业现代化路线图是中国服务业现代化的战略目标和基本路径的一种系统集成，旨在通过三大措施，实现向知识经济的战略转型，成为知识经济的发达国家。

最后，实施知识强国战略，实现五大目标。知识强国战略是中国面向服务

经济和知识经济的一种经济发展战略，旨在通过优先发展知识型服务业，建设知识经济强国。

二、路线图的主要内容

中国服务业现代化路线图包括八个部分，即战略目标、基本任务、运河路径、监测指标、服务内容监测、服务质量监测、服务要素监测、战略要点等。

1．战略目标，分三步走

第一步，在 2030 年前后，完成第一次服务业现代化，建成流通服务强国。

第二步，在 2050 年前后，基本实现服务业现代化，建成知识经济强国。

第三步，在 21 世纪末，全面实现服务业现代化，建成知识经济发达国家。

2．运河路径，迎头赶上

基本思路是：瞄准世界服务业的未来前沿，两次服务业现代化协调发展，加速从传统服务业向现代服务业和知识型服务业的转型；坚持“质量第一、内容至上、诚信为本”的三个原则，大力推进服务业的规模化、标准化、智能化、便利化、个性化和国际化，迎头赶上服务业的未来世界前沿水平；在 2050 年前后达到中等发达水平，建成流通服务强国和知识经济强国；在 21 世纪末达到世界先进水平，服务质量、服务内容和服务能力和知识经等达到当时发达国家水平，全面实现服务业现代化。

3．战略重点，三足鼎立

未来 30 年，中国服务业现代化的战略重点包括 3 个，即服务质量的现代化、服务内容的现代化和服务能力的现代化。在一定程度上，质量是服务业的生命，内容是服务业的灵魂，诚信是服务业的准则。我们认为，服务质量现代化是重中之重，服务内容的现代化是主攻方向，服务能力的现代化是长期任务。

未来 30 年，我们要做好 3 件事。

1）大力发展劳务型服务业，推动服务质量现代化，建设流通服务强国。对于劳务型服务业，质量是关键，诚信是基础；可以把服务质量现代化作为第一优先。

2）优先发展知识型服务业，推动服务内容现代化，建设知识经济强国。对于知识型服务业，内容是关键，质量是基础，诚信是准则，可以把服务内容现代化作为第一要务。

3）加快诚信文化建设，推进服务能力现代化，建设高质量的诚信社会。服务能力的现代化，先进服务文化是关键，服务要素是基础，诚信是服务业的基本准则，是先进服务文化的核心。对于服务能力建设，可以把服务文化现代化作为第一方向。

三、路线图的三个建议

1. 实施知识强国战略，建设知识经济强国

(1) 建议理由：知识经济决定国家的前途和命运

21 世纪既是服务经济的世纪，也是知识经济的世纪。2013 年，服务经济占世界经济比例超过 70%，发达国家知识型服务业占 GDP 比例达到 40% 左右。知识和信息的生产、传播和服务，不仅决定着国际经济竞争的成败，而且影响着民族的前途和命运。

目前，中国知识经济的国际差距大于服务经济的国际差距。例如，2010 年美国人均知识型服务业增加值是中国的 20 多倍，2013 年美国人均服务业增加值是中国的 10 多倍。

实施知识强国战略，优先发展知识型服务业，建设知识经济强国，具有战略意义。

(2) 基本思路：以人类发展服务为引领

以人类发展服务为引领，以高效经济和社会运行服务为基础，以便捷流通服务和诚信文化为支撑，全面提升知识型服务业的服务内容、服务质量和服务能力，不断满足人民日益增长的精神生活需要和健康需求，建设知识创新强国、知识传播强国和知识经济强国。

(3) 战略目标：建设三个强国

力争用 35 年时间（2015—2050 年，知识型服务业的劳动生产率和国际竞争力超过世界平均水平，知识生产、知识传播和知识服务的内容和质量达到世界先进水平，建成知识创新强国、知识传播强国、知识经济强国。具体包括 15 项指标（表 5）。

表 5　2050 年知识强国战略的定量目标

项目	服务内容	服务能力	服务质量
知识创新强国	诺贝尔奖获奖人数达到10名左右 知识产权出口占GDP比例超过0.5%	人均R&D经费投入超过1000美元	知识服务业劳动生产率超过9万美元 人均人类服务增加值超过1万美元 人均基本服务增加值超过1万美元 人均公共服务增加值超过1万美元 人均国际旅游收入超过500美元 平均预期寿命超过80岁
知识传播强国	大学普及率超过80% 人均知识产权贸易超过500美元	互联网宽带普及率超过80%	
知识经济强国	人均知识型服务增加值超过2万美元 知识型服务业占GDP比例超过40%	家用服务机器人普及率超过50%	

注：上述指标的美元，按 2010 年不变价格计算

资料来源：何传启，2016

（4）战略布局：瞄准前沿、四轮驱动、八管齐下、迎头赶上

就是瞄准知识经济的世界前沿，从人类发展服务、基本运行服务、流通服务和诚信文化四个方面，八大举措协同推进。形象地说，就是让人类发展服务走到世界前沿，基本运行服务达到世界水平，流通服务畅通高效，让诚信成为中国文化（图4）。

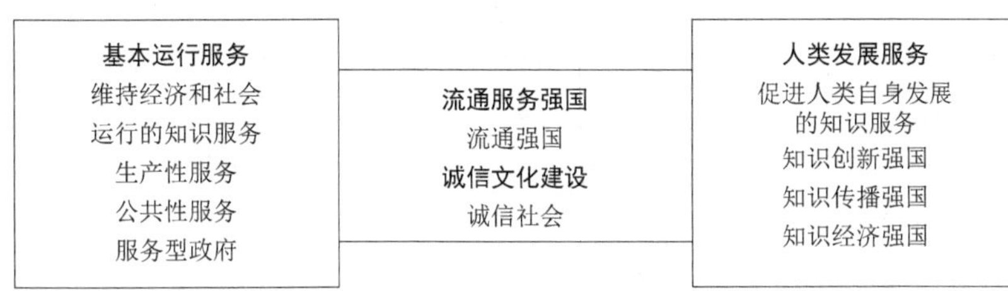

图4　知识强国战略的结构示意图

资料来源：何传启，2016

（5）主要措施：四轮驱动、八管齐下

第一轮：人类发展服务，一个工程，两个计划。

建议启动国家知识创新工程，抢占第六次科技革命的制高点，建设“国家科技创新特区”，重点建设三个研究院，包括国家高等科学研究院、国家先进技术研究院和国家现代化研究院，争取获得诺贝尔奖10个左右。

实施文化服务行动计划，重点建设六个国家文化服务示范区。分别是北方的北京、哈尔滨，南方的长沙、南京，西部的西安和昆明。

实施旅游服务行动计划，重点建设八个国家旅游服务示范区。分别是北方的大连、青岛，南方的杭州、厦门、桂林、三亚，西部的成都和兰州。

第二轮：基本运行服务，两个计划，一个部。

建议实施生产服务行动计划，重点建设八个国家生产性服务试验区；分别是北方的沈阳、天津、郑州，南方的武汉、苏州和深圳，西部的重庆和乌鲁木齐。

实施公共服务行动计划，重点建设一批城市基本公共服务试验区。

组建“国家知识经济部”，促进知识型服务业和知识经济的发展。

第三轮是流通服务，第四轮是诚信文化，后面专门讨论。

（6）预期效果

知识强国战略的预期效果是实现五大目标和三个转型。五大目标分别是建成知识创新强国、知识传播强国、知识经济强国、流通服务强国和高质量的诚信社会。完成中国经济发展模式的三个转型升级，分别是从工业经济向知识经济、从效率优先向质量第一，从生产驱动向服务引领的转型升级。

2. 启动流通强国工程、建设流通服务强国

（1）建议理由：流通效率决定社会效率

从系统论角度看，人类社会是一个开放系统，可以看成是人体系统的一种“放大”。人类社会的流通系统，大致相当于人体的血液系统。一旦血液系统出问题，人体就会生病。如果流通系统出问题，人类社会将有大麻烦。在很大程度上，流通服务的效率，决定社会运行的效率。建议启动流通强国工程，建设流通服务强国，极大提高中国社会的运行效率。

目前，中国第一次服务业现代化尚未完成，向服务经济的转型尚未完成，需要补课。2010 年，中国人均流通服务增加值的国际差距比较大，美国是 13000 美元，中国才 800 美元；美国流通服务占 GDP 比例是 28%，中国是 21%。我们要给第一次服务业现代化补课。

（2）总体目标：建设流通服务强国

力争用 15 年时间（2015—2030 年）使流通服务业劳动生产率和人均流通服务超过世界平均水平，流通服务业的质量和比例接近世界先进水平，建成流通服务强国。

具体地说，就是流通服务业的劳动生产率和人均流通服务增加值进入世界前 40 名，人均国际旅游收入和国际服务贸易额进入世界前 40 名，流通服务的增加值比例和劳动力比例接近 30%，流通服务劳动生产率超过 10 万美元，人均流通服务增加值超过 1 万美元，人均服务进出口额超过 5000 美元，而商品出口的平均通关时间下降到 10 天以下。

（3）主要措施：“5+7 模式”

主要措施是，继续实施自由贸易区战略，推进自由贸易区建设，重点建设 5 个自由贸易区。同时，大力发展现代物流服务，重点建设 7 个国家物流服务中心。

5 个自由贸易区分别是：北方的天津，南方的上海、福建、广东和海南岛。

7 个国家物流服务中心分别是：北方的沈阳、石家庄和郑州，南方的武汉、广州，西部的西安和成都。

3. 启动诚信文化建设工程，建设现代诚信社会

（1）建议理由是：诚信是现代社会的基石

我们相信，从社会关系角度看，传统社会是一种血缘社会，现代社会是一种契约社会，诚信是契约社会的基石。有了诚信，人们才可以自由地与人交流和交易，社会运行具有低成本和高效率的特点。没有诚信和相互的信任，与人交流

或交易就缺少基本的保障，社会运行带有高成本和低效率的性质。目前，中国经济和社会都面临比较严峻的诚信风险。启动诚信文化建设工程，全面建成先进服务文化和诚信社会，可以极大降低中国社会的运行成本。

（2）总体目标是：建成高质量的诚信社会

力争用15年时间（2015—2030年），全面建立诚信意识，健全完善诚信法规，诚实守信成为自觉行为；违背诚信引发的社会冲突和法律案件数量和比例持续下降，服务部门的诚信水平和服务能力接近发达国家水平，建成高质量的诚信社会。

（3）主要措施：建议有关部门发布《诚信宣言》

其一，建议有关部门发布《诚信宣言》。《诚信宣言》包括24个字："诚信社会，从我做起；不说假话，不做假事；言行一致，诚实守信。"这里，"假事"指弄虚作假的事情。《诚信宣言》将成为诚信文化建设的重要支撑。

其二，完善社会信用体系，提高失信行为的机会成本，增强诚信的激励机制。

其三，建立企业的信用资产负债表预警机制。

其四，建设一批非营利的诚信服务中心和诚信服务平台。

四、结束语

经济现代化既是国家现代化的重要内涵，也是国家现代化的主要动力。《中国现代化报告：服务业现代化研究》提出了4个路线图，试图描绘经济现代化的未来蓝图。《中国现代化报告2005》提出经济现代化路线图，《中国现代化报告2012》提出农业现代化的路线图，《中国现代化报告2015》提出工业现代化的路线图，《中国现代化的报告2016》提出服务业现代化路线图。

1996年经济合作与发展组织发表《以知识为基础的经济》报告（OECD，1996），知识经济引起世界关注。《中国现代化报告2005》认为，第一次经济现代化是从农业经济向工业经济的转变，第二次经济现代化是从工业经济向知识经济的转变。1997年以来，我们提出了面向知识经济的两个战略构想。

第一个构想是《迎接知识经济时代，建设国家创新体系》研究报告。1997年在中国科学院党组织的领导下，何传启及其5人小组，完成《迎接知识经济时代，建设国家创新体系》研究报告的执笔起草。该研究报告受到国家领导人的高度重视。该研究报告建议：启动知识创新工程，继续推进技术创新工程和"211工程"，建设面向21世纪的国家创新体系，提高国家创新能力。随后，中国科技面貌焕然一新，创新成为中国社会的一个关键词。

第二个构想是建议实施知识强国战略，把我国建设成为知识经济强国。2016年，何传启及其团队完成《中国现代化报告 2016：服务业现代化研究》，提出中国服务业现代化路线图和知识强国战略等。该报告建议：实施知识强国战略，大力发展知识型服务业，建设知识创新强国、知识传播强国和知识经济强国。

如果说第一份战略构想瞄准的是知识经济的“创新驱动”，那么，第二份战略构想瞄准的是知识经济的“转型升级”。第一份构想受到国家重视，取得良好效果。第二份构想如果也能够受到重视，相信会发挥其积极作用，并促进中国知识经济的腾飞，加快中国复兴的伟大进程。

全面实现服务业现代化，全面建成“质量是生命、内容是灵魂、诚信是准则”的先进服务文化，以及流通服务强国、知识型服务强国和知识经济发达国家，需要我们群策群力。而且，不同地区和不同服务部门有不同的特点，其服务业现代化需要进行专题研究。

我们相信，通过实施农业、工业、服务业三个现代化路线图，通过实施“制造强国战略”和“知识强国战略”两个战略，以及创新驱动战略、科教兴国战略、人才强国战略等，中国知识经济的腾飞值得期待。

参考文献

国家统计局 . 2016. 中国统计年鉴 2016. 北京：中国统计出版社 .

何传启 . 2012. 中国现代化报告 2012：农业现代化研究 . 北京：北京大学出版社 .

何传启 . 2015. 中国现代化报告 2014—2015：工业现代化研究 . 北京：北京大学出版社 .

何传启 . 2016. 中国现代化报告 2016：服务业现代化研究 . 北京：北京大学出版社 .

何传启，李宁，张凤，等 . 1998. 迎接知识经济时代 建设国家创新体系 . 中国科学院院刊 . 13（3）：165-169.

库兹涅茨 . 1999. 各国经济的增长 . 常勋，等译 . 北京：商务印书馆.

麦迪森 . 2003. 世界经济千年史 . 伍晓鹰，许宪春，叶燕斐，施发启译 . 北京：北京大学出版社 .

米切尔 . 2002. 帕尔格雷夫世界历史统计：美洲卷（1750—1993）（第 4 版）. 北京：经济出版社 .

中国现代化战略研究课题组，中国科学院中国现代化研究中心 . 2005. 中国现代化报告 2005：经济现代化研究 . 北京：北京大学出版社 .

BEA. 2015. Industry Economic Accounts.http://www.bea.gov/industry/index.htm.

OECD. 1996. The Knowledge-based economy. Paris: OECD.

OECD. 2015. Dataset: STAN Database for Structural Analysis（ISIC Rev. 4）. http://stats. oecd. org/Index. aspx?DataSetCode=STANI4.

World Bank. 2015. World Development Indicators Database. http://databank.worldbank. org/data/reports. aspx?source=world-development-indicators

世界经济格局变迁背景下的服务业发展与开放

夏杰长　陈　军

中国社会科学院财经战略研究院

一、前言

2008年国际金融危机以来，世界经济格局发生了巨大转变，服务业是推动这种转变的主要的动力之一。发达国家出现了制造业回归，以及否定多边贸易的逆全球化潮流，如英国脱欧、特朗普当选美国总统后放弃跨太平洋伙伴关系（Trans-Pacific Partnership，TPP）协定等。这一趋势变化涉及制造业和服务业的关联度、发达国家服务业的开放度，以及服务业发展与发达国家的经济竞争力和社会安全等问题。如果服务业占比不断升高并不是经济发展的最终归宿，那么各国在考虑推进服务业时就要基于产业结构、经济发展阶段等界定合理目标。更重要的是，如果发达国家服务业发展本身存在着较大差异，那么也将促使我们重新思考服务业与其他问题的联系。一般而言，经济发展趋势是从农业到制造业再到服务业的发展路径。但是，服务业占比过高及门类过多等问题也迫使学术界重新思考现有分类是否恰当。特别是，自20世纪90年代以来，随着信息技术的广泛应用，传统的制造业与服务业的区分不再像以往那样明显。包括生产者服务业在内的一大批新兴市场的兴起，推动了制造业技术和服务产业的融合，这个融合在信息技术领域更为明显。因此，我们应更加深入地分析服务业内部的结构变动，以及在对外开放进程中的部门差异。本文将立足世界经济格局变迁的基本背景，从多视角探讨世界服务业的增长和服务业开放度等问题，并力求从中寻找相关经验与启示。

二、世界经济格局变迁背景下的服务业发展

自2008年国际金融危机发生，一个引人注目的现象是，世界经济格局发生巨大变迁。以购买力平价（purchasing power parity，PPP）计算，从2008年开始，新兴市场与发展中经济体占全球GDP的比例首度超过发达国家（图1）。2016年，新兴市场与发展中经济体的占比达到58.1%，预计到2022年将上升至62.3%。服务业正是推动以购买力平价方法为计算的全球经济格局变迁的重要组成部分。客观上讲，这种计算方法因为过于看重服务业作为非贸易品的特质，而放大了新兴市场与发展中国家的经济总量。但是，这也可以说明服务业发展的重要性，它不

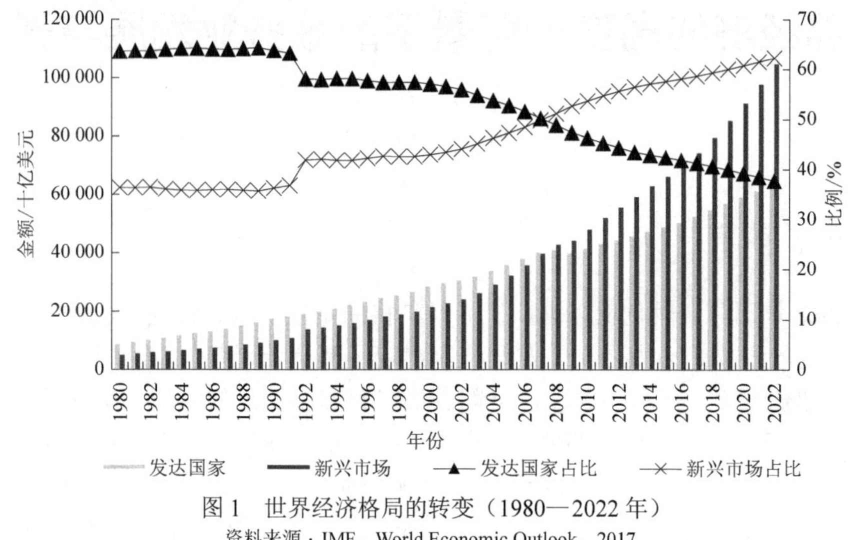

图1　世界经济格局的转变（1980—2022年）

资料来源：IMF，World Economic Outlook，2017

仅对一国经济发展有重要影响，还因显著改变国际力量对比而成为国际战略领域的一个重要关注点。

在这种格局变迁背后，几个较大的经济体发挥了核心作用。从发达国家来看，主要是美国、日本、德国、英国、法国和意大利。按照PPP计算，1980年和1990年，这6个国家经济总量合计占全球经济总量的48.9%。但此后一直呈下降趋势，2010年下降至32.8%，2016年不足30.0%。而从新兴市场来看，则主要是中国、印度、俄罗斯、巴西、印度尼西亚和墨西哥等6个国家，1980年占比只有13.9%，1990年增加至15.9%，但到2010年已经上升至30.8%，几乎与6个主要发达国家的占比持平，到2016年更是超过了上述6国5.5个百分点，预计到2022年将超过上述6国12.9个百分点（表1）。因此，从这些代表性国家来看，发达国家和新兴市场开始出现趋势性变化始自20世纪90年代。1990—2000年，6个发达国家的占比下滑了6.7个百分点，新兴市场则上升了6.4个百分点。就此而言，权势转移的方向就是从6个发达国家转向新兴市场的6个国家。当然，鉴于1980年和1990年，表1所列俄罗斯的数据缺失，这种转移的程度更为复杂一些。

表1还显示出另一种比较稳定的趋势，1980—2022年，这12个国家占世界经济的比例基本不变，维持在65%左右。换言之，所谓的世界经济格局变迁，主要是上述12个国家之间的调整。从表1可以看出，1980—2022年，除了中国、印度及印度尼西亚之外，其他国家的占比都在下降。尤其值得注意的是，2000—2016年，中国占比上升了10.4个百分点，印度上升了3.0个百分点，印

表 1　主要经济体在全球经济格局中的地位变迁　（单位：%）

分类	国家	1980年	1990年	2000年	2010年	2016年	2022年
发达国家	美国	21.8	22	20.6	16.7	15.5	14.1
	日本	7.8	8.9	6.8	5	4.4	3.7
	德国	6.6	6	4.9	3.7	3.3	2.9
	英国	3.8	3.7	3.1	2.5	2.3	2.1
	法国	4.4	4.1	3.4	2.6	2.3	2
	意大利	4.5	4.2	3.3	2.3	1.9	1.6
	小计	48.9	48.9	42.1	32.8	29.7	26.4
新兴市场	中国	2.3	4.1	7.4	13.9	17.8	20.4
	印度	2.9	3.6	4.2	6	7.2	9.2
	俄罗斯	n/a	n/a	3.2	3.6	3.2	2.8
	巴西	4.3	3.7	3.2	3.1	2.6	2.3
	印度尼西亚	1.4	1.9	1.9	2.2	2.5	2.8
	墨西哥	3	2.6	2.4	2	1.9	1.8
	小计	13.9	15.9	22.3	30.8	35.2	39.3
合计		62.8	64.8	64.4	63.6	64.9	65.7

资料来源：IMF，World Economic Outlook，April 2017

度尼西亚上升 0.6 个百分点。美国下降 5.1 个百分点，日本下滑 2.4 个百分点，德国下滑 1.6 个百分点，英国下滑 0.8 个百分点。相对而言，美国和日本的下降速度较快。到 2022 年，从经济总量占比来看，其实主要就是中国（20.4%）、美国（14.1%）与印度（9.2%）占比较大。也就是说，经济占比上升的变化趋势相对集中在亚洲发展中国家经济体，其他区域的国家，既包括发达国家，也包括发展中国家（典型如墨西哥）都在下降。传统的观点认为，发达国家制造业向外转移是这种趋势的一个重要原因。但正如下文所显示的，服务业的变化也是一种重要的驱动力。

自 20 世纪 90 年代初以来，服务贸易已经成为全球贸易中的重要组成部分，发展中国家的实力也逐步上升。自 20 世纪 90 年代初以来，服务贸易就已占全球贸易额的 20%，其规模也从 2005 年的 5.2 万亿美元增加到 2016 年的 9.7 万亿美元，2014 年曾突破 10 万亿美元。近年来有两个变化趋势值得关注，一是发达国家在全球服务贸易额中的占比从 2006 年的 70.8% 下降至 2016 年的 64.10%；二是服务贸易出口增速反超货物贸易出口，2012—2016 年，服务出口增速年均达到 2.2%，而货物出口增速为 -2.5%（图 2）。

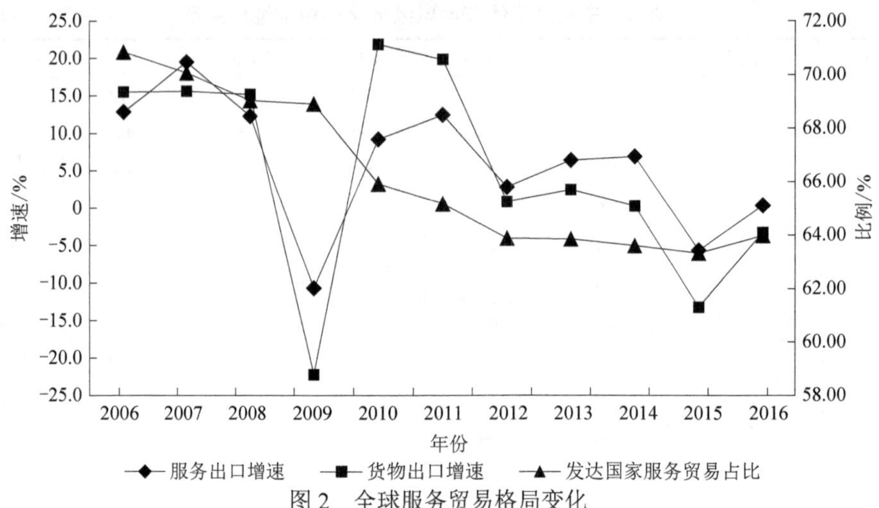

图 2　全球服务贸易格局变化

注：以上数据是联合国贸发会（UNCTAD）根据《国际收支和国际投资头寸手册（第六版）》统计

资料来源：UNCTAD

三、20 世纪 90 年代以来世界经济中服务业的增长

世界银行的数据显示，就世界平均水平而言，服务业附加值占 GDP 的比例，1995 年达到了 58.4%，2000 年为 64.3%，2005 年为 65.7%，2014 年进一步上升为 68.3%。① 也就是说，按照这种平均式的统计方法，服务业的快速增长阶段主要发生在 1995—2000 年，增长了 5.9 个百分点，而 2000—2014 年只增加了 4 个百分点。一种原因可能是世界贸易组织（World Trade Oragization，WTO）成立之后改变了统计方式，大规模增加了服务业的分量。总体来看，服务业占比增速是比较缓慢的。

学术界长期以来都认为，服务业是在农业、工业之后逐步形成的一个主导性产业，尤其是发达国家的经济发展比较完整地经历了农业、工业和服务业各自主导的阶段。绝大部分发展中国家正处于工业化阶段，只有少部分发展中国家服务业的占比显著超过了工业，如印度、菲律宾等。国际舆论围绕印度的发展，也试图推导出新的发展模式，但目前的主流观点似乎认为这种以服务业推动收入上升的发展模式并不成功。有学者甚至认为，印度所倡导的跨越制造业、依靠发展服务业取得高收入的发展路径已经走到了尽头。② 以世界银行整理的数据来看，高收入国家的服务业增加值占比比较高，超过了 70%，世界平均水平主要是这部分力量带动，而其他收入等级的国家在服务业占 GDP 方面基本低于 60%。如图 3

① 数据来自世界银行的世界发展指标数据库。

② Servaas Storm.Structural Change.Development and Change，2015，46（4）：674.

所示，2014 年，高收入经济体平均达到了 73.8%，而中高等收入经济体平均为 58.5%，低收入经济体的占比平均达到 47.6%。高收入、中高等收入、低收入的差距分别维持在 15 个和 12 个百分点左右。

图 3 还显示出另一种值得关注的现象，即 20 世纪 90 年代初以来，中高等收入国家的服务业增加值占 GDP 比例开始超过中低等收入国家水平。1960—1990 年，中低等收入国家的服务业增加值占 GDP 比例与中高等收入类型国家的差距呈现出倒 U 型发展态势，1960 年前者与后者的差距是 1.8 个百分点，1980 年两者的差距扩大到 4.7 个百分点，然后缓慢下降。1981—1988 年，低收入国家两者的差距甚至也高于中高收入国家。1991 年，中高等收入国家差距首度超过中低收入国家，2001 年增比一度扩大至 5.2 个百分点，此后差距略有起伏，2009 年甚至达到了 7.2 个百分点。2015 年，中高等收入国家比中低等收入国家超过 6.2 个百分点，比低收入国家高出近 11 个百分点。

因此，从现有数据看，1990 年以来，中高等收入国家服务业占比上升与新兴市场经济总量占比上升有比较一致的相关性。考虑到发达国家的服务业起步更早，那么也可以说，20 世纪 90 年代以来，服务业在世界经济中的重要性的确是显著上升了，并成为推动世界经济格局转变的重要力量。图 4 显示出这种转变迹象，按照 2016 年经济总量占全球 2% 以上的 10 个经济体来计算，十国服务业占 GDP 比例的均值在 20 世纪 90 年代初出现了明显的转折，1990 年首度突破 50%。不过，10 国服务业占比在 2002 年上升到 63% 后，此后的增幅并不大，只是略有

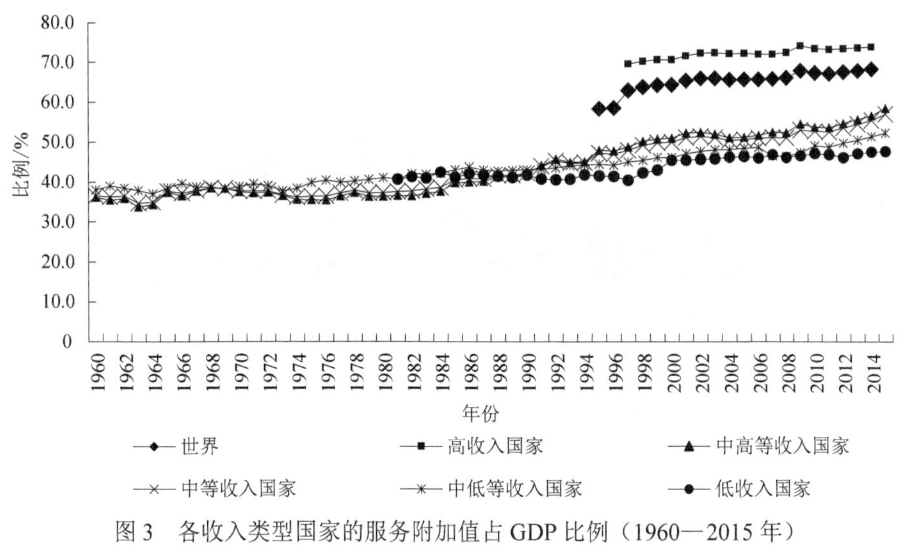

图 3 各收入类型国家的服务附加值占 GDP 比例（1960—2015 年）

资料来源：世界银行

增长，2013 年、2014 年达到过 65%。2015 年因为缺失美国和日本的数据，均值下降至 63.6%。

尽管总体上发达国家要比发展中国家服务业占比更大，但是图 4 也透露出不一样的现象。20 世纪 90 年代初以来，巴西和俄罗斯两个新兴市场国家服务业占比急剧上升。巴西服务业 GDP 比例从 1988 年的 46.2% 迅速提高 2015 年的 72.1%，尤其是从 1990 年的 53.2% 到 1996 年的 68.8%，短短 6 年提高了 15 个百分点，可以说在这几年中巴西经历了革命性变化。俄罗斯同样有类似经历，1989 年时俄罗斯服务业占 GDP 比例还只有 33%，但到了 2015 年便已经发展到 62.8%，接近于 10 国平均值，尤其是在 1990—1995 年，提高了 20 个百分点，这个变化历程与巴西类似。一种可能的解释是，在此期间关税及贸易总协定（General Agreement on Tariffs and Trade，GATT）转变为 WTO，统计方法上的改变促使这两国服务业占比大幅度升高。但是，其他国家并没有发生类似现象。俄罗斯的服务业占比上升最为急剧，似乎印证了俄罗斯经济发展的无奈和结构性脆弱。

从发达国家的变化幅度来看，世界银行统计的法国数据最为完整，一定程度上可以代表发达国家的经济结构变化。1965 年，法国服务业占国内生产总值（Gross Domestic Product，GDP）比例达到 56.7%，此后基本上是一个平稳的上升态势，1975 年为 62.9%，1985 年为 67.9%，1995 年为 72.7%，2005 年为 76.6%，2015 年为 78.8%。从年均增幅来看，1965—1975 年为 0.6 个百分点，1975—1995 年为 0.5 个百分点，1995—2015 年为 0.3 个百分点。按照 2014 年服务业占 GDP 比例排序，发达国家中依次是英国（79.2%）、法国（78.8%）、美国（78.0%）、

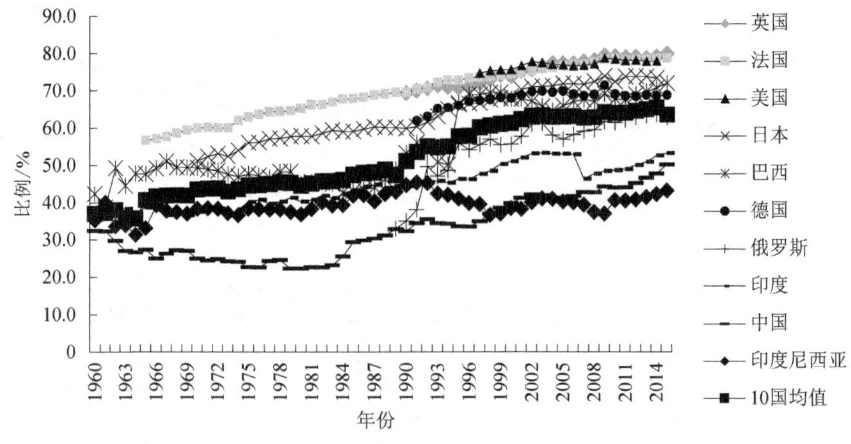

图 4 世界代表性国家服务业占 GDP 的比例（1960—2015 年）
资料来源：世界银行

日本（73.4%）和德国（68.7%），而 1990 年依次为英国（69.4%）、法国（69.6）、日本（59.8%）。相比之下，20 世纪 90 年代以来英国和日本的服务业发展速度比法国更为快速。根据世界银行的数据，1997 年美国服务业占 GDP 比例达到 74.7%，是当时发达国家中服务业占比最高的国家，但这种地位在 2004 年被英国反超。从美国服务业发展进程来看，至少其占 GDP 的比例在 2002 年达到 77.7% 以后，迄今变化并不大。同样，日本在 2001 年达到 70.3% 以后，上升趋势也趋于缓慢。而 1970—2001 年，日本的服务业占 GDP 比例，从 51% 上升到了 71%，30 年增加 20 个百分点。按照发达国家的标准，似乎可以得出这样一个基本结论，即服务业占比在达到 70% 以后，增长幅度将十分缓慢，法国的经验大体上是年均增幅在 0.3 个百分点以下。从法国和日本的经验来看，服务业占比从 60% 提高到 70% 分别花了 20 年（1971—1991 年）和 14 年（1987—2001 年）。从服务业占比 51% 提高到 60%，日本花了 17 年。

如果中国今后按照发达国家服务业占比提高的进程推进服务业发展，那么仍然需要很多年才能达到目前发达国家的水平。例如，2015 年中国服务附加值占 GDP 的比例为 50.2%，甚至都没有达到法国 1965 年的水平（56.7%），也不如日本 1970 年的水平（51.2%）。如果以新兴市场和发展中经济体为比较对象，那么 2015 年的中国相当于 1999 年的印度（50.3%），2015 年的印度尼西亚则相当于 2008 年的中国。从发展模式来看，中国与东亚的日本、韩国更为接近，而与印度相差甚远。前两者基本都是以制造业为核心、出口导向为发展模式，印度则主要是靠推动服务业获得发展。在 1980 年韩国服务业占 GDP 比例首次突破 50% 之后，韩国又花了 26 年才首次突破 60%，目前仍然徘徊在 60% 左右。从这个意义上说，中国服务业占比提高的路径并不是只有英、美、日等发达国家这一条路。

从中国过去 50 多年的发展路径来看，服务业占 GDP 比例呈现出 U 型特色。1960 年曾达到过 32.4%，但在此之后经历了重工业化发展战略，服务业占比大幅度下降，1980 年跌落至历史最低点 22.3%，此后开始恢复，并于 1989 年超过了 1960 年水平。进入 20 世纪 90 年代以来，中国服务业迎来比较快速的发展。2001 年首次突破 40%，2015 年首次突破 50%，10 个百分比的增长点花费了 14 年。在收入水平比中国高的国家中，韩国发展的路径也是值得深入讨论的。韩国的经验是，1966 年首次突破 40%，1980 年首次突破 50%，10 个百分比的增长点也花费了 14 年。尽管中国和韩国在人口规模上差距甚大，但就服务业占比在这一阶段的发展而言，似乎中国更接近于韩国的发展路径。当然，鉴于经济规模的差距，韩国经验在运用于中国时也要慎重一些。

四、世界主要国家的服务业贸易开放度

学术界在评估服务业开放时采用了多种维度和指标[①]，包括一国自主实施开放进程、完成双边和多边贸易协定的承诺，以及采用国际组织界定的开放发展的量化测度等。本文主要从三个方面测度和比较世界主要国家的服务业开放程度。第一，以服务业贸易占 GDP 比例衡量的服务贸易开放度；第二，世界银行开发的服务贸易限制指数（services trade restrictions index，STRI）；第三，经济合作与发展组织（Organization for Economic Co-operation and Development，OECD）（简称经合组织）开发的服务贸易限制指数。

1. 服务贸易占 GDP 比例

在服务业占 GDP 比例超过 50% 的主要国家中，以服务业贸易占 GDP 比例衡量的服务业开放度也是在 20 世纪 90 年代以后有较大的提升。如图 5 所示，以世界平均水平来看，20 世纪 90 年代初期以来，服务业开放度有明显的上升。从 1991 年首次突破 8%，到 2004 年突破 10%，此后上升至 2015 年的 13.1%。其间，服务业开放度的提高速度更快一些。

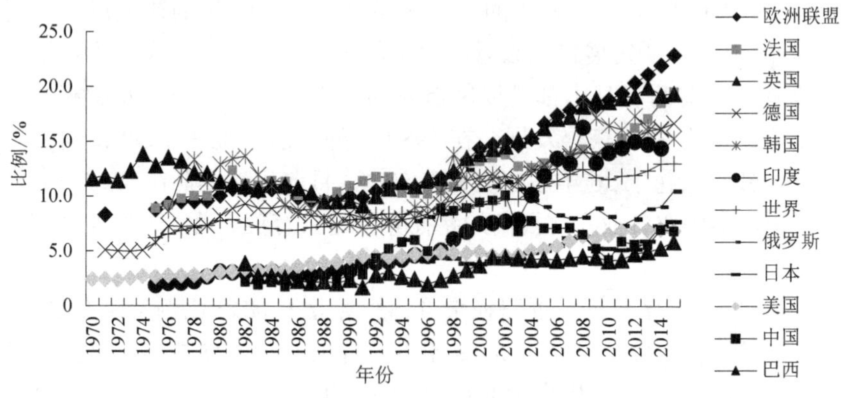

图 5　各主要国家的服务贸易开放度（1970—2015 年）

资料来源：世界银行

按照世界平均水平画线，发展路径可以分为以下 4 种。

1）在水平线以上的国家中，主要是欧洲的发达国家，包括开放度最高的欧盟，以及随后的英国、法国和德国。其中，英国的服务业开放度具有相当高的稳定性，从 1991 年的 9.2% 稳步提升至 2013 年的 20.0%，翻了一番还多。随后两年略有下降，2015 年为 19.4%。

① 李钢，郝治军，聂平香．对我国服务业开放的多维度评估．国际贸易，2015（1）：53-58.

2）在水平线以下的发达国家中，美国和日本的开放度却并不高。2004年以前，美、日两国曾长期维持在5%以下，2015年美日两国的服务贸易开放度分别只有6.9%和7.7%，都没有达到英国1991年的水平，美国甚至不到世界平均水平的一半。美国的特点在于，最近10年发展速度明显增快。在2004年突破5%之后，到2014年突破7%，2个百分点的增长花了10年。而在此之前，美国花了20年才将服务业开放度提升2个百分点，从1970年为2.4%提高到1990年的4.4%。

3）在水平线以上的国家中，有2个特别的新兴经济体——韩国与印度。韩国的发展阶段比较靠前，长期以来都比世界平均水平高，但在20世纪80年代，其曾有过一个下降阶段，从1995年起才又超过世界平均水平；印度则是一直呈现稳定的上升态势，并在2006年后超过世界平均水平。2008年，韩国和印度的开放度达到历史高峰，分别为18.9%和16.3%，此后下降较快。2015年韩国的开放度为15.3%，2014年印度的开放度为14.4%。因此，这两个国家在2008年金融危机以后服务业贸易开放度较大幅度收窄的发展趋势，与其他主要国家不同。

4）俄罗斯与中国则呈现出倒U型特色发展。20世纪90年代初，中俄两国的服务业开放度大体上只有6%左右。在世纪之交，中俄两国的服务业开放度一度达到高峰，俄罗斯1999年为12.4%，中国2002年为10.1%。2015年，中俄两国的服务贸易开放度分别为6.8%和10.5%。

在思考中国推进服务业开放度的参照对象时，上述几种类型都各具特色。仅从服务业开放度的发展历程而言，中国与俄罗斯的发展路径最为接近，甚至可以说20世纪90年代以来两国的演变轨迹基本一样。而从开放度水平来看，目前中国又与美日等国更为接近，尤其是与2008年国际金融危机以来的日本最接近。

从更长期的历史趋势来看，中国与韩国的轨迹似乎存在一个前后更替的S型。两国在收入较低阶段都曾有过一个比较高的服务贸易开放度，在收入水平提高时这种开放度又随之降低，然后再度提升。按2010年不变价计算，韩国的服务贸易开放度在1978年达到首个历史高峰13.4%，此时韩国人均国民总收入（gross national income，GNI）为3500美元。1989年人均GNI首次超过8000美元，这一阶段也是韩国服务业开放度历史低点的时段，大约在7%左右，几乎是高峰时段的一半。韩国服务业开放度再度恢复到20世纪70年代水平是在1998年，此时韩国人均GNI约为1.3万美元。此后，服务业贸易开放度又下滑，但很快又在2008年达到新高峰为18.9%，此时韩国人均GNI约为2.1万美元。2015年，韩国的人均GNI为2.5万美元，但服务业开放度下降至15.3%。中国服务业开放度的演变轨迹是，2002年时达到第一个历史高峰10.1%，此时人均GNI为2050美元，2010年人均GNI为4500美元，服务贸易开放度滑落到低谷4.2%。2015

年人均 GNI 为 6470 美元，服务贸易开放度约为历史高峰期的 70%。

从英美日服务业开放度（服务贸易占 GDP 比例）与人均 GNI 关系来看，似乎服务业开放度与人均收入存在一定的 S 型关联性，并在收入达到一个高阶段后稳步上升。例如，1974 年英国达到第一个历史高峰时，人均 GNI 约为 2 万美元，此后服务业开放度下降至 1991 年的历史低点 9.2%，此时人均 GNI 约为 2.8 万美元，此后随着人均 GNI 的提高，英国的服务开放度就基本保持稳步上升的态势。从美国的经验来看，1970 年开放度达到 2.4% 时，人均 GNI 为 2.3 万美元，1990—2001 年开放度稳定在 4.5% 左右，这一阶段美国的人均 GNI 从 3.6 万美元提高到 4.5 万美元。而此后一个阶段，开放度略有上升，到 2014 年突破 7%，此时美国的人均 GDI 也突破 5 万美元。从日本的经验来看，在 2008 年国际金融危机后，其服务业开放度略有下降，人均 GNI 也略有下降，但基本趋势还是上升的，这一阶段日本的人均 GNI 维持在 4.5 万～ 4.9 万美元。

结合上述对发达国家和发展中国家的分析，服务开放与人均 GNI 的关系的确存在着一种类似于 S 型的发展轨迹，或者更准确地说是 S 型螺旋上升发展轨迹。大体而言，每隔几年随着人均 GNI 的上升，服务贸易开放度就会进行相应的调整。如果把中国、韩国、俄罗斯、英国、美国和日本的经验综合起来，那么人均 GNI 到 2000 ～ 3500 美元时会再出现一个小高峰，4500 ～ 8000 美元时下降到低谷，在人均 GNI 1 万～ 1.3 万美元时会有一个高峰，然后下降，到 2.1 万美元又会出现一个高峰，然后再次下降至低谷，直到人均 GNI 超过 3 万美元后，服务开放度才基本是稳步上升态势。鉴于 2015 年中国人均 GNI 不足 6500 美元，中国的服务业开放度发展很可能将继续呈现出 S 型状态，而远未达到人均 GNI 3 万美元以后比较稳定的状态。

2. 世界银行的服务贸易限制指数

2008—2010 年，世界银行通过发放调查问卷，收集整理了 103 个国家，以及金融、通信、零售、交通运输和专业服务等 5 个行业的服务业贸易开放度信息。帮助完成该信息调查的主要是当地的律师事务所，因其熟悉当地的情况。此后，世界银行又与相关政府部门进行信息核对，大部分回应时间是 2008 年。从赋值来看，世界银行将开放度分为 5 个等级，以 100 分为限制等级最高值，0 分为无限制，25 分为基本开放，50 分为存在较大限制，75 分则为基本限制，100 分属于完全限制等级。[①] 从世界银行整理的服务贸易限制指数与人均 GDP 关系来

① 关于该数据库的详细情况可参考：Borchert I，Gootiiz B，Mattoo A. 2012.Guide to the Services Trade Restrictions Database. Policy Research Working Paper,（5）：106；Borchert I，Gootiiz B，Mattoo A. Policy Barriers to International Trade in Services: Evidence from a New Databse. The World Bank Economic Review，2014，28（1）：162-188。笔者所用图 5 和图 6 也参考了该文的相关论述。

看，绝大多数国家的服务贸易开放度都比较高。得分23.7的柬埔寨正好位于这103个国家的中位数水平，也就是说至少有50个国家属于基本开放序列（25分以下）（图6）。

如图7所示，就服务贸易开放度与人均GDP的关系而言，发达国家基本在25分以下，且全球各个地区间的差异较大。在发达国家中，法国得分26.4，日本为23.4，美国为17.7，德国17.5，英国14.3；新兴市场中，印度得分65.7，印度尼西亚50，中国36.6，俄罗斯25.7，韩国23.1，巴西22.5。就发达国家而言，这一结果与世界银行以服务贸易占GDP衡量的开放度在趋势上是一致的。法国之所以在世界银行调查中得分比较高，就在于选择的时间段是2008年前后。图5表明，2008年国际金融危机后，法国的服务贸易占GDP比例从15%提高到约20%，其开放度仅次于英国。但是，需要注意的是，世界银行调查显著调低了新兴市场与发展中经济体服务贸易的开放度，特别是印度。图7还有一个值得关注的现象是，中东地区的国家尽管收入较高，但服务业贸易开放度比较低。此外，在经济增速比较高的东亚地区，多数国家的服务贸易开放度也比较低。这很可能与下文陈述的经济结构密切相关。这也提醒我们，在跨国比较时注意不同区域的发展阶段有助于把准服务业开放的进度。

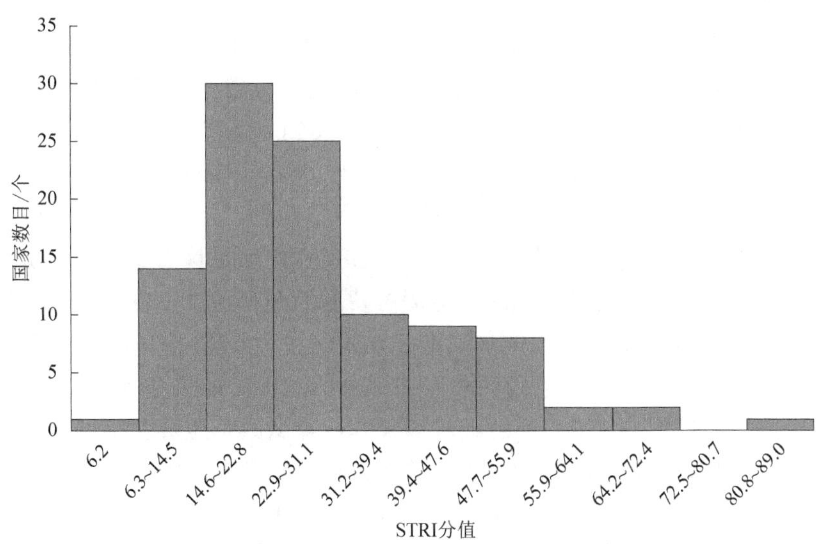

图6　服务贸易限制指数各层级的国家数量分布

注：基于103个国家的排列，贸易限制指数的中位数为23.7（柬埔寨）

资料来源：World Bank Services Trade Restrictions Database

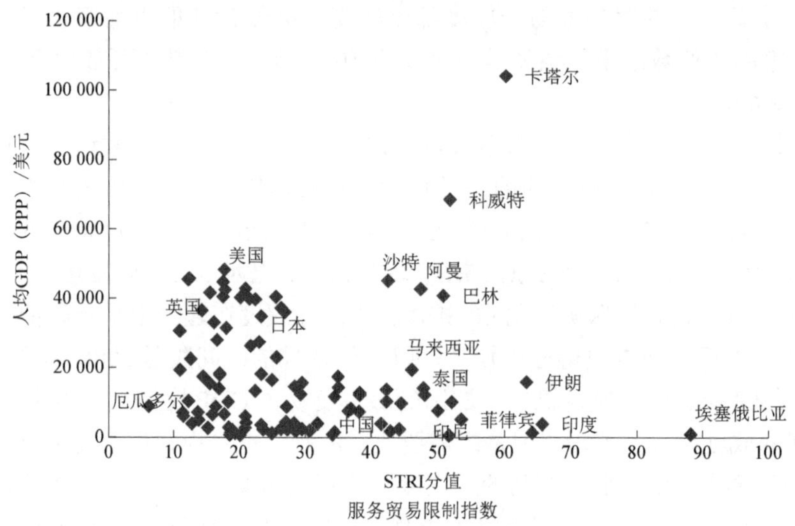

图 7　服务贸易开放度与人均 GDP 关系

注：鉴于服务贸易限制指数调查信息反馈时间多数集中在 2008 年，图中人均 GDP 数据为 2008 年基于购买力平价计算所得

资料来源：World Bank Services Trade Restrictions Database

3. OECD 的服务贸易限制指数

OECD 早在 20 世纪 90 年代中期世界贸易组织中《服务贸易总协定》(General Agreement on Trade in Services，GATS）的通过之后，就着手研究服务贸易自由化问题，并提出要度量服务业贸易开放度。进入 21 世纪以后，WTO、联合国贸易和发展会议（United Nations Conference on Trade and Development，UNCTAD）与 OECD 也曾几度联手研究各行业的服务业贸易问题。从 2007 年起，OECD 明确将研究 STRI 作为机构的一项重要任务。[①]OECD 之所以这么重视服务贸易，是因为发达国家的服务贸易额占当时全球服务贸易的 80%。OECD 还认为，作为中间品的服务业投入占据制造业增加值的 30% 以上，全球价值链的强化离不开运输、物流、金融、通信及其他商业和专业服务的改善。如果 20 国集团要在国际金融危机以后实现年均 2% 以上的经济增长率，那么改革服务业市场将是一项重要的战略，而服务贸易限制指数将为决策者提供决策参考。[②]

目前，OECD 已经公布 2014—2016 年的 STRI 数据，涵盖的范围有 35 个 OECD 成员国，巴西、中国、印度、印度尼西亚、俄罗斯和南非等 6 个新兴经济

① 相关历史背景梳理可参考 OECD. Towards A Services Trade Restrictiveness Index：A Proposal for A Road Map for Future Trade Committee Work on Services.2007-06-27，OECD，Paris.

② OECD. Service Trade Restrictiveness Index：Policy Brief，May 2014.

体，以及哥伦比亚、哥斯达黎加和立陶宛等3国，一共44个国家。[①]OECD将一国的监管措施提炼成外资准入限制、竞争障碍、政策透明度、对自然人流动的限制及其他歧视性措施5大类。2014年5月发布2014年版时，考察了18个行业（包括几个细分行业），此后又增加了物流行业（4个细分行业）。需要注意的是，该指数并不涵盖一国在双边或者多边协定上的承诺，也不考察某种措施的实际执行效果。在各细分项的指数赋值上，OECD采取的措施是平均分配，取同等权重。而5个政策领域的权重则根据专家给分，采取不同的权重，最后将5个细分项加总得到STRI，0分表示完全开放，1分表示完全限制。从权重分配来看，在18个项目中有10个将准入排在第一位，而将限制自然人流动排第一位的是法律、工程、建筑设计及电脑，将限制竞争排在第一位的是录音、电信及铁路运输，将歧视性措施列首位的则是建筑业，没有行业将政策透明度列首位。

OECD并不像世界银行那样，给出一个各行业汇总之后的服务贸易限制指数，而是基于各个细分行业各自的情况而定。之所以如此，OECD认为各类限制措施对不同行业有着不同的影响。如图8所示，根据OECD发布的2016版22个行业STRI，发达国家与新兴市场差距甚大。按简单算术平均计算，德国、日本、英国、美国的分数分别为0.18、0.18、0.19与0.23，韩国各行业的加总平均分为0.26，而巴西、中国、俄罗斯和印度的分值分别为0.32、0.40、0.42和0.46。如图9所示，从44国及上述9国各行业限制程度的算术平均值来看，除了航空运输业与法律之外，主要国家的服务贸易限制领域与中小国家还是有一定差距的。从9国平均水平看，前10依次是铁路货物运输（0.47）、航空运输（0.46）、会计（0.42）、快递（0.41）、法律（0.37）、物流装卸（0.34）、广播（0.33）、物流仓储（0.31）、海运（0.30）和商业银行（0.29）。反过来看，限制程度从低到高的排名依次是录音（0.18）、流通（0.19）、道路货物运输（0.20）、建筑业（0.22）、工程（0.22）、物流货代（0.22）、计算机（0.23）、物流报关（0.23）、电影（0.25）、建筑设计（0.27）、保险（0.29）和电信（0.29）。但是，就44国平均水平而言，在铁路货物运输、快递、会计、商业银行、保险、物流装卸与物流仓储领域却没有9国那么高的限制性。

图8还表明，新兴市场与发达国家的差距主要集中在若干领域，如会计、法律、铁路货物运输及物流等。在OECD国家内部，航空运输业是所有22个行业中开放程度最低的一个行业，而在这个行业新兴市场只是比OECD略多一些限制。韩国在会计和铁路货物运输这两个行业的限制程度远远超出了OECD水平，几乎是完全限制的，也高于大多数新兴市场，在程度上只有印度能与之匹敌。印

① 有关这一指数构建的基本方法和介绍可以参考Massimo Geloso Grosso，et al. Services Trade Restrictiveness Index：Socring and Weighting Methodology. OECD Trade Policy Paper，No.117，OECD Publishing，Paris，2015.

度在会计、法律和铁路运输业是高度限制的，俄罗斯主要是物流装卸和物流仓储领域，其他行业领域实际上要比中国和印度限制程度低。中国限制程度最突出的3个行业分别是快递（0.88）、广播（0.68）和电影（0.57），在这3个行业中，中国也是世界主要国家中限制程度最高的。印度限制程度列于全球前列的主要是法律、保险和商业银行。因此，新兴市场在服务贸易领域限制程度高的行业也是各不相同的。

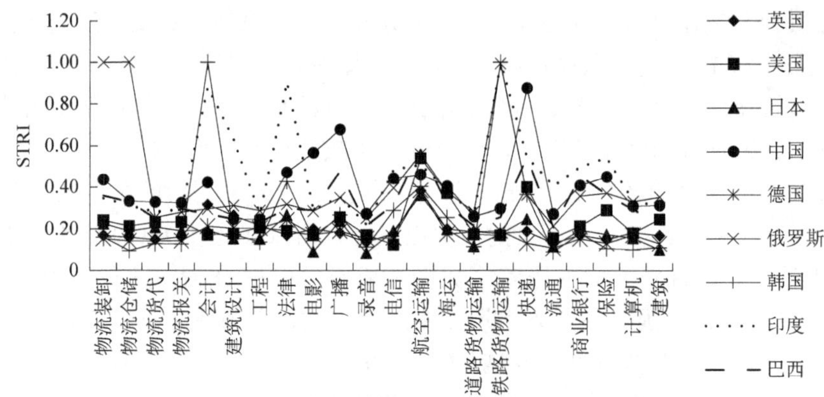

图8　世界主要国家的服务贸易限制指数

资料来源：OECD

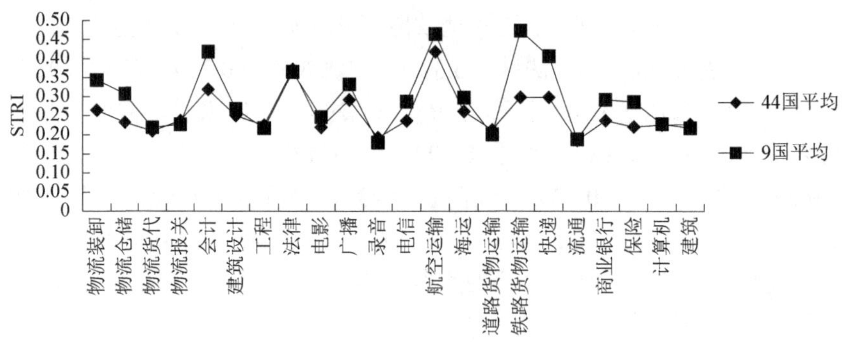

图9　主要国家与世界平均的服务贸易开放度比较

资料来源：OECD

英、美、日、德等国的服务贸易开放程度普遍较高，但是在航空运输业上的高度限制性也比较一致。美国对航空运输业的限制几乎是全球最高的，达到0.54，另外三个比较突出的依次是快递（0.40）、海运（0.37）和保险（0.29）。除航空运输业（0.36）之外，日本限制程度较高的三个行业分别是法律（0.27）、广

播（0.24）和物流装卸（0.23）。英国限制最高的也是航空运输业（0.38），此外限制程度排名前三的分别是会计（0.32）、建筑业（0.26）和工程（0.22）。

总体来看，发达国家的服务开放度远远高于发展中经济体，但发达国家自身也面临着收入放缓和医疗教育支出增加的考验，在服务业结构合理化方面仍需做出较大的调整。

参考文献

李钢，郝治军，聂平香. 2015. 对我国服务业开放的多维度评估. 国际贸易，（1）：53-58.

Borchert I. 2016. Services Trade in the UK: What is at Stake? UK Trade Policy Observatory，Briefing Paper 6，University of Sussex.

Borchert I，Gootiiz B，Mattoo A. 2012.Guide to the services trade restrictions database. Policy Research Working Paper，（5）：106.

Borchert I，Gootiiz B，Mattoo A. 2012. Policy barriers to international trade in services: Evidence from a New Database. Policy Research Working Pape，28（1）：162-188.

Bureau of Labor Statistics. 2016. Productivity and Costs of Industry: Selected Service-providing Industries.

Byun K J，Nicholson B. 2015. The U.S. economy to 2024. Monthly Labor Review，138（12）：36.

Jens J. Krüger. 2008. Productivity and structural change：A review of the literature. Journal of Economic Surveys，22（2）：330-363.

Jorgenson D W，Timmer M P. 2011. Structural change in advanced nations：A new set of stylised facts. Scandinavian Journal of Economics，113（1）：1-29.

MarotoSánchez A. 2012. Productivity in the services sector：Conventional and current explanations. Service Industries Journal，32（5）：719-746.

Nordås H K，Grosso M G，Miroudot S，et al. 2015. Services Trade Restrictiveness Index（STRI）：Scoring and weighting methodology. Oecd Trade Policy Papers.

OECD. 2007.Towards A Services Trade Restrictiveness Index：A Proposal for A Road Map for Future Trade Committee Work on Services. 27 June，2007，OECD，Paris.

OECD. 2014. Service Trade Restrictiveness Index：Policy Brief.

Servaas Storm. 2015. Structural change. Development and Change，46（4）：674.

我国服务业发展的三大问题

程大中
复旦大学世界经济系和世界经济研究所
（根据录音整理）

此次会议是一个涉及自然科学、社会科学、人文科学等多学科交叉的会议。但我的研究领域主要是经济学，所以我想从经济学的视角来分析服务业问题。当然，服务业问题不仅仅是一个经济问题，还涉及一些非经济方面的问题。我们今天能够有这样的机会讨论中国服务业的战略选择，很难得。但在计划经济时代谈这个话题是不大可能的，因为在那个时代服务业大多被划归为意识形态的东西。因为马克思说了，大多数服务是非生产性的，所以相关的服务劳动属于非生产性劳动。尽管在马克思的著作当中可以发现存在前后矛盾的地方，但是我们从苏联引进的政治经济学更倾向于把服务看作非生产性活动。所以，在计划经济时代，我们要讨论服务经济的战略问题几乎是不可能的。

在改革开放的初期讨论中国服务经济的战略问题也是不太现实的，因为当时的重点是农业农村改革、城市的工业改革，还没有轮到讨论服务业的改革开放问题。随着中国经济的发展，以及逐渐融入世界经济，特别是在 20 世纪 80 年代中后期中国申请“复关”的谈判，以恢复中国“关贸总协定”的创始缔约国地位，到 1995 年之后的“入世”谈判，中国面临的一个逃不掉的问题和领域就是服务经济、服务业开放。随着中国不断融入世界经济，我们在计划经济时代、在改革开放初期没有涉及的这方面问题都不得不谈了。

目前，我们讨论服务经济的战略问题实际上涉及很多方面。这个问题也越来越成为我们国家各级政府的工作重心，此外，企业界也非常重视服务经济问题。关于中国服务经济的战略问题，我主要讲其中的三个方面。这些也是当前中国服务经济发展迫切需要解决的四个问题。第一个是服务经济的虚化问题；第二个是缺乏创新；第三个是服务业改革开放问题；第四个是服务经济统计核算问题。

服务经济虚化问题是我们现在碰到的一大难题。从农业经济到工业经济再到服务业经济，是人类社会经济发展的必然趋势。18 世纪中后期的工业革命实际上开启了从农业文明到工业文明的演进；全球的工业化主要是发达国家的工业化，正式开始于 18 世纪中叶。当时我们正处于清朝，具体地讲是清朝乾隆时期。乾隆是一个非常幸运的皇帝，他见证了全球工业化的开始，见证了美国的诞生。但是中国最大的问题是，在全球快速工业化的过程中，中国实际上错过了工业化的机会。中国是一个农业主导的社会，马克思说的亚细亚生产方式在我们中国比

较明显，并持续了几千年，却没有跟上世界工业文明的步伐。

第二次世界大战结束之后，世界经济出现了新的转型，即服务业革命。但相对于工业革命，服务业革命是悄悄进行的。工业革命是以大机器的生产为主要特征的，服务业革命则是悄无声息的，并且主要发生在以美国为代表的发达国家。美国是第二次世界大战之后第一个进入服务经济的国家，随后其他一些国家也进入了这样的时代。

20世纪中叶，当很多发达国家逐步跨入服务经济时代的时候，我国则进入了高度封闭的计划经济时期。这个时期的经济发展战略主要是以工业特别是重工业为主导。如果从人类历史的发展长河来看，中国计划经济时代工业优先的发展战略似乎是在补清朝时期落下的工业化的课。对于一个大国来说，没有工业化基础的后果是不可想象的。对于这个时期中国产业结构调整有很多研究和讨论，但是事实就是这样。

改革开放以后，我们发现我国的产业结构过于重化，服务业的发展严重不足。目前，在世界进入服务经济时代的时候，中国实际上面临的是如何在工业化升级的同时，促进服务经济的发展。这是整个人类发展的大趋势，也是中国进一步发展的大趋势。这个趋势背后的经济学基本逻辑包括两个方面：①从供给方面来讲，这是专业化分工深化、细化的结果；②从需求来看，人类最终需求趋于多样化、高级化。这两个方面都是随着人类社会的发展而不断演进。分工的深化、人类需求的高级化和多样化促进了服务经济的多样性发展。

服务业的发展既有好处也有坏处，搞不好的话会出问题。服务业的经济意义就是，它是整个经济的一种黏合剂，是便于一切经济交易的产业。农业、制造业和采掘业是经济发展的“砖块”，服务业则是把它们黏合起来的“灰泥”。这个社会如果离开了服务业，经济就会停滞。但是，服务业发展也可能出现很多问题，表现在经济领域中，主要有两个重要的问题：第一个是成本病问题。威廉·鲍莫尔在20世纪60年代首先提出这个问题，这是他在研究服务业问题时发现的重要现象。我们知道，经济当中有很多行业，不同行业的生产率增长是不一样的。威廉·鲍莫尔发现，服务业的生产率增长是落后于其他行业的，但是成本和投入与其他行业一样，这是其供给方面的一个特点。在需求方面，如果人们对服务行业的需求缺乏价格弹性，那么随着服务成本的上升，人们对服务的需求将无法减少，服务支出成本将会上升，并可能成为很重的负担。这就出现所谓的成本病问题。特别是随着经济发展，与人们生活质量息息相关的健康医疗、教育培训、公共安全等服务变得越来越昂贵。这些服务成本如果完全由家庭或个人承担的话，就会成为家庭或个人很大的负担；如果由政府财政支出来解决的话，就会造成财政拖累。

服务业发展过程中可能出现的第二个问题就是缺乏创新。通常认为，创新最活跃的领域主要是制造业，服务业大多是难以进行创新的；服务业相对于制造业缺乏创新，因而难以成为经济增长的引擎。没有创新，经济增长就缺乏持久动力。发达国家在第二次世界大战之后，特别是20世纪六七十年代后，服务业发展出现了这两个问题。但是它们采取了各种措施来治疗成本病，促进创新，使服务业成为经济增长的新引擎。最主要的措施除了机制体制的改革外，就是促进人力资本的积累和提高，重视教育、重视人的培养，从而促进创新。我们知道，服务业的主要投入是人力投入，所以重视服务业领域从业人员的教育和培养，特别是基础教育，是解决成本病和促进创新的最重要手段。最近有很多研究发现，高技能劳动力比例的上升是促进发达国家高端服务业发展的重要支撑因素。这样就解决了成本病问题和缺乏创新问题。

加入WTO之后，中国服务业在这些年确实出现了很好的发展势头，但是我们在研究当中发现，中国服务业发展出现了很严重的虚化问题，并且日趋严重。原先在发达国家出现的问题，如成本病等，在我们国家也越来越明显。服务业已经成为实体经济发展的负担和障碍，是实体经济的“寄生虫”，这方面例子非常多。当年讲的成本病问题还主要是指最终需求，而现在中间需求也出现了成本病问题，比如运输成本高。对运输服务的需求主要是中间需求，当然人也会坐车（这是最终需求），但主要是中间服务需求。现在种菜的不如卖菜的，制造东西的不如卖东西的，造房子的不如卖房子的，这种现象比比皆是。有人做过统计，中国高速公路收费站有两万多个，这种运输成本非常高。前段时间，互联网上热议曹德旺到美国投资一事。曹德旺做过测算，在美国的运输成本是一公里不足一美元。但大家可以看到我们的运输成本有多高，菜场里的菜生产成本很低，但是运不过来。高昂的运输成本已经成为阻碍整个销售和市场环节的重要因素。成本病问题还反映在最终需求方面，如住房难、上学难等。与生活质量有关的服务成本的高企，使得人们不堪重负，这会影响生活质量。中国的现代化在向生活质量进军，没有生活质量的提高，GDP增长再高，我们也感觉不到幸福。所以，成本病问题是一个非常突出的问题。

创新主要包括两个方面：一是组织创新；二是技术手段创新。缺乏创新导致服务业越来越难以成为经济增长的引擎。这其中的原因很多，比如我们的服务业脱胎于计划经济，机制、体制落后。但事实上，我们仍可以看到服务业在经营组织方式和技术手段方面存在很多创新的潜力。比如，浙江卫视的《中国好声音》就是一个很新颖的组织方式创新；还有，江苏卫视的《非诚勿扰》是征婚服务领域的组织方式创新。新闻媒体服务的组织方式创新带给人们很不一样的感受。技术手段的创新比如互联网的发展，这影响到很多行业、很多领域，如互联网金

融、电子商务等。

2013年，OECD发布的一个报告认为，对于经济增长和就业而言，一个国家生产什么比一个国家卖什么更重要。我们的研究进一步认为，一个国家的生产要素（factor）干什么比一个国家的工厂（factory）做什么重要。生产要素在服务业领域主要是人的问题。所以，要解决中国服务业发展的虚化问题，一是要提高服务业本身发展要素的质量，二是要让服务业发展为实体经济服务。脱离这两点，服务业发展肯定要出问题。我们现在遇到的最大问题就是，服务业的发展不但没有很好地为实体经济服务，反而成为实体经济的障碍。

我讲的第三个问题是与服务业相关的改革开放问题。传统的观点认为，服务业不可以贸易，所以服务业开放不重要。但随着服务业的发展，服务也是可以贸易的，因此，对外开放越来越重要。现在，世界各国、各地区对服务业领域的开放问题越来越重视。比如，有关国家和地区在1994年达成的GATS的基础上达成了一个新的协议——《服务贸易协定》(Trade in Services Agreement，TISA)。这个协定在原来GATS的基础上往前迈出了很大的一步，旨在没有例外地、没有限制地开放所有的服务行业，这种开放力度是中国服务业远远不及的。

美国两位学者Barry Eichengreen和Poonam Gupta做过一项研究。他们基于半个多世纪的跨国数据分析发现，服务业有两波增长态势：第一波增长发生在人均收入1800美元（以2000年的购买力平价换算）之前；第二波增长发生在人均收入4000美元之后。在这两波增长阶段之间的服务业比例往往徘徊不前，可以看作“陷阱”(不同经济体的“陷阱”宽度可能不同)。第二波增长对应的是上中等收入水平国家的服务业增长阶段，我们国家现在正好处于这样一个时期。上中等收入经济体的服务业第二波增长，对于民主化程度较高、靠近主要金融中心及开放程度较高的经济体尤其显著。民主化程度越高（较少抑制信息和通信技术的传播)、越靠近主要金融中心（易于金融业的发展）以及开放程度越高（易于服务贸易的发展）的经济体就越容易利用这些服务部门提供的机遇。因此，在开放经济情况下，发展服务经济不仅仅涉及经济方面的政策措施，还要有相应的政治、意识形态和社会方面的良好条件。

目前，中国的服务业改革开放出现几种倾向。一是过分的意识形态化，这方面深深地打上了计划经济的烙印，我不想再多讲，在教育、信息、新闻出版、传媒、娱乐等服务领域都有表现。二是措施和方法不得当，完全按照制造业那一套搞服务业。比如，现在各地为促进服务业开放开辟了很多自贸区。那么，现在的问题是，服务业搞改革开放放在自贸区里做实验是不是合适？世界上很多国家都有自贸园区。美国比较典型，但美国自贸园区的级别比中国自贸园区的级别高，美国对国内的自贸区有一个规定，里面没有常住居民，不允许服务业，自贸区里面主要是制造业。但是我们的自贸区里面什么都有，比如2013年设立的上海自贸区，还有天津自贸区等。为什么世界上很少有国家把服务业放在自贸区里搞实验？我想，这主要是因为服务业和服务经济的特点决定了它不能这样做。一是服务是无形的；二是服务和消费同时发生；三是服务在跨境意义上的可贸易性比较低。这就决定了服务的商业存在、要素流动和媒介传输的重要性，而所有这些都无法在一个很小的空间里实现。这是涉及一个国家系统性、全局性、垄断性的服务业改革问题。所以，我们现在要改的是那些具有系统性、全局性、垄断性的服务业，而不是那些零星的如餐饮业这样的服务业。所有这些需要改革开放的服务业都不是能够在小小的自贸区里面解决的。所以，在自贸区里搞服务业改革开放是贻误战机。

第四个问题是关于服务业统计核算。我简单提一下。在统计领域，人们经常会引用马克·吐温的话，有三种谎言：谎言、该死的谎言和统计。也就是说，统计是最不靠谱的。服务业统计也不靠谱，但是统计又非常重要，没有很好的统计就没有很好的政策，因为我们如果对自己的情况都不清楚，何谈政策建议。几年前，我曾经翻译过一本书——《服务部门产出测算》。我在此书的导读中强调，如果缺乏对服务部门的准确统计，我们就无从知道服务业到底发生了什么，这一点对于我们进行学术研究和政策制定都非常关键。美国、欧盟在服务经济统计方面走在前列，包括增加值统计、全球价值链统计、服务贸易统计、企业水平统计、服务质量统计等，我国现在也开始往这方面努力。关于服务业，可以探讨的问题还有很多。由于时间关系，我的发言就到此为止，谢谢大家！

如何成为一个现代化国家

何传启

中国科学院中国现代化研究中心　中国科学院大学

实现现代化是我们的国家目标，是全国人民的共同期盼，是中华复兴的必由之路。那么，如何实现现代化？如何成为一个现代化国家？这是一个跨学科的命题，需要多学科的综合交叉研究，目前没有标准答案。新近出版的《如何成为一个现代化国家：中国现代化报告概要(2001—2016)》试图从新现代化研究角度，回答这个问题（何传启，2017）。在新现代化研究领域，如何成为一个现代化国家，可以分解成四个小问题。第一，什么是现代化？第二，什么是现代化国家？

第三，如何成为现代化国家？第四，中国如何成为现代化国家？

一、什么是现代化

在英文里，现代化一词产生于18世纪中叶（1748—1770年）；在中文里，现代化一词出现于20世纪初，是从英文翻译过来的。现代化研究是20世纪50年代开始的，已有60多年的历史。20世纪50年代以来，现代化研究出现了三次浪潮，分别是现代化研究、后现代研究和新现代化研究。其中，新现代化研究与知识化、信息化、绿色化、高技术和国家创新体系紧密相关，属于跨学科的综合交叉研究，需要自然科学与社会科学的通力合作。后现代研究和现代化研究则属于社会科学的范畴。在新现代化研究领域，可以从三个角度认识现代化，即现代化是一个世界现象，是一种文明进步，是一个发展目标。

1．现代化是一个世界现象

现代化是一个世界现象，大致起步于18世纪，扩散于19世纪，流行于20世纪和21世纪。18—21世纪，现代化的内涵和特征发生了巨大变化。目前，世界上绝大多数国家都在自觉或不自觉地经历某种现代化过程，都在直接或间接地把实现现代化作为一种发展目标（马蒂内利，何传启，2014）。

从历史角度看，先有现代化现象，后有现代化一词。作为一个历史现象，现代化是18世纪工业革命以来人类发展的世界前沿，以及追赶、达到和保持世界前沿水平的行为和过程。其中，发达国家要保持世界前沿水平，而发展中国家要追赶世界前沿水平。

形象地说，现代化犹如一场人类发展的国际马拉松比赛，跑在前面的国家成为发达国家，跑在后面的国家成为发展中国家；发达国家可以掉下来，发展中国家可以赶上去，位置转换有一定规律性。《中国现代化报告2010》发现，在20世纪后50年里，发达国家掉下来的比例约为10%，发展中国家赶上去的比例约为5%。

许多学者认为，现代化现象可以追溯到18世纪的英国工业革命和法国大革命（Bendix，1967）。早在16世纪欧洲文艺复兴进入尾声，欧洲社会发生了很大变化，航海大发现激发了人们的空前热情，许多欧洲人相信，一个新时代已经来临，那就是“现代”。此后，发生的一系列变革，如科学革命、启蒙运动和工业革命等，强化了这种观念。到18世纪中叶，欧洲翻天覆地的变化使人们相信，“成为现代化的、满足现代的需要”代表了时代潮流。于是，欧洲人发明了一个新词“现代化”，用来描述这个新现象。随后，“现代化”走出欧洲，向其他地区扩散。

现代化一词，是从“现代”衍生而来。“现代”一词诞生于1585年，现代化的动词产生于1748年，现代化的名词产生于1770年。迄今为止，现代化是一个多义词，没有统一定义。现代化可以用作名词、动词和形容词。

目前，现代化大致有三种解释：第一种是基本词义，指各种字典里对“现代化”的解释，这种解释基本不变，属于习惯用法；第二种解释是理论含义，是学者关于现代化特征和规律的系统阐述，不同学派的表述不一样；第三种是现代化的政策含义，指推进现代化的各种战略措施，它需要与时俱进，是现代化理论的应用。

目前现代化研究主要有10种理论：经典现代化理论、依附理论、世界体系理论、后现代化理论、生态现代化理论、反思性现代化理论、全球化理论、多元现代性理论、第二次现代化理论和综合现代化理论。不同理论对现代化的解释有所不同。

2. 现代化是一种文明进步

从学术角度看，现代化既是一个世界现象，也是一种文明进步。前者是表象，后者是本质。作为一种文明进步，现代化是从传统文明向现代文明的范式转变，以及人的全面发展和自然环境的合理保护；它发生在政治、经济、社会和文化的各个领域；同时，文化多样性长期存在并发挥作用。

具体而言，现代化包括现代文明的形成、发展、转型和国际互动，文明要素的创新、选择、传播和退出。通俗地说，现代化包括四种转变，即从传统经济到现代经济、传统社会到现代社会、从传统政治到现代政治、从传统文化到现代文化的转变。

如果把传统社会分为原始社会、农业社会两个阶段，把现代社会分为工业社会、知识社会两个阶段，那么现代化可以分为两个阶段，即第一次现代化和第二次现代化。第一次现代化是从农业社会向工业社会的转变，第二次现代化则是从工业社会向知识社会的转变。18—21世纪，世界现代化分为两大阶段，包括六次浪潮（表1）。

表1　世界现代化的两个阶段和六次浪潮

项目	第一次现代化			第二次现代化		
时间	1760—1970年（发达国家）			1970—2100年（发达国家）		
内容	从农业社会到工业社会、从农业经济到工业经济的转变，通常“以经济增长为中心”			从工业社会到知识社会、从工业经济到知识经济的转变，通常“以生活质量为中心”		
浪潮	机械化 第一次 产业革命	电气化 第二次 产业革命	自动化 第三次 产业革命	信息化 知识和 信息革命	仿生化 新生物学和 再生革命	体验化 新物理学和 时空革命
技术	机械时代	电力时代	电子时代	信息时代	再生时代	宇航时代

注：后两次浪潮是一种预测

资料来源：何传启，2017

3．现代化是一个发展目标

从政策角度看，在许多国家和许多领域，现代化被视为一个发展目标。对于已经实现现代化的国家，其目标是保持现代化水平。对于没有实现现代化的国家，其目标是早日实现现代化。

国家现代化是全面的现代化，包括全面领域和所有方面的现代化，如政治现代化、经济现代化、社会现代化、文化现代化、生态现代化和人的现代化等。

在新现代化研究领域，国家现代化有三个目标（表 2）。其中，前两个目标是阶段目标，第三个目标是水平目标，也是动态目标。第三个目标的实现程度可以分为三种情景（表 3），发达国家和发展中国家有所不同。发达国家就是所谓的现代化国家，它的目标是要保持世界先进水平或现代化水平，或实现某个方面的现代化，如果某个方面没有达到现代化水平的话。发展中国家是非现代化国家，它的目标是尽快达到世界先进水平，早日实现现代化，升级成发达国家或现代化国家。

发展中国家包括三组国家，即中等发达国家、初等发达国家和欠发达国家。中等发达国家可以一步走，直接升级为发达国家。初等发达国家需要两步走：第一步是升级为中等发达国家；第二步升级为发达国家。欠发达国家需要三步走：第一步从欠发达到初等发达；第二步从初等发达到中等发达；第三步从中等发达国家到发达国家。

表 2　国家现代化的三个目标

项目	第一个目标	第二个目标	第三个目标
内容	实现第一次现代化，完成从农业社会向工业社会的转变	实现第二次现代化，完成从工业社会向知识社会的转变	追赶、达到和保持人类发展的世界先进水平
性质	阶段目标，固定目标	阶段目标，目前它是动态的	水平目标，动态目标
特点	所有国家都有可能完成，但完成时间有先有后。目前，发达国家已经全部完成，部分发展中国家已经完成	所有国家都有可能完成，完成时间差别很大。目前，尚没有国家完成，发达国家到21世纪下半叶完成	达到和保持世界先进水平的国家是少数，没有达到世界先进水平的国家是多数。只有部分国家能够实现

资料来源：何传启，2017

表 3　国家现代化的三种情景

项目	情景	国家水平	世界排名
高目标	高标准实现现代化	国家现代化水平超过高收入国家平均值，进入世界前列	大约是世界排名前10位
中目标	全国平均实现现代化	国家现代化水平超过高收入国家平均值的80%，进入发达国家行列	大约世界排名前20位
低目标	基本实现现代化	国家现代化水平超过高收入国家平均值的50%和世界平均值，进入中等发达国家行列	大约世界排名前40位

资料来源：何传启，2017

二、什么是现代化国家

1. 现代化国家的定义

“现代化国家”是国家现代化水平达到世界先进水平的国家。很显然，“现代化国家”是一种国家分类。国家分类有多种分类方法。例如，根据国家的实力和大小分类，可以分为大型国家、中型国家、小型国家、微型国家、世界强国、中等强国、初等强国、世界弱国等。根据国家水平分类，可以根据人均国民收入分为高收入国家、中等收入国家和低收入国家；根据人类发展指数，分为高人类发展水平、中等人类发展水平和低人类发展水平国家；根据“现代化指数”，则分为发达国家、发展中国家等。

现代化国家就是基于“现代化指数”的分类。其中，现代化国家指现代化指数达到发达国家水平的国家，非现代化国家指现代化指数低于发达水平的国家。

2. 现代化国家的 3 个标准

1）定量标准：现代化指数要高于高收入国家平均值的 80%。

2）排名标准：现代化指数的世界排名要处于世界前 20 位。

3）定性标准：6 个领域及 3 个方面都达到世界先进水平。6 个领域分别是经济、社会、政治、文化、生态和人的现代化达到世界先进水平。在 6 个领域中，3 个方面是关键的，分别是先进生产力、社会进步和人的发展，都要达到世界先进水平。

3. 现代化国家的 3 个特点

1）数量比较少：现代化国家占国家总数的比例小于 20%。现代化国家是少数，非现代化国家是多数。

2）两个稳定性：一个是比例稳定性，过去 50 年现代化国家占全部国家的比例为 13% ～ 15%；另一个是地位稳定性，过去 50 年现代化国家保持现代化水平的概率是 90%，掉下去的概率是 10%。

3）国际分工的高端：现代化国家在国际分工中，包括知识分工、劳动分工和市场分工中，都处于高端位置。它是知识的创造者和生产者，知识型劳动者，拥有高端市场和知识市场等。简单地说，现代化国家是“头脑型国家”、“创新型国家”和“知识型国家”。非现代化国家或发展中国家，多数是所谓的“躯干型国家”和“跟踪型国家”等。

三、如何成为现代化国家

从新现代化研究角度看，要成为现代化国家需要做好三件事。第一，尊重规律和尊重国情；第二，选择合适的目标和路径；第三，选择合适的模式和重点。发达国家和发展中国家的国情和国际环境有很大差别。他们的选择既有共性，又有差异。

1. 尊重规律和尊重国情

首先，尊重现代化的客观规律。关于现代化的规律没有统一认识，这里介绍几个例子。

1）规律一：阶段性。现代化包括两个阶段。其中，第一次现代化以经济增长为中心，重点是工业化、城市化、民主化和理性化，提升生活水平和普及义务教育等；第二次现代化以提高生活质量为中心，重点是知识化、信息化、绿色化和全球化，物质生活质量趋同，精神文化生活高度多样化等。两次现代化在经济、社会、政治、文化、生态和人的现代化方面，有很大甚至是本质的差别。

2）规律二：非线性。现代化包括三个转型。第一个转型，从农业社会向工业社会的转变，这是第一次现代化；第二个转型，从工业社会向知识社会的转变，是第二次现代化；第三个转型，从半工业社会向知识社会的转变，是综合现代化。三个转型的道路和模式是不一样的。

第一次现代化路径是：政治民主化，经济工业化，工业比例上升，农业比例下降；社会城市化，城市人口比例上升，初等教育普及，社会保险覆盖率上升；文化理性化，成人识字率上升，报纸覆盖率上升；环境则是从环境友好到环境退化。第一次现代化路径的模式有十多种，不同国家有不同的发展模式。

第二次现代化路径是：政治方面继续民主化，国际化；经济方面则是服务化和知识化，知识服务业比例上升；社会则是郊区化，郊区人口比例上升，中学普及率上升；文化是知识化和信息化，大学普及率提高，互联网普及率提高；环境是绿色化，废水处理率上升，环境质量改善。第二次现代化路径的模式有二十多种，不同国家可以选择不同模式。

综合现代化路径相当于第一次现代化和第二次现代化的协调发展。它在政治方面同样是民主化；在经济方面是工业化和服务化并重；在社会方面则是城市化、郊区化、教育、社会福利并重；在文化方面，理性化、知识化、信息化并重；环境则是绿色化。综合现代化路径有二十多种模式，不同国家的选择是不一样的。

3）规律三：进步性。现代化是一种进步。既然是进步就有标准。大致有四个标准：有利于生产力的解放和提高，有利于社会的公平和进步，有利于人的自由解放和全面发展，有利于自然环境的合理保护。

4）规律四：不同步。现代化有10个原则。进程不同步，分布不均衡，结构稳定性，地位可变迁，行为可预期，路径可选择，需求递进，效应递减，状态不重复，中轴转换。

5）规律五：创新性。创新是现代化的源泉和动力。现代化的动力模型有10个，他们分别是创新驱动模型、双轮驱动模型、联合作用模型、创新扩散模型、创新溢出模型、竞争驱动模型、生产力函数、要素优化模型、结构优化模型、创新价值模型。下面介绍几个例子。

创新驱动模型：知识创新和制度创新相结合产生新科技，新科技通过技术创新产生新产业，新产业导致新经济，新经济导致新社会，新社会导致现代化。从创新到现代化的全过程，每一个阶段都有信息反馈，从而形成一个从创新到现代化的正反馈循环驱动（图1）。

竞争驱动模型：竞争包括国际竞争、市场竞争、民主竞选，它们导致了优胜劣汰、新陈代谢和资源的优化配置，从而推动了现代化。

联合作用模型：创新、竞争和学习，联合作用推动了文明的发展和文明转型，从而导致现代化。

6）规律六：科技与现代化紧密相关。在过去300年里，世界现代化前沿的每一次浪潮，都是由科技革命推动的。第一和第二次科技革命，推动了机械化浪潮；第三次科技革命推动了电气化，第四次和第五次科技革命推动了自动化和信息化；未来的第六次和第七次科技革命将推动第五次和第六次浪潮，其中，第六次科技革命将可能是“新生物学和再生革命”，将推动新一次浪潮，即仿生再生和生物经济等（何传启，2012）。

7）规律七：国家发达的原理（何传启，2010）。第一，价值。国家发达水平与创新价值比例成正比，与劳动价值比例成反比。第二，劳动。国家发达水平与物化劳动比例成正比，与有效劳动比例和高效劳动比例成正比，与活的劳动比例成反比，与无效劳动比例和低效劳动比例成反比。第三，资本。国家发达水平

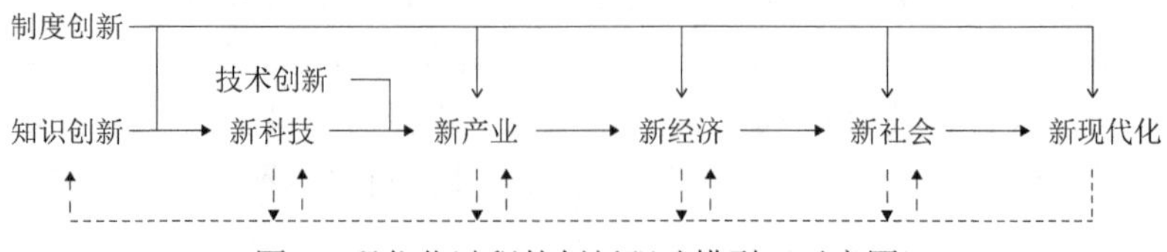

图1　现代化过程的创新驱动模型（示意图）

资料来源：中国现代化战略研究课题组、中国科学院中国现代化研究中心，2006

与高级资本比例、有效资产比例、有效投资比例、高效投资比例成正比，与低级资产比例、无效资产比例、无效投资比例、低效投资比例成反比。第四，技术。国家发达水平与先进技术比例成正比，与落后技术比例成反比。

另外，实现现代化要尊重国情。所谓国情是国家发达水平有多高，发展阶段是什么？2014年，131个国家的水平分布是发达国家20个，都是处于第二次现代化；中等发达国家26个，其中9个处于第二次现代化，17个处于第一次现代化；初等发达国家34个，全部处于第一次现代化；欠发达国家51个，其中48个处于第一次现代化，3个国家处于传统社会。

2. 选择合适的目标和路径

选择目标和路径，一要尊重规律，遵循现代化的规律；二要尊重国情，综合考虑4个因素，国家水平、国家阶段、国家文化和国际环境。

1）目标选择。国家现代化目标有3个方面。第一是共性的，第二是个性的，第三是减少副作用。在共性方面有3个目标，完成第一次现代化，完成第二次现代化，追赶、达到和保持世界先进水平（表2），目标的实现程度可以分为3档（表3）。

2）路径选择。现代化路径大致有3条。第一次现代化路径是从农业社会到工业社会；第二次现代化路径是从工业社会到知识社会；综合现代化路径是从半工业社会到知识社会。

3）发达国家的目标和路径。发达国家选择第二次现代化路径，它的目标是高目标，高标准实现现代化，现代化水平进入世界前列，进入世界前10名，超过高收入国家的平均值。

4）中等发达国家的目标和路径。第一步，可以选择第二次现代化路径，也可以选择综合现代化路径。选择中目标，全国平均实现现代化，进入发达国家行列，大约处于世界前20位。现代化水平要超过高收入国家平均值的80%。

5）初等发达国家的目标与路径选择。第一步，可以选择综合现代化路径或第一次现代化路径。目标应该是低目标，基本实现现代化，进入中等发达国家行列，大约世界前40名，现代化水平要超过高收入国家平均值的50%和世界平均值。

6）欠发达国家的目标和路径。第一步，选择第一次现代化路径，目标是升级为初等发达国家，进入大约世界前80位，国家现代化水平超过高收入国家平均值的30%和世界平均值的60%。

3. 选择合适的模式和重点

选择模式和重点，要尊重规律和尊重国情。现代化没有标准模式，条条道路通现代化，但是不同模式重点不同。要考虑水平和阶段、道路和模式、国际环境，还要与时俱进。

1）发达国家的模式和重点选择。发达国家选择的是第二次现代化路径。第二次现代化路径有20多种模式，不同国家可以选择不同模式。重点则是在价值、劳动、资本、技术、生产力、社会进步和人的发展7个方面，做出理性选择。

2）发展中国家的模式选择。发展中国家包括中等发达、初等发达和欠发达国家，它们的发展水平不同，模式选择也不同。

3）发展中国家的重点选择。重点同样是在价值、劳动、资本、技术、生产力、社会进步和人的发展7个方面，做出理性选择；不同水平国家选择不同。

四、中国如何成为现代化国家

中国如何成为现代化国家，是大家都关心的问题，也是本项研究的落脚点，不同人会有不同认识。从新现代化研究角度看，中国要成为现代化国家，同样要做好三件事。第一，尊重规律、尊重国情；第二，选择合适的目标和路径；第三，选择合适的模式和重点。关于规律，前面已有讨论，这里重点讨论我们的国情和选择。

1. 中国现代化的基本国情

1）中国现代化的历史。中国现代化大致是19世纪中叶起步的。中国现代化可以分为三个阶段，即清朝末年现代化起步，民国时期局部现代化，中华人民共和国的全面现代化。

中华人民共和国成立近70年来，现代化建设取得了很大成就。比如说，1950—2014年第一次现代化指数提高了73点，1970—2014年第二次现代化指数提高24点。中国已经从欠发达国家升级为初等发达国家，下一步就是升级为中等发达国家，再下一步就是发达国家了。

2）中国现代化的现状。2014年，中国属于一个初等发达国家，大致处于发展中国家的中间水平，世界排名大致是第60位左右。第一次现代化完成99%，第二次现代化达到发达国家的45%，人均收入达到7520美元，大约相当于发达国家的17%和世界平均值的69%。但是中国地区发展不平衡，2014年部分地区已经接近发达国家水平的底线，比如说北京和上海的部分指标已经达到或接近意大利、西班牙的水平。2014年，中国现代化的发展阶段是处于第一次现代化的成熟期，发达国家都处于第二次现代化。

3）中国现代化的特点。其一，人口规模最大的现代化，中国人口超过了发达国家的总和，中国现代化的任务也超过了发达国家的总和。其二，后发追赶型

现代化，中国现代化的起步比主要发达国家晚了约 100 年。其三，不平衡的现代化。工业化优先，民主化滞后，社会问题多；工业化优先，城市化滞后，城乡差距大等。其四，错失了三次重大历史机遇，第一次是 1793 年错失第一次工业革命扩散的机遇；第二次是 1842—1860 年错失第二次工业革命起步的机遇；第三次是 1957—1976 年错失第三次产业革命技术转移的机遇。其五，发生了两次重大倒退，第一次是日本的侵华战争，中国工业化进程被打断，工业化水平倒退了约 20 年。第二次是“文化大革命”期间，工业化进程被打断，工业化水平大致倒退了 10 年。其六，资源和环境压力巨大。2010 年中国人均工业资源的指标大部分低于世界平均值。

2. 中国现代化的目标和路径

1）中国现代化的目标分析。1987 年，我们党对我国社会主义现代化建设作出战略安排，提出“三步走”战略目标：第一步，实现国民生产总值比 1980 年翻一番，解决人民的温饱问题。这个任务已经基本实现。第二步，到 20 世纪末，使国民生产总值再增长一倍，人民生活达到小康水平。第三步，到 21 世纪中叶，人均国民生产总值达到中等发达国家水平，人民生活比较富裕，基本实现现代化。①

截至 2015 年，三步走战略中的前两步目标已经完成，第三步战略的经济目标也接近。2015 年中国人均 GDP，按当年价格算是 8028 美元，按 1980 年不变价格计算约为 3638 美元，3638 美元距离 4000 美元只差 362 美元，完成了 91%。

如果按照 1990—2005 年现代化平均速度来测算的话，中国有可能在 2040 年超过世界平均水平，达到中等发达国家水平，提前 10 年完成第三步战略目标。

根据三步走发展战略，根据中共十八大的战略部署，同时参考《中国现代化报告：服务业现代化研究》的定量预测，中国现代化的百年目标可以分为四个台阶，最后进入世界前列，实现伟大复兴。以 2000 年作为起点，我们是初等发达国家，处于世界第 70 位左右。第一个台阶是近期目标，到 2020 年全面建成小康社会，基本完成第一次现代化，国家现代化水平进入世界前 60 位；第二个台阶是低目标，在 2040 年左右达到世界中等发达国家水平，基本实现现代化，进入世界前 40 位；第三个台阶是中目标，在 2080 年前后进入发达国家行列，全国平均实现现代化，进入世界前 20 位；第四个台阶是高目标，在 21 世纪末高标准实现现代化，进入世界前 10 位，实现伟大复兴。

中国现代化是全面的现代化，包括所有领域和所有方面，包括经济、社会、政治、文化、生态和人的现代化。中国现代化是一个世纪工程，包括四个台阶和

① 新华社. 从“三步走”到“两步走”，我们这样走过. http://cpc.people.com.cn/19th/n1/2017/1022/c414305-29602108.html

六化建设。六化建设是：经济现代化、社会现代化、政治现代化、文化现代化、生态现代化和人的现代化。

2）中国现代化的路径分析。2000 年，中国处于第一次现代化的发展期，美国处于第二次现代化的发展期。如果中国像发达国家那样，先做第一次现代化，后做第二次现代化，那么在 21 世纪中国很难赶上世界先进水平。我们建议中国走综合现代化路径，两次现代化协调发展，并加速向第二次现代化转型，迎头赶上 21 世纪后期的世界先进水平。

通俗地说，就是运河战略，开辟现代化的运河，迎头赶上世界先进水平。运河战略的特点是两步并作一步走，走出一条新路子。发达国家的现代化都是两步走，先完成第一次现代化，后开始第二次现代化。中国的现代化将是两步并作一步走，积聚两次现代化的精华，避免两次现代化的误区，走一条低成本高效益的现代化新路子，吸取前人的经验教训，迎头赶上未来的世界前沿，为发展中国家的现代化开辟一条新道路。

于是，我们提出了现代化路线图，它是现代化目标和路径的集成。按照运河战略的原理，《中国现代化报告：服务业现代化研究》先后提出了八个路线图，分别是经济现代化、社会现代化、文化现代化、生态现代化、农业现代化、工业现代化、服务业现代化和城市现代化的路线图。

3. 中国现代化的模式和重点

中国选择综合现代化路径，从半工业经济向知识经济、半工业社会向知识社会的转型，它有 20 多种模式，中国怎么选？下面讨论未来 30 年的模式，以及未来 10 年的重点。

（1）中国现代化的模式分析

未来 30 年是三步走战略的最后 30 年。三步走发展战略全长 70 年。按照邓小平同志的三步走时间划分，1981—1990 年，1991—2000 年，2001—2050 年。作为一种政策研究，我们还可以按上中下进行时间划分，上 20 年（1981—2000 年），中 20 年（2001—2020 年），下 30 年（2021—2050 年）；也可以按前 40 年（1981—2020 年）后 30 年划分（2021—2050 年）。在模式分析中，采用“前 40 年后 30 年”进行分析，前 40 年是 1981—2020 年，后 30 年是 2021—2050 年。

1）前 40 年，“以经济建设为中心”。1980 年邓小平同志提出以“经济建设为中心”（人民网，2012）。1987 年邓小平同志提出三步走发展战略，三步走发展战略以人均国民生产总值为核心指标，突出了经济建设。

前 40 年政策与时俱进，模式不断演变。20 世纪 80 年代邓小平同志讲以经济建设为中心，提出三步走发展战略。20 世纪 90 年代江泽民同志提出科教兴国

战略，指出知识经济、创新意识对我们21世纪的发展至关重要，真正搞出我们自己的创新体系。21世纪初，十六大提出2020年全面建设小康社会，提出三位一体的战略部署，包括经济建设、政治建设和文化建设。2003年胡锦涛同志提出科学发展观，以人为本，全面协调可持续发展。2007年十七大提出四位一体的战略部署，包括经济建设、政治建设、文化建设和社会建设。2012年习近平总书记提出中国复兴梦。十八大提出2020年全面建成小康社会，以及五位一体的战略部署，包括经济建设、政治建设、文化建设、社会建设和生态文明建设。2017年，习近平总书记在十九大提出，决胜全面建成小康社会（人民网，2017）。由此可见，在过去40年里，我们逐步从以经济建设为中心，向一种全面发展演进。

前40年成就巨大。一是小康社会全面建成。二是三步走战略前两步目标完成，第三步的经济目标也能完成，这个目标是人均GDP 4000美元（按1980年不变价格计算），按6%年均增长率预测，2020年我们有可能达到4800多美元。三是第一次现代化、工业化和城市化基本完成，第一次现代化指数达到100分，相当于发达国家1960年的平均水平。

2）2021年，中国将进入一个新阶段。2020年前是全面建设小康社会，是第一次现代化阶段，以工业化为主。2020年全面建成了小康社会，基本实现了第一次现代化。2020年后，我国将进入"基本实现现代化"的阶段、第二次现代化阶段、知识化为主的阶段。

从理论角度看，综合现代化路径是两次现代化的协调发展，大致分为三个阶段。第一阶段，第一次现代化为主，工业化为主，以经济增长为中心；第二阶段是工业化和知识化并重，两化并重；第三阶段，第二次现代化为主，知识化为主，以生活质量为中心。

从实际情况看，中国综合现代化的第一个阶段是2000年以前，以经济建设为中心，工业化为主；第二个阶段是2001—2020年，工业化和知识化并重，新型工业化和新型城镇化；第三阶段是2020年以后，工业化基本完成，将进入知识化为主、以生活质量为中心的阶段。

由此可见，2020年中国全国平均进入综合现代化的第三阶段，知识化为主，以生活质量为中心，即第二次现代化为主阶段。但我国地区不平衡，不发达地区仍将处于第一次现代化阶段，仍将以经济建设为中心。从地区角度看，中国仍将是两次现代化并存的局面。

3）后30年将"以生活质量为中心"。中国将实现三个转型和一个升级。转型一：目标转型，从建设小康社会到基本实现现代化。转型二：模式转型，从第一次现代化为主到第二次现代化为主，从工业化为主到知识化为主。转型三：内涵转型，从以经济建设为中心到以生活质量为中心。一个升级就是战略升级，从中等发达到世界前列，从“三步走”延伸到“四个台阶”，时间跨度从2050年延伸到2100年。

（2）中国现代化的重点分析

未来10年我们将处于战略转型期，包括从全面小康社会到基本实现现代化的转型，从第一次现代化到第二次现代化的转型，从以经济建设为中心到以生活质量为中心的转型，三个转型的转型期。

在这个转型期，如何选择重点？我们认为，既要尊重规律，也要尊重国情。我们建议：向生活质量进军；以质量为中心，以创新和改革为动力，六化协同，共建共享，绿色发展。或者说，质量优先，双轮驱动，六化协同，共建共享，绿色发展。

1）以质量为中心，实现战略转型。向生活质量进军，实现从“以经济建设为中心”向“以生活质量为中心”的战略转型，全面提升国民生活质量。建议启动“中国质量十年议程”，以生活质量为中心，以经济质量和环境质量为支点，三个质量一起抓。

2）以创新和改革为动力，实现双轮驱动。坚持创新驱动，支持“创新、创业”，促进信息化、智能化；建设科技创新特区，把握“新生物学和再生革命”的历史机遇。坚持改革开放，深化改革，提升治理质量，促进自由贸易区和“一带一路”的建设。

3）六化协同，共建共享，绿色发展。所谓六化是经济现代化、社会现代化、政治现代化、文化现代化、生态现代化和人的现代化。六化协同即六化建设，协同推进。共建共享即人人参与，人人享有。绿色发展即把绿色理念融入所有政策。

4）做好四个选择。一是价值选择，提高人均创新价值，提高人均劳动价值，提高创新价值比例；二是劳动选择，提高人均有效劳动和人均高效劳动，减少无效劳动和低效劳动；三是资本选择，提高人均有效投资和人均高效投资，减少无效投资和低效投资；四是技术选择，增加先进技术的比例，降低落后技术比例。

5）把握三个关键。第一，先进生产力，技术进步是50%的创新、50%的学习，提高人均资本、人均技能、人均技术和管理水平；第二，社会进步，80%的竞争、20%的调节，按贡献分配，按需要调节，生财有道，公平互助，建议实施“小康工程”，向人均收入低于小康标准的家庭提供爱心帮扶；第三，人的发展，各尽所能，平等互利，公平竞争，凭业绩晋升，普及高等教育，加快教育现代化

和信息化，尊重个性和民意选择。

6）因地制宜，梯度推进。2013 年我国地级行政地区中，169 个为较不发达地区，125 个为初等发达地区，42 个为中等发达地区。不同地区可以选择合适的路径、模式和重点。

五、结束语

现代化既是一个世界现象，也是一种文明进步，还是一个发展目标。现代化国家是现代化水平达到世界先进水平的国家，现代化国家占全部国家的比例少于 20%。要成为现代化国家，需要尊重规律，尊重国情，选择合适的目标、路径、模式和重点。中国要成为现代化的国家，也应如此；同时要注意地区不平衡性，地区现代化要因地制宜。

2020 年，中国将是一个初等发达国家，第一次现代化基本完成。中国目标是一个百年目标，包括四个台阶，六化建设，进入世界前列，并实现伟大复兴。

中国的现代化路径是综合现代化路径、运河战略、迎头赶上。未来 30 年的模式将是知识化为主、以生活质量为中心。未来 10 年的重点将是“向生活质量进军”，以质量为中心，以创新和改革为动力，六化协同，共建共享，绿色发展。

参考文献

何传启 . 2010. 现代化科学：国家发达的科学原理 . 北京：科学出版社 .

何传启 . 2012. 第六次科技革命的战略机遇（第二版）. 北京：科学出版社 .

何传启 . 2017. 如何成为一个现代化国家：中国现代化报告概要（2001 ～ 2016）. 北京：北京大学出版社 .

马蒂内利，何传启 . 2014. 世界现代化报告 . 北京：科学出版社 .

中国现代化战略研究课题组、中国科学院中国现代化研究中心 .2006. 中国现代化报告 2006：社会现代化研究 . 北京：北京大学出版社 .

人民网 . 习近平：决胜全面小康社会 夺取新时代中国特色社会主义伟大胜利——在中国共产党第十九次全国人民代表大会上的报告 . 2017-10-27.

Bendix R. 1967. Tradition and Modernity Reconsidered. Comparative Studies in Society and History，IX，（3）：292-346.

Chuanqi He. 2017.How to Become a Modernized Country: China Modernization Report Outlook（2001 ～ 2016）. Beijing：Peking University Press.

Ⅱ. 服务业现代化的国际经验

Service Economy Development Model
and International Experience

迎接服务经济时代　实现民族复兴

于维栋
中共中央办公厅调研室原副主任

一、服务经济时代正在向我们走来

纵观人类历史，主要经历了两个阶段，即野蛮时代和文明时代[①]。前者大约经历了200多万年，后者只不过几千年。从前者到后者的转变，是从商品的出现到商人的出现开始的。商品和商人的出现，就产生了服务业。可见服务业早就存在，它的历史可以追溯到几千年以前。不过，它的历史虽然悠久，但它的地位在历史上并不重要，从它的名字就可以推想，它只是服务性的，并不居主导地位：或者服务于人们的生活，如餐饮业；或者服务于工农业生产，如运输业和商业；或者两者兼而有之。自从人类进入文明时代之后，主要经历了两个经济时代，即农业时代和工业时代，前者大约经历了几千年，后者不过几百年，而服务业本身，也在随着时代的变化而变化，这不仅是在量的方面，而且在质的方面，都在变化[②]。

这种变化到了20世纪50年代以后，出现了一种新的情况：一是服务业的发展首先从产值方面，然后从劳动力的比例方面先后超过了物质产业（工农业）的总和（表1）；二是服务业从工农业中分离了出来，这种分离不仅没有削弱工农业生产，而是大大提高了工农业的劳动生产率，分离出现的大都是技术含量高的知识型服务业。这种现象首先发生在北美（美国、加拿大），其次在西欧（英国、法国等），日本也随后跟上。到2010年，世界平均服务业增加值已占70%，服务业劳动力比例达到51%。2013年服务业增加值超过50%的国家达到114个，服务业劳动力超过50%的国家达到70个。

面对这一世界潮流，作为发展中国家的中国，正在奋起直追，2015年服务业增加值已经超过50%，从整体上看仍然落后于世界平均水平。国际上的有识之士早已观察到这种新的动向，并预感到一个新的时代即将到来，这里有种种说

① 恩格斯．家庭、私有制和国家的起源．中共中央马克思恩格斯列宁斯大林著作编译局译、编．北京：人民出版社．2003.

② 何传启．中国现代化报告2016：服务业现代化研究．北京：北京大学出版社．2016.

表 1　若干国家服务业劳动力超过 50% 的时间　（单位：%）

国家	年份	服务业劳动力比例	工业劳动力比例	农业劳动力比例
美国	1950	54	35	11
加拿大	1960	53	34	13
英国	1970	52	45	3
日本	1980	54	35	10
法国	1980	58	40	2
德国	1990	58	38	4
意大利	1990	59	32	9

法：后工业社会（D. 贝尔），信息时代（威尔逊·迪扎德），知识经济（OECD），第二次现代化（何传启），第三次浪潮（托夫勒），等等。如果我们在这里转换一个角度，从更长的时间尺度即从人类历史的长河看问题，就可以看出，所谓农业文明或农业时代，不过是农业经济占主导的时代，同理，工业文明或工业时代，也不过是工业经济占主导的时代；现在回到本文的主题，既然已经出现了服务业占主导的时代，那么这个时代，可否称之为服务经济时代，并使之和农业经济时代、工业经济时代相提并论呢？本文认为不仅可以，而且很有必要。

从这一角度出发，可能会加深对这一阶段的认识，或者会得到一些新认识。

二、服务经济时代还仅仅是开始

托夫勒在《第三次浪潮》中指出，以农业革命为代表的第一次浪潮历时数千年，以工业革命为代表的第二次浪潮不过三百年，根据历史加速发展律，第三次浪潮可能只要几十年。从《第三次浪潮》的发表到现在，我们怎样来评价这次浪潮呢？何传启在论述农业时代和工业时代的时候，把每一个时代分为起步期、发展期、成熟期，过渡期（退出期）。而每一个旧时代的退出（过渡）期和新时代的起步期又是不可避免地交叉和叠加着的。拿浪潮这样形象的事物来分期，每一次浪潮又可以分为兴浪、成浪、高峰，退浪（退潮）四个阶段。托夫勒认为第二次浪潮不过三百年，大概是从 18 世纪英国的产业革命算起，其实这已经是工业革命的发展期，从 19 世纪末到 20 世纪中叶，是工业革命的成熟期。20 世纪 60 年代的电子计算机到 90 年代的互联网技术的兴起，是工业时代的过渡期、新时代起步期的交叉和重叠时代。托夫勒预言，第三次浪潮只需几十年，是过于乐观了。为什么这么说呢？

1）在英国 18 世纪产业革命之前，存在着一个工业时代的准备期或起步期，

这同时交叉着农业时代的退出或过渡期。这个时期经历了至少三百年，从 15 世纪开始，甚至可以追溯到更早，在西欧发生了一系列的社会变革，或者可以说是革命。例如文艺复兴运动，这是一场思想解放运动，所谓解放就是从封建主义枷锁下解放，实质上是一场思想革命。15 世纪以后的科学技术革命，就是在思想解放的基础上诞生的。这个时期还发生了商业革命、政治革命，这一系列的革命都为 18 世纪的生产力革命打下了思想、制度、科技等基础。我们还可举出更早的例子。例如，12 世纪以后西欧大学的建立，以及以后大学的改革和发展，也都为工业时代的到来和发展准备了人才基础。

由此看来，一个新的时代，一个新的社会形态，从旧时代的母体中孕育、产生、发展、成长和成熟必然要经过一个相当长的过程，要经过一个思想革命、制度革命（政治的、经济的）、科学技术革命，乃至于文化教育革命的反复相互作用的过程。特别要强调的是，服务经济取代工业时代，乃是非物质经济取代物质经济，比工业经济取代农业经济（是同一物质经济的不同形态的取代），理论上要复杂得多和困难得多。因此，它花的时间不可能比第二次浪潮更短，很可能还需更长一些。如果能和工业时代差不多，也就是三百年，或者几百年，就很不错了。毕竟几百年对人类历史来说，不过短短一瞬间。

2）从实际的时代转型要素来看，服务经济时代要取代工业时代，必然要发生一系列变革或革命，包括思想的、制度的（政治、经济）、科技的、生产力的革命。从 20 世纪末到 21 世纪初，这一系列革命或变革并未发生，或者说主导的仍然是旧的、工业革命时代盛行的那一套。以生产力要素为例，工业时代取代农业时代，必然在能源、材料、信息控制、资源开发空间等一系列要素上发生革命。农业时代的能源是人力、畜力、木材和薪炭，工业时代则是煤炭、石油、核裂变等。农业时代的材料主要是生铁、木材、传统陶瓷、棉麻等，工业时代主要是钢铁、化工合成、高分子材料和复合材料等。在农业时代，人们对劳动对象的改变，主要靠人工控制或简单的机械传动；在工业时代，机械化、电气化和智能化使人手和人脑获得解放。在农业时代，人类的生产范围主要是地球表面，在马车能到达的范围。在工业时代，随着新大陆的发现，人类的生产活动扩展到全球，到地下深层（采矿、开发石油）。而在服务经济（知识经济）时代，这一系列生产力要素的革命又是什么？发展到什么程度？现在，我们还看不清楚，只能作一些预测（表 2）。这表明现在新时代还仅仅是开始，整个时代可能需要几百年的过程，我们应该有思想准备，有信心应对。

表 2　三个时代的生产力要素革命

项目	农业时代	工业时代	服务经济时代预测（知识时代）
能源	柴草、薪炭、人力、畜力	化石资源（煤、石油、天然气）、核裂变等	可再生能源、核聚变等非碳能源
材料	生铁、木材、传统陶瓷、棉麻等	钢铁、化学合成、高分子材料、复合材料等	功能材料（如超导）、纳米材料等
信息控制	人工控制、简单机械传动	机械化、电气化、自动化达到远距离控制	智能化（在制造业及管理中）无人化（在交通中如飞机、汽车、火车等）
资源利用范围	地球表面、马车能到达的范围	利用全球资源，地球表层开发（煤、金属矿、石油等）	扩展到外层空间（如月球、火星等）和地球、海洋深层

三、机遇与挑战

如果我们把服务经济看作一个时代，并且把它和工业时代、农业时代在历史的尺度上等量齐观，我们的眼前就会一亮，这不正是历史赋予我们以伟大复兴的难逢的机遇吗？时代的转型就是机会，现在的发达国家，包括西欧、北美、日本，就是利用由农业社会到工业社会转型的机会，跑在世界前头的。根据安·麦迪森《世界经济千年史》提供的资料，在 1300 多年之前（相当于中国元朝），中国的人均 GDP 不仅在亚洲居首位，而且高于西欧、非洲、拉美等国家或地区。此后，西欧发生了一系列运动，包括思想解放运动、政治革命、商业革命、科学技术革命、生产力革命等，实现了由农业社会向工业社会的转型，形成了一批早期工业化国家，而中国抱着农业社会一套不变，因此落后了（表 3）。为什么几百年前，欧洲人求变了，中国人却不求变呢？不要忘记，在农业时代，中国曾是发达国家。欧洲大约在公元 5 世纪前后才进入封建社会，日本则更晚，中国人在秦始皇的时候就进入封建社会，有两千多年历史，欧洲只有一千多年，日本则只有几百年。也就是说，中国的封建社会结构比较稳定，要推倒它难度就比较大。到 21 世纪世界又要演出一幕新戏，这一幕就是由工业时代向服务经济时代（知识时代）的转型。时代在呼唤着新的和服务经济相适应的社会结构。同样的道理，工业发达国家几百年形成的结构比较稳定，现时又比别人富裕，虽然已经过时（不适应转型的需要了），但要由自己来推倒就难了。相反，经济不发达的国家“穷则思变”，必然率先进行一系列变革和革命，从而后来者居上，正如几百年前上演的重新洗牌的一幕那样。现代化研究中心在中国现代化报告中提出的运河路径，也就是这个意思。

机遇只赋予有准备的头脑。在 21 世纪的世界性经济转型的过程中，机遇总是存在的，但是能抓住机遇成为新时代前列的，只是少数有准备头脑的国家或地区，即率先进行一系列否定工业社会结构的变革或革命的国家或地区。

表 3　中国经济两千年的国际比较（0—1998 年人均 GDP）（单位：1990 年国际元）

年份	0	1000	1500	1600	1700	1820	1870	1913	1950	1973	1998
中国	450	450	600	600	600	600	530	552	439	839	3 117
西欧	450	400	774	894	1 024	1 232	1 974	3 473	4 594	11 534	17 921
美国	—	—	400	400	527	1 257	2 445	5 301	9 501	16 689	27 331
日本	400	425	500	520	570	669	737	1 387	1 926	11 439	20 413
印度	450	450	550	550	550	533	533	673	619	853	1 746
拉美	400	400	416	437	529	665	698	1 511	2 554	4 531	5 795
非洲	425	416	400	400	400	418	444	585	852	1 365	1 368

资料来源：安·麦迪森，2003

首先要进行思想解放运动，打破一切妨碍变革的框框，或者说要进行思想革命。要破除迷信，追求真理。这里所说的迷信包括对书本的迷信，对经验的迷信，对洋人的迷信，对古人的迷信，对封建的迷信，对西方的迷信等。要不断进行思想解放。

其次要不断进行制度变革，或者说制度革命，这里包括政治、经济、文化，等等。

科学技术革命对于推动社会结构的转型升级有重要作用，一个民族要进入世界先进民族的前沿，首先必须站在科学技术革命的前列，中国要在 21 世纪掌握由工业社会转型到服务经济社会的主动权，必须成为科技强国，领导世界科技革命的新潮流。

最后的一项准备工作，也是标志性的，就是生产力革命。工业社会之所以能够战胜农业社会，是因为能够创造更高的劳动生产率。服务经济社会也是如此。我国目前的劳动生产率比西方还低很多，这是一个硬指标。不过，我们不必气馁，现在机会不是来了吗？只要抓住机会，在今后几十年通过“弯道”（即运河路径）超越，我国是完全有可能超越的。

机遇和挑战总是并存的，这些挑战可以来自别人，也可能来自自己，我们需要制定种种政策去应对挑战。这里提出发展服务经济和服务业现代化的三条政策原则或政策取向。一是有利于劳动生产率的提高，特别是有利于物质产业（工业、农业）劳动生产率的提高。二是有利于就业率的提高。知识经济的发展成为主导，必然会产生许多新业态，增加就业机会，同时会淘汰一些产业，使一些人失去就业岗位，面临重新就业。我们的政策要处理这种平衡，使老百姓能够安居乐业。三是以人为本，提高人的生活质量，增加人们的幸福感。归根到底，发展服务经济是为人民服务的，这是政策之本。

参考文献

安·麦迪森．2003. 世界经济千年史．伍晓鹰，许宪春，叶燕斐，等译．北京：北京大学出版社．
恩格斯．2003. 家庭、私有制和国家的起源．中共中央马克思恩格斯列宁斯大林著作编译局．北京：人民出版社．
何传启．2016. 中国现代化报告 2016：服务业现代化研究．北京：北京大学出版社．

世界服务业现代化的历史与经验

刘　雷
中国科学院中国现代化研究中心，中国科学院大学

服务业历史悠久，可以追溯到原始社会的中期，如原始祭祀等。但在很长的历史时期，服务业并不被看成一个产业，至少不是一个生产性产业，而被认为只是一个附属部门，也不是学者研究的对象(关权，2014)。直到20世纪30年代，费希尔、克拉克提出三次产业的分类，服务业才进入人们的视野。20世纪60年代以来，伴随服务经济的大规模兴起，服务业才逐渐引起了人们的重视。目前，服务业已经成为世界经济的主体部分。自2010年以来，服务业增加值占世界经济增加值的比例超过70%，而农业和工业分别约占3%和27%。但是在服务业的研究中，精确的经济测度一直是一个挑战。著名统计学家格里利克斯就曾经说过：人们对经济的测度实际上十分有限；其中最严重的计量问题就是由服务业这个“不可测度部门”（unmeasurable sector）引起的。而我国经济学家江小涓也曾精辟地指出，服务业是一个异质性很强的庞大产业，涉及众多分支行业部分，本身缺乏系统性和统一性；与工业和农业相比，它是一个比较模糊和难以准确定义的产业，服务业测度和统计困难、“共性”难以概况、反映服务业一般特征的普适分析框架不易构造（江小涓，薛澜，2011）。

一、服务业现代化的内涵

国际标准化组织和国际电工委员会联合颁布的ISO/IEC指南76：2008《服务标准制定考虑消费者需求的建议》认为：服务是为满足顾客的需要，供方和顾客之间接触的活动，以及供方内部活动所产生的结果。而服务业是生产或提供各种服务的经济部门或企业的集合，是以服务形式提供满足社会生产需要和人们消

费需要的各种使用价值。如果从统计学的角度看，国际标准行业分类将农业作为第一产业，工业作为第二产业，而服务业是第三产业。关于服务业现代化，到目前为止学术界没有统一定义。从现代化科学的角度，我们给出以下两种操作性定义：①服务业现代化是18世纪以来的一个经济现象，是服务业发展的世界前沿，以及追赶、达到和保持这种世界前沿水平的行为和过程。达到和保持服务业的世界前沿水平的国家是服务业发达国家，其他国家是服务业发展中国家，两类国家之间的转换有一定概率。②服务业现代化是18世纪以来服务业的一种深刻变化，是从传统服务业向现代服务业和知识型服务业的转变，它包括现代服务业的形成、发展、转型和国际互动，服务业要素的创新、选择、传播和退出，以及服务业国际体系和国家地位的变化等（何传启，2016）。

如前所述，服务业所包含的子行业种类繁多，其统计分类取决于不同国家和地区的统计制度。目前比较权威的是国际标准产业分类，它已经演化了4个版本（目前国际通用ISIC 4.0版本）；还有北美产业分类NAICS-97（美国、加拿大、墨西哥），以及我们中国自己的国民经济行业分类体系（GB/T4754-2011）等。如果按照国际标准行业分类ISIC（4.0）版本，我们可以看到服务业包括以下15个行业：批发零售业、运输储存业、食宿服务业、信息通信业、金融保险业、房地产活动、专业科学技术活动、行政和辅助活动、公共管理与国防和强制性社会保障、教育、人体健康和社会活动、艺术娱乐和文体活动、其他服务活动、家庭为雇主的活动和国际组织机构的活动（表1）。

服务业不仅内容非常庞杂，而且不同服务部门的差异很大。为了把握服务业的发展趋势，需要进行聚类分析，可以根据服务内容、服务对象、服务特点、服务的生产方式和服务知识含量等进行聚类。已经有不少学者对此进行过研究（表2）。当然，各种分类不是绝对的，它们有时有些交叉。《中国现代化报告2016：服务业现代化研究》尝试用不同的方式进行聚类分析（表3）。

表1　国际标准行业分类ISIC（4.0）—服务业

门类	行业名称	门类	行业名称
G	批发和零售业；汽车和摩托车修理	O	公共管理与国防；强制性社会保障
H	运输和储存	P	教育
I	食宿服务活动	Q	人体健康和社会工作活动
J	信息和通信	R	艺术、娱乐和文娱活动
K	金融和保险活动	S	其他服务活动
L	房地产活动	T	家庭作为雇主的活动；家庭自用、未加区分的物品生产和服务的活动
M	专业、科学和技术活动		
N	行政和辅助活动	U	国际组织和机构的活动

如果按照服务的知识含量聚类，服务业可以分为知识型服务业和劳务型服务业两大类。其中，知识型服务业是以知识和信息为基础的、知识含量较高的服务行业，它又包括知识传播业、智力服务业两小类。而劳务型服务业是以体力和劳务为基础的、知识含量较低的服务行业，包括劳务型生产服务业、劳务型消费服务业和劳务型综合服务业三小类。《中国现代化报告 2016》按照知识含量对服务业的 15 个子行业进行了聚类：知识型服务业 9 个，劳务型服务业 6 个（表 3）。

表 2　服务业的聚类

分类的依据	服务的分类
服务的内容*（商品和劳务的价值比例）	商品密集服务业：指服务过程中，商品价值所占比例较大、劳务价值所占比例较小的服务行业 劳务密集服务业：指服务过程中，劳务价值所占比例较大、商品价值所占比例较小或无的服务行业 混合型服务业：指服务过程中，商品和劳务的价值比例相对均衡的服务行业
服务的对象*	生产型服务业：指服务对象的60%以上为企业、组织或政府部门的非公共性服务行业 消费型服务业：指服务对象的60%以上为面向个体消费者的非公共性服务行业 公共型服务业：指政府或组织等为社会提供的各种公共服务 综合型服务业：指除生产型服务业、消费型服务业和公共型服务业之外的其他服务行业，其服务对象的结构介于生产型和消费型之间
服务的特点*	劳动密集型服务业：指服务过程中，劳动投入的比例高于其他生产要素比例的服务业 技术密集型服务业：指服务过程中，技术和知识投入的比例高于其他生产要素比例的服务业 资本密集型服务业：指服务过程中，资本投入的比例高于其他生产要素比例的服务业
服务的生产方式*	传统服务业：指存续时间久，生产方式相对传统，未经改造升级的服务业 现代服务业：指以现代科学技术为主要支撑，建立在新的商业模式、服务方式和管理方法基础上的服务行业 新兴服务业：指以新技术、新业态和新的服务方式向社会提供高附加值、满足社会高层次和多元化需求的服务业
服务的知识含量**	知识型服务业：以知识和信息为基础的、知识含量较高的服务行业 劳务型服务业：以体力和劳务为基础的、知识含量较低的服务行业 知识型服务业包括知识传播业、智力服务业两类 劳务型服务业包括生产型劳务服务业、消费型劳务服务业、混合型劳务服务业三类

* 资料来源：中华人民共和国国家标准《服务业分类（征求意见稿）》，中华人民共和国国家标准《服务业术语（征求意见稿）》，2010；** 资料来源：何传启，2016

表 3　国际标准行业分类 4.0 的服务业门类的聚类

ISIC（4.0）	门类	服务对象分类	服务特点分类	知识含量分类
G	批发和零售业；汽车和摩托车的修理	综合型	劳动密集型	劳务型（综合型）
H	运输和储存	生产型	劳动密集型	劳务型（生产型）
I	食宿服务活动	消费型	劳动密集型	劳务型（综合型）
J	信息和通信	综合型	技术密集型	知识型(知识传播)
K	金融和保险活动	生产型	资本密集型	知识型(智力服务)
L	房地产活动	综合型	资本密集型	劳务型（综合型）

续表

ISIC（4.0）	门类	服务对象分类	服务特点分类	知识含量分类
M	专业、科学和技术活动	生产型	技术密集型	知识型（智力服务）
N	行政和辅助活动	生产型	技术密集型	知识型（智力服务）
O	公共管理与国防；强制性社会保障	公共型	劳动密集型	知识型（智力服务）
P	教育	公共型	技术密集型	知识型（知识传播）
Q	人体健康和社会工作活动	公共型	技术密集型	知识型（智力服务）
R	艺术、娱乐和文娱活动	消费型	技术密集型	知识型（智力服务）
S	其他服务活动	消费型	劳动密集型	劳务型（消费型）
T	家庭作为雇主的活动；家庭自用、未加区分的物品生产和服务活动	消费型	劳动密集型	劳务型（消费型）
U	国际组织和机构的活动	公共型	技术密集型	知识型（智力服务）
合计		生产型：4 消费型：4 综合型：3 公共型：4	劳动密集型：6 技术密集型：7 资本密集型：2	知识型：9 劳务型：6

注：G 类中汽车和摩托车的修理，按照服务对象分类划分为消费型。按知识含量分，N 类中的汽车的出租和租赁、安保活动等属于劳务型；O 类中的国防和强制性社会保障等属于劳务型。

资料来源：何传启，2016.

二、服务业现代化的分析方法

关于世界服务业现代化的分析框架，《中国现代化报告 2016》主要从服务生产、服务经济和服务要素三个方面进行分析（图 1）。主要包括时序分析、截面分析和过程分析，时间跨度 400 年（1700—2100 年），覆盖 131 个国家和 97% 的世界人口。根据数据的可获得性和指标的重要性，该报告选择 12 类 141 个服务业指标，作为服务业现代化的分析变量，其中，定性指标为 10 类 132 个，定性指标 8 个。其中，定量指标采用权威部门的统计数据，定性指标采用比较科学客观的研究文献。

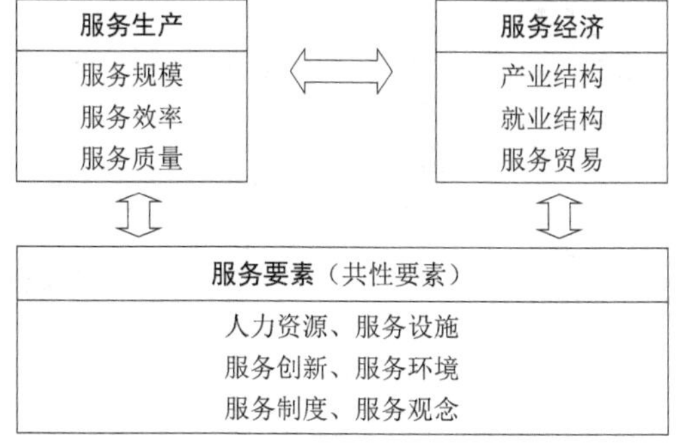

图 1　服务业现代化的一种分析框架

注：关于服务生产、服务经济和服务要素的归类划分是相对的，它们既相互交叉，又相互影响

资料来源：何传启，2016

三、世界服务业现代化的历史轨迹

从世界服务也现代化的历史轨迹，我们可以得出以下结论。

1）世界服务业的规模在不断扩大。在产出方面，19 世纪以来，服务业增加值和服务业增加值比例都在不断上升（图 2）。2014 年，发达国家的服务业增加值比例在 74% 左右，世界平均约为 70%，美国为 78%，中国为 48%。

在就业方面，18 世纪以来，服务业劳动力的投入总量和服务业劳动力比例在不断上升（图 3）。2010 年，发达国家服务业劳动力比例在 72% 左右，世界平均约为 51%，美国为 81%，中国约为 49%。

在服务业内部，服务业的 15 个部门中，增加值和劳动力比例持续增长的有以下 5 个部门（表 4）：人体健康与社会工作，专业、科学和技术服务，信息和通信服务，行政和辅助，艺术、娱乐和文娱。

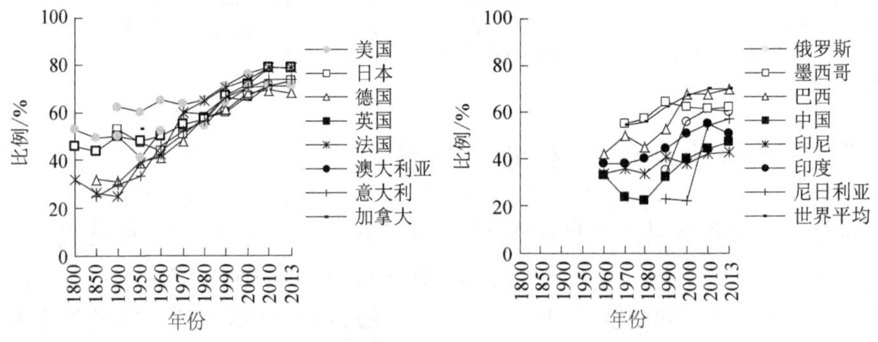

图 2　1800—2013 年服务业增加值比例的变化

资料来源：库兹涅茨，1999；米切尔，2002；World Bank 2015

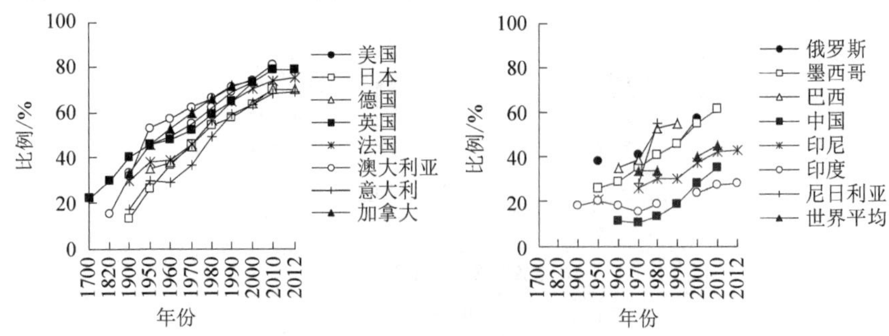

图 3　1700—2012 年服务业劳动力比例的变化

资料来源：库兹涅茨，1999；麦迪森，2003；World Bank 2015

2）产业结构变迁是服务业现代化的三大特征之一。在宏观经济结构方面。19 世纪以来，农业增加值和就业比例不断下降；工业增加值和就业比例不断上升；服务业增加值和就业比例不断上升（图 4）。

其次是服务业的内部结构。按照知识含量聚类分析，1970—2011 年，OECD 中 15 个典型国家的增加值比例和就业比例变化一致：知识型服务业比例不断上升；而劳务型服务业比例是不断下降的（图 5、图 6）。

表 4　规模不断扩大的五个服务部门 2011 年概况　　（单位：%）

门类	增加值比例	就业比例
人体健康和社会工作	10	15
专业、科学和技术服务	8	8
信息和通信服务	7	6
行政和辅助	5	7
艺术、娱乐和文娱	2	2
合计	32	38

资料来源：OECD，2015

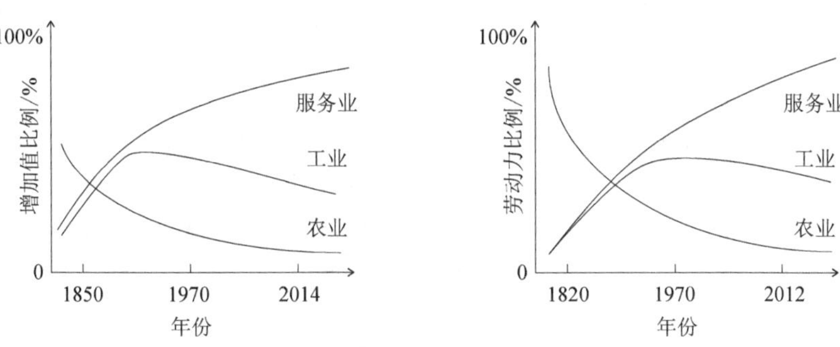

图 4　1700—2012 年服务业增加值和劳动力比例的变化（示意图）

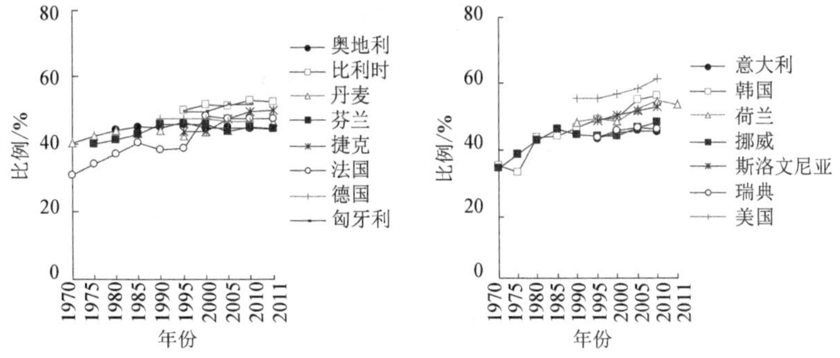

图 5　1970—2011 年知识型服务业增加值占服务业增加值比例

资料来源：OECD，2015

知识型服务业内部：1970—2011 年，OECD 中 15 个典型国家的增加值比例和就业比例变化趋势一致：智力服务型比例不断上升（图 7），知识传播型比例波动较大。

再次，服务贸易结构。服务业国际贸易不断扩展。2005 年以来，国际服务业贸易发展很快，包括人均服务出口（图 8）、人均服务进口、人均商业服务出口、人均商业服务进口、人均知识产权收入、人均知识产权支出等都有大幅上升。但是服务业国际贸易存在很大国别差异。人均知识产权的净出口国家比较少，净进口国家比较多。人均服务和人均商业服务的净出口国家与净进口国家在数量上相当。人均服务的净出口国家，不仅有发达国家，发展中国家也发挥重要作用。

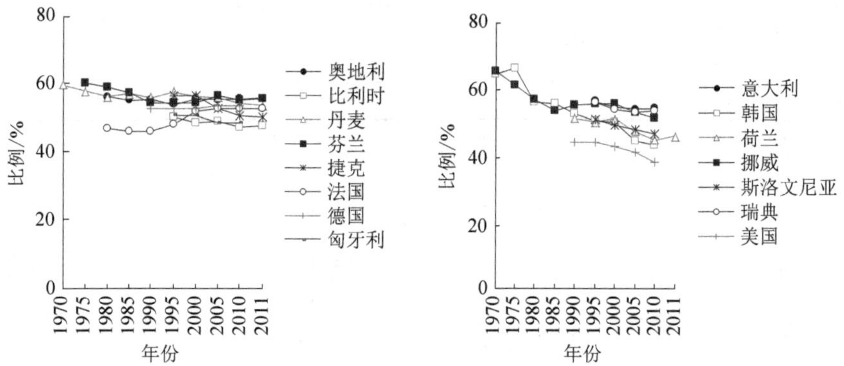

图 6　1970—2011 年劳务型服务业增加值占服务业增加值比例

资料来源：OECD，2015

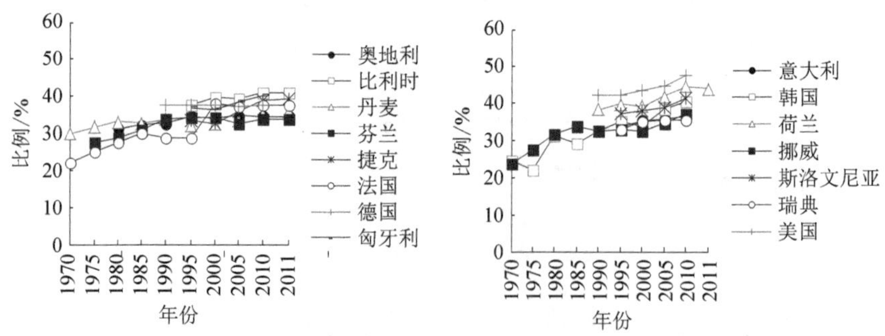

图 7　1970—2011 年智力服务型服务业增加值占服务业增加值比例

资料来源：OECD，2015

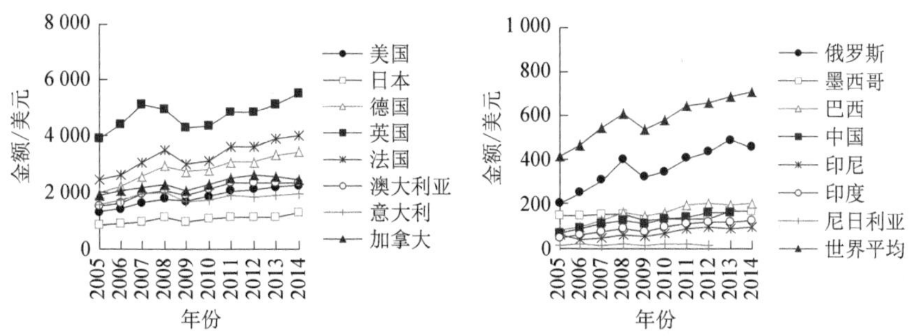

图 8　2005—2014 年人均服务出口

资料来源：World Bank，2015

最后，产业结构的演进是经济水平提高的重要标志，但也存在国别差异。历史数据表明，世界经济基本遵循农业、工业、服务业，这样一个主导产业的递进更替规律；但是如果以服务业和工业比例为分类依据，在 1800—2014 年，发达国家经济发展可以分为三种类型：工业经济优先型（法）、服务经济优先型（澳）、工业经济和服务经济协调型（英）（图 9）。

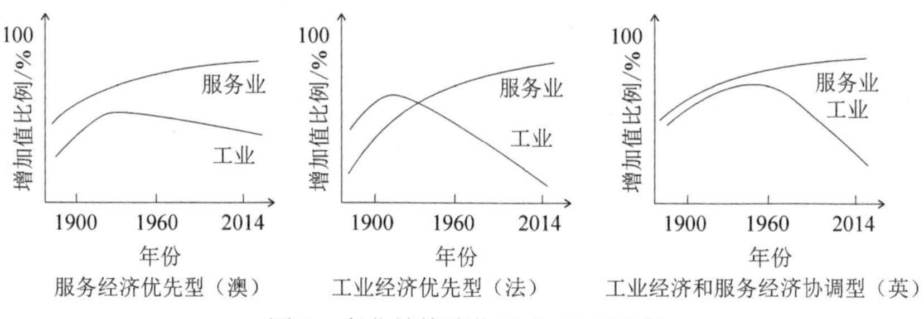

图 9　产业结构演化形式（示意图）

3）效率提升是服务业现代化的三大特征之二。生产率是经济增长的核心问题之一，但是服务业的生产率长期以来是一个备受争议的问题（夏杰长，2014；陈宪，殷凤，程大中，2012；陈宪，2010；黄少军，2000；胡宗彪，2014）。统计数据表明：自 1991 年以来，服务业劳动生产率不断提高。2010 年服务业劳动生产率的世界平均值接近 3 万美元，美国超过 9 万美元，中国大约 1 万美元。

世界著名经济学家库茨涅茨认为：产业部门间劳动生产率的差异，推动了劳动力的产业间转移，引致资源在产业间的分配，是产业升级的关键。 世界银行数据表明：1991—2012 年，11 个典型国家三大产业劳动生产率的变化国别差异较大（图 10）。目前，世界农业劳动生产率大约 4000 美元、工业劳动生产率超过 2 万美元、服务业劳动生产率接近 3 万美元。

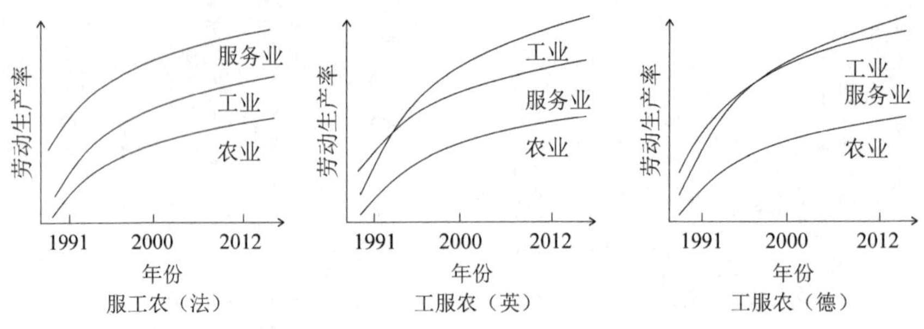

图 10　劳动生产率变化趋势（示意图）

4）提升质量是服务业现代化三大特征之三。服务的本质是满足客户的需求。从微观层次看：服务质量指服务活动的品质，可以通过对服务内容、服务方式、服务活动的客户满意度等方面的国际比较来进行分析。从宏观层次看：服务质量指服务业和服务经济的品质，可以通过对人均服务、服务结构、服务效益和服务管理等方面的国际比较来进行分析。

18 世纪以来，人均服务业增加值不断上升（图 11）。2010 年，高收入国家的人均服务业增加值超过 2 万美元，中等收入国家人均服务业增加值接近 2000 美元，低收入国家人均服务业增加值 200 多美元，世界人均服务业增加值为 5880 美元，中国人均服务业增加值不到 2000 美元。

1970 年以来，服务消费日趋高品质化，人均知识型服务业增加值不断上升（图 12）。

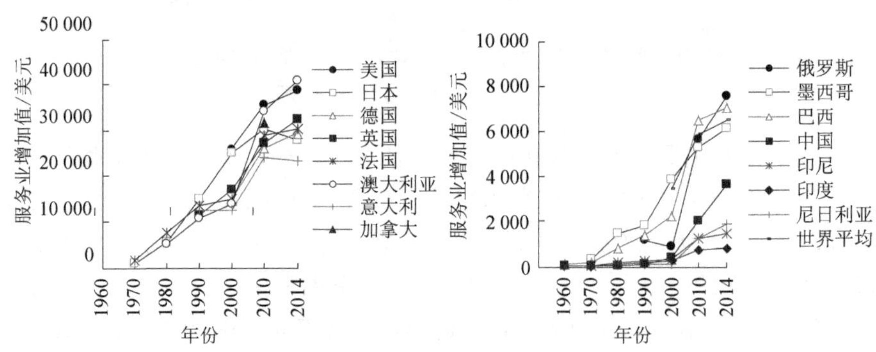

图 11　1960—2014 年人均服务业增加值
资料来源：World Bank，2015

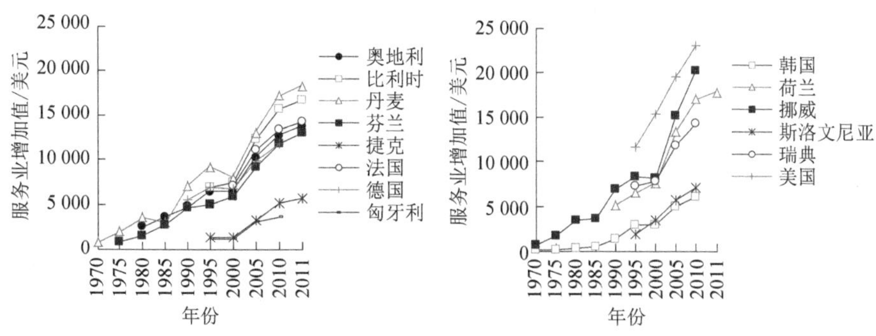

图 12　1970—2011 年人均知识型服务业增加值

资料来源：OECD，2015

四、世界服务业现代化的历史经验

根据以上分析，我们将世界服务业现代化的历史经验总结如下。

1）服务业现代化是相对可以预期的。在一般情况下，20 世纪世界服务业变化是相对连续的和有规律可循的；在我们设定的 141 个服务业指标中，大约 74% 的服务业指标与国家经济水平显著相关（表 5），例如，服务规模的扩大，服务效率的上升，服务业增加值比例和服务业劳动力比例上升等。

2）服务业现代化是一个长期的、复杂的过程。在过去的 300 年里，服务业现代化包括从传统服务业向现代服务业、从现代服务业向知识型服务业的转变；其中，第二个转变尚没有完成（表 6）。服务业包括 15 个部门，分为知识型服务业和劳务型服务业。不同服务部门，现代化有很大差别，需要专题研究。其中，服务内容、服务技术、服务模式、服务制度和服务观念的转变和更替，是服务业现代化的关键。

3）服务业现代化是一个协同发展的过程。服务业现代化是与农业现代化、工业现代化协同推进的一个过程。服务业现代化需要以农业和工业这两大物质生产部门为基础。

表 5　20 世纪服务业指标与国家经济水平的相关性

项目	2013年	2000年	1980年	1900年	合计/个	比例/%
正相关变量/个	36	25	10	4	75	65
负相关变量/个	7	2	1	0	10	9
没有显著关系变量/个	15	8	8	0	31	26
合计/个	58	35	19	4	116	100

资料来源：刘雷，2016

表 6　世界服务业现代化的两个阶段（前沿过程）

项目	第一次服务业现代化	第二次服务业现代化
时间	约1763—1970年	约1970—2100年
内容	从传统服务业向现代服务业转变 现代服务业比例上升 传统服务业比例下降	从现代服务业向知识型服务业转变 知识型服务业比例上升 劳务型服务业比例下降
生产	专业化、标准化、规模化	网络化、绿色化、国际化、订单化
技术	机械化、电气化、自动化	知识化、信息化、智能化、绿色化
内容	专业化、科学化、标准化	知识化、数字化、个性化、优质化
制度	税收制度等，部门差别很大	知识产权保护等，部门差别很大
观念	效率、标准、公平、非经济性等	效益、质量、创新、环境意识等
副作用	少数部门的环境污染、安全性低等	技术风险、网络风险、就业风险等

资料来源：何传启，2016

4）服务业现代化是一个创新的过程。技术创新、制度创新和服务过程创新，是服务业创新的三个关键因素。技术创新、制度创新和服务过程创新联合作用导致新产品、新制度、新结构和新企业，它们联合作用促进服务业现代化；在创新过程的每一步都有信息反馈，形成从三种创新到服务业现代化的正反馈循环驱动。

5）服务业现代化有三大基本特征：产业结构不断升级、劳动生产率不断提升、服务质量不断提高。

6）服务业现代化具有路径和模式多样性。美国学者丹尼尔·贝尔曾指出：服务业经历了以个人服务和家庭服务为主、以商业服务和运输服务为主、到以技术性、知识型的服务和公共服务为主的进化过程。亦即经历了最终需求带动模式、中间需求带动模式和新技术带动模式这三个阶段。从 2017 年的未来 90 年，世界服务业现代化的基本路径是多样的，包括发达国家的第二次服务业现代化路径（包括知识化、信息化和绿色化的联合推进）、发展中国家的第一次服务业现代化、第二次服务业现代化和综合服务业现代化路径等。

总的来说，科技的进步、生产力的提高、社会分工的精细化和市场化，使越来越多的劳动力从农业和工业中分离出来，进入提供劳务服务和知识服务的服务业。如果说，18 世纪的工业革命开启了工业经济时代，那么，20 世纪的知识和信息革命促进了服务经济和知识经济时代的来临。在过去 200 多年，服务业从传统服务业走向现代服务业，从现代服务业走向知识型服务业，服务内容、服务质量和服务治理发生了很大改变，服务业逐步超过工业和农业，成为国民经济的最大产业。本报告着重从定量分析角度，分析了世界服务业现代化的历史进程，总结了世界服务业现代化的历史经验，为 21 世纪中国服务业现代化的理性选择

提供参考。

参考文献

陈宪 . 2010. 服务的微观经济分析 . 北京：经济管理出版社 .

陈宪，殷凤，程大中 . 2012. 中国经济发展报告 2012. 上海：上海交通大学出版社 .

关权 . 2014. 发展经济学 . 北京：清华大学出版社 .

何传启 . 2016. 中国现代化报告 2016：服务业现代化研究 . 北京：北京大学出版社 .

胡宗彪 . 2014. 企业异质性、贸易成本与服务业生产率 . 数量经济技术经济研究 . 第 7 期：68-84.

黄少军 . 2000. 服务业与经济增长 . 北京：经济科学出版社 .

江小涓，薛澜 . 2011. 服务经济译丛 . 上海：上海人民出版社，格致出版社 .

库兹涅茨 . 1999. 各国经济的增长 . 常勋，等译 . 北京：商务印书馆 .

刘雷 . 2016. 世界服务业现代化的发展趋势 . 何传启主编 . 中国现代化报告 2016：服务业现代化研究 . 北京：北京大学出版社，4-100.

麦迪森 . 2003. 世界经济千年史 . 伍晓鹰，等译 . 北京：北京大学出版社 .

米切尔 . 2002. 帕尔格雷夫世界历史统计：欧洲卷（1750-1993）（第 4 版）. 北京：经济出版社 .

夏杰长 . 2014.《服务业生产率与服务业发展研究》评介 . 财贸经济，（2）：封 3.

OECD. 2015. http://www.oecd.org/

World Bank. 2015. http://www.worldbank.org/

美韩中三国服务业现代化历程比较研究

李　扬　赵西君　何传启

中国科学院中国现代化研究中心

一、引言

人类社会发展，从满足物质需要和提高生活水平为主到重视精神需要和提高生活质量，经历了数千年的演化（何传启，2016b）。随着生产力提高和科技进步，社会分工逐步具体化和精细化，越来越多的劳动力从农业和第二产业中分离出来，进入提供劳务服务和知识服务的服务业。如果说，18 世纪的工业革命开启了工业经济时代，那么 20 世纪的知识和信息革命则促进了服务经济和知识经济时代的来临。服务业是一个古老的产业，但关于服务业的认识，经历了很多的转变。在农业经济时代，服务业是具有依附性的，不被重视，甚至受到限制。在工业经济时代早期，英国“重商主义”和法国“重农学派”代表了两种对立的观点。20 世纪 30 年代提出“三次产业”分类，确立了服务业的经济地位。20 世纪 70 年代以来，服务业规模逐渐超过工业和农业，成为国民经济的主体部分，对服务业和服务经济的认识不断深化（何传启，2016a）。尽管如此，目前关于服务业及服务经济的研究和认识，仍然是有限的，争议很多。本文主要通过对美国、韩国和中国三国服务业现代化历程的比较分析，并在此基础上将三国的服务业现代化经验教训进行总结，以期能对中国服务业未来发展带来一些借鉴和启示。

二、美国服务业现代化

在世界现代化进程中，英国是一个先发国家，美国是一个后发国家。大约在 20 世纪初，美国成功赶上并超过英国（中国现代化战略研究课题组等，2004）。目前，美国既是一个经济发达国家，也是一个服务业发达国家。美国服务业现代化是美国现代化的组成部分，美国现代化大致包括两大阶段（表 1）。

表 1　美国的历史阶段和现代化阶段（时期和大致年代）

<table>
<tr><th>历史阶段</th><th colspan="6">现代化阶段</th></tr>
<tr><td>（1）</td><td>（2）</td><td>（3）</td><td>（4）</td><td>（5）</td><td colspan="2">（6）</td></tr>
<tr><td>1.殖民地时期 1607—1775年</td><td>传统社会</td><td rowspan="2">前工业社会</td><td rowspan="2">传统社会</td><td rowspan="2">现代化酝酿时期 1750—1790年</td><td rowspan="6">第一次现代化（经典现代化）</td><td>农业社会 1776—1790年</td></tr>
<tr><td>2.独立战争时期 1776—1814年</td><td>准备阶段</td><td rowspan="2">起步期 1790—1870年</td></tr>
<tr><td>3.向西扩张时期 1815—1860年</td><td>起飞阶段 1843—1860年</td><td rowspan="4">工业社会</td><td rowspan="4">现代化 现代社会</td><td rowspan="2">现代化 转变时期 1790—1890年</td></tr>
<tr><td>4.转型时期 1861—1913年</td><td>成熟阶段 1960—1900年</td><td>发展期 1870—1913年</td></tr>
<tr><td>5.两次世界大战期间1914—1945年</td><td rowspan="2">大众消费阶段 1901—1956年</td><td rowspan="2">现代化 成熟时期 1890—1960年</td><td>成熟期 1914—1945年</td></tr>
<tr><td>6.战后繁荣时期 1945—1960年</td><td>过渡期 1945—1970年</td></tr>
<tr><td>7.变革时期 1960—1980年</td><td rowspan="2">追求生活质量阶段 1957年</td><td rowspan="2">后工业社会 1970年至今</td><td rowspan="2">后现代化 后现代社会 1970年至今</td><td rowspan="2">新时期 1960年至今</td><td rowspan="2">第二次现代化（新现代化）</td><td>起步期 1970—1992年</td></tr>
<tr><td>8.走向新世纪 1980年</td><td>发展期 1992年至今</td></tr>
</table>

注：美国独立战争时期指从第一次英美战争（1775—1783 年）到第二次英美战争结束（1812—1814 年）

资料来源：中国现代化战略研究课题组等，2004；USIA，1994；罗斯托，2001；贝尔，1997；Inglehart，1997；张少华，1996；何传启，1999

1．美国服务业现代化的起步

首先，美国现代化的起步阶段。美国于1776年宣布独立，1789年建立联邦政府。如果从独立战争算起，美国历史可以大致分为独立战争时期、向西扩张时期、转型时期、世界大战时期、战后繁荣时期、变革时期和走向新世纪等七个阶段（中国现代化战略研究课题组等，2004）。

美国现代化进程大致可以分为第一次现代化（经典现代化）和第二次现代化（新现代化）两大阶段（表1）。其中，经典现代化以工业化为重要标志，美国工业化的起点大致为1790年。美国经典现代化的完成时间，大致是1960年。随后，美国进入新的发展阶段，罗斯托（2001）称之为“追求生活质量阶段”，贝尔（1997）称之为“后工业社会阶段”，殷格Inglehart（1997）称之为“后现代化阶段”（或后现代社会），何传启（1999）称之为“第二次现代化阶段”。

其次，美国服务业现代化的起点。关于美国服务业现代化的起点没有统一认识。美国现代报纸可以追溯到1690年，现代电信可以追溯到1844年；现代教育可以追溯到1636年，现代金融可以追溯到1782年，现代铁路1830年，发电照明1879年（表2）。美国服务业现代化的发端，可以追溯到18世纪后期，大致可以以1790年为起点。

2．美国服务业现代化的发展阶段

一般而言，服务业现代化的阶段划分，应该与国家现代化进程的阶段划分相协调。

参照美国现代化的阶段划分，美国服务业现代化大致分为两个阶段：第一次服务业现代化和第二次服务业现代化（表3）。

表2　美国服务业现代化的起步

方面	典型事件	发生时间、地点或人物
报纸和电信	第一份报纸——《国内外实事报道》	1690，波士顿
	第一条电报线——华盛顿至巴尔的摩	1844，莫尔斯
	第一家电信企业——电话电报公司（AT&T）	1877，纽约州
现代教育	第一所医学院——宾大医学院	1765，费城，约翰•摩根
	第一所大学——哈佛学院	1636，波士顿，J．哈佛
现代服务业	第一家保险公司——北美洲保险公司	1792
	第一条铁路——巴尔的摩至俄亥俄	1830，巴尔的摩—俄亥俄
	第一次发电照明——旧金山实验电厂	1879，旧金山
	第一个银行——北美银行	1782，费城，罗伯特·莫里斯

资料来源：李扬，2016

首先，第一次服务业现代化（1790—1960 年）。1870 年，服务业增加值比例提高到 58%；1870—1960 年，服务业增加值比例在 58% 左右波动；服务业劳动力比例从 1820 年的 15% 提高到 1960 年的 57%，同时工业增加值比例和劳动力比例都在上升，但服务业比例高于工业（表 4），具有服务业优先发展的特点。

1869—1970 年，美国服务业增加值比例增加不多；交通和运输服务比例下降，商业金融服务比例波动，其他服务业比例上升（表 5）。

表 3　美国服务业现代化的发展阶段

阶段	大致时间	历史阶段	服务业现代化的主要内容和特点（举例）
第一次服务业现代化	1790—1814年	独立战争	服务业的机械化、电气化、专业化、规模化等
	1815—1860年	向西扩张	
	1861—1913年	转型时期	
	1914—1945年	世界大战	
	1945—1960年	战后繁荣	
第二次服务业现代化	1960—1980年	变革时期	服务业的信息化、网络化、国际化、智能化等
	1980年至今	走向新世纪	

注：本表内容只是一个提纲，不是全面阐述

资料来源：李扬，2016

表 4　1820—2010 年美国经济的产业结构和就业结构　（单位：%）

产业结构	1820年	1870年	1900年	1950年	1960年	1970年	1980年	1990年	2000年	2010年
农业增加值比例	43	21	17	7	4	3	3	2	2	1
工业增加值比例	26	21	26	38	38	35	33	28	25	20
服务业增加值比例	32	58	57	55	58	62	64	70	73	79
就业结构	1820年	1870年	1900年	1950年	1960年	1970年	1980年	1990年	2000年	2010年
农业劳动力比例	70	50	38	12	7	4	4	3	3	2
工业劳动力比例	15	24	30	35	36	34	31	26	23	17
服务业劳动力比例	15	26	32	54	57	62	66	71	75	81

资料来源：库兹涅茨，1999；麦迪森，2003；米切尔，2002；World Bank，2015

表 5　1869—1970 年美国经济中服务业的比例　（单位：%）

比例	1869年	1879年	1889年	1904年	1914年	1930年	1940年	1950年	1960年	1970年
交通通信比例	12	12	11	11	11	12	9	8	8	6
商业金融比例	27	29	29	31	29	30	24	26	26	31
其他服务比例	19	19	18	14	16	24	22	21	27	25
服务业（总计）	58	60	58	56	56	66	55	55	61	62

资料来源：米切尔，2002

其次，第二次服务业现代化（1960—2100 年）。1960 年以来，美国服务业比例继续上升，但工业增加值比例和劳动力比例持续下降（表 4）；劳务型服务业增加值比例和劳动力比例下降，知识型服务业增加值比例和劳动力比例上升（表 6）。自 1980 年，在美国经济中，知识型服务业比例超过劳务型服务业比例，超过工农业比例（表 7）。

1960 年以来，美国服务部门的发展趋势可以分为三类：①上升类，9 个部门；②下降类，3 个部门；③波动类，2 个部门（表 8）。

表 6　1950—2010 年美国服务业的产业结构和就业结构　　（单位：%）

项目	1950年	1960年	1970年	1980年	1990年	2000年	2005年	2010年	2014年
劳务型服务增加值比例	60.8	55.5	51.1	49.6	45.3	43.8	42.3	40.8	41.6
知识型服务增加值比例	39.2	44.5	48.9	50.4	54.7	56.5	57.7	59.2	58.4
劳务型服务劳动力比例	52.0	47.4	43.7	42.4	40.9	41.5	40.9	39.2	—
知识型服务劳动力比例	48.0	52.6	56.3	57.6	59.1	58.5	59.1	60.8	—

资料来源：BEA，2015

表 7　1950—2014 年美国经济的产业结构和就业结构　　（单位：%）

产业结构	1950年	1960年	1970年	1980年	1990年	2000年	2005年	2010年	2014年
农业和工业	42.3	37.7	33.6	32.6	26.5	23.3	22.3	21.1	21.3
劳务型服务业	35.1	34.6	33.9	33.4	33.3	33.5	32.9	32.2	32.7
知识型服务业	22.6	27.7	32.5	34.0	40.2	43.2	44.8	46.7	46.0
就业结构	1950年	1960年	1970年	1980年	1990年	2000年	2005年	2010年	2014年
农业和工业	39.6	35.2	31.0	27.5	21.9	20.3	18.4	15.7	—
劳务型服务业	31.4	30.7	30.2	30.7	32.0	33.0	33.4	33.0	—
知识型服务业	29.0	34.1	38.9	41.8	46.1	46.7	48.2	51.2	—

资料来源：库兹涅茨，1999；麦迪森，2003；米切尔，2002；World Bank 2015

表 8　1950—2014 年美国服务业的产业结构　　（单位：%）

类型	项目	1950年	1960年	1970年	1980年	1990年	2000年	2005年	2010年	2014年
下降类	批发	6.4	6.6	6.5	6.7	6.0	6.1	5.8	5.8	6.0
	零售	8.9	7.9	8.0	7.1	6.9	6.8	6.5	5.8	5.8
	运输和仓储	5.7	4.4	3.9	3.7	3.0	3.0	2.9	2.8	2.9
上升类	信息产业	3.0	3.3	3.6	3.9	4.1	4.6	4.9	4.9	4.6
	金融和保险	2.8	3.7	4.2	4.9	6.0	7.3	7.6	6.7	7.2
	房地产和租赁	8.7	10.5	10.5	11.1	12.1	12.1	12.6	13.0	13.0
	专业和科技服务	1.4	2.0	2.6	3.4	5.4	6.4	6.4	6.8	7.0
	公司管理	1.5	1.5	1.4	1.4	1.4	1.7	1.7	1.8	2.0
	行政和废物管理	0.6	0.8	1.0	1.3	2.1	2.7	2.9	2.9	3.1

续表

类型	项目	1950年	1960年	1970年	1980年	1990年	2000年	2005年	2010年	2014年
上升类	教育服务	0.4	0.4	0.7	0.6	0.7	0.8	0.9	1.1	1.1
	健康和社会帮助	1.6	2.2	3.2	4.2	5.8	5.8	6.3	7.2	7.1
	艺术和娱乐	0.6	0.6	0.6	0.6	0.8	1.0	0.9	1.0	1.0
波动类	住宿和餐饮	2.5	2.2	2.3	2.3	2.6	2.8	2.7	2.6	2.8
	政府服务	10.7	13.2	15.2	13.7	13.9	12.9	13.2	14.3	12.9
其他服务		2.9	3.0	2.7	2.5	2.7	2.7	2.4	2.2	2.2

资料来源：BEA，2015

3. 美国服务业现代化的主要特点

关于美国服务业现代化的特点，没有统一认识。《中国现代化报告 2016》中总结了美国服务业的发展特点，这里选择其中重要的几点作简要介绍（李扬，2016）。

第一，美国具有“服务业优先发展”的特点（表 4）。美国在工业化过程中，甚至工业化以前就是一个高度商业化的社会，1870 年服务业增加值比例已达 58%。

第二，美国服务业现代化的产业与就业协调性逐步提高。1870—2000 年，美国服务业劳动力比例持续增加；1870—1960 年，美国服务业增加值相对稳定，1970 年以后，美国服务业增加值比例持续快速增加。总体来看，服务业协调性在提高（表 9）。

第三，美国服务业是一种以产业集聚发展模式的现代化。美国纽约等大城市的服务业占 GDP 比例达到 90% 左右。纽约是名副其实的国际金融中心，其金融服务业占 GDP 比例从 1990 年的 26% 上升到 2010 年的近 50% 左右。纽约中心的曼哈顿地区形成了以金融业为主，以会展业、商业服务业、文化娱乐业等为辅的现代服务产业结构，该地区中心商业区已成为纽约市发展的助推器。

第四，自 1950 年以来，劳务型服务业比例下降，知识型服务业比例上升。1980 年以来，知识型服务业超过劳务型服务业、超过工农业总和。

表 9　1870—2000 年美国服务业转型的协调性

项目	1870年	1900年	1950年	1960年	1970年	1980年	1990年	2000年
服务业增加值比例/%	58.0	57.0	55.0	58.0	62.0	63.8	70.0	73.5
服务业劳动力比例/%	25.6	32.3	53.6	57.0	62.0	65.9	70.9	74.5
服务业协调指数	2.27	1.76	1.03	1.02	1.00	0.97	0.99	0.99

资料来源：库兹涅茨，1999；麦迪森，2003；米切尔，2002；World Bank 2015

三、韩国服务业现代化

韩国位于东亚朝鲜半岛南部。国土面积约10万平方公里，2015年人口约为5062万，人均国民收入27513美元。韩国1948年正式建国，1988年确立“三权分立、依法治国”的现代政治体制。建国初期，韩国是一个传统农业国家。目前，韩国是发达国家的一员。

1. 韩国服务业的起步

第一，韩国现代化的起步和阶段。韩国现代化进程，大致可以分为两个阶段：第一次现代化（1948—2000年）和第二次现代化（2000年至今）（李扬，2016）。韩国1995年左右完成第一次现代化，2000年左右升级为发达国家。目前，韩国大致处于第二次现代化的起步期（中国现代化战略研究课题组等，2005）。

第二，韩国服务业现代化的起点。韩国服务业现代化的发端，可以追溯到19世纪末、20世纪初。韩国服务业现代化的起点比西方发达国家晚了约200年。韩国现代报纸可以追溯到1946年，现代电信可以追溯到1981年；现代教育可以追溯到1946年，现代金融可以追溯到1897年，现代铁路可以追溯到1899年，发电照明可以追溯到1898年（表10）。

2. 韩国服务业现代化的发展阶段

如果按韩国产业结构划分（表11），1980—2014年，韩国服务业现代化处于第一次服务业现代化的过渡期；但根据就业结构，2000年以来，韩国进入第二次服务业现代化的起步期。2014年韩国大致处于第二次服务现代化的起步期。

表10　韩国服务业现代化的起步

方面	典型事件	发生时间
报纸和电信	第一份报纸——《韩国釜山日报》	1946年
	第一家电信企业——韩国电信公司	1981年
现代教育	第一所大学——首尔大学	1946年
现代服务业	第一家保险公司——三星生命保险株式会社	1957年
	第一条铁路——京仁线（仁川—汉江）	1899年
	第一次发电照明——韩国电力公司	1898年
	第一个银行——韩国新韩银行	1897年

资料来源：李扬，2016

表 11　1960—2014 年韩国经济的产业结构和就业结构　　（单位：%）

年份	产业结构			就业结构		
	农业	工业	服务业	农业	工业	服务业
1960	41.0	20.0	37.0	64.8	9.4	25.7
1970	27.5	24.5	48.0	50.8	20.1	29.1
1980	15.1	34.2	50.7	34.0	29.0	37.0
1985	12.5	36.1	51.4	24.9	30.8	44.3
1990	8.2	38.2	53.6	17.9	35.4	46.7
1995	5.8	38.4	55.8	12.4	33.3	54.3
2000	4.4	38.1	57.5	10.6	28.1	61.2
2005	3.1	37.5	59.4	7.9	26.8	65.2
2010	2.5	38.3	59.3	6.6	24.9	68.5
2011	2.5	38.4	59.1	6.4	24.8	68.9
2012	2.5	38.1	59.5	6.2	24.5	69.3
2013	2.3	38.4	59.3	6.1	24.4	69.5
2014	2.3	38.2	59.4	—	—	—

资料来源：World Bank，2015

3．韩国服务业现代化的主要特点

第一，韩国服务业现代化与国家现代化基本同步，但又不完全一致（表 12）。韩国服务业现代化水平和国家综合现代化水平基本保持持平，但具体看可分为三个小阶段：2000 年以前，韩国服务业现代化指数低于国家综合现代化指数；2000 年两者相同；2000 年以后，韩国服务业现代化指数高于国家综合现代化指数，且差距在拉大。

第二，韩国服务业现代化的产业与就业协调性的变化。1960—2013 年，韩国服务业增加值比例和劳动力比例都保持稳定的增加，劳动力比例逐步超过增加值比例（表 13）。

表 12　1980—2013 年韩国综合现代化和服务业现代化情况

年份	综合现代化		服务业现代化	
	指数	排名	指数	排名
1980	47.1	54	43.8	27
1990	63.2	27	56.4	30
2000	78.7	18	78.7	20
2010	85.9	18	86.2	21
2013	83.0	20	87.5	20

资料来源：李扬，2016

表 13　1960—2013 年韩国服务业转型的协调性

项目	1960年	1970年	1980年	1990年	2000年	2005年	2010年	2013年
服务业增加值比例/%	37.0	48.0	50.7	53.6	57.5	59.4	59.3	59.3
服务业劳动力比例/%	25.7	29.1	37.0	46.7	61.2	65.2	68.5	69.5
服务业协调指数	1.44	1.65	1.37	1.15	0.94	0.91	0.87	0.85

资料来源：World Bank，2015

第三，1975 年以来，韩国知识型服务业增加值比例持续上升，劳务型服务业增加值比例持续下降；2005 年以来，韩国知识型服务业增加值比例超过劳务型服务业（表 14）。

表 14　1970—2010 年韩国劳务型服务业与知识型服务业增加值比例

项目	1970 年	1975 年	1980 年	1985 年	1990 年	1995 年	2000 年	2005 年	2010 年
劳务型服务业增加值比例 /%	64.5	66.5	56.2	56.0	53.1	50.7	50.4	44.9	43.6
知识型服务业增加值比例 /%	35.3	33.3	43.7	44.0	46.8	49.3	49.5	55.0	56.3
劳务型—知识型	29.2	33.2	12.6	12.0	6.3	1.4	1.0	−10.1	−12.7

资料来源：OECD，2015

第四，韩国服务业现代化是受政府干预影响很大的一种现代化。20 世纪 60 年代以来，韩国实行了 7 个五年计划，每个五年计划都有各自的侧重点，如“一五”主要的任务是扭转经济上对外国的依赖，建立起本国的经济基础；“二五”的目标是提高经济自给自足的能力、促进产业结构的现代化；“三五”则是发展重工业、继续促进产业结构的现代化等。

第五，一种成功的经济追赶。1960 年，韩国产业结构与美国 1839 年大致相当，就业结构与美国 1820 年大致相当，两国经济结构相距约 140 年。2013 年，韩国产业结构约与美国 1970 年相当，就业结构约与美国 1980 年相当；韩国服务业结构约与美国 1970 年相当，两国经济结构相距约 40 年。韩国约用 50 年时间（1960—2013 年）完成美国 150 年（1820—1970 年）的经济结构变迁历程，为后发国家的经济追赶提供了一个成功案例。

四、中国服务业现代化

中国服务业现代化的历史进程，指从它的起步到目前的历史过程。中国服务业现代化的进程研究，时间跨度约为 150 年（赵西君，2016）。

1. 中国服务业现代化的起步

关于中国服务业现代化的起点没有统一认识。中国现代报纸可以追溯到

1857 年，现代电信可以追溯到 1877 年；现代教育可以追溯到 1878 年，现代金融可以追溯到 1865 年，现代铁路 1881 年，发电照明 1888 年（表 15）。中国服务业现代化的发端，可以追溯到 19 世纪中后期，大致可以以 1860 年为起点。

表 15　中国服务业现代化的起步

方面	典型事件	发生时间、地点或人物
报纸和电信	第一份自办报刊——《香港船头货价报》	1857，香港，黄胜
	第一条电报线——高雄至台湾	1877，台湾，丁日昌
	第一家电信企业——电报总局	1880，天津，李鸿章
现代教育	第一所普通小学——正蒙书院	1878，张焕伦
	第一所医学院——医学馆	1881，天津，李鸿章
	第一所中学——天津北洋西学学堂二等学堂	1895，天津，盛怀宣
	第一所大学——天津北洋西学学堂	1895，天津，盛怀宣
现代服务业	第一家保险公司——义和公司保险行	1865，上海
	第一条铁路——唐胥铁路	1881，唐山
	第一次发电照明——台北兴市公司	1888，台湾，刘铭传
	第一个银行——中国通商银行	1897，上海，盛宣怀等

资料来源：汪林茂，1998

2. 中国服务业现代化的发展阶段

参照中国经济现代化的阶段划分（何传启，2016b），19 世纪后期以来，中国服务业现代化的前沿过程大致分为三个阶段：清朝末年的服务业现代化起步、民国时期的局部服务业现代化、中华人民共和国的全面服务业现代化（表 16）。

表 16　中国服务业现代化的发展阶段

阶段	大致时间	历史阶段	服务业现代化的主要内容和特点（举例）
服务业现代化起步（清朝末年）	1840—1860 年	鸦片战争	现代电信、现代教育、现代交通、现代金融等
	1860—1894 年	洋务运动	
	1895—1911 年	维新新政	
局部服务业现代化（民国时期）	1912—1927 年	北洋政府时期	服务业的机械化、专业化、规模化等
	1928—1936 年	国民政府早期	
	1937—1949 年	战争时期	
全面服务业现代化（中华人民共和国）	1949—1977 年	计划时期	服务业的机械化、电气化、规模化、专业化等
	1978—2001 年	改革时期	服务业的市场化、机械化、电气化、标准化等
	2002 年至今	全球化时期	服务业的信息化、网络化、国际化、智能化等

注：本表内容只是一个提纲，不是全面阐述。2001 年中国成为 WTO 正式成员，参与经济全球化

资料来源：赵西君，2016

3. 中国服务业现代化的主要特点

关于中国服务业现代化的特点，不同学者有不同认识，可以从不同角度进行分析。一般而言，世界服务业现代化的主要特点在中国都有不同程度的反映，同时中国有自己的特色（赵西君，2016）。

（1）中国服务业现代化是一种后发追赶型服务业现代化

中国服务业现代化起步比较晚。中国服务业现代化起步大约是19世纪60年代，比世界服务业现代化的起步要晚约100年。

（2）中国服务业现代化是一种知识型服务业追赶劳务型服务业的现代化

1991年以来，中国知识型服务业增加值比例持续上升，劳务型服务业增加值比例不断下降，但直到2012年，中国劳务型服务业增加值比例仍高于知识型服务业增加值比例（表17），两者的差距正在缩小，是一种典型的知识型服务业追赶劳务型服务业的现代化模式。

（3）中国服务业现代化是一种不平衡的服务业现代化

1960年以来，中国现代化实际上采取了物质产业优先发展的非平衡产业发展战略，中国工业化快于中国服务业现代化，中国工业与服务业的差距在扩大。例如，中国工业劳动生产率和服务业劳动生产率的绝对差距，从1960年的541美元扩大到2013年的3113美元，相对差距从0.58扩大到0.82（表18）。2013年中国服务业劳动力占总劳动力的38.5%，这意味着中国38.5%的服务业劳动力的劳动生产率是比较低的。工业和服务业劳动生产率的差距，影响中国的劳动生产率的整体水平。

表17 1991—2012年中国劳务型服务业与知识型服务业增加值比例 （单位：%）

项目	1991年	1995年	2000年	2005年	2010年	2012年
劳务型服务业增加值比例	61.0	60.4	60.4	54.4	52.9	52.6
知识型服务业增加值比例	39.0	39.6	39.6	45.6	47.1	47.4
劳务型－知识型	22.0	20.8	20.8	8.8	5.8	5.2

资料来源：赵西君，2016.

表18 1960—2013年中国服务业效率的差距

指标	1960年	1970年	1980年	1990年	2000年	2005年	2010年	2013年
服务业劳动生产率/美元	738	716	1 185	1 028	2 505	4 090	10 312	14 280
工业劳动生产率/美元	1 279	1 053	1 898	1 164	3 393	6 017	12 672	17 393
工业－服务业/美元	541	337	713	136	888	1 927	2 360	3 113
服务业÷工业	0.58	0.68	0.62	0.88	0.74	0.68	0.81	0.82

资料来源：赵西君，2016

（4）中国服务业现代化的产业与就业协调性逐步提高

服务业转型包括服务业产业结构和就业结构转型，主要表现是服务业增加值比例和服务业劳动力比例增加。1952—1970年，中国服务业劳动力比例在波动，1980年以后，中国服务业劳动力比例持续增加；1952—1980年，中国服务业增加值在波动，1990年以后，中国服务业增加值比例持续增加，但总体来看，服务业协调性在提高（表19）。

（5）中国服务业现代化的国际竞争力需要提高

2005年和2007年，我国服务出口比例高于服务进口比例；2009年以来，中国服务进口比例超过服务出口比例，服务业国际竞争力需要提高（表20）。

（6）中国服务业现代化是以非公共型服务为主的现代化

中国公共型服务业增加值比例与非公共服务业增加值比例基本处于平稳状态，但中国服务业现代化是以非公共型服务为主的现代化，非公共服务业增加值比例大约为公共型服务业增加值比例的4倍左右（表21）。

表19　1952—2013年中国服务业转型的协调性

项目	1952年	1962年	1970年	1980年	1990年	2000年	2005年	2010年	2013年
服务业增加值比例/%	28.6	29.3	24.3	21.6	31.5	39.0	40.5	43.2	46.1
服务业劳动力比例/%	9.1	9.9	9.0	13.1	18.5	27.5	31.4	34.6	38.5
服务业协调指数	3.14	2.96	2.70	1.65	1.70	1.42	1.29	1.25	1.20

资料来源：赵西君，2016

表20　2005—2013年中国服务进口与出口比例

指标	2005年	2007年	2009年	2010年	2011年	2013年
服务出口占国内生产总值比例/%	3.93	4.19	2.85	2.84	2.47	2.27
服务进口占国内生产总值比例/%	3.71	3.70	3.15	3.21	3.19	3.49

资料来源：赵西君，2016

表21　1991—2012年中国公共型与非公共型服务业增加值的比例

项目	1991年	1995年	2000年	2005年	2010年	2012年
公共型服务业增加值比例/%	18.6	17.1	18.8	21.0	19.7	19.6
非公共服务业增加值比例/%	81.4	82.9	81.2	79.0	80.3	80.4
非公共型÷公共型服务业	4.38	4.85	4.32	3.76	4.08	4.10

资料来源：赵西君，2016

（7）中国服务业现代化的政策起伏比较大

中华人民共和国成立以来，中国服务业现代化的政策起伏比较大。1949—1977 年，中国服务业发展受到抑制，属于计划经济时代的服务业现代化。1978 年以后，中国实行改革开放政策，市场经济开始活跃起来，一些新的服务业开始出现，如信息产业等，服务业市场化程度提高。

2007 年，国家开始重视服务业的发展，国务院出台了《关于加快发展服务业的若干意见》。2012 年，我国服务业增加值比例首次超过工业增加值比例。2014 年，国务院出台了《国务院关于加快发展生产性服务业促进产业结构调整升级的指导意见》，促进我国产业逐步由制造型向服务型转变。服务业政策演变具有明显的阶段性。

（8）中国服务业现代化具有地区多样性和不平衡性

中国服务业现代化的地区差异是非常明显的。其一，自然地理的差异，例如，北方与南方的地理差别、东部与西部的地理差别等。其二，服务业区位的差异，例如，不同地区的服务业区划和服务业定位的差别。其三，服务业发展水平的地区差异等。

五、美、韩、中三国服务业现代化历程对比分析

通过对美、韩、中三国服务业现代化历程的解析与对比分析发现，美国、韩国和中国服务业现代化的过程特点，既有共性也有很大差异。从图 1 中可以看出，1790 年以来美国服务业现代化经历两大阶段，第一次服务业现代化是从传统服务业向现代服务业的转变，第二次服务业现代化是从劳务型服务业向知识型服务业的转变。韩国属于服务业现代化后发追赶国家，用 50 多年的时间（1960—2013 年）完成美国 150 年（1820—1970 年）的经济结构变迁历程，为后发国家的经济追赶提供了一个成功案例。中国服务业现代化是一种后发追赶型现代化，服务经济发展趋势与世界一致但国际差距较大。1950 年以来，中国服务业增加值比例和服务业劳动力比例都经历了上升、下降和再上升三个阶段。目前，三个国家知识型服务业比例上升，劳务型服务业比例下降，知识型服务业代表发展方向。中国的服务业现代化既要借鉴先行国家的成功经验，又要面对新的经济形态和国际竞争。

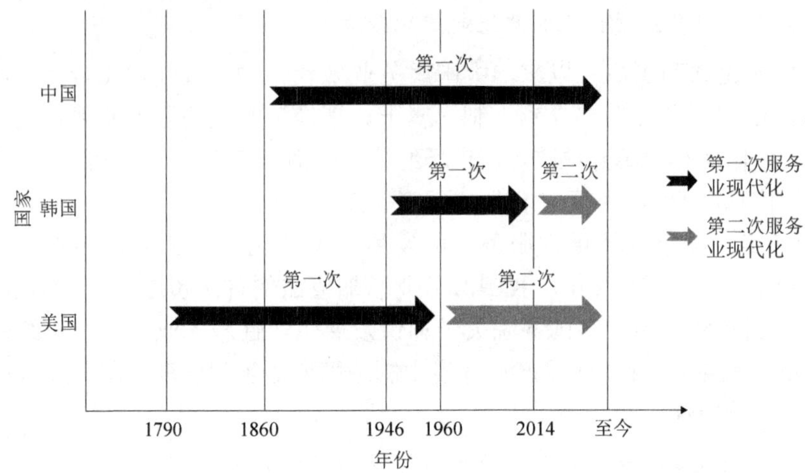

图 1　美韩中三国服务业现代化历程比较

参考文献

丹尼尔·贝尔 . 1997. 后工业社会的来临 . 高铦，等译 . 北京：新华出版社 .

何传启 . 1999. 第二次现代化 . 北京：高等教育出版社 .

何传启 . 2016a. 中国现代化报告 2016：服务业现代化研究 . 北京：北京大学出版社 .

何传启 . 2016b. 综述：走向知识型服务时代 . // 何传启 . 中国现代化报告 2016：服务业现代化研究 . 北京：北京大学出版社，i-xviii.

黄国胜 . 2003. 美国服务业的发展及其启示 . 现代经济探讨，2：67-70.

库兹涅茨 . 1999. 各国经济的增长 . 常勋，等译 . 北京：商务印书馆 .

李庆臻 . 1995. 韩国现代化研究 . 济南：济南出版社 .

李扬 . 2016. 服务业现代化的国家案例 . // 何传启 . 中国现代化报告 2016：服务业现代化研究 . 北京：北京大学出版社，101-107.

李勇坚，夏斐 . 2013. 中韩服务业发展比较 . 中国国情国力，(1)：15-17.

罗斯托 . 2001. 经济增长的阶段 . 郭熙保，王松茂译 . 北京：中国社会科学出版社 .

麦迪森 . 2003. 世界经济千年史 . 伍晓鹰，许宪春，叶燕斐，等译 . 北京：北京大学出版社 .

米切尔 . 2002. 帕尔格雷夫世界历史统计：欧洲卷（1750-1993）（第 4 版）. 贺力平译 . 北京：经济出版社 .

汪林茂 . 1998. 中国走向近代化的里程碑 . 北京：机械工业出版社 .

张蕊 . 2012. 美国服务业发展经验及对我国的启示 . 对外经贸，1：45-47.

张少华 . 1996. 美国早期现代化的两条道路之争 . 北京：北京大学出版社 .

赵西君 . 2016. 中国服务业现代化的理性分析 // 何传启 . 中国现代化报告 2016：服务业现代化研究 . 北京：北京大学出版社，126-201.

中国现代化战略研究课题组，中国科学院中国现代化研究中心 . 2004. 中国现代化报告 2004：地区现代化之路 . 北京：北京大学出版社 .

BEA. 2015. Industry Economic Accounts. http://www.bea.gov/industry/index/htm.

Inglehart R. 1997. Modernization and Postmodernization. Princeton，New Jersey: Princeton University Press.

OECD. 2015. Dataset: STAN Database for Structural Analysis（ISIC Rev. 4）. http://stats.oecd.org/Index.aspx?DataSetCode=STANI4

USIA. 1994. An Outline of American History. Washingtong. D. C. : GPO.

World Bank. 2015. World Development Indicators Database. http://databank.worldbank.org/data/reports.aspx?source=world-development-indicators

纽约市经济发展的研究述评
——基于2011年以来国内文献的分析

张　国[①]

北京建筑大学　马克思主义学院

纽约市是世界四大城市之一，其经济发展已经取得举世瞩目的成绩。纽约市在推动自身经济发展方面所采取的一些措施对中国大城市的未来发展具有一定的借鉴意义。自2011年以来，国内学者对纽约市经济发展状况进行了研究，既取得了一定的进展，也对一些方面的研究亟待加强。

一、2011年以来国内对纽约市经济发展研究的现状

在相关文献的检索中发现，自2011年以来，国内学者在纽约经济发展的研究中所取得的成果主要体现在已经公开发表的期刊论文和答辩通过的学位论文中。具体而言，在这一时期，国内学者对纽约市经济发展的研究主要体现在以下几个方面。

1．纽约服务业发展的研究

自2011年以来，国内学者对纽约市服务业的发展进行了比较深入的研究，他们的研究主要侧重于以下几个方面。

其一，对纽约市服务业整体状况的研究。张晨光等（2011）指出，在纽约服

① 张国（1977—），男，北京建筑大学马克思主义学院讲师，法学博士，应用经济学博士后，主要从事文化创意产业的研究。本文是2016年度国家社科基金重大项目“促进科技与经济深度融合的体制机制研究”（16ZDA011）的阶段性成果之一。

务业发展中，以金融商务服务为主导产业的集群发展模式凸显；医疗服务和教育服务悄然成为最大的服务业部门。纽约所经历的产业结构调整与服务业大发展的历程，具有其独特性与代表性。顾彬等（2012）认为，随着高端服务业发展，纽约成为企业总部中心、金融贸易中心、产业集聚中心和文化创意中心。纽约之所以能成为金融和商务中心，区位优势都发挥了重要的作用。郑晓光（2012）指出，纽约市的经济发展总体水平居于全美前列，第三产业占比超过九成，房地产和金融业并驾齐驱，生产性服务业占 GDP 的比例超过四成。孙群郎和王乘鹏（2012）认为，纽约市生产服务业的强势发展弥补了纽约去工业化所导致的经济衰落和城市破败。同时，纽约市生产服务业的强势发展和全球城市地位的确立，密切了纽约市与世界经济的联系，加强了纽约市经济活动的外向性，提高了纽约在世界经济中的地位，有利于保持纽约市经济的繁荣。石光宇（2013）指出，在全球化和产业分离的作用下，生产者服务行业的集聚是纽约全球城市产生的关键因素。闫彦明（2014）认为，纽约专业服务业的集群发展对区域创新的关键作用体现在以下三方面：高端人力资源集聚形成全球人才高地；专业化分工为经济发展提供新的高效率分工；产业集群不断增强知识溢出效益。石光宇和孙群郎（2014）指出，大量的生产服务业从工业企业中分离出来，集聚在纽约城市之中，产生了集聚经济效益，促使纽约全球城市形成。姚伟等（2015）指出，经过多年的发展，纽约的服务业开始在文化、创意、法律、咨询、审计、研发，管理、金融、证券、保险等专业领域中实现了大规模的产业聚集，这个过程中成就了许多伟大企业，也集聚了众多大型企业。

其二，对纽约市金融服务业的研究。冯邦彦和彭薇（2012）认为，从整体市场规模来看，纽约的股权市场的规模可谓首屈一指。纽约能够在国际业务方面做得这么好，很大程度上依赖于其资本供应能力。就三城债券市场的参与主体来看，纽约的参与者更具国际化的特征。周敬青（2012）指出，在纽约曼哈顿金融服务业集群的发展过程中，纽约市政府进行了积极的规划和有力调控。王玉铮（2013）认为，纽约国际金融中心的建立揭示了强大的国家经济、适当的政府干预、主要的世界货币对于国际金融中心的成长与发展的重大意义。纽约国际金融中心的形成与还与其自身发展传统、甚至是地理环境都存在着一定的关系。李清娟（2013）指出，华尔街实际上是一个财富组合，而变革只是发展的前奏，摩根士坦利等超级大公司正进入越来越多的市场，并通过自由兑换资本账户来操控市场，成为最终贷款人，在顶端控制整个系统。总部设在华盛顿的国际货币基金组织和世界银行在全球金融体系中的作用持续得到加强，这也将促使华尔街在未来的世界经济中继续发挥举足轻重的作用。何理等（2013）认为，技术革新、金融产品创新、对手的决策失误等，则是纽约国际金融中心发展壮大的关键事件。

其三，对纽约市文化创意产业的研究。王颖頔（2011）指出，从逐步明确自身城市文化特色，再到其文化被世界广泛认可，纽约的城市文化渗透到了时尚产业的方方面面。而众星云集的设计师协会则为设计师解决了很多后顾之忧，为他们开拓、联系和搭建更加宽广的平台，为设计的内外部交流提供了畅通的渠道，成为设计师职业发展最坚实的后盾。方田红等（2012）指出，纽约自发性创意产业街区形成与空间迁移的动因包括以下几点：低廉的地租、多样的文化、宽松的社会环境使艺术家集聚；地方品牌的塑造继续吸引艺术家以及富有的文化消费者的到来；地租上升使艺术家在纽约城市空间中不断迁移；公共政策的影响；社区居民积极参与历史街区的保护。左学金等（2012）认为，纽约市历届政府对百老汇剧院产业集聚的积极扶持和市场化引导是百老汇成功的重要保证。同时，百老汇的商业模式和纽约的文化氛围也是百老汇成功的重要因素。百老汇剧院产业的集聚，为金融危机后纽约市经济复兴提供了有力支撑，造就了世界戏剧表演中心的地位 。樊姝（2013）认为，纽约文化创意产业集聚区的发展经验体现在宽容的社会文化环境、通过创造力塑造品牌、政府支持非营利部门、注重集聚效应、打造完善的文化创意产业链、充分发挥区位优势以及发展相关产业等方面。马燕坤（2013）认为，在纽约创意产业的发展中，创意主体高度集中，具有明显的产业优势及实力。同时，注重营造环境促进创意产业发展。当前，纽约创意产业的经济社会贡献非常显著。孙莹和汪明峰（2014）指出，在纽约时尚产业的发展中，行业协会具有灵活性和及时性的特点，能对产业内存在的问题进行快速反应。除了充当游说者影响和改变公共政策之外，纽约时尚产业的行业组织还通过各种活动鼓励时尚设计，推动了纽约从“血汗工厂”到“设计之都”的转变。江文君（2014）认为，几乎所有最新的创意都可以在纽约以最快的速度被付诸实践，继而转化为生产力。而这些创意的源头则是源源不断的移民涌入所带来的高素质人力资本。而就文化艺术而言，纽约也不仅仅是昔日的资本之都，亦成为世界文化之都。汪菲（2014）认为，长期以来，纽约日益增长的影响力和经济奇迹都得益于其对文化、艺术的投资。纽约开放、多元的城市文化为不同群体的创意释放创造了大量机会，因而可以引致文化创意人才的聚集，并为其提供激发创意的永久动力，推动创意产业园区不断发展。

其四，对纽约市其他服务业的研究。夏沁芳等（2011）指出，从整体来看，纽约的房价并没有过多超过当地居民的收入水平，居民的住房支出仍处于相对合理区间。纽约非常注重存量房的维修和保护，以促进存量资源的可持续利用。这些城市的新建住房市场较小，起主要作用的是二手房交易市场。蒋晓娟（2011）指出，在纽约产业转变的过程中，信息服务业等新兴产业快速占据城市主要空间，但同时制造业并没有衰落，其所占比例下降了以及退居次级空间，但依然有着强大的实力。沈未央（2013）认为，邮轮产业对纽约市及其周边地区有着深远的影响力，以纽约市为根据地的邮轮产业不仅吸引了大量游客，为城市经济做出了重要的经济贡献，更加重要的是，还有利于向外扩散城市的多元魅力，持续打造城市品牌。吴晓隽等（2014）指出，纽约健康服务产业具有规模庞大，产业层次丰富、贡献巨大、产业组织结构合理以及能够适应多层次的健康服务需求等特征。高水平医院和医学院的集聚成为纽约健康服务业持续发展的保证，其中，大部分医院为非营利性。安帮（2015）指出，当着手发展高新技术产业时，纽约重视基础设施建设，其中包括让每个纽约人和纽约的商业都拥有价格实惠且高速的网络。为了更好地实现信息共享，纽约市政府还和 IBM 等公司合作，共同打造创业平台“数字纽约”网站。纽约的创新创业更接地气，将创新和已有产业的升级换代结合起来。

2. 纽约经济发展中人力资源的研究

石光宇（2013）指出，全球化背景下的全球移民与族裔多元也是纽约全球城市所特有的特色。与此同时，纽约全球移民与族裔多元也为纽约二元劳动力市场提供了充足的劳动力资源。杨玲（2014）指出，纽约正在聚集全美乃至全世界最优秀的科技人才，依托良好的大学学术氛围，为初创企业找到投资者和适合自身发展的业务模式提供便利。今天的纽约在创新浪潮中欲抢占先机，为城市的发展增添更多生机与活力。孔令帅（2014）认为，纽约市劳动力就业服务具有重视劳动力服务项目、关注处境不利群体、加强部门合作、发挥教育部门作用等特点。王阳（2014）指出，早期的大量移民填补了纽约快速建设中的劳动力缺口，后来的高素质移民则给纽约带来了不可估量的技术和智力资源。徐静和边婷婷（2014）指出，教育是纽约市创新潜力的关键。通过对科学、技术、工程、数学等领域的教育投资，纽约公众将从学校和课程中受益，并能够在技术生态系统中学习和创新，满足不断增长的信息产业需求。安帮（2015）指出，纽约着手发展高新技术产业时，发现面临人才短缺的突出问题。2011 年，纽约选择由康奈尔大学与以色列工学院共同创建专门培养高科技相关人才的研究生院，以带动纽约市高科技产业发展。同时，纽约市推出了高科技人才输送管道项目，结合政府，以及民间基金为用人单位建立人才梯队。

3. 纽约市部分区域发展的研究

目前，国内学者对纽约市发展中某一区域的研究主要体现在以下几点。

其一，纽约哈莱姆区和苏荷区的绅士化。孙群郎和黄臻（2011）指出，哈莱姆区绅士化为其居民生活带来了便利，创造了大量的工作岗位，降低该地区的犯罪率，使哈莱姆区更加安全，为该地区的房东们带来了巨大的经济效益。然而，

哈莱姆区绅士化也导致了贫困居民被迫迁居的问题，同时打击了原有的小商业，并且逐渐改变了哈莱姆区特有的文化氛围。黄臻（2012）认为，在绅士化的过程中，纽约苏荷区与哈莱姆区的区域性质不同，绅士化成因各有侧重，绅士化的程度也不同。与苏荷区绅士化起步早、发展快、过程清晰明确，典型性强的特点形成鲜明对比的是，纽约市哈莱姆区绅士化的起步晚、发展缓慢、所受阻力大。郭巧华（2013）认为，可以说，苏荷区的成功转型经验不仅在于各种利益集团相互博弈、最终取得最佳的城市改造方案，更是以社区为基础、公众参与城市规划的结果。李文硕（2013）指出，苏荷区通过绅士化运动走向复兴，揭示了文化在创造生活空间中的意义，通过艺术家的活动，苏荷区从一个衰败的街区转变为生机勃勃的中产阶级社区，与下曼哈顿的商务活动形成良好互动，满足了城市的使用者对多样化城市功能的需求，走出了新的路径。

其二，纽约郊区化的发展。蒋晓娟（2011）认为，纽约城市更新（1949—1972 年）背后是产业转型的推动。在这一更新过程中，纽约市中心没有衰落，依然保持强盛的投资吸引力和对周边的辐射力。虽受到郊区化的极大冲击，无论是人口的变化还是税务的一时弱化，但依然没有撼动纽约市中心的经济主体地位。齐笑沛（2013）指出，在纽约市的郊区化过程中，整个大纽约地区的经济得到了发展，通过迫使中心城区产业结构转型，使整个地区的空间结构更加合理化、高级化。同时，在此过程中，也出现了中心城区经济衰退的现象，迫使中心城区启动“旧城复兴”战略来重振经济。

其三，纽约其他地区的发展。赵健（2013）指出，纽约港务局运营和管理的港区交通设施每年运载着数以百万计的乘客，已经成为区域交通和经济发展的重要动力，为纽约区域的发展繁荣做出了重大贡献。何艳和许珍璐（2013）认为，纽约曼哈顿中央商务区（central business district，CBD）是在产业自我成长的过程中依靠市场机制发展起来的。政府在其中扮演了引导人和服务者，政府着力做好规划，引导集聚；完善交通基础设施；服务企业，提高企业利润。邓智团（2014）认为，纽约硅巷的成功是政府推动与市场化运作的完美结合，政府的推动主要体现在减税计划、同商业区联盟和业主的密切合作、大力改善基础设施等方面，而市场的选择主要体现在大量的创新人才队伍、浓郁的交融的文化、接近市场和丰富的资金来源、成熟的科技创新生态系统等方面。

4. 纽约都市圈发展的研究

唐艺彬（2011）指出，美国纽约大都市圈空间结构演化动力机制有四个方面，即城市化因素——生产力水平的提高，技术因素——交通网络和通信技术的进步，经济因素——产业集聚与产业扩散，政策因素——政府决策与规划。刘瞳

（2011）认为，在纽约都市圈的发展中，该地区发挥了比较优势，错位发展，相互补充，形成完善的产业分工格局。同时，该地区形成了双重核心，分担职能，即纽约是金融中心，华盛顿是政治中心。此外，它还形成了区域规划和区域发展协调机制。庞德良和唐艺彬（2012）指出，总体而言，纽约都市圈内的核心城市均根据其自身特点，谋求与中心城市纽约的错位发展路径，力求发展的差异化。同时，中心城市纽约始终以其金融中心职能和地位对其他核心城市产生影响，使纽约都市圈的发展个体上呈现孤立、但整体上呈现互补之势。

5. 纽约市发展规划的研究

王兰（2013）指出，纽约的城市转型发展与国家发展战略和全球发展进程紧密相关，其发展规划和政策体现了国家和地方政府在全球化背景中的应对，也体现了其在全球化进程中的积极参与和强势影响。李纪宏等（2014）认为，纽约新泽西港务局被赋予了广泛的综合规划职能，具备相当规模的基础设施资源控制能力和跨区域协调能力，能够将机场、铁路、港口、轨道等基础设施进行一体化整合，保证了纽约大区基础设施的正常运营。吴唯佳等（2014）认为，纽约近百年来的规划演进表明，规划政策由最初的需求导向型即不断满足城市发展的需要，逐步向有目的的政策导向型转变，关注城市内土地、交通、能源、环境的可持续发展，规划的公众参与程度越来越高。王兰等（2015）指出，在面向全球城市的战略和规划中，纽约市既制定了包含直接推进经济发展的空间开发策略，也包含间接支持纽约市民安居乐业、提高环境品质、提升城市应对灾害能力的规划；既考虑全球流动资本、人才和旅游者的需求，也兼顾普通市民的生活需求。

6. 纽约市发展理念的研究

在对纽约市经济发展理念的研究中，国内学者的研究侧重于以下几个方面。

其一，对绿色、低碳、环保的发展理念的研究。陆小成（2013）认为，纽约城市转型与绿色发展的主要特征体现在创新驱动战略的指引、现代高端服务业的集群、人才教育培养的推动、城市服务功能的融合、城市基础设施的关联、城市绿化建设与公共交通的全覆盖等方面。闫世刚（2013）指出，纽约市规划到 2015 年，确保清洁、安全、可承受的电力供应大幅度提高，为此纽约市出台了一系列政策来开发可再生能源和新能源，包括太阳能、风能、潮汐能等。这些政策主要包括：首先，积极培育可再生能源市场。其次，加强清洁电厂建设和智能电网建设，通过应用先进的控制技术以及储能技术，完善清洁能源发电并网的技术标准，提高清洁能源接纳能力。最后，是扩大清洁分布式发电项目。苏宁（2015）指出，纽约推动绿色 2.0 经济的主要措施：纽约清洁与可循环经济推进计划、环保思维项目、职能建筑项目、清洁网络编程马拉松计划、纽约应用科学

计划。姚伟等（2015）指出，在绿色、低碳和宜居的现代城市建设方面，纽约主要是通过产业的调整升级来实现的，具体表现为在由制造业向服务业再到高端知识密集型服务业、文化服务产业和绿色产业转变的演进过程，不断推动城市经济和社会的全面发展。

其二，对信息化发展理念的研究。石光宇和孙群郎（2014）认为，纽约是一座高度信息化的城市，完善的通信设施和发达的信息技术，不仅拉动了纽约市的经济发展，也促使纽约成为全球信息循环网络中的重要一环。大量的移民移居纽约，为纽约经济繁荣做出了巨大的贡献，也为纽约成为全球城市提供了人力资源保障。祝碧衡等（2014）指出，自20世纪90年代以来，纽约市信息技术与通信部便开始通过各类信息技术的基础建设来为纽约日后文化产业在数字化、信息化的发展打下基础，如投入巨资建设跨越大西洋的光缆网路，将纽约市拓展为国际通信网络的重要枢纽；纽约市还是全美国宽带光纤铺设最为密集的城市之一，曼哈顿超过3000栋商务楼宇都实现了高速光纤接入。姬晴晴（2016）认为，在信息化的影响下，纽约在探索新的发展道路，通过众多惠民应用和计划，逐渐走向智慧城市之路。

其三，创新发展的理念。赵峥（2011）指出，在创新型城市建设过程中，纽约采取的措施主要有：首先，制定并实施以服务经济为核心的城市创新发展战略；其次，发挥自身在教育、科技等方面的优势，为服务业的创新发展提供人力资本支持；最后，重视科技园区和网络建设，为创新活动提供载体和平台。朱星华等（2014）认为，纽约州的纳米与信息电子、生命科学、新能源与可再生能源是纽约州大力发展的新兴与支柱产业，是其经济发展、技术创新三大引擎。纽约州在上述领域持续创新发展的有效措施是，充分利用公共和私营部门的伙伴关系；以核心技术为平台，促进多领域的创新研究；加速技术商业化；创新机制，大力促进民间资本投资；有针对性地实施税收优惠及激励政策等。

二、对2011年以来国内在纽约市经济发展研究方面的评价

自2011年以来，国内学者从服务业发展、人力资源需求、部分区域发展、都市圈发展、发展规划和发展理念等方面对纽约市的经济发展状况开展了较为深入的研究，不但公开发表了几十篇质量较高的期刊论文和会议论文，而且有近10篇答辩通过的博士、硕士论文问世。在肯定已经取得的研究进展的同时，我们也必须实事求是地指出，在未来的研究中，以下几个方面应当高度重视：其一，在目前的研究中，国内学者对纽约市农业和工业发展状况的研究比较欠缺，

需要在今后的研究中得到加强和重视；其二，在对纽约市服务业发展的研究中，国内学者主要是对文化创意产业和金融服务业进行了比较深入和全面的研究，而对其他服务业方面的研究则比较欠缺，亟待加强；其三，在对纽约市经济发展中人力资源状况的研究中，兼顾了吸引高素质外来移民和提升本地居民素质两个方面；其四，在对纽约市部分区域的研究中，国内学者主要对纽约哈莱姆区和苏荷区的绅士化以及郊区的发展状况进行了研究，在将来的研究中应当加强对其他区域经济发展状况的研究；其五，在对都市圈发展的研究中，国内学者主要侧重于对其内部结构和发展演化的研究，而与世界其他都市圈的比较性的研究不多，需要在将来的研究中得到进一步加强；其六，在对纽约市发展规划的研究中，国内学者从历史追溯、现实分析和规划主体等维度进行了分析和探讨，在将来的研究中，应当从和世界其他特大城市规划比较的视角来拓展研究的空间；其七，在对纽约市发展理念的研究中，国内学者主要探讨了其低碳、环保、绿色发展的理念，同时，也涉及了信息化发展和创新发展的理念。在将来的研究中，历史视角下的研究和同世界其他特大城市发展比较视角下的研究都需要加强。

参考文献

安帮 . 2015. 纽约战略新兴产业发展启示 . 当代县域经济，（8）：7.

邓智团 . 2014. 纽约硅巷：中心城区科技集群复兴 . 屠启宇 . 国际城市发展报告（2014）. 北京：社会科学文献出版社：63-65.

樊姝 . 2013. 纽约文化创意产业集聚区发展经验及对北京的启示 . 北京服装学院服装设计与工程硕士学位论文：37-42.

方田红，曾刚，张云伟 . 2012. 纽约自发性创意街区空间迁移原因分析 . 城市问题，（12）：93-95.

冯邦彦，彭薇 . 2012. 香港与伦敦、纽约国际金融中心比较研究 . 亚太经济，（3）：87-89，92.

顾彬，黄上国，潘亦铭 . 2012. 美国纽约高端服务业发展启示 . 广东科技，（5）：3.

郭巧华 . 2013. 从城市更新到绅士化：纽约苏荷区重建过程中的市民参与 . 杭州师范大学学报（社会科学版），13（2）：94.

何理，董笑蕊，韩雯，等 . 2013. 利用关键事件促成北京金融中心建设，（3）：26-28.

何艳，许珍璐 . 2013. 国际 CBD 的发展模式及对武汉的启示 . 城市观察，（5）：164.

黄臻 . 2012. 纽约市苏荷区和哈莱姆区绅士化现象探析 . 浙江师范大学人文学院硕士学位论文：36-48.

姬晴晴 . 2016. 纽约：世界之都走在“慧”民阵线最前沿 . 智能建筑与智慧城市，（6）：29-33.

江文君 .2014. 纽约城市发展转型及对上海的启示 . 文汇报，2014 年 2 月 17 日，第 011 版 .

蒋晓娟 . 2011. 纽约城市更新研究（1949—1972）. 华东师范大学世界史硕士学位论文：44.

孔令帅 . 2014. 纽约市劳动力就业：现状、举措与成效 . 外国中小学教育，（7）：19-20，22-23.

李纪宏，王建宙，张晓妍 . 2014. 世界城市基础设施发展的经验及启示 . 城乡治理与规划改革—— 2014 中国城市规划年会论文集（02 城市工程规划）：239.

李清娟 . 2013. 华尔街时代：纽约国际金融中心演变及发展趋势分析 . 科学发展，（10）：104.

李文硕 . 2013. 绅士化运动：中心城市复兴的可行路径——以纽约市苏荷区为中心的个案研究 . 南京大学学报（哲学 • 人文科学 • 社会科学），（6）：39.

刘瞳 . 2011. 世界主要都市圈经验的借鉴和北京都市圈的发展 . 中共中央党校世界经济硕士学位论文：12-14.

陆小成 . 2013. 纽约城市转型与绿色发展对北京的启示 . 城市观察，（1）：125-133.

马燕坤 . 2013. 伦敦和纽约的创意产业发展及对中国的启示 . 发展研究，（12）：93-96.

庞德良，唐艺彬 . 2012. 纽约都市圈的城市空间结构功能及其演化动力因素 . 社会科学战线，（7）：252-254.

齐笑沛 . 2013. 纽约市郊区化过程中的产业问题研究 . 洛阳师范学院学报，（3）：97.

沈未央 . 2013. 邮轮经济——上海与纽约之比较 . 城市公用事业，（1）：22-24.

石光宇 . 2013. 纽约全球城市地位的确立及特征分析 . 东北师范大学世界史博士学位论文：96.

石光宇，孙群郎 . 2014. 简析全球城市的成因——以纽约为例 . 都市文化研究，（1）：94.

苏宁 . 2015. 纽约以数字化推动绿色城市 2.0// 屠启宇 . 国际城市发展报告（2015）——国际创新中心城市的崛起 . 北京：社会科学文献出版社：234-240.

孙群郎，黄臻 . 2011. 纽约哈莱姆区的绅士化及其影响 . 求是学刊，（6）：135-139.

孙群郎，王乘鹏 . 2012. 纽约全球城市地位的确立及其面临的挑战 . 福建师范大学学报（哲学社会科学版），（2）：57-59.

孙莹，汪明峰 . 2014. 纽约时尚产业的空间组织演化及其动力机制 . 世界地理研究，（1）：135-139.

唐艺彬 . 2011. 美国纽约大都市圈经济发展研究 . 吉林大学东北亚研究院博士学位论文：73-78，158-163.

汪菲 . 2014. 世界城市创意产业发展及经验总结 . 城市观察，（3）：98-99，102.

王兰 . 2013. 纽约城市转型发展与多元规划 . 国际城市规划，（6）：19.

王兰，刘刚，邱松，等 . 2015. 纽约的全球城市发展战略与规划 . 国际城市规划，（4）：23.

王阳 . 2014. 世界经济中心城市成长的必要条件——以纽约和上海为例 . 现代商贸工业，（1）：87.

王颖頔 . 2011. 时尚之都纽约的成功经验及对北京的启示 . 北京服装学院艺术学硕士学位论文：38-39，42-48.

王玉铮 . 2013. 纽约国际金融中心的形成与发展（1919—1945）. 华东师范大学人文社会科学学院硕士学位论文：50-51，55.

吴唯佳，唐燕，向俊波，等 . 2014. 特大型城市发展和功能演进规律研究——伦敦、东京、纽约的国际案例比较 . 上海城市规划，（6）：27-35.

吴晓隽，车春鹂，高汝熹，等 . 2014. 大都市健康服务业的产业结构与生态初探——基于纽约、波士顿的案例研究 . 卫生经济研究，（8）：21-23.

夏沁芳，仲长远，申涛，等 . 2011. 国际大都市房地产发展规律及对北京的启示 . 北京市第十六次统计科学讨论会获奖论文集：19-20.

徐静，边婷婷 . 2014. 城市信息化国际比较研究——以纽约、东京、香港为例 . 国际城市规划，（5）：127-130.

闫世刚 . 2013. 世界城市清洁能源发展模式及借鉴 . 科技管理研究，（13）：52-53.
闫彦明 . 2014. 纽约专业服务业集群成功之道 . 屠启宇 . 国际城市发展报告（2014）. 北京：社会科学文献出版社：149-153.
杨玲 . 2014. 国际大都市科技创新特点及其对上海的启示 . 科学发展，（8）：69.
姚伟，李海波，王蓓蓓 . 2015. 城市的胜利：纽约和波士顿 . 北京 CBD，（8）：27-30.
张晨光，李健，闫彦明 . 2011. 纽约城市产业转型及对北京建设世界城市的启示 . 投资北京，（9）：94-95.
赵健 . 2013. 纽约港务局的成立及其港口区域的开发（1921—1962）. 华东师范大学人文社会科学学院硕士学位论文：68-69，72，77-79.
赵峥 . 2011. 国外主要创新型城市发展实践与借鉴 . 决策咨询，（1）：88-89.
郑晓光 . 2012. 世界城市产业结构比较及对北京的启示 . 中国国情国力，（11）：40.
周敬青 .2012. 国际大都市的文化发展若干规律探究——以纽约、伦敦、东京、巴黎和新加坡为例 . 上海市社会科学界第十届学术年会文集（2012 年度）马克思主义研究学科卷：139.
朱星华，郭晓林，叶冬柏 . 2014. 纽约州创新经济发展的三大引擎 . 全球科技经济瞭望，（10）：45-51.
祝碧衡，蒋慧，沙青青，等 . 2014. 国际大都市科技文化创新融合的经验研究 . 中国科技信息，（1）：203-204.
左学金，王红霞，钱智 . 2012. 借鉴纽约经验建设上海"百老汇". 科学发展，（8）：71-76.

G20 国家的服务业现代化评价

叶　青

中国科学院中国现代化研究中心

引言

服务业历史悠久，最早可追溯到原始祭祀等，但直到 20 世纪中叶的服务经济兴起，服务业才逐渐引起了人们的重视。目前，服务业不仅是古老产业，也是现代产业，更是世界经济的主体部分。2015 年，服务业增加值占世界经济的比例超过 70%，农业和工业分别约占 3% 和 27%。[1]

国际标准化组织和国际电工委员会联合颁布的 ISO/IEC 指南 76：2008《服务标准制定考虑消费者需求的建议》认为：服务是为满足顾客的需要，供方和顾客之间接触的活动以及供方内部活动所产生的结果；而服务业是生产或提供各种服务的经济部门或企业的集合。[2] 与工业和农业相比，服务业是一个比较模糊和

难以准确定义的产业，“共性”难以概括，反映服务业一般特征的普适分析框架不易构造，服务业测度和统计困难。[3]

服务业现代化迄今没有统一的定义，从现代化研究的角度来看，服务业现代化指18世纪以来服务业和服务经济的一种深刻变化，它包括从传统服务向机械化和电气化服务，从机械化和电气化服务向知识化和绿色化服务的两次转变，服务业在国民经济中的比例持续上升，服务方式和观念的变化，服务技术水平、服务劳动者素质和服务业国际竞争力的提高，服务经济结构的变化及国际地位的变化等；它包括第一次服务业现代化和第二次服务业现代化两大阶段。[4]

1．文献回顾

关于服务业发展评价指标体系，境外学者的视角较为微观，更多的是针对具体服务产的评价[5-6]，也有对于智力密集型服务业的创新评估[7]。国内较早的是由李江帆在1994年提出的，他认为一个地区第三产业的发展状况应由服务的社会需求决定，而人均GDP、城市化水平、人口密度和服务输出状况是影响服务需求的主要因素。他用3个方面的指标来衡量服务业的发展状况，包括：①第三产业就业比例、产值比例；②人均服务产品占有量；③服务密度。[8]

中国人民大学竞争力与评价研究中心建立了一个多层次的指标体系，把服务业的竞争力分为规模、结构、成长、创新和管理5个方面，选取23个指标构造了综合评价区域服务业发展水平的指标体系，并对我国31个省（自治区、直辖市）（不包括港、澳、台）的服务业竞争力水平进行了定量分析。[9]

冯华等从发展规模、产业结构、增长速度、经济效益4个方面，选取包括人均服务业增加值、服务业增加值占GDP比例、服务业增加值增长速度、服务业劳动生产率等16个指标构建了我国服务业发展评价指标体系，并对我国31个省区的服务业发展水平进行了评价。评价结果表明：北京、上海服务业发展水平遥遥领先，各省区的服务业发展水平不仅与区域经济发达程度具有一定的相关性，而且与城市化水平、市场化水平及经济发展模式等因素有关。[10]

此外，国内其他学者对于服务业发展水平的评价体系也有较多探讨。这些评价指标体系有的没有考虑人口因素，不利于区域之间的横向比较。有的没有考虑生产性服务业和知识型服务业的发展水平，不能反映当前区域服务业的发展质量。更重要的是，国内大部分评价指标体系都是针对中国地区服务业发展水平，指标体系突出中国特色，数据获取也都是来自中国统计年鉴或地区统计年鉴等资料，国际可比性不强，服务业发展的趋势不能突显。

2．评价模型

《中国现代化报告2016：服务业现代化研究》[11]从服务业发展水平评价和服

务业发展阶段评价两个方面展开。其中，服务业现代化水平评价包括服务内容、服务质量和服务管理评价三个方面，反映服务业现代化的实际进展以及与世界先进水平的相对差距（表 1）。

评估前对 12 个指标做了无量纲化处理，以提高指标之间的“平等性”。各项指数的评估结果值最后均标准化到 [0，120]，以便对各国或地区作综合评估。各个指标实际值为它的实际值，标准值为当年高收入国家该项指标的平均值（表 2）。评估方法的选择主要依据指标数据之间的相关性，若单个服务业评估指标之间存在显著相关性，则选择主成分分析法，以降低指标重叠的影响；若单个服务业评估指标之间没有显著相关性，则评估过程的基本思想是指标之间的等重要性和单个指标的边际重要性递减。指标之间的等重要性是指指标之间的权重是相等的，因此，评估中没有考虑权重的影响；单个指标的边际重要性递减是指评估对象在某个指标上的等量差值在均值附近的重要性要大于远离均值的重要性。由于难以对 12 个服务业指标赋予大众普遍接受的权重，因此，综合评估只是对 12 个评估结果进行平均化。

服务业现代化的发展分为两个阶段：第一次服务业现代化和第二次服务业现代化。服务业现代化进程的信号指标，可以判断服务业现代化的发展阶段（表 3），发展水平与发展阶段之间不能简单对应。

第一次服务业现代化过程是服务业机械化、电气化和自动化过程，可用服务业增加值比例、服务业劳动力比例、服务业与农业增加值之比、服务业与农业劳动力之比和服务业现代化指数作为第一次服务业现代化的信号指标。第二次服务业现代化过程是服务业知识化、智能化和绿色化过程，仍用服务业增加值比例等 5 个指标作为第二次服务业现代化的信号指标，但值域不同。第一次服务业现代化发展阶段的值域是 0 ～ 4，第二次服务业现代化发展阶段的值域是 5 ～ 7。

3．评价结果

应用《中国现代化报告 2016：服务业现代化研究》中构建的评价模型对典型国家进行评价。本研究的样本为 G20 国家中除了欧盟之外的 19 个成员国。G20 是由主要发达国家和新兴市场经济国家组成的二十国集团（简称 G20），成立于 1999 年，由 19 个成员国和欧盟共同组成的国际经济合作论坛，19 个成员国包括阿根廷、澳大利亚、巴西、加拿大、中国、法国、德国、印度、印度尼西亚、意大利、日本、墨西哥、俄罗斯、沙特阿拉伯、南非、韩国、土耳其、英国和美国。成员国人口占全球人口的 2/3，国内生产总值占全球 90%，贸易占 80%，在全球经济、科技发展中占有重要地位。因此，此 19 个样本国家的选取具有一定的代表性。

表 1　服务业现代化水平评价结构

一级指标	编号	二级指标	指标解释
评价尺度		服务业现代化指数	服务业现代化进展
服务内容（规模、结构）	X_1	服务业增加值比例	服务业增加值比例
	X_2	服务业劳动力比例	服务业劳动力比例
	X_3^*	人均知识型服务业	人均科技、教育和卫生经费
	X_4	人均生产型服务业	人均航空货运量
服务质量（效率、质量）	X_5	服务业劳动生产率	服务业劳动生产率
	X_6	人均服务业增加值	人均服务业增加值
	X_7	人均服务贸易额	人均服务贸易进出口额
	X_8	人均国际旅游收入	人均国际旅游收入
服务管理（资源、能力、创新）	X_9	劳动力文化素质	受过高等教育的劳动力比例
	X_{10}	服务基础设施	互联网宽带普及率
	X_{11}	政府治理能力	出口贸易通关时间
	X_{12}	服务创新能力	R&D经费占GDP比例

* 人均知识型服务业用人均科技、教育和卫生经费代替

资料来源：何传启，2016：210

表 2　服务业现代化水平评价指标的标准值

指标和单位		1990年	2000年	2010年	2013年
服务内容	X_1/%	69.3	70.5	73.6	73.9
	X_2/%	60.1	66.8	72.4	70.6
	X_3/美元*	2 795	3 818	6 892	7 455
	X_4/吨/公里/人**	40.0	79.8	108.0	101.0
服务质量	X_5/美元	42 716	48 686	70 705	77 435
	X_6/美元	13 385	14 388	23 097	24 874
	X_7/美元	1 234	1 973	4 532	5 343
	X_8/美元	179	268	515	628
服务管理	X_9/%	24.6	28.1	32.7	34.5
	X_{10}/%	0.23	1.60	23.80	27.30
	X_{11}/天	—	14.1	13.4	12.7
	X_{12}/%	2.0	2.3	2.4	2.4

* 人均知识型服务业用人均科技、教育和卫生经费代替，** 人均生产型服务业用人均航空货运量代表。数值为当年高收入国家或前 20 个服务业发达国家的平均值

资料来源：何传启，2016：268

表 3　G20 国家服务业现代化进程的信号指标和判断标准

发展阶段＼信号指标		服务业增加值的比例	服务业劳动力的比例	服务业与农业增加值之比	服务业与农业劳动力之比	服务业现代化指数
第二次	Ⅱ-3	≥80%	≥80%	≥80	≥80	
	Ⅱ-2	≥70%，<80%	≥70%，<80%	≥35，<80	≥35，<80	
	Ⅱ-1	≥60%，<70%	≥60%，<70%	≥15，<35	≥15，<35	≥60

续表

发展阶段 \ 信号指标		服务业增加值的比例	服务业劳动力的比例	服务业与农业增加值之比	服务业与农业劳动力之比	服务业现代化指数
第一次	Ⅰ-4	≥50%，<60%	≥50%，<60%	≥10，<15	≥5，<15	≥50
	Ⅰ-3	≥40%，<50%	≥40%，<50%	≥5，<10	≥3，<5	≥40
	Ⅰ-2	≥30%，<40%	≥30%，<40%	≥2，<5	≥1，<3	≥20
	Ⅰ-1	≥20%，<30%	≥20%，<30%	≥1，<2	≥0.5，<1	
Ⅰ-0		<20%	<20%	<1	<0.5	

注：①Ⅰ-0 表示传统服务业，Ⅰ-1 表示第一次服务业现代化的起步期，Ⅰ-2 表示第一次服务业现代化的发展期，Ⅰ-3 表示第一次服务业现代化的成熟期，Ⅰ-4 表示第一次服务业现代化到第二次服务业现代化的过渡期；Ⅱ-1 表示第二次服务业现代化的起步期，Ⅱ-2 表示第二次服务业现代化的发展期，Ⅱ-3 表示第二次服务业现代化的成熟期；②判断第二次服务业现代化是否启动的标准为：服务业增加值比例≥ 60%，服务业劳动力比例≥ 60%，其他指标作为修正指标；③服务业现代化指数作为阶段划分的修正指标，第二次服务业现代化起步期：服务业现代化指数≥ 60；第一次服务业现代化过渡期：服务业现代化指数≥ 50；第一次服务业现代化成熟期：服务业现代化指数≥ 40；第一次服务业现代化发展期：服务业现代化指数≥ 20；④完成第一次服务业现代化的标准为：服务业增加值比例≥ 50%，服务业劳动力比例≥ 50%，服务业现代化指数≥ 60

资料来源：何传启，2016：211

采集的数据范围是1990—2013年的时间序列数据。

本研究的统计数据主要来自以下4部分：①世界银行（World Bank）[12]；②经济合作与发展组织（Organization for Economic Co-operation and Development，OECD）[13]；③国际劳工组织（International Labour Organization，ILO）[14]；④中国统计年鉴、中国科技统计年鉴、中国环境统计年鉴、中国能源统计年鉴等。

2013年，G20国家中服务业发达的国家有美国、法国、德国、澳大利亚、英国、加拿大、日本和韩国8个国家；服务业中等发达国家有意大利、俄罗斯、沙特阿拉伯和土耳其4个国家；服务业初等发达国家有阿根廷、巴西、墨西哥、南非和中国5个国家；服务业欠发达国家有印度和印度尼西亚2个国家。值得关注的是G20国家中韩国已经成为服务业发达国家的行列，而意大利降级为服务业中等发达国家之中（表4）。

2013年，进入第二次服务业现代化国家有美国等8个国家，处于第一次服务业现代化的国家有俄罗斯等11个国家。中国属于服务业初等发达国家，处于第一次服务业现代化的发展阶段（表6）。

2013年G20国家服务业现代化的发展水平评价结果如下：

如表4所示，2013年综合排名前3位的国家是美国、法国和德国。其中，服务内容方面，美国、德国和英国优势明显；服务质量方面，法国、英国和澳大利亚得分居高；服务管理方面，美国、韩国和日本列前3位。综合排名后3位的国家是中国、印度和印度尼西亚，除了中国在服务管理指数上略有优势外，这三国的各项指标数据均较低。

1990—2013 年 G20 国家服务业现代化的发展水平评价结果如下（表 5）。

表 4　2013 年 G20 国家服务业现代化指数和排名

G20	国家	排名	SMLI-2013	IC	IQ	IM
1	美国	1	110	114	98	116
4	法国	2	108	97	120	108
3	德国	3	105	100	106	110
9	澳大利亚	4	105	100	114	102
5	英国	5	105	101	110	105
7	加拿大	6	101	95	101	107
2	日本	7	91	87	70	115
19	韩国	8	87	89	58	115
6	意大利	9	78	71	100	64
8	俄罗斯	10	51	57	25	72
17	沙特阿拉伯	11	50	59	45	46
18	土耳其	12	49	52	38	58
12	阿根廷	13	47	56	24	61
13	巴西	14	44	55	18	58
16	墨西哥	15	42	49	20	59
11	南非	16	40	57	21	42
10	中国	17	35	35	12	59
14	印度	18	23	28	4	35
15	印度尼西亚	19	21	32	6	25

注：根据服务业现代化指数分组：服务业发达国家，服务业现代化指数大于 80；中等发达国家，指数大于 48 小于 80；初等发达国家，指数小于 48 大于 30；欠发达国家，指数小于 30

表 5　1990—2013 年 G20 国家服务业现代化指数和排名

G20	国家	指数				排名			
		1990年	2000年	2010年	2013年	1990年	2000年	2010年	2013年
1	美国	113	115	110	110	2	1	2	1
4	法国	99	95	109	108	5	4	3	2
3	德国	101	95	104	105	4	5	5	3
9	澳大利亚	102	94	110	105	3	6	1	4
5	英国	94	97	105	105	6	3	4	5
7	加拿大	113	103	104	101	1	2	6	6
2	日本	85	94	95	91	7	7	7	7
19	韩国	56	79	86	87	10	8	8	8
6	意大利	78	74	81	78	8	9	9	9
8	俄罗斯	38	32	45	51	12	16	13	10
17	沙特阿拉伯	68	49	49	50	9	11	10	11
18	土耳其	32	34	47	49	15	14	12	12

续表

G20	国家	指数				排名			
		1990年	2000年	2010年	2013年	1990年	2000年	2010年	2013年
12	阿根廷	38	49	47	47	11	10	11	13
13	巴西	33	36	44	44	14	13	14	14
16	墨西哥	35	43	42	42	13	12	15	15
11	南非	26	33	39	40	16	15	16	16
10	中国	13	21	31	35	19	17	17	17
14	印度	19	19	23	23	17	18	18	18
15	印度尼西亚	13	18	21	21	18	19	19	19

自1990年以来，中国服务业现代化发展速度快于印度和印度尼西亚。

20多年来，G20国家各国服务业现代化发展阶段和国家分组的评价结果如下（表6）。

表6　1990—2013年G20国家服务业现代化的发展阶段和国家分组

G20	国家	发展阶段				国家分组			
		1990年	2000年	2010年	2013年	1990年	2000年	2010年	2013年
1	美国	Ⅱ-1	Ⅱ-1	Ⅱ-2	Ⅱ-2	A	A	A	A
3	德国	I-4	Ⅱ-1	Ⅱ-1	Ⅱ-2	A	A	A	A
5	英国	Ⅱ-1	Ⅱ-2	Ⅱ-2	Ⅱ-2	A	A	A	A
7	加拿大	Ⅱ-1	Ⅱ-1	Ⅱ-2	Ⅱ-2	A	A	A	A
2	日本	I-4	Ⅱ-1	Ⅱ-1	Ⅱ-1	A	A	A	A
4	法国	I-4	Ⅱ-1	Ⅱ-1	Ⅱ-1	A	A	A	A
6	意大利	I-4	Ⅱ-1	Ⅱ-1	Ⅱ-1	B	B	A	B
9	澳大利亚	I-4	I-4	Ⅱ-1	Ⅱ-1	A	A	A	A
8	俄罗斯	I-2	I-2	I-3	I-4	C	C	C	B
17	沙特阿拉伯	I-3	I-3	I-3	I-4	B	B	B	B
19	韩国	I-3	I-4	I-4	I-4	B	B	A	A
11	南非	I-2	I-2	I-2	I-3	D	C	C	C
12	阿根廷	I-2	I-3	I-3	I-3	C	B	B	C
13	巴西	I-2	I-2	I-3	I-3	C	C	C	C
16	墨西哥	I-2	I-3	I-3	I-3	C	C	C	C
18	土耳其	I-2	I-2	I-3	I-3	C	C	B	B
10	中国	I-0	I-1	I-2	I-2	D	D	C	C
14	印度	I-1	I-1	I-2	I-2	D	D	D	D
15	印度尼西亚	I-1	I-1	I-2	I-2	D	D	D	D

注：国家发展阶段：I-0为传统服务业，I-1为第一次服务业现代化起步期，I-2为第一次服务业现代化发展期，I-3为第一次服务业现代化成熟期，I-4为第一次服务业现代化到第二次服务业现代化的过渡期；Ⅱ-1为第二次服务业现代化起步期，Ⅱ-2为第二次服务业现代化发展期

国家分组：A为发达国家，B为中等发达国家，C为初等发达国家，D为欠发达国家

4．结论

从以上评价结果可以看出：G20 国家各国服务业发展的不平衡非常显著。

一方面，服务业现代化进程（发展阶段）的不平衡性。2013 年，G20 国家服务业前沿的美国、德国、英国和加拿大 4 个国家已经进入第二次服务业现代化的发展期，同时有中国、印度、印度尼西亚 3 个国家仍然处于第一次服务业现代化的发展阶段。如果保持 2000—2013 年的平均年增长率，中国预期进入第二次服务业现代化的时间在 2030 年左右。另一方面，服务业现代化水平的不平衡性。以 2013 年为例，国家服务业现代化水平的相对差距为 4.2 倍。有 6 个国家服务业现代化指数超过 100 分，它们依次是美国、法国、德国、澳大利亚、英国和加拿大；印度、印度尼西亚 2 个国家服务业现代化指数低于 30 分。

不同国家服务业现代化的地位有升有降。典型国家有：韩国等从服务业中等发达国家升级为发达国家，阿根廷从服务业中等发达国家降级为初等发达国家等。

与 2000 年相比，2013 年 G20 国家绝大多数国家的服务业现代化指数都是正增长。服务业现代化指数年均增长率的 G20 国家平均值为 3.1%。在没有完成服务业现代化的国家中，2013 年与 2000 年相比，俄罗斯和土耳其 2 个国家服务业现代化指数的 G20 国家排名上升，阿根廷、墨西哥、巴西和南非 4 个国家 G20 国家排名下降，韩国、日本、意大利、沙特阿拉伯、中国、印度和印度尼西亚 7 个国家排名没有变化。

自 1990 年以来，G20 国家的服务业现代化建设都取得了很大的进步，但不同国家的服务业现代化水平差距也很明显，G20 国家服务业现代化进程具有很大的不平衡性。中国服务业现代化水平有较大提高，中国服务业现代化的绝对水平在持续提高，相对水平也在提高，但我们与 G20 国家先进水平的差距也是客观存在的。2013 年中国排在 G20 国家第 17 位，属于服务业初等发达国家，量化估计其水平大致相当于服务业现代化国家 30% 左右的水平。目前，中国服务业现代化与世界先进水平的差距仍然十分明显。

参考文献

[1] World Bank. 2015. World Development Indicators Database. http://databank.worldbank.org/data/reports.aspx?source=world-development-indicators2015/2016-6-20.

[2] ISO/IEC. 2008. ISO/IEC Guide 76. Development of Service Standards-Recommendations for addressing Consumer Issue. http://www.iso.org/obp/ui/#iso:std:iso-iec:guide:76:ed-1:v2:en.2008/2016-07-14.

[3] 江小娟，薛澜 . 2011. 服务经济译丛 . 上海：上海人民出版社，格致出版社：2.

[4] 何传启 . 2016. 中国现代化报告 2016：服务业现代化 . 北京：北京大学出版社：210.

[5] Moxham C，Wiseman F. 2009. Examining the development，delivery and measurement of service quality in the fitness industry: A case study. Total Qual Manag Bus 20（5）：467-482.

[6] Ihtiyar A，Ahmad FS. 2012. Measurement of perceived service quality in the food retail industry of Turkey. Ener Educ Sci Tech-B，（4）：2601-2610.

[7] Tsai CT，Chang PL，Chou TC，et al. 2005. An integration framework of innovation assessment for the knowledge-intensive service industry. Int J Technol Manage（30）：85-104.

[8] 李江帆 . 1994. 第三产业的产业性质、评估依据和衡量指标 . 华南师范大学学报（社会科学版），（3）：1-9，13；Li Jiangfan. 1994. The Tertiary Industry: Its Industrial Nature，Evaluation Basis and Index Measure. Journal of South China Normal University（Social Sciences Edition），（3）：1-9，13.

[9] 中国人民大学竞争力与评价研究中心 . 2003. 中国 31 省市服务业竞争力评价报告 . 中国信息报，2003-8-2.

[10] 冯华，孙蔚然 . 2010. 服务业发展评价指标体系与中国各省区发展水平研究 . 东岳论丛，31（12）：5-9.

[11] 何传启 . 2016. 中国现代化报告 2016：服务业现代化研究 . 北京：北京大学出版社：210-222.

[12] World Bank. 2015.World Development Indicators . http:// http://data.worldbank.org/indicator/all. 2015-09-25.

[13] OECD. 2015. Industry and services/Structural Analysis（STAN）Database/STAN Archives/STAN Bilateral Trade Database by Industry and End-use ed. 2012 ISIC3. Http://stats.oecd.org/.2015-09-30.

[14] Inernational Labor Office. Yearbook of Labor Statistics，1945—2015. http://www.ilo.org/.2015-09-30.

以文化产业引领服务业发展

——中国文化现代化与文化产业发展的战略思考

何爱国[1]　颜　英[2]

1 复旦大学中外现代化进程研究中心　2 上海大学文学院

文化既是一种理念态度，也是一种生活方式，还是一种产业形态。钱穆在《民族与文化》增订版序言中指出："'人生'与'民族'与'文化'实三而一，一而三。现象虽可三分，但属同一本体。"① 文化现代化既是服务业现代化的重要组

① 钱穆 . 民族与文化（新）. 北京：九州出版社 . 2012，序：3.

成部分，也是现代化的核心组成部分。文化现代化影响服务业现代化的品质、构造与方向。文化产业的发展与文化现代化的观念变革息息相关。文化产业的发展深刻受制于文化现代化的观念变革，文化现代化的观念既会推进文化产业的发展，也会阻滞文化产业的发展。具有主体自信的、科学的、包容的、开放的文化现代化观念能够有益于文化产业发展，而缺乏主体自信的、简单的、偏狭的、二元对立的、僵化的文化现代化观念则会有害于文化产业发展。

一、文化现代化与服务业现代化的关系

（1）文化现代化是服务业现代化的重要组成部分

服务业属于第三产业，文化产业属于服务业。从产业形态看，服务业现代化包含文化现代化。狭义的文化现代化是服务业现代化的一个组成部分，服务业现代化不仅包括文化服务，还包括其他各类服务，如金融服务、商业服务、旅游服务等。而广义的文化现代化则包括服务业现代化，因为文化会以创意的形式深刻影响服务业的方方面面。同时，第一产业与第二产业也会受到广义的文化现代化的影响。

（2）文化现代化影响服务业现代化的走向

文化现代化既是一种思想观念的变迁，也是一种对生活的态度与方式的变迁，这种变革会导致我们的生产与消费的观念与方式的变迁，因此会深入影响服务业现代化的方式、质量与方向。特别是文化创意产业的兴起，对服务业经济的发展将具有不可估量的长期影响。服务业经济根本上是一种人的服务的消费，销售者出售的是人的服务，而人的服务的内涵、质量、方式、情趣与品位，与文化息息相关。消费者购买的是东西，从表面上看是一种服务，而实际上是消费者自我定位的文化品牌，其中内涵消费者所需要的文化的程度、层次、品质、情趣。

二、文化现代化与文化产业发展的关系

（1）文化现代化观念变革推动文化产业发展

文化现代化是世界现代化进程中出现的一个新名词，用以描述文化领域的重大变迁。通常认为文艺复兴开启了西方文化现代化的进程。当然也有人认为是宗教改革或启蒙运动开启了西方文化现代化的进程。在中国，文化现代化是新文化运动之后流行的一个新名词。但通常认为戊戌变法开启了中国文化现代化的进程。在现代化理论中，文化现代化是描述政治、经济、社会、生态诸领域之外的文化领域的现代化的一个新名词。文化现代化有广义与狭义之分：狭义的文化现

代化主要指的是意识形态、价值理念、信仰道德和思想文化领域的现代化；广义的文化现代化则是一种文明的现代化，几乎可以等同于现代化本身，是一种从大文化出发的文化现代化理念。文化产业的发展以文化现代化的观念变革为基础，为引导，可以说，有什么样的文化现代化理念，就会有什么样的文化产业发展。文化现代化的每一次观念变迁会引发文化产业发展的数量、速度、质量、品牌、方式、效益的变迁。

（2）文化产业发展推进文化现代化观念变革落实

文化产业发展并非文化现代化观念的一一对应的直接落实，但文化现代化观念的落实、扎根与传递却有赖于文化产业的发展。文化现代化是一种新的文化态度，这种新的文化态度要切实转化为一种新的生活方式，新的消费方式，需要文化产业来支撑。文化消费是人的物质消费之外的一种精神消费，文化消费有不同的审美、偏好、品位与情趣，文化消费甚至也深刻打上了宗教信仰、意识形态与道德伦理的烙印，而这与文化现代化的理念有深层联系。文化现代化观念要落到实处，必须有相应的文化产业来承担。

三、中国文化产业发展缓慢的根源

（1）对文化现代化的理解有误，造成文化产业发展裹脚不前

长期以来，我们对文化现代化的理解存在机械化、二元化和简单化的理解。人们曾为文化现代化，就是消灭传统文化，传统文化与文化现代化是二元对立的。一开始人们把学习西方文化等于文化现代化；后来我们又把学习苏联文化等同于文化现代化；再后来我们又认为文化现代化就是既不学习传统，又不学习西方，也不学习苏联，而是自己创造出一种全新的社会主义文化。这些对文化现代化的理解都陷入了简单化、片面化和想当然的错误。文化现代化是微妙的、复杂的、非线性进化的。古今文化、中西文化既具有人文的、人本的、人道的共通性，也具有各自时代与民族、国家、地域、个人情趣的特殊性。简单的破坏、机械的学习、全真的模仿都不是文化现代化的科学态度。文化现代化需要主体自觉、主体自信、主体的吸收消化、主体的创造性转化与主体的创新性发展。离开了主体的传承与发展，离开了主体的自觉与自信，离开了主体的吸收与消化，文化现代化是不可能成功的。这个主体既是民族，也是国家；既是社会，也是个人。文化现代化的主体具有复杂性、多元性和多歧性，因此，文化现代化的道路也具有复杂性、曲折性和微妙性。文化现代化主要是一种发展方向，但这个方向是非线性的、是无数的力的四边形，西方文化并非文化现代化的现成方向，钱穆

在《文化学大义》中指出："近代西方文化，并不可能即认为是现在或将来之世界文化"。[①] 因此，大力发展文化产业，要立足于民族、国家、社会与个人的主体需求，着眼于古今中外的一切优秀文化的发展，首先要大力挖掘自己的文化，全面深入地传承与弘扬，只要坚持创造性转化与创新性发展，一切文化皆能够为我所用，得以消化与吸收，得以传承与发展。

（2）缺乏文化自信，不敢对中国自己的文化进行大胆的传承与创新

文化自信，是一种文化的主体自觉。在鸦片战争之后的一段时间，中国人对自己文化越来越缺乏自信。这跟我们一再被动挨打有密切联系。到八国联军侵华战争之后，我们对自己的文化在很大程度上失去了自信。在当时西方崛起与殖民主义笼罩全球的历史背景下，西方文化对东方文化的看法，具有深刻的西方中心主义思维，对东方文化有一种深入骨髓的东方主义的理念。钱穆在《文化学大义》中指出："西方人凭其近代科学之突飞猛进，常抱一种文化优越、民族优越之非客观的偏见。"[①]我们在当时学习西方文化的同时，也学习了这种欧洲中心主义思维与东方主义思维，因此，不敢对自己的文化予以欣赏、肯定与认同，也不敢进一步传承与发展。缺乏文化自信，就不敢对自己的文化大胆传承发展，大胆推陈出新，大力挖掘创造，大力总结提升，也不敢批判地吸收消化西方文化与苏联文化，只会亦步亦趋，永远落在后面，毫无疑问，我们的文化产业发展就会畏缩不前。

四、中国文化产业发展的战略对策

1．正确理解文化现代化，是中国文化产业大发展的前提

只有破除关于文化现代化的偏狭观念，文化产业的发展才能获得广阔的空间。如果古今中外的优秀文化都能够得到创造性转化与创新性发展，那么，文化产业发展的空间将是巨大的。文化现代化是一种传统文化的现代适应，而非现代消灭；亦是一种外来文化的本土适应，而非本土排异。文化现代化既是一种传承与吸收，也是一种消化与创造。钱穆在《中国文化精神》一书中指出："没有旧传统，怎来新创造？"[②] 金耀基在《没有"没有传统的现代化"》一文里也指出："现代化有多种，但绝没有'没有传统的现代化'！"[③] 文化现代化是一种文化主体的现代化，如果连文化主体也被消灭了，这就不是文化现代化，而是文化殖民主义。从审美与历史的意义上说，任何一种文化，从创造出来以后，它的意义就是永恒的，但它的存在的时间与空间则具有明显的相对性与适宜性，没有放之

---

① 钱穆．文化学大义．北京：九州出版社．2012：86.
② 钱穆．中国文化精神．北京：九州出版社．2012：17.
③ 金耀基．《从传统到现代化》补篇．北京：法律出版社．2010：164.

四海而皆准的文化，即没有所谓普世的文化，文化现代化不是化向任何一种具体的文化，任何一种具体的文化都是具有时空限制的文化。文化现代化体现的只是一种朝着工业化、知识化、信息化、数据化、自动化、每个人的自由而全面发展的总体取向，文化现代化不是消灭农业文化、游牧文化、山林文化，也不是建立工业文化、市场文化、知识文化，而是一种在现代工业市场经济基础上的文化适调适与文化融合，现代社会是一种工业市场社会，文化现代化就是建设一种适宜工业市场社会的需求的文化，因此，文化现代化对于现代世界而言是必要的，也是可能的。西方文化需要现代化，中国文化也需要现代化，所有的文化均需要现代化。模仿西方文化不等于文化现代化，模仿苏联文化也不等于文化现代化。破灭自己的文化不等于文化现代化，破灭别人的文化也不是文化现代化。对于中国而言，文化现代化的主体是中华民族、中国与中国人；文化现代化的方式是中华民族、中国与中国人对任何一种优秀文化的吸收消化；文化现代化的目标是适应中华民族、中国与中国人的全方位的需求；文化现代化是中国传统文化的现代适应，是中国传统文化的传承发展，是中国传统文化的创造性转化与创新性发展，是中国近代新传统的创造性转化与创新性发展，也是所有外来文化的中国适应，即中华民族、中国与中国人的吸收消化。只要正确理解了何谓文化现代化，中国文化产业的发展才能获得自由与宽广的空间，获得更多的机会。

2．增强文化自信，是中国文化产业大发展的动力

文化消费，是一种精神享受，一种审美情趣，一种人文气息的提升，一种艺术魅力的熏染，是需要依靠文化的倡导者、传承者、创造者、开发者、销售者大力提供的，需要政府、社会与文化工作者的共同努力。而如果对自己的文化没有自信，文化产业发展就会缺乏内在动力。对自己的文化不自信，对别的国家、别的民族的文化就会缺乏鉴别能力，缺乏吸收的勇气与消化的智慧，就会走上要么全真模仿，要么坚决排斥的道路，自己的文化产业的发展就无从谈起。全真模仿在知识产权法时代既不可行，也无必要，亦步亦趋终究落在别人后面，而且丧失国格与人格。坚决排斥只会孤陋寡闻、故步自封。只有在文化自信的基础上，以我为主，吸收消化古今中外的优秀文化传统，才能真正创造出适合工业市场时代的新文化。文化不自信，是中国文化产业长期以来止步不前的重要原因。这个文化不自信的传统是近代以来才出现的。一方面是我们经受了来自西方与日本的反复的被动挨打；另一方面是传入的西方文化与日本文化对中国传统文化的负面评价，二者结合在一起，就形成了近现代史上对中国传统文化长期的负面评价主导。我们曾把自己的传统文化等同于农业文化，而把西方文化等同于商业文化或工业文化，把农业文化视为低级文化，把商业文化或工业文化视为高级文化，认

为文化现代化就是从低级的农业文化向高级的商业文化或工业文化过渡，只有消灭农业文化，才能建设商业文化或工业文化。但这是一种极为简单的贴标签的行为，并非严肃认真的研究。金耀基指出："工业化是现代化的基线，但却不等于现代化。"[①] 同理，工业文化只是文化现代化的基线，也不等于文化现代化。文化的范围包括意识形态、宗教信仰、价值理念、道德伦理、风俗习惯、生活方式等，这些并不能简单地贴上农业文化、商业文化与工业文化的标签。任何一种具体的文化都会与其特定的时空环境相联系，但任何一种具体文化又都具有基于人性的共通性。文化自信就是建立在基于人性的共通性与适宜自己的特定的时空环境基础上的。只有坚持文化自信，我们才会尊重我们自己的历史文化，才会尊重我们的祖先的文化创造，才能大力挖掘自己五千年来所累积的丰厚的文化资源，才能立足于自己的文化根基进行创造性转化与创新性发展，才能以自己的文化为基础去大力吸收消化外来文化。我们的文化产业才能真正获得大发展，才能满足我们每一个人多方面的文化需求。

3. 文化产业政策合理，是中国文化产业大发展的支柱

合理的文化产业政策，能够为文化产业发展提供一个良好的发展环境。合理的文化产业政策只有在正确理解了文化现代化的基本理念与具备文化自信的基础才能提供。现在正是我们提出合理的文化产业发展政策的时候。我们要积极鼓励和大力加强对优秀传统文化资源的保护、研究、挖掘、普及，大胆吸收、借鉴、消化国外优秀文化资源与优秀文化产业的发展经验；加快城乡公共文化服务中心、网络与体系建设；大力培育有序竞争、开放统一的文化市场体系，健全文化要素市场、文化资产评估体系与文化投资融资体制，不断发展壮大各类文化市场主体，大力培育与发展农村文化市场，加强文化行业组织建设与文化产业管理能力建设，不断优化文化产业结构，提升文化产业品位，满足多元化的文化需求；鼓励和引导各类文化企业做大做强，朝着综合化、大型化、特色化、专业化、精致化、国际化、线上线下融合化发展。降低社会资本进入文化产业的门槛，促进文化产业更加自由、包容、开放。鼓励、引导、支持专、精、特、新型中小微型文化企业发展；扶植知名文化品牌与文化企业进一步发展壮大；加快历史文化资源的深度挖掘，让田野里、博物馆里、图书馆里的历史文化资源能够以各种通俗易懂、喜闻乐见的文化商品形式活起来、展示出来，努力发展新兴文化产业；鼓励文化创意产业发展，让三大产业均朝着文化创意方向发展，不断提升产业结构与产品文化含量；鼓励发展文化旅游、文化休闲与文化事业，加快各级各类文化场地、文化产业园、文化产业带与文化中心建设。文化产业是造福每个

---

① 金耀基.《从传统到现代化》补篇.北京：法律出版社.2010：69.

人及其子孙后代的素养品位与精神世界的伟大事业，鼓励、引导、扶植文化产业发展，是政府责无旁贷的职责。

农业现代化要求服务业现代化的同步发展

姚监复
农业部农村经济研究中心

一、农业现代化与社会服务现代化同步发展是客观规律

农业生产现代化的关键是提高农业劳动生产率的农业机械化和提高土地生产率的农业化学化，而机械化、化学化的实现又需要相关的服务业的现代化来保证，两者密切相关，相互促进。从发达国家现代化的发展历史经验看，农业现代化同社会服务现代化是同步发展的，呈正相关关系。没有实现较高水平的服务业现代化的国家，也不能实现整个国家的现代化。而发达国家的农业与服务业，都实现了较高水平的现代化。这也是现代化进程中的一条普遍规律。

在20世纪70年代末期，我国为了实现1980年全国基本上实现农业机械化的战略目标，作为政治任务，全党动员，决定在东北三江平原友谊农场引进全套美国约翰·迪尔拖拉机及配套农具，试验探索农业现代化的实现模式与机械系统。选定友谊农场五分场二队作为试验地点，选二十个机务人员，都是德才兼备的优秀机械能手，每人平均负担两千亩[①]耕地。试验确实创造了人均年产五十万斤粮食的高劳动生产率，超过美国。我们去五分场二队调查时，这些劳动英雄不是夸耀功绩，而是感觉太累，感觉没有服务业现代化不行。为了证明和发挥农业机械化的优势和在提高劳动生产率方面的重大效果，上级规定这二十人要完成四万亩农田的全部耕作和辅助劳动任务。这样，火车运来了耕地所需化肥，铁路要求三天全部卸完，这二十人夜以继日，拼命完成任务，但是也累极了。他们说，没有社会化服务，农业机械化太累了。结论是，农业机械化和农业社会化服务、农业现代化和服务业现代化、农业机械化和合作化应当同步发展。友谊农场全套美式机械化的高农业劳动生产率试验的成功与问题，也证明这是现代化进程中一条客观规律。

---

① 1亩≈666.67平方米。

二、提高农业劳动生产率和土地生产率都需要服务业现代化

从国际经验看，农业机械化、化学化是农业现代化的重要内容，能大幅度提高农业土地生产率与劳动生产率。美国以 1% ～ 2% 的劳动力从事农业，养活了全国人口，还能出口几百亿美元的农产品，中国约一半人口从事农业，但却从美国进口玉米、大豆、鸡肉、牛肉等农牧产品。美国农业发达的一个重要条件与经验是发展与农业相关产业的服务业与制造业，这些产业的从业人口约占全国就业人数的 1/6。这样的产前、产中、产后服务业，全面、系统、多形式的服务，才使 1% ～ 2% 的劳动力全力以赴、安心于农业，保证美国农业的高劳动生产率与高土地生产率。

1989 年，我们访问美国农村时，曾考察了一个化肥合作社。合作社的计算机存储服务范围内几万亩地的土壤养分含量的图表、数据。根据农户要求的下个农业季度的种植作物品种和预计产量，合作社计算出每个地块所需的化肥品种与数量，然后从自己的中储仓库中调出这些化肥，在搅拌机中配料、混合，送到农用汽车上。合作社的农用汽车可以在耕地上行驶，并能按需要定量地将混合肥均匀地撒抛到地面上。这样，测土施肥、科学用肥、机械撒肥，以及买进运入化肥等产前、产中的各项工序都由化肥合作社承担了。农业劳动者得到了全程服务，为农业服务的过程，合作社发展了，服务业现代化水平提高了，农用飞机不仅施撒化肥农药，还可以播种水稻、撒除草剂。这种服务业现代化就彻底解决了五分场二队的机械化以后服务业跟不上的问题。在美国考察期间，我们还了解到，1950—1989 年，美国农场数量、农场主和雇工数量都在下降，并不是两极分化，每个私人农场的农场主既是主人地主，又是劳动者，一个农场的劳动力平均 1.5 个，即农场主的妻子或临时雇工。剩余农业劳动力全家真正城市化，转到服务业或制造业进了城，或为农民服务，没有贫困绝对化。结论是农业现代化与服务业现代化应当同步发展，与合作化也应同步发展，与科技现代化同步前进。

在 20 世纪 90 年代，我们考察了日本、德国农村的合作化、农民协会，发现日本农协的直接为农业生产服务的营农收入为亏本的负值，净收入主要来源是金融、保险。政府的政策是支持那些发展金融保险业等合作化性质的服务业。而在中国取消了农民合作基金会以后，农民缺乏自己的服务业、第三产业，这方面的利润都由城市的国营或私营金融、保险部门获得，甚至整个农村的金融贷款低于存款，通过各种方式农村支援了城市。德国有代表农民利益的农民协会、合作社协会、联合会，可以参加政府制定农业政策的协商会，提出建议。美国的大豆协会、谷物协会有代表在中国，为美国农民打开市场前期宣传，市场调查工作，这种非政府组织发挥着重要作用。因此，服务业现代化的组织形式是多元的、多种所有制，应当是开放的。

三、促进农业现代化和服务业现代化协调同步前进的两点建议

(1) 农业现代化、中国现代化的长期性、艰巨性、复杂性应有充分认识和准备

中国曾提出“四个至五个五年计划完成农业技术改革”“1980年全国基本上实现农业现代化”“20世纪末实现四个现代化”“东部地区率先实现农业现代化”“现代化农业实验基地县”等口号，都没有实现。将“农业现代化”与“工业化”并列，要求在五年内实现，实际上是不了解没有工业现代化、科技现代化、管理现代化，就不可能实现农业现代化。必须清醒地承认中国是发展中国家，仍处于社会主义初级阶段，面对中国特殊的国情、自然、农业条件，中国农业现代化、服务业现代化、中国现代化将是长期、复杂、艰巨的技术、经济、文化、社会、政治发展的历史进程。欲速则不达。

(2) 服务业现代化、农业现代化的进程要同步前进，与制度、体制等政治改革同步

农业相关链产业的发展是服务业的重点，影响、关系到农业和国家的现代化，相关的政策、制度、体制等方面的政治体制改革的进展，更会直接影响服务业的成败得失。城市化进程中的矛盾，造成了房价畸高，楼市泡沫，而农民工、低收入居民没法买房，成为二等公民，形成社会矛盾，其重要原因在于土地制度。深圳承认本地农民对自己宅地的土地权益，可以分享城市中的土地增值收益，大量建筑“廉租房”吸收了非户籍人口900万，但在现有土地制度下视为不合法的“小产权房”。如果深圳这种事实上承认“小产权房”合法性的模式得到官方认可，各地农民工的住房问题、家庭团聚、年关交通问题将迎刃而解。服务业的规模、内涵将有极大发展。文贯中教授主张农民有退出强制性土地集体所有制的自由，可携带土地单干或进入其他非农行业的权利和自由[①]。使农民的资产土地变成资本，有利于推进城市化、现代化和服务业现代化，克服瓶颈制约。地方政府依赖垄断土地的土地财政造成了社会不和谐与吏治腐败，文贯中建议土地私有，也是一家之言。他的书《吾民无地——城市化、土地制度与

① 文贯中．吾民无地．北京：人民东方出版社．2014：73-74.

户籍制度的内在逻辑》，2014 年 7 月由东方出版社公开出版发行，体现了“双百”方针。为了促进服务业的发展和现代化的步伐，需要相应的政策、体制、观念与思想解放。

商业道德建设是服务业现代化的核心要素

杨　闯
外交学院

现代化是人类经济社会发展的潮流和不可逆转的趋势，经济现代化包括了服务行业的现代化，是中国社会转型与发展的重要驱动力。经济现代化的实质是经济的市场化，而市场化不完全是资本“看不见的手”在起作用，还有政府主导的商业道德与规范。西方发达资本主义国家是市场经济的先驱国家，资产阶级先驱经济思想家早就对市场经济进行了阐述，亚当•斯密就提出了商业道德的问题。三鹿奶粉事件，不仅败坏了养殖业和牛奶业，也失去中国消费者对服务业的信任。在中国经济总量从 2010 年上升到世界第二位的时候，我们还要回过头来补上服务行业道德建设的课程，补上社会主义市场经济不能脱离监管，而承认市场自由化与政府管理结合的作用。

一、历史的经验对我们的启示

中国在经济不发达的时期，打开国门，让外国企业进入中国，中国企业迈出国门，汲取世界的资本与先进科学技术，发展自身的经济实力，摆脱了贫困的帽子。中国经济发展起来以后，要对人类作出的更大的贡献，寻求自身发展与世界发展同步，寻求中国与各国双赢和多赢，不仅是对外投资问题，还有中国企业在世界的形象问题，并以期建立中国与其他国家国际经济合作新机制。这一新机制运转的原则是依据国际法基本原则、在商业实践中的平等互利、权利平等与利益共享的合作原则。

自改革开放以来，中国对国内的市场和物价是逐步放开的，既要促进经济发展，又要维护国内市场的稳定。20 世纪 90 年代初期，中国市场放弃了票证制度，对粮食、食用油、肉类、副食品都放开了市场。以前，人们总是担心物价放开后会出现商品抢购的现象。但是事实证明，中国并没有出现这种现象，而是依靠市场，实现了从计划经济平稳过渡到市场经济。改革开放以后的中国市场出现了商品极大丰富的变化。中国在改革开放以后解决了占世界人口总量1/4的人口穿衣吃饭问题，本身就是中国对世界的贡献。

市场放开以后，政府的管理功能跟不上，商业道德建设滑坡，就可能影响中国的现代化建设的质量与水平。中国的城市改革可以说明这个问题。城市里的情况比农村情况复杂得多。如何坚持公有制为主体的改革？如何在坚持国有企业为主体的思路指导下的“双轨制”[①]良性运转？“双轨制”为“一部分人先富起来”的投机提供了机会。高干子女经商、军队经商的现象大量出现。在海南全省设为经济特区以后，出现了卖地炒房、倒卖走私汽车的不正之风。党中央及时发现这一问题，三令五申，干部子女不许经商。以残疾人联合会名义办起来的康华公司，在中央的强力干预下被撤销了。但是，有些干部利用权力寻租、官商勾结等问题，并没有从根本得到解决。党的干部队伍机体受到腐蚀，虽然腐败的是少数，但却严重败坏了党员干部在人民群众中的威信。

“两极分化”是中国改革开放以来积累的新问题，以致干群关系、党的执政威信受到信任危机威胁。1989年之后，中国的腐败现象并没有得到有效遏制。贫富差距的基尼系数早已经跨过0.4的警示界限，达到0.47。但是，中国共产党内的健康力量不断与党内不正之风斗争，从机制到法制，从中国共产党建党的初心，到中国的传统道德建设和法制追责，筑起一道道反腐败的篱笆，对触及党纪国法的犯罪分子毫不留情加以惩罚治罪。20世纪90年代初，邓小平南方谈话虽然纠正了改革停滞问题，并发出“谁不改革，谁就下台”的警告，促使中国的改革进入了第二个阶段，但是权力与被打碎计划经济体制之后的市场结合，在改革的旗帜下，形成了中国特色的既得利益集团，中国社会也出现了苏联所出现的“两面人”现象。这种“两面人”完全是台上一套，台下一套，嘴上高喊反对腐败，私下了进行权力寻租、老百姓对基层官员的腐败现象也深恶痛绝。

二、要认识改革开放以来的成就与积累的问题

1978年开始的改革开放，使中国农村经济政策适应了中国农民的觉悟水平，粮食增长了，中国的市场搞活了。20世纪80年代，我国在沿海办经济特区和吸引外资搞建设，都是应该总结的正面经验。但经济改革深入到城市，出现复杂的情况。在计划经济和市场经济双轨并存的机制下，缺乏社会治理的法律制约，一些高级干部子女经商，实际是一种权力寻租，干部的特权获得红利。由于对邓小平“黑猫白猫论”的曲解，康华公司的畸形发展、海南房地产的泡沫、厦门石油

① 即国家控制的计划经济与市场经济并存的机制。——笔者注

走私案等，都暴露出“双轨制”的弊端。

以地方经济规模考核干部的政绩，一切为GDP发展的思想，使改革的方向出现了一些偏差。直到十七大提出建设“和谐社会”的治理目标，才标志中央认识到国内问题的严重性。

土地、水和空气是包括干部和普通百姓所有人生存的最主要、最基本的廉价的物质基础。中国农村的中小企业曾经使农民摆脱对土地依赖的传统经营模式，但对环境的破坏是极为明显的。自改革开放以来，一些人为了钱，置广大人民的生存条件和身体健康于不顾。淮河两岸的小造纸厂、小化肥厂、小制药厂的滋生，对沿途土地资源和水资源、空气资源的破坏是空前的。经济发达的东部地区走的是“先污染后治理”老路，对环境破坏最为严重。土地重金属污染、地表水和地下水的资源大面积污染。

不管是什么人，都不可能逃避自然规律的惩罚。中国老百姓对市场混乱和道德缺失、官员腐败现象强烈不满。相比经济社会发展成就和人民群众对环境与党风的要求，相比老百姓对社会主义公平正义的追求，特别是比照一些国家的廉政建设与制度建设，很显然，中国的改革还有更繁重的任务。

三、全面深化改革是党心和道德良心的回归

党的十八届三中全会提出的“全面深化改革”的任务，确定了全面深化改革的方向、总目标，就是完善和发展中国特色社会主义制度、推进国家治理体系和治理能力现代化。以习近平同志为核心的党中央通过中央全面深化改革领导小组，全面督办中国的深化改革，以问题为导向，有针对性地进行改革，有针对性地进行督办，使“全面深化改革”落地生根，并已经见到实际成效。在合作与竞争并存的国际环境中，要实现国家的长治久安，我国必须针对改革开放以来积累的问题，全面深化改革，针对治理体系和治理能力方面亟待改进的地方，采取措施，进行制度性建设。

党的十八届三中全会提出全面深化改革的总目标，明确了经济体制、政治体制、文化体制、社会体制、生态文明体制和党的建设制度深化改革的具体目标。这是以习近平同志为核心的党中央，针对问题，采用倒逼机制，推进改革进程，体现了十八大以来的党中央对改革认识的深化和系统化。

1）全面深化改革就是建设法治国家与法制社会的改革。这是使社会主义市场经济和社会主义法制建设及制度执行力、治理能力得到长治久安的保障，显示中国特色社会主义制度的公平与正义，中国特色社会主义制度的优势。具体措施就是要针对已经形成的权贵利益集团造成的“两极分化”和官员腐败等不

得民心的尖锐矛盾，坚决推进全面从严治党的系统工程，特别是针对权力乱用和官员腐败问题，要借鉴国际社会的经验，将权力关在制度的笼子里，受到有效的监督。

2）全面深化改革要落实到社会主义市场经济与国家治理体系和治理能力完善的结合上。国家治理体系是指在中国共产党领导下管理国家的制度体系，包括对经济、政治、文化、社会、生态文明和党的建设等各领域体制机制、法律法规安排的各个方面，这是一整套紧密相连、相互协调的国家制度。国家治理能力则是运用国家制度管理社会主义市场各方面事务的能力，包括统领深化改革，发展国内经济与社会稳定、统筹内政外交与国防、统筹全面从严治党、治国、治军等各个方面。

3）全面深化改革目标之一就是要恢复绿水青山的生态环境建设；要树立“金山银山不如绿水青山”的观念；把住土地资源的红线，保护好大江大河，推行各地的党的第一把手就是所在地区的河长、湖长；就是树立官员的责任制和责任意识，管理到位，不能漠视将污染水、废水排到沙漠里、地下深层的现象。环境治理不能搞表面文章，必须真抓实干，才能换来绿水青山，才能让子孙后代可持续发展。

4）推进全面深化改革，就是推进深刻而全面的社会变革。改革的领域既包括经济体制，又包括政治体制、文化体制、社会体制、生态体制；既涉及生产力，又涉及生产关系；既涉及经济基础，又涉及上层建筑。经济体制改革与政治体制改革不相适应的问题应该早日得到解决。

5）推进全面深化改革目标就是要适应市场经济条件下的环境与政策变化，既改革不适应实践发展要求的体制机制、法律法规，又不断构建新的体制机制、法律法规，使各方面制度更加科学、更加完善，实现党、国家、社会各项事务治理制度化、规范化、决策程序化与民主化。国家各级政权机构都要更加注重社会治理能力建设，增强按制度办事、依法办事意识，为人民服务的意识，善于运用制度和法律治理国家，把各方面制度优势转化为管理国家的效能，提高党科学执政、民主执政、依法执政水平。

2017 年 4 月，习近平对广西进行考察时强调，写好海上丝绸之路新篇章，港口建设和港口经济很重要，一定要把北部湾港口建设好、管理好、运营好，以一流的设施、一流的技术、一流的管理、一流的服务，为广西发展、为“一带一路”建设、为扩大开放合作多作贡献。[①] 习近平对河北省“雄安新区”的规划要求完全不同于深圳特区和浦东新区的建设模式。中国将创立突破以往土地经济、

① 新华网 .2017-04-21. 习近平在广西考察时强调：扎实推动经济社会持续健康发展 . http://www.xinhuanet.com/politics/2017-04/21/c_1120853744.htm.

房地产经济、加工出口经济、外资经济对中国经济拉动的模式，这将是一个扩大内需、投资与出口全面平衡的创新模式，是造福后代的世纪工程。

四、十八大以来经济新常态包括商业道德与法制建设

自中共十八大以来，中央提出了经济发展的新常态思想，就是不搞“大跃进”，不搞“大水漫灌”，保持经济中高速发展，以供给侧改革调整经济结构。就发展思路而言，新常态市场经济思想反映了市场经济增长速度由超高速到中高速的换挡；市场经济结构调整由低端型向中高端的迈进；市场经济发展质量由线性增长到科学发展的转变；市场经济转型升级由要素驱动到创新驱动的过渡；市场经济福利分享由非均衡型到包容共享的转换。

以习近平同志为核心的党中央发展了马克思主义政治经济学的思想，为构筑以中国社会主义市场经济为蓝本的中国特色社会主义政治经济学提供了理论支撑。中共十八届三中全会对市场决定性作用的思想——深化经济体制改革以奠定市场决定性作用的前提，完善基本经济制度以巩固市场决定性作用的根基，构建现代市场体系以夯实市场决定性作用的基础，加快转变政府职能以适应市场决定性作用的要求和建立法律体系以提供市场决定性作用的保障，为突破发展难题，跨越发展困境提供了思想指导。

“五位一体”与“四个全面”的战略布局深化了市场经济思想发展的四个维度。回顾改革开放以来中国社会主义市场经济思想的发展，我们坚持了社会主义的价值取向，包括生产发展的社会主义物质价值取向、人民主体的社会主义人本价值取向、公平正义的社会主义政治价值取向和共同富裕的社会主义目标价值取向，彰显了引领性、开放性、实践性和渐进性的新思路发展特点，并且得到了经济理论发展完善、市场化指数稳步提高、综合实力持续提升和市场经济地位获得逐渐认同的实践映证。

总结中国社会主义市场经济思想的发展路径，既要基于马恩经典文献观点的梳理，更要对中国社会主义市场经济思想发展脉络和丰富的实践加以总结；既要总结经验，又要规划创新宏观调控体系，确保经济社会的平衡发展。完善统一的社会主义市场体系，不仅包括健全社会保障制度，推动市场经济的包容发展，也包括坚持政府职能转型，努力创建引领市场和适应市场的现代化政府。政府必须协调经济资源的优化配置，实行开放经济战略，吸收全人类市场经济成果和坚持法治经济建设，努力遏制市场经济的弊端。

五、道德法制建设是服务业现代化发展的核心要素

以诚信为核心的价值观是中华民族重要的道德规范和行为准则。在以儒家思想为核心的中国传统伦理中，“诚信”是做人和社会交往的基本原则，也是经商的核心价值观。诚信伦理渗透于中国古代商人的经营活动中，具体表现为老幼不欺，遵守承诺的商业道德等。道德因素对经济发展有重要促进作用。继承和发扬我国古代商人的诚信传统，对当代商业道德建设有积极意义。

十八大对改革开放以来的成就论述得非常到位，同时明确指出了现阶段的改革方向，这就是：必须清醒看到，我们工作中还存在许多不足，前进道路上还有不少困难和问题，主要是发展中不平衡、不协调、不可持续问题依然突出，科技创新能力不强，产业结构不合理，农业基础依然薄弱，资源环境约束加剧，制约科学发展的体制机制障碍较多，深化改革开放和转变经济发展方式任务艰巨；城乡区域发展差距和居民收入分配差距依然较大；社会矛盾明显增多，教育、就业、社会保障、医疗、住房、生态环境、食品药品安全、社会治安、执法司法等关系群众切身利益的问题较多，部分群众生活比较困难；一些领域道德失范、诚信缺失；一些干部领导科学发展能力不强，一些基层党组织软弱涣散，少数党员干部理想信念动摇、宗旨意识淡薄，形式主义、官僚主义问题突出，奢侈浪费现象严重；一些领域消极腐败现象易发多发，反腐败斗争形势依然严峻。对这些困难和问题，我们必须高度重视，进一步认真加以解决。

健全的全球经济治理体系是2008年国际金融危机出现以后的世界性任务，是世界经济增长的制度保障。全球经济治理包括了整个服务业的道德建设与法制的建设问题。中国参与全球经济治理机制改革，必须把主要力量放在国内经济环境的治理上，国内建设公平、公正、包容、有序的国内经济秩序，依然任重道远。

要深入推进服务业的现代化，就是要做好国际金融体系改革，清楚金融体系的黑天鹅和灰犀牛问题，当务之急是落实好国际货币基金组织2010年份额和治理改革方案，增加新兴市场国家和发展中国家的代表性和发言权；稳步推进国际货币体系改革，建立币值稳定、供应有序、总量可调的国际储备货币体系；切实推进金融部门改革，降低国际金融体系的系统性风险。推动多哈回合谈判早日达成实质性成果，建设自由开放的多边贸易体系。推动形成合理透明的大宗商品定价和调控机制，保障全球能源安全和粮食安全。

中国在新一轮全球化规则制定中，既要通过国内全面深化改革、完善社会主义市场经济体制，也要切实保护环境、维护劳工权益、保护知识产权、公平对待各类所有制企业、推动规则透明化和公平化，通过国际合作形成强大的国内改

革倒逼压力。国内市场的目标是加快形成企业自主经营、公平竞争，消费者自由选择、自主消费，商品和要素自由流动、平等交换的现代化市场体系的形成，与此同时着力清除各种市场壁垒，提高资源配置效率和公平性，这就是服务业现代化的发展目标。但是，要建立公平开放透明的市场规则，完善主要由市场决定价格的机制，建立城乡统一的建设用地市场，完善金融市场体系，其核心还是道德与法制的建设。缺此，就等于缺少了改革的精神价值导向，就会出现改革开放初期出现的各种不得人心的消极问题死灰复燃，这是我们必须要密切关注的问题。

Ⅲ. 服务业现代化的理论分析

Theoretical Analysis of Service Industry Modernization

面向知识经济的国际行业分类研究

何传启　靳　京
中国科学院中国现代化研究中心

一、引言

18 世纪以来，世界经济的产业结构和就业结构发生了两次根本性转变，第一次发生在 1760—1970 年，工业革命带来现代工业的崛起，世界经济结构发生转变，农业比例下降，工业比例上升，工业超过农业。第二次是 20 世纪 70 年代以来，信息革命的发生和发展使世界经济的产业结构和就业结构再次发生转变，主要特征是工业比例下降，服务业比例上升，服务业比例超过工业比例（靳京，2016）。知识、信息等成为经济社会发展的主导因素，知识产业、信息产业、文化产业、创意产业、版权产业等得到快速发展。

20 世纪 30 年代，英籍新西兰经济学家费希尔和澳大利亚经济学家克拉克提出了三次产业分类（Fisher，1935；Clark，1940）：第一次产业是农业，提供食物；第二次产业是工业，提供非食物的物质产品；第三次产业是服务业，提供非物质的服务。联合国制定的《国际标准行业分类》（或称《国际标准产业分类》）也是以三次产业分类为基础的。

随着生产力发展和社会进步，以知识产业为代表的新经济不断涌现并在国民经济中占有愈发重要的位置，工业时代的三次产业分类方式已不能反映发达国家的经济变化，世界经济需要新的产业分类方式。对产业分类进行调整，是适应世界经济发展趋势、制定科学合理产业政策的必然要求。

二、工业时代的产业分类

英籍新西兰经济学家费希尔认为，人类经济活动可分为三个阶段：农牧业为主阶段、工业大生产为主阶段、发展非物质生产阶段（劳务领域）；与之对应，经济部门可分为三大产业：第一大产业是农业，提供食物；第二大产业是工业，提供非食物的物质产品；第三大产业是服务业，提供非物质的服务（Fisher，1935）。

1948 年，联合国统计委员会发布了《所有经济活动的国际标准行业分类》（ISIC，简称国际标准行业分类）（UN，1949），为各国制定国家活动分类提供了指导，成为在国际一级比较经济活动的重要工具。随着生产力发展和社会的进步，新的经济活动不断涌现并在经济活动中占有愈发重要的位置，联合国统计委员会于 1968 年、1990 年和 2008 年先后发布了《国际标准行业分类》的第二版、第三版和第四版，它们都以三次产业分类为基础（表 1）。

表 1　联合国《国际标准行业分类》的部门划分

项目	ISIC第一版	ISIC第二版	ISIC第三版	ISIC第四版
产业	农业、林业、狩猎和渔业 采矿和采石 制造业 建筑业 电、气、水 商业（零售金融房地产） 运输、储存和通信 服务业（政府社区娱乐） 其他不能分类的活动	农业、林业、狩猎和渔业 采矿和采石 制造业 电、气、水 建筑业 批发和零售、餐馆和旅馆 运输、储存和通信 金融保险房地产商业服务 社区、社会和个人服务 其他不能分类的活动	农业、狩猎和林业 渔业 采矿和采石 制造业 电、气、水 建筑业 批发、零售和修理 餐馆和旅馆 运输、储存和通信 金融媒介 房地产、租赁和商业活动 公共管理国防、社会保障 教育 卫生与社会工作 其他社区社会和个人服务 家庭服务 国际组织和机构	农业、林业和渔业 采矿和采石 制造业 电、气、空调 供水、污水处理等 建筑业 批发零售和汽车修理 运输、储存 食宿服务 信息和通信 金融和保险 房地产 专业、科技活动 行政和辅助 公共管理国防、社保 教育 人体健康与社会工作 艺术娱乐文娱 其他服务活动 家庭服务等 国际组织和机构
部门	9类	10类	17类	21类
时间	1948年	1968年	1990年	2008年

18 世纪 70 年代，工业革命导致现代工业的崛起，世界经济结构发生了根本性转变。在 1760—1970 年，世界经济结构变迁的突出特征是农业比例下降，工业比例上升，工业超过农业。以英国为例，其产业结构变迁可以分为两个阶段。1801—1950 年，农业增加值比例下降，工业增加值比例上升，服务业增加值比例上升；1950—2000 年，农业比例下降，工业比例下降，服务业比例上升。就业结构变迁同样分为两个阶段。1801—1911 年，农业劳动力比例下降，工业劳动力比例上升，服务业劳动力比例上升；1911—2000 年，农业比例下降，工业比例下降，服务业比例上升（图 1）。

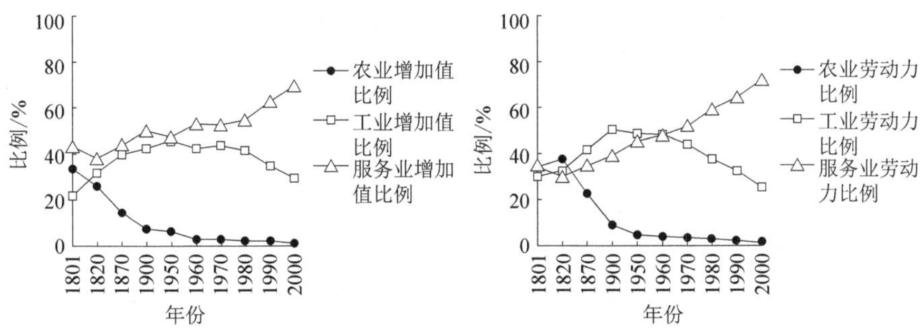

图 1　1801—2000 年英国经济结构变化

资料来源：靳京，2016

三、后工业社会的新兴产业

20 世纪 70 年代以来，随着信息革命的发生和发展，世界经济的产业结构和就业结构再次发生了根本性转变，突出特征是工业比例下降，服务业比例上升，服务业比例超过工业比例。知识、信息等成为经济社会发展的主导因素，知识产业、信息产业、文化产业、创意产业、版权产业等得到快速发展，信息经济、知识经济也越来越受到学者和机构的关注。

1. 知识产业与信息产业

1962 年，美国学者马克卢普在《美国的知识生产与分配》一书中提出知识产业和知识职业（马克卢普，2007）。他认为，知识产业指生产知识和信息产品或提供信息服务的企业、组织和机构。它们生产的目的可能是为自身消费，或者为他人消费。他的知识产业包括五大类，共 30 个产业。五大类是教育、研究和开发、通信和媒体、信息设施和信息组织（表 2）。

表 2　马克卢普对知识产业的分类

知识产业	内容
教育	家庭教育、在职培训、教会教育、军队教育、初等教育、中等教育、高等教育
研究和开发	基础研究、应用研究、开发研究、测验和评估
通信和媒体	印刷物品、照相机和音响、舞台和电影、无线电广播、广告和公共关系、电话、电报和邮政服务、会议
信息设施	用于知识产业的信息机器、信号设备、用于度量、观察和控制的器械、办公室信息及其、电子计算机
信息组织	法律服务、工程服务、会计和审计服务、医疗服务、银行、证券和商品中介、销售者和交易所、其他金融服务、保险承保人和代理人、房地产出租代理商、销售商、评估师等、批发业中的拍卖商、中间商、居间代理商和代理人、企业咨询、政府服务

资料来源：靳京，2016

1973 年，美国学者贝尔在《后工业社会的来临》中提出信息经济学和知识社会，并认为后工业社会的关键变量是信息和知识，并提出了后工业社会的五大产业（贝尔，1997）。他把服务业分成三个部分，分别为第三、第四和第五产业，第五产业包括卫生、教育、研究、政府和娱乐。

1977 年，美国学者波拉特在《信息经济》中提出信息部门和信息产业，并进一步分析了美国信息经济的产业和就业结构（Porat，1977）。他认为信息是组织化的、可传递的数据，信息活动可分为市场化信息活动和非市场化信息活动。从事市场化信息活动的企业部门是一级信息部门（向市场提供信息产品或服务的部门，如信息设备生产部门和专业性信息服务部门），是社会信息市场的行为主体。一级信息部门包括八类产业：知识生产与发明业、信息分配和通信产业、风险经营、调研与调控产业、信息处理与传递服务业、信息产品产业、某些政府活动和基础设施（表 3）。二级信息部门是从事非市场化信息活动的部门（政府或非信息企业内部为自己提供信息产品和服务的部门），它们为自己提供信息产品和服务，如电子数据处理、图书检索等。二级信息部门的结构要比一级信息部门更为复杂。

经济合作与发展组织（OECD，2009，2013）认为，信息产业包括八大类（ICT 制造业、ICT 贸易行业、ICT 服务行业、书籍和期刊等的出版、电影、视频和电视节目活动、音像出版活动、电台和电视广播以及其他信息服务活动）和 32 个小类，小类是基于 ISIC4.0 的分类（表 4）。

表 3　波拉特对信息产业的分类

一级信息产业	内容
知识生产与发明业	研究与开发产业；发明性产业（民间）；民间信息服务
信息分配和通信产业	教育；公共信息服务；正式通信媒介
风险经营	各类保险、金融和投机经纪业
调研与调控产业	调研和非投机经纪业；广告业；非市场调控机构
信息处理与传递服务业	电子和非电子处理业；电讯业基础设施
信息产品产业	非电子性消费或中间产品；非电子性投资产品；电子性消费或中间产品；电子性投资产品
某些政府活动	联邦政府中的一级信息服务部门；邮政服务；州和地方教育
基础设施	信息建筑物及租赁；办公室设备

资料来源：靳京，2016

表 4　OECD 关于信息产业的统计框架

产业	产业
信息产品制造业	书籍和期刊等的出版
电子元件和电子板的生产	书籍出版
计算机和外部设备的制造	名录和邮寄名单的出版
通信设备的制造	报纸、杂志和期刊的出版
电子消费品的制造	其他出版活动
磁性媒介物和光学媒介物的制造	电影、视频和电视节目活动
信息产品贸易行业	电影、录像和电视节目的制作活动
计算机及其外部设备和软件的批发	电影、录像和电视节目的后期制作活动
电子和电信设备与零件的批发	电影、录像和电视节目的发行活动
信息服务行业	电影放映活动
软件的发行	音像出版活动
计算机咨询服务和设施管理活动	录音和音乐作品发行活动
其他信息技术和计算机服务活动	电台和电视广播
数据处理、存储及相关活动	电台广播
门户网站	电台和电视广播
电脑和外部设备的修理	其他信息服务活动
通信设备的修理	新闻机构的活动
未另分类的其他信息服务活动	

资料来源：靳京，2016

2．文化产业和创意产业

文化产业是法兰克福学派提出来的。20 世纪 50 年代，阿多诺和霍克海默发表《文化工业：作为大众欺骗的启蒙》一文，提出“文化工业”的概念（Adorno，Horkheimer，1944）；随后在《启蒙辩证法》一书中系统阐述了“文化工业”（Adorno，Horkheimer，1947），认为文化工业是指大众文化的工业化生产。

1982 年，联合国教科文组织发表《文化产业：文化未来的挑战》报告（UNESCO，1982），认为文化产业是文化内容的创造、生产和商业化的产业，包括文化商品和文化服务。20 世纪 90 年代以来，相关新概念不断涌现，如内容产业、创意产业、版权产业、文化经济、体验经济、创意经济等（Florida，Tinagli，2004；Gordon，Beily-ORRin，2006；O’Connor，2007；派恩二世，吉尔摩，2002；哈特利，2007；赫斯蒙德夫，2007）（表 5）。联合国教科文组织、欧盟和世界知识产权组织也都提出了文化产业的统计框架（UNESCO，2009；WIPO，2015；European Commission，2006）。

表5　文化产业和相关产业的结构

项目	核心产业	周边产业	相关产业
文化产业	广告、电影、互联网、音乐、出版、电视和广播、录像和电子游戏	创意艺术	消费电子、时装、软件、运动
创意产业	广告、建筑、艺术和古董市场、工艺品、设计、时装、电影和录像、音乐、表演艺术、出版、软件、电视和广播、录像和电子游戏	NA	NA
版权产业	广告、收藏、电影和录像、音乐、表演艺术、出版、软件、电视和广播、音像艺术	空白磁带光盘、消费电子、音乐设备、纸、影印和照相设备	建筑、衣服和鞋、设计、时装、家庭用品、玩具
文化和创意产业	文学、音乐、表演艺术、视觉艺术、电影、博物馆、图书馆	文化遗产服务、出版、录音、电视和广播、录像和电子游戏	广告、建筑、设计、时装

资料来源：UNCTAD，2008

四、知识经济时代的产业分类

1997年经济合作与发展组织出版《以知识为基础的经济》报告（OECD，1997），认为知识经济是以知识的生产、传播和应用为基础的经济。知识经济引起广泛关注。

1．知识经济时代的三大产业

1980年美国学者谢曼特把美国产业分为四类：农业、工业、服务业和信息业；1980年美国四大部门的就业人数比例分别为农业2.8%、工业20.2%、服务业27.1%和信息业50.0%。根据美国学者鲁宾和泰勒的测算，1980年美国知识产业（知识产品消费）占国民生产总值（GNP）的比例达到34%（陈禹，谢康，1998）。

1999年中国学者何传启在《第二次现代化》一书中提出了知识时代的三大产业。他认为人类生活有两个基本需要，即物质生活需要和精神生活需要，人类经济活动围绕两大需求，形成物质产业（material industries）、服务产业（service industries）和知识产业（knowledge industries）三大产业（何传启，1999，2013）。其中，物质产业是物质商品的生产部门，包括农业和工业，满足人类物质生活的商品需要。服务产业是劳务服务的生产部门，包括流通服务和其他劳务服务，满足商品流通和其他劳务服务需要。知识产业是知识和知识服务的生产部门，包括人类发展服务和基本运行服务两个集群。人类服务是促进人类自身发展的知识服务部门，满足人类精神生活的知识需要和健康需要；基本服务是维持经济和社会运行的知识服务部门，满足维持经济和社会基本运行的知识服务需要（图2）。

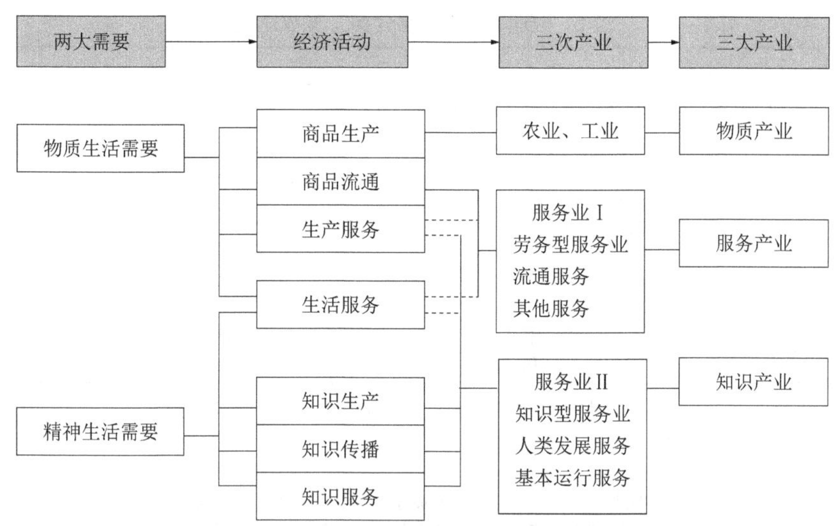

图2　人类生活的两个基本需要和三大产业（示意图）

注：图中虚线意为：生产服务和生活服务里一部分属于服务业Ⅰ，一部分属于服务业Ⅱ

资料来源：何传启，2016

2．国际行业分类建议版

三次产业的分类（农业、工业、服务业）和《国际标准行业分类》是按“生产过程”的分类，比较符合工业经济时代的经济变迁。《中国现代化报告 2016》以知识时代的三大产业分类（物质产业、服务产业、知识产业）为基础，参照国际标准行业分类（4.0）和发达国家的统计数据，提出面向知识经济的《国际标准行业分类（建议版）》。

何传启认为，《国际标准行业分类（建议版）》包括三大产业、六大集群和二十四个经济部门。其中，三大产业是物质产业、服务产业、知识产业。物质产业包括农业和工业两个集群和六个经济部门。服务产业包括流通服务和其他服务两个集群和六个经济部门。知识产业包括人类发展服务和基本运行服务两个集群和十二个经济部门（表 6）。其中，人类发展服务可以简称为“人类服务”，基本运行服务可以简称为“基本服务”。

《国际标准行业分类（建议版）》的特点主要表现在以下几个方面。

首先，《国际行业分类（建议版）》能够反映目前发达国家的经济结构特点。

根据经济合作与发展组织2015年的产业结构数据估算，2010年美国、德国、韩国知识产业增加值比例超过服务产业增加值比例。其中，服务产业占 GDP 的比例为 30% 左右；知识产业占 GDP 的比例为 40% 左右（表 7）。

表 6 《国际标准行业分类（建议版）》

产业（3个）	集群（6个）	部门（24个）
物质产业（2集群，6部门）	农业	农业（农牧业、林业、渔业）
	工业	采矿业，制造业，建筑业，公共事业，环境治理
服务产业（劳务型服务业）（2集群，6部门）	流通服务	批发与零售，运输和储存，食宿服务，房地产和租赁
	其他服务	其他的个人和家庭服务，其他的劳务服务
知识产业（知识型服务业）（2集群，12部门）	人类服务	科学研发，教育，信息和交流，艺术、娱乐和文娱，旅行，健康和社会帮助
	基本服务	金融和保险，专业和技术服务，行政和辅助，公共管理和安全，成员组织，国际组织

注：人类服务是人类发展服务的简称，基本服务是基本运行服务的简称，后同

资料来源：何传启，2016

表 7 《国际行业分类（建议版）》和 2010 年产业结构估算

国际行业分类（建议版）		2010年产业结构估算/%			
产业	集群	美国	德国	韩国	中国
物质产业	农业	1	1	2	10
	工业	19	30	38	47
	小计	20	31	41	57
服务产业	流通服务	30	29	23	21
	其他服务	2	2	1	2
	小计	32	31	24	23
知识产业	人类服务	21	18	20	9
	基本服务	26	20	16	12
	小计	48*	38	35*	20*
合计	6	100	100	100	100

注：根据 OECD（2015）产业结构和《中国统计年鉴 2014》数据的估算。* 受四舍五入的影响，即知识产业一行的小计，因相加四舍五入与上面整数相加有出入

资料来源：何传启，2016

其次，《国际行业分类（建议版）》能够反映发达国家经济结构的发展趋势。

根据经济合作与发展组织 2015 年的产业结构数据估算，在 2000—2010 年，美国和韩国，物质产业和服务产业比例下降，知识产业比例上升；同时，流通服务和其他服务比例下降，人类服务和基本服务比例上升（表 8）。

反映美国 1960 年以来的经济结构发展趋势。根据美国经济分析局（BEA）2015 年的产业结构数据估算，1960 年以来，美国物质产业和服务产业比例下降，知识产业比例上升，三大产业的结构相对均衡（表 9）。

表 8　2010 年美国和韩国产业结构的一种估算　（单位：%）

产业	集群	美国			韩国		
		2000年	2005年	2010年	2000年	2005年	2010年
物质产业	农业	1.0	1.0	1.1	4.4	3.1	2.5
	工业	22.0	20.7	19.0	38.1	37.5	38.3
	小计	23.0	21.7	20.1	42.5	40.6	40.7
服务产业	流通服务	32.0	31.2	29.8	28.1	27.4	23.0
	其他服务	2.8	2.5	2.5	1.3	1.2	1.1
	小计	34.8	33.7	32.2	29.4	28.6	24.1
知识产业	人类服务	18.6	19.8	21.3	14.4	16.6	19.7
	基本服务	23.6	24.8	26.4	13.7	14.1	15.5
	小计	42.2	44.6	47.7	28.0	30.7	35.2
合计		100	100	100	100	100	100

资料来源：靳京，2016

表 9　1950—2010 年美国产业结构变化　（单位：%）

产业增加值比例		1950年	1960年	1970年	1980年	1990年	2000年	2005年	2010年
三次产业	农业	7	4	3	2	2	1	1	1
	工业	36	34	31	30	25	23	21	20
	服务业	58	62	66	68	74	77	78	79
三大产业	物质产业	42	38	34	33	27	23	22	21
	服务产业	35	35	34	33	33	34	33	32
	知识产业	23	28	33	34	40	43	45	47

资料来源：靳京，2016

《国际标准行业分类（4.0 版）》和《国际行业分类（建议版）》之间，既有继承关系，也有所不同。两者分类的角度不同，适用范围也有所差别（表 10）。

第一，前者是基于生产过程的产业分类，后者是基于人类需求的产业分类。

第二，前者适用于工业时代，后者比较适用于知识时代。以美国为例，1950 年以来，按三次产业分类，三次产业严重失衡；按三大产业分类，三大产业相对均衡（表 9）。

第三，前者包括农业、工业和服务业三次产业以及 21 个产业部门；后者包括物质产业、服务产业和知识产业三大产业，农业、工业、流通服务、其他劳务服务、人类服务和基本服务六个产业集群和 24 个产业部门。基本服务包括经济运行服务和社会运行服务。

第四，后者把前者的农业和工业合二为一，称为物质产业，把前者的服务业一分为二，把知识生产、知识传播和知识服务合并成知识产业，把剩余的服务业称为服务产业。

表 10 《国际标准行业分类（4.0 版）》与《国际标准行业分类（建议版）》间的比较

<table>
<tr><th rowspan="2">三次产业</th><th>国际标准行业分类（4.0版）</th><th rowspan="2">三大产业</th><th colspan="2">国际行业分类（建议版）</th></tr>
<tr><th>产业部门</th><th>产业集群</th><th>产业部门</th></tr>
<tr><td>农业</td><td>农业（农业、林业及渔业）</td><td rowspan="2">物质产业</td><td>农业</td><td>农业（农业、林业及渔业）</td></tr>
<tr><td>工业</td><td>采矿和采石
制造业
电、煤气、蒸汽和空调的供应
供水；污水处理、废物管理和补救活动
建筑业</td><td>工业</td><td>采矿和采石
制造业
建筑业
公共事业（电、气、水等）
环境治理</td></tr>
<tr><td rowspan="4">服务业</td><td>批发和零售业；汽车和摩托车的修理
运输和储存
食宿服务
信息和交流
金融和保险</td><td rowspan="2">服务产业</td><td>流通服务</td><td>批发和零售
运输和储存
食宿服务
房地产和租赁</td></tr>
<tr><td>房地产
专业、科学和技术
行政和辅助
公共管理和国防；强制性社会保障
教育</td><td>其他服务</td><td>其他个人和家庭服务
其他的劳务服务</td></tr>
<tr><td rowspan="2">人体健康和社会工作
艺术、娱乐和文娱
其他服务
家庭作为雇主的活动；家庭自用、未加区分的物品生产和服务活动
国际组织和机构的活动</td><td rowspan="2">知识产业</td><td>人类服务</td><td>科学研发
教育
信息和交流
艺术、娱乐和文娱
旅行服务
健康和社会帮助</td></tr>
<tr><td>基本服务</td><td>金融和保险
专业和技术活动
行政和辅助
公共管理和社会安全
成员组织的活动
国际组织的活动</td></tr>
<tr><td>合计</td><td>21个部门（6+15）</td><td></td><td>6个集群</td><td>24个部门（6+18）</td></tr>
</table>

资料来源：何传启，2016

五、总结与讨论

世界经济在发生根本性转变，对产业分类进行调整，是适应世界经济发展趋势的必然要求；《国际行业分类（建议版）》是基于人类需求的产业分类，它更能反映知识时代国家经济的特点和趋势；我国即将进入知识经济时代，《国际行业分类（建议版）》为构建我国产业分类体系和产业政策提供了新的框架。

尽管如此，《国际行业分类（建议版）》仍有一定局限性，其分类是相对的。

主要原因在于三大产业是部分交叉、各有侧重的。

第一，物质产业包括服务和知识产业的部分内容，但物质商品生产是主体。例如，制造业中的高技术产业，是知识生产和知识应用一体化的产业。物质生产部门中存在知识的传播和服务。在某种意义上，物质生产部门是物质生产、知识生产、知识应用、知识传播和服务有机结合的部门，只是它以物质生产和满足人们物质生活的商品需要为主要宗旨。

第二，服务产业包含物质产业和知识产业的部分内容，但劳务服务是主体。例如，餐饮服务包括食品生产和劳务服务；服务部门中同样有知识生产和知识传播。

第三，知识产业包含物质产业和服务产业的部分内容，但知识服务是主体。例如，教育服务要以物质商品（图书）为载体。

第四，三大产业是部分交叉的，但各有侧重。物质产业、服务产业和知识产业，都离不开知识应用；在一定程度上三大产业都是以知识应用为基础的“知识应用产业”，它们的差别主要是应用知识的目的不尽相同。物质产业应用知识生产人们需要的物质产品；知识产业应用知识生产知识、传播知识和提供知识服务，以满足人们的精神和知识需要；服务产业应用知识为人们的工作和生活提供便利和流通服务。

参考文献

贝尔 . 1997. 后工业社会的来临 . 高铦译 . 北京：新华出版社 .

陈禹，谢康 . 1998. 知识经济的测度理论与方法 . 北京：中国人民大学出版社 .

哈特利 . 2017. 创意产业读本 . 曹书乐，包建女，李慧译 . 北京：清华大学出版社 .

何传启 . 1999. 第二次现代化：人类文明进程的启示 . 北京：高等教育出版社 .

何传启 . 2013. 第二次现代化理论：人类发展的世界前沿和科学逻辑 . 北京：科学出版社 .

何传启 . 2016. 中国现代化报告 2016：服务业现代化研究 . 北京：北京大学出版社 .

赫斯蒙德夫 . 2007. 文化产业 . 张菲娜译 . 北京：中国人民大学出版社 .

靳京 . 2016. 服务业现代化的产业结构 . 何传启主编 . 中国现代化报告 2016：服务业现代化研究 . 北京：北京大学出版社，107-113.

马克卢普 . 2007. 美国的知识生产与分配 . 孙耀君译 . 北京：中国人民大学出版社 .

派恩，吉尔摩 . 2012. 体验经济（更新版）. 毕崇毅译 . 北京：机械工业出版社 .

Adorno T，Horkheimer M. 1944. The culture industry: enlightment as mass deception//Curran J，Gurevith M，Wollacott J. Mass communication and society. London: Edward Arnold.

Adorno T，Horkheiner M. 1947. Dialectic of Enlightenment. London:Verso.

Clark C. 1940.The Conditions of Economic Progress. London: Macmillan.

European Commission. 2006. The Economy of Culture in Europe. Luxembourg: European Commission.

Fisher A G B.1935.The Clash of Progress and Security. London: MacMillan.

Florida R，Tinagli I. 2004. Europe in the Creative Age. http://www.creativeclass.com/rfcgdb/ articles/ Europe_in_the_Creative_Age_2004.pdf.

Gordon JC，Beily-ORRin H. 2006. Internation Measurement of the Economic and Social Importance of Culture. Paris: OECD.

O'Connor J. 2007. The Cultural and Creative Industries: A Literature Review.http://www.creativitycultureeducation.org/research-impact/literature-reviews/.

OECD. 1997. The Knowledge-based Economy. Paris: OECD.

OECD. 2009. Guede to Measuring the Information Society. Paris:OECD.

OECD. 2013. Science，Technology and Industry Scoreboard. Paris: OECD.

Porat MU. 1977. The Information Economy: Definition and Measurement. Washington: United States Department of Commerce.

UN.1949. International Standard Industrial Classification of All Economic Activities. New York: Lake Success.

UNCTAD. 2008. Creative Economy Report 2008: The Challenge of Assessing the Creative Economy Towards Informed Policy-making. New York: UNCTAD.

UNESCO. 1982. Cultural Industries: A Challenge for the Future of Culture. Paris: UNESCO.

UNESCO. 2009. Framework for Cultural Statistics. Montreal: UNESCO.

WIPO. 2015. Guide on Surveying the Economic Contribution of the Copyright Industries（Revised Edition）. Geneva: WIPO.

创新的供求曲线：一个猜想

何传启

中国科学院中国现代化研究中心　中国科学院大学

1912 年，奥地利经济学家熊彼特提出“创新理论”，自此，创新研究高潮迭起。从创新研究角度看，市场上的商品可以分为两类：常规产品和创新产品。在竞争性市场条件下，常规产品一般遵循微观经济学的供求平衡原则。创新产品遵循什么原则呢？或者说，创新产品的供求关系是什么？创新产品如何定价、定产？本文提出一个猜想，供大家指正。

一、常规产品的供求曲线

在微观经济学中，常规产品供求关系一般为：在其他条件相同时，供给量

与价格正相关，需求量与价格负相关，市场运动使供求达到平衡（图 1）；同时存在一些特例，例如，奢侈品、文物、特殊矿产等的供求关系，就与其他常规产品有所不同。

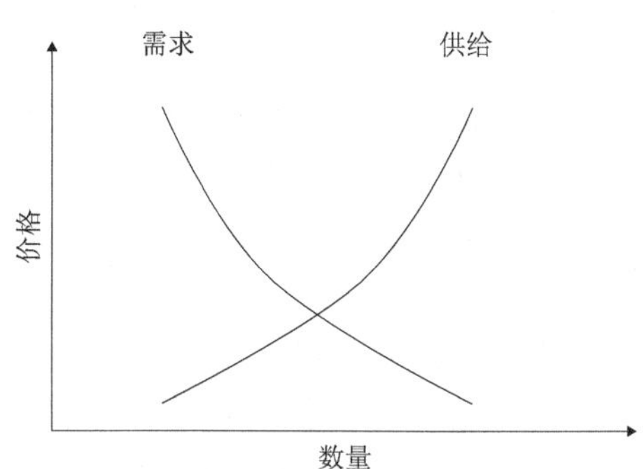

图 1　常规产品的供求曲线（示意图）

资料来源：萨缪尔森，诺德豪斯，1996

二、创新产品的供求曲线

创新产品和常规产品具有不同特性，可能遵循不完全相同的原则。

1. 创新产品的价值决定

在经济学中，劳动价值论和创新理论与创新产品的价值决定，关系比较紧密。

劳动价值论有悠久历史，其代表人物包括马克思、李嘉图和亚当•斯密等。19 世纪初英国经济学家李嘉图（2009）曾说：具有效用的商品，其交换价值是从两个源泉得来的，一个是它们的稀少性，另一个是获取时所必需的劳动量。李嘉图认为：有些商品的价值，单只由它们的稀少性决定，但是，这类商品在市场日常交换的商品总额中只占极少一部分。

20 世纪初熊彼特（1990）认为：创新是一种创造性破坏，是一种新的生产函数；在新产品问世之初，企业家没有竞争对手，新产品的价格完全是，或者在某种范围内，按垄断价格的原则来确定的。依据熊彼特的观点，创新产品是按照“垄断原则”来定价的。

根据劳动价值论和创新理论，我们可以进行下述假设和推理。

其一，劳动分类。根据劳动特点，人类劳动可以分为两类：创造性劳动和非创造性劳动，它们是相对的。创造性劳动是以知识和创新思维为基础的创造新知识、新观念和新物品的劳动；非创造性劳动一般是以体力和低技术和低技能为基础的重复性劳动。

其二，产品分类。根据熊彼特的创新理论，人类劳动的产出（产品和服务）可以大致分为两类：创新产品和常规产品，它们是相对的。一般而言，创新产品是创造性劳动的产出，常规产品是非创造性劳动的产出。

其三，价值分类。根据劳动价值论，人类劳动的产出（产品和服务）的交换价值可以大致分为两类：劳动价值和稀少价值。劳动价值是由商品获取时所必需的社会劳动量决定的价值，稀少价值是由商品的稀少性决定的价值。

在市场上，有些商品的交换价值只由劳动量决定，有些商品的交换价值只由稀少性决定，有些商品的交换价值由劳动量和稀少性同时决定，而且两者的比例各不相同。

其四，稀少价值。稀少价值是由商品稀少性决定的价值。目前，商品稀少性大致有三种类型：自然型、管理型和技术型的商品稀少性（表 1）。相应地，稀少价值也分为三种类型：自然型、管理型和技术型的稀少价值。一般而言，自然型稀少性的数量非常有限，管理型稀少性通常不合法，技术型稀少性是合法的，而且数量持续增长。

表 1　稀少性的类型和来源

类型	来源	举例	备注
自然型	自然和历史形成的稀少性	文物、特殊资源等	数量相对有限，所占比例较小
管理型	管理因素等形成的稀少性	垄断企业的市场垄断	受到反垄断法的限制，有多种负作用
技术型	发明专利等形成的稀少性	专利新药等	在专利保护期内有效，可产生创新价值

注：发明专利和技术领先等都能形成一定的稀少性。发明专利的保护期一般为 18 年左右

资料来源：何传启，2010

稀少价值的数值，不仅与稀少性大小有关，而且与交易双方的价格意愿有关。

$$Vs = \mathrm{f}(Ng, Np, Pe) \tag{1}$$

式中，Vs 代表稀少价值；f 代表函数关系；Ng 代表商品的数量；Np 代表潜在购买者的数量；Pe 代表交易双方愿意接受的价格。

其五，创新价值。创新产品的技术型稀少价值，可简称为“创新价值”。因为技术型的稀少性和稀少价值，主要来源于发明和创新，以及相关的知识产权制度等。

创新价值的数值；不仅与技术型稀少性大小有关，而且与交易双方的价格意愿有关。

$$V_{\mathrm{i}} = \mathrm{f}(N_{\mathrm{i}}, Np, Pe) \tag{2}$$

式中，V_{i} 代表创新价值；N_{i} 代表创新产品的数量。

创新价值主要发生在创新产品的垄断期和扩散期（专利保护期）。一般而言，创新产品从开发、上市到退市，大致经历五个阶段（图 2）。在创新期，新产品开发，没有利润。在垄断期，专利保护导致技术型稀少性和市场垄断，获得垄断利润。在扩散期，“新产品”被几家企业掌握，它们分享垄断利润，获得高利润。在模仿期，大量模仿者出现，获得平均利润。在退出期，没有利润，退出市场。垄断利润和高利润，可统称为“创新利润”。

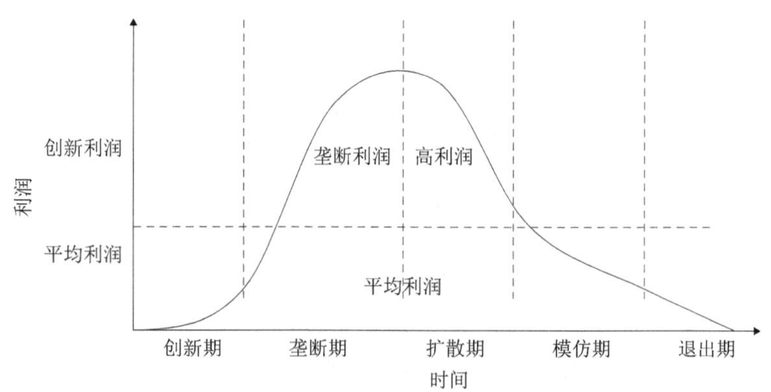

图 2　创新产品的市场生命周期和创新利润（示意图）

注：创新导致技术型稀少性和市场垄断，获得垄断利润和高利润，统称为“创新利润”

资料来源：何传启，2001；张凤，何传启，2002

其六，两种产品和两种价值。假设市场上只有两种商品：常规产品和创新产品。常规产品的交换价值由产品生产的必要社会劳动量决定，属于劳动价值；创新产品的交换价值由产品的技术型稀少性决定，属于技术型的稀少价值，属于创新价值。在其垄断期和扩散期，创新产品的创新价值，不仅决定于产品稀少性的程度，而且与交易双方愿意接受的价格有关。在竞争性市场上，创新价值与产品稀少性和交换双方的价格意愿正相关。即：

非创造性劳动—常规产品—交换价值决定于商品生产的必要社会劳动量—劳动价值。

创造性劳动—创新产品—交换价值决定于技术型稀少性—稀少价值—创新价值。

值得一提的是，创造性劳动不仅可以产生创新产品，而且可以产生新方法、新工艺、新制度和新观念，可以降低生产成本和提高产品质量，由后者产生的交换价值需要专题研究（何传启，2017）。

在竞争性市场上，劳动价值是非创造性劳动创造的价值，其大小由商品生产的必要社会劳动量所决定；创新价值是创造性劳动创造的价值，其大小不由商品生产的必要社会劳动量所决定，而是由商品稀少性的程度和交换双方的价格意愿所决定。

在实际的竞争性市场上，情况要复杂得多。有些商品的交换价值只包含劳动价值，有些商品的交换价值只包含创新价值，有些商品的交换价值同时包含创新价值和劳动价值，而且不同商品包含的创新价值和劳动价值的比例是不同的。

2. 一个经济学猜想：创新产品的供求曲线

根据上述分析，我们可以推导出下面的假设：在竞争性市场上，创新产品的供求关系与它的市场生命周期紧密相关（图 2），不同阶段可能遵循不同原则。

1）在创新期，创新产品的开发，免费或低价试用，需要投入和承担风险。

2）在垄断期，创新产品供求关系有可能遵循“创新者定价”原则：供方定量供应，买方自由购买；在其他条件相同时，供给量与创新价值负相关（供给量越大创新价值越小），需求量与创新价值正相关（创新价值越大需求量越大）；创新产品的价格与创新价值正相关，具体价格由创新者根据其创新价值、市场预期和经营策略等来决定（图 3）。经济全球化可以扩大创新产品的国际需求量，创新政策可以在一定程度上改变创新产品的供求曲线。

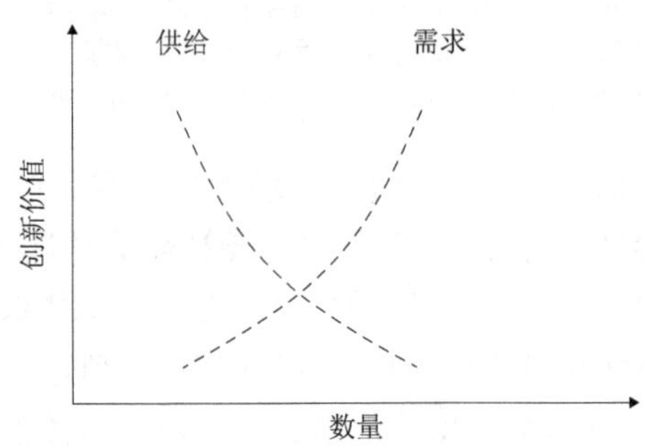

图 3 垄断期的创新产品的供求曲线（示意图，一个猜想）
注：供给量与创新价值负相关：供给量越大，稀少性越小；稀少性越小，创新价值越小

这里的“创新者定价”原则，其实是一个理论假设，可称为“创新者定价”模型。

垄断期“创新者定价”模型，实际包括“定价、定产、定期”，又称“创新者三定”模型，具有以下特征。

● 创新产品是创造性劳动生产的产品，创新产品的交换价值是创新价值，创新价值是可变的，创新价值的大小决定于其稀少性程度和交易双方愿意接受的价格。

● 创新产品的价格与创新价值正相关，具体价格一般由创新者根据其创新价值、市场预期和经营策略等来决定，影响价格的主要因素大致有四个，即商品因

素（创新价值、使用价值、可替代性和比较优势）、创新者因素（创新投入、生产成本、预期收益和经营策略等）、消费者因素（社会心理、个人喜好、购买者数量和人均购买力等）和政策因素。

● 在垄断期，创新产品可以“自由购买”，但只会“定量供应”，因为供应量越大稀少性越小，稀少性越小创新价值越小，创新价值越小需求越小。

● 在法律许可范围内，创新者可以选择垄断期的时间，也可以放弃垄断。

3）在扩散期，创新产品的商品稀少性下降，创新价值下降，其供求关系处于从创新产品向常规产品的供求关系的过渡期。

4）在模仿期，创新产品的商品稀少性基本丧失，将遵循常规产品的供求平衡原则。

5）在退出期，创新产品退出市场。

三、结束语

本文提出创新产品的供求关系的一个猜想，供大家批评指正。

假设市场上只有两种商品：常规产品和创新产品，它们遵循不同的经济原则。

在竞争性市场条件下，常规产品遵循供求平衡原则：在其他条件相同时，供给量与价格正相关，需求量与价格负相关，市场逐步达到供求平衡（图 1），同时存在一些特例。

在竞争性市场条件下，创新产品的供求关系与其市场生命周期相关（图 4）。在垄断期，创新产品可能遵循“创新者定价”原则：供方定量供应，买方自由购买；在其他条件相同时，供给量与创新价值负相关，需求量与创新价值正相关；创新产品的价格与创新价值正相关，具体价格由创新者根据创新价值、市场预期和经营策略等决定（图 3）。创新价值是创新产品的交换价值，其大小不由商品生产的必要社会劳动量所决定，而是由商品稀少性的程度和交换双方的价格意愿

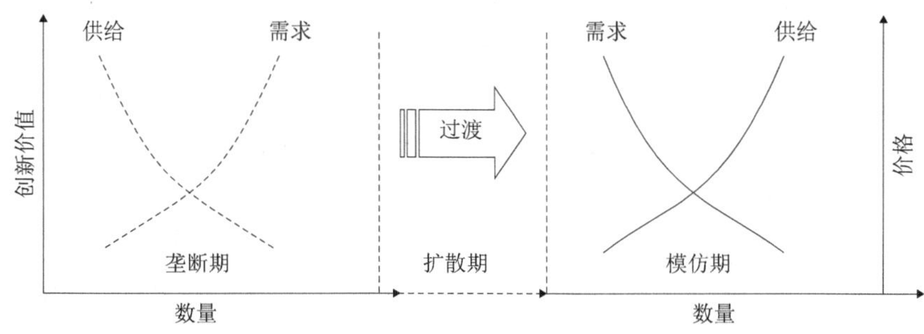

图 4　创新产品的供求曲线（示意图，一个猜想）

注：2017 年 8 月 7 日于北京中关村

所决定。在扩散期，创新产品的供求关系向常规产品过渡。在模仿期，创新产品的稀少性基本丧失，遵循常规产品的供求平衡原则。经济全球化可扩大创新产品的国际需求量，创新政策可在一定程度上改变创新产品的供求曲线。

参考文献

何传启 . 2001. 分配革命——按贡献分配（第二次现代化前沿 II）. 北京：经济管理出版社 .

何传启 . 2010. 现代化科学：国家发达的科学原理 . 北京：科学出版社 .

何传启 . 2017. 如何成为一个现代化国家：中国现代化报告概要（2001—2016）. 北京：北京大学出版社 .

李嘉图 . 2009. 政治经济学及赋税原理 . 丰俊功译 . 北京：光明日报出版社 .

马克思 . 1975. 资本论（第一卷）. 北京：人民出版社 .

萨缪尔森，诺德豪斯 .1996. 经济学（第 14 版上）. 胡代光，等译 . 北京：北京经济学院出版社 .

熊彼特 . 1990. 经济发展理论 . 何畏，等译 . 北京：商务印书馆 .

张凤，何传启 . 2002. 创新的内涵、外延和经济学意义 . 世界科技研究与发展，3：55-62.

论中国互联网产业的发展对交易费用的影响

方竹兰　王子龙

中国人民大学经济学院

一、引言

近十年，互联网技术及使用互联网技术的产业在中国得到了迅速发展，现已成为中国经济发展的重要驱动力之一。互联网技术的应用与其他一般应用于生产领域的技术的不同之处在于，它应用最广泛、影响最大的领域是交易领域。其主要表现在，改变了传统的交易形式和组织形式，创造了新的多样的商业模式，甚至改变了政府的行为方式。按照交易费用理论，交易形式、市场结构、企业组织乃至经济制度的变化根源都在于交易费用的变化，因此探究互联网技术及产业对交易费用的影响是研究互联网经济的关键切入点。

特别应注意到，随着互联网技术的进步和广泛应用于交易，专门的交易行业获得了很大的发展并出现了分化和细化，一些具有新特点的交易行业出现。所以，研究互联网技术产业对交易费用的影响绕不开交易行业，具有研究行业（产业）互相关系的特点，交易费用的测算也离不开对交易行业的研究。所以，本文

对交易费用的测算、关于互联网产业对交易费用影响的研究，都围绕交易行业来进行。

二、交易费用理论综述和相关概念界定

1. 交易费用理论和测算方法综述

交易费用经由科斯(Coase)[①]、巴泽尔(Barzel)[②]、诺斯(North)[③]及张五常[④]等经济学家的发展，成为新制度经济学的核心概念。近代制度经济学的代表人物康芒斯（Commons）将经济活动分为生产活动和交易活动，前者是人对自然的活动，后者是人与人之间的活动，进而将交易活动分为三种类型：买卖的交易、管理的交易和限额的交易。[⑤]交易费用概念的提出者科斯认为交易费用是获得市场信息、谈判、订约、监督等活动的费用，并认为企业的管理费用和市场交易费用决定了企业和市场的边界。阿罗定义交易费用是“经济系统的运行费用”，巴泽尔定义为“与转移、获取和保护权利相关的费用”，沃利斯和诺斯将经济活动分为交易活动和生产转换活动，并据此将经济活动中的费用分为交易费用和生产转换费用，给出交易费用的范围是“衡量交换物之价值的成本、保护权利的成本和监管实施契约的成本”。张五常将科斯的交易费用的概念扩展为“制度费用”，认为交易费用包括一切不直接发生在物质生产过程中的费用。

由于定义精确性和数据搜集的关系，对交易费用的测算和计量分析则是一个难点。威廉姆森和张五常等都认为交易费用的绝对数很难或者无法测量。国内一些研究者对此进行了整理和概括，如张雪艳总结出主要有两种方法，即交易行业方法和交易价格指数方法[⑥]，王细芳则提出利用投入产出表的分析方法。[⑦]在这些方法中，沃利斯（Wallis）和诺斯认为测量交易成本的最理想的方法是分析每一次交易并把这些成本分开来，但这是不现实的，于是退而求其次，分析每个行业中交易所消耗的资源。[⑧]Wallis 和 North 利用了大量的统计数据和研究成果分别分析了批发零售部门、金融部门、房地产部门的交易费用。但对于交易行业的划分，沃利斯和诺斯及之后的学者，提出了不完全相同的划分方法。例如，沃利斯

---

① 罗纳德·H.科斯.财产权利与制度变迁：产权学派与新制度学派译文集.刘守英等译.上海：格致出版社，上海三联出版社，上海人民出版社，2014.

② 巴泽尔.产权的经济分析.费方域，段毅才译.上海：上海三联书店，1997.

③ 道格拉斯·C.诺斯.制度、制度变迁与经济绩效.刘守英译.上海：上海三联书店，1994.

④ 张五常.经济组织与交易成本.// 帕尔格雷夫经济学大辞典（E～J）.北京：经济科学出版社，1996.

⑤ 康芒斯.制度经济学（上册）.干树生译.北京：商务印书馆，1997.

⑥ 张雪艳.衡量国民经济交易成本方法研究.辽宁大学博士学位论文，2008.

⑦ 王细芳.基于投入产出表的我国国内交易成本测度.经济管理，2008（11）：39-43.

⑧ Wallis J，North C． Measuring the Transaction Sector in the American Economy 1870-1970.// Engerman S L，Gallman R E. Long-Term Factors in American Economic Growth. Chicago：University of Chicago Press，1986：95-162.

和诺斯将航空、高速公路运输列为交易行业，Dollery 和 Leong 将邮政服务划为交易行业，Datta 等则将通信列为交易行业。

虽然这些学者在对交易行业的划分上意见总体是一致的，如批发零售业、金融业等都是没有异议的交易行业。对个别行业的不同划分却反映了一个问题，就是对生产活动和交易活动边界的认识和界定不够清晰，这在面对“生产性”服务业时尤为明显。造成这种不清晰的原因主要在于服务作为无形商品的特殊性——其自身的生产过程和流通过程是同时发生的，在服务提供的同时，服务本身正在被交易，很可能同时进行着利用该服务进行其他商品交易的过程。因此，就可能把个人所处的地区及时代交易所主要倚赖的工具性行业作为交易行业的一部分，特别是运输或者通信业，其原因就是运输、通信都曾经是交易所直接利用的主要手段。然而运输业所提供的只是改变物品的地点的服务，通信业所提供的是信息传递的服务，虽然这些服务的提供常常被利用来进行商品产权的改变，但这些服务的内容本身并不是进行交易，也不必然被用于交易，而仅仅是作为交易活动的重要部分（信息获得与分析）的工具。而且交易活动选择哪种工具，也是和当时的技术水平发展有关的。事实上，就与交易的关系而言，互联网行业在今天扮演了过去交通运输业、邮政通信业等曾经扮演的重要角色，但互联网行业本身不是交易行业，其产品是接入互联网的服务和供人使用的互联网软件，其本质依旧是为交易信息的获得与分析提供工具。

本文借鉴的是 Wallis 和 North 的方法，认为这是在现实条件下对交易费用进行估算的较好方法，为了容易操作，用测量交易行业（即主要提供交易服务的行业）的增加值占 GDP 的比例，作为交易费用的相对值。其他的方法则具有主观随意性较大和数据难以获得的缺点。

用交易行业增加值占 GDP 比例作为相对交易费用，是迫于统计数据的现实，因此具有一定的局限性。因为这个比例事实上是整个经济的收益在交易行业的分配，而不是交易所需成本在经济总投入中所占的比例。在市场完全竞争、资源完全自由流动的条件下，等值的投入会获得等值的收益，但显然现实的市场条件并非如此。如果交易行业出现了某种垄断的市场结构，那么就会从分配中获得更大的比例。另外就是缺失了个人交易所需的成本，以及对非交易行业中交易费用的准确估计，造成了对交易费用测算偏小。所幸的是，由于生产分工的趋势，交易行为越来越集中到交易行业中，非交易行业中的交易费用比例将越来越小，成为一个相对小量。因此，以交易行业增加值占 GDP 比例作为相对交易费用，将会越来越趋近于真实。

2．交易活动、交易费用的界定

从前面经济学家对交易及交易费用的各种定义或界定可以总结出，交易活动本质是进行产权的变化的活动，如买卖、租赁、借贷、投资、聘雇等，也包括政府收税、征用等。交易费用是进行、维护、限制交易活动所需的人力物力成本，交易费用可以进一步分为两类。

1）进行交易活动的费用，即科斯所说寻找交易方、谈判、签订契约、监督实施等活动的成本。本文还考虑劳动力交易，因此个人找工作、企业招聘所需的费用也属于交易费用。进行交易活动的主体主要是个人或者企业，但政府也会进行一些交易活动，如招标工程、购买社会服务，以及最基本的雇佣职员和购买维持运作所需的物资，这些交易活动同样产生交易费用。这一类交易费用是体现在具体交易活动上的。

2）维护交易制度的费用。调解裁决交易争议的费用，保护、限制、禁止某些具体类型交易所需的费用，如企业的注册登记、对某些商品的特许或限价、禁止人身奴役强买强卖，等等，这一类交易活动重要的角色是政府或政府类社会组织。这里必须要注意到，政府是由人组成，并且需要一定的物资消耗，因此所有执行这类活动的人和物的成本，构成此类交易费用。这一类交易费用中其中一部分与具体交易活动的关系是间接的，具有宏观性。

在厘清交易费用的本质后，接下来在划分交易部门测算交易费用时，如何确定交易行业就有了标准，在进一步分析互联网产业的发展对交易费用的影响时，就具有了分析两个产业关联因素的特点。

从这一点也可以看出，新制度经济学虽然提出了交易费用的概念，但将交易费用的概念从微观视角扩展为宏观视角并不够明确。其主要问题表现在，从产业角度讲，未能将交易服务本身和交易所依赖的支持服务清晰而明确地区分开。具体体现在交易行业的划分上，就是对是否将一些直接为交易行业提供支持的服务行业划入交易行业，不同的学者没有统一的标准，或者采取了模糊的态度，例如对交通运输、邮政通信、教育等行业便有不同的观点，从而给我们讨论直接影响交易费用的因素和交易费用所直接影响的要素造成了混乱。

3．交易行业的确定

因为交易费用的内涵广泛且统计数据具有相当的局限，所以在实践中如何测量交易费用是一件很困难的事情。

根据本文之前对交易活动的界定和对交易费用的分析与分类，划定如下行业作为交易行业。

1）批发和零售业：提供一般商品的交易服务。

2）金融业：提供货币、有价证券及其他金融产品和衍生品的交易服务。

3）房地产业：提供房屋、土地类不动产的交易服务。

4）租赁和商务服务业：提供一般生产资料的租赁服务，提供企业管理服务、资产管理服务、法律服务、咨询调查服务、人力资源服务等。

5）公共管理和社会组织：属于政府交易行业，从事的工作是保护、限制、禁止各种交易活动，以及保障交易正常进行的活动。

综上所述，将中国交易行业与非交易行业划分如表 1 所示。

表 1　交易行业与非交易行业的划分

交易行业	非交易行业
批发和零售业	农林牧渔业
金融业	工业
房地产业	建筑业
租赁和商务服务业	交通运输、仓储和邮政业
公共管理和社会组织	信息传输、计算机服务和软件业
	住宿和餐饮业
	科学研究、技术服务和地质勘查业
	水利、环境和公共设施管理业
	居民服务和其他服务业
	教育
	卫生、社会保障和社会福利业
	文化、体育和娱乐业

三、互联网产业的发展对交易费用影响的理论分析

本文所说的互联网产业，是指在国民经济行业分类中属于第三产业的信息传输、计算机服务和软件业，主要是提供计算机和互联网软硬件服务的行业，但不包括提供硬件设备的制造（这属于制造业）。前面从本质的角度分析了交易费用的构成，交易费用在现实中有其具体的物质承担者，即具体的物质资料或服务形态。具体的形态是由一定科技水平下的市场竞争所决定的，即交易费用也总是会选择那些使交易的平均消耗最低而效率最高的交易工具。在信息产业方兴未艾的今天，市场选择了基于互联网通信的交易手段，其物质消耗主要是用于接入互联网的通信工具，服务消耗则是互联网产业所提供的互联网通信服务和各种软件服务。再加上从事这些工作的劳动力，便是如今交易费用的具体物质形态。作为交易费用重要组成部分的互联网通信和软件服务，便是连接互联网产业和交易行业的关键纽带，通过对这个纽带的分析，我们可以知道互联网产业的发展是如何

影响交易费用，影响交易行业，进而影响整个国民经济的。

1．中国互联网通信和软件产业发展的历史、趋势和特点

中国互联网通信服务是在近十年快速发展起来的，首先体现为宽带上网取代拨号上网成为主要的上网方法。这种上网方法的改变，其原因是信息基础设施建设导致的互联网服务质量的提升，以及提供互联网服务边际成本的下降，表现在上网服务价格水平的下降。时至今日，仍使用拨号上网的人已经寥寥无几，宽带上网服务则在不断地提速降费，提供的带宽甚至已经开始大于人们的一般需求。这说明提供互联网通信服务的边际成本仍然在不断下降，已经降到一个非常低的水平，在将来甚至可能接近于零。

互联网通信服务的发展给软件产业的发展带来巨大的影响。在互联网通信服务不够普及和网络质量不高的年代，软件的制造主要面向个人电脑使用者，软件的使用对网络依赖很小或者没有，软件的发售也主要依靠存储介质（如软盘、光盘等）在商品市场上进行。这样的软件的价格通常较贵。中国当时消费水平还较低，因此盗版软件市场兴盛，使得软件的获得仅需付出存储介质的费用，这个盗版软件费用实际上可以用来衡量当时提供软件服务的边际成本。在互联网通信服务广泛应用后，软件的传播不再需要通过存储介质，而只需通过网络，获得盗版更加容易，甚至连原先的介质费用都省去了。这个过程凸显了软件服务提供的高固定成本和低边际成本之间的矛盾，而互联网通信服务进一步降低了这个边际成本。软件服务市场经过充分发展和竞争的选择，软件的售价不断降低乃至于零，免费软件大量出现，并使得软件服务提供商不得不采取其他的方法来获取收入。

软件服务的边际成本虽然降到接近零，但是硬件设备的制造成本，特别是高性能服务性硬件制造成本的下降就慢得多。因此，将软件服务与互联网服务紧密结合，依靠独有的服务端设备和功能提供服务，并在大量积累的客户群形成的平台资源上获得收益，是软件服务行业的必然趋势。

综上所述，互联网通信服务和软件服务都具有高固定成本、低边际成本的显著特点，并且边际成本都在进一步下降甚至接近于零。在两者互相作用的过程中，互联网通信服务更进一步地促使了软件服务的边际成本的下降，并使得软件服务的提供极为依赖互联网通信服务。软件服务商的关注重点已经从软件本身的开发制作逐步转向依托网络软件服务平台的客户群积累，并且使软件制作更侧重于有利于客户进行网络互动。可以看到，里夫金所预言的零边际成本社会的特征在互联网行业中率先有了突出的表现[①]。

① 杰里米·里夫金．零边际成本社会．赛迪研究院专家组译．北京：中信出版社，2014.

2. 应用互联网通信和软件服务作为交易手段与传统交易方式的比较

交易行业的传统交易方式，其所需的信息获得与分析主要通过电话、电报、邮政、新闻以及熟人圈子等方式，交易活动包括人与人面对面的商谈、人到实地去考察等，这极其依赖个人的人际关系网络和人际交往能力。这样的方式其信息的获得是小范围的、单线条的，信息的分析只能依赖人力且低效，耗费的物质和时间成本相对较高。而与互联网通信结合的交易活动则大幅度地将劳动力从上述活动中解脱出来，容易从互联网终端获得交易信息，也可以方便与陌生人进行信息交流。软件服务可以代替人脑处理具有大量重复性特点的工作，并且比人脑效率更高，大幅度将劳动力从简单重复劳动和人际交往活动中解脱出来，人的劳动力将主要用于探索性的交易分析活动。信息的获得是大范围的、多线条的，乃至是平面的、立体式的，这也在一定程度上摆脱了地域和熟人圈的限制。在信息分析上，使用互联网软件等手段，处理同样大小的信息量，耗费的物质和时间较传统方式更少。例如，对于商业来说，假如要获取全国某类商品的价格信息，传统方式需要用传统通信手段逐一咨询，如果要获取更详细可靠的信息甚至要逐一实地考察，往往只有从较熟悉的人那里才能获得比较可靠、准确和全面的信息，这样才能比较该类商品的地区差异，交易费用非常高。而对于应用互联网通信和互联网软件服务后，只要每个使用者都在网络的统一信息平台服务器提供自己的信息，那么就可以通过该平台立即查询到所积累的数据并获取分析结果，依托平台建立的信用体系也会促使各方提供较为真实的信息。

我们可以看到在表现形式上，最主要的转变是交易信息的获得的方式从依赖现实人际关系网络转变到依赖网络信息平台，其深层原因是在市场选择下，交易方式必然转向交易效率更高、平均成本更低的方式，这和在市场竞争下，商品的生产也必然转向生产效率更高的方式是相同的。

3. 在互联网产业支撑下非劳动力交易费用的构成

如前面对交易活动所分析的那样，交易活动究其本质是获得各种交易所需的信息并做出决策的过程。因此，这一过程对信息的获得与分析极为依赖。而这一获得和分析所需的人力和物力，便构成了交易费用的主要组成部分。随着提供计算机和互联网行业服务的边际成本不断下降，交易活动所需的信息获取与分析服务便从来自传统的电话、电报、邮政、新闻等行业转向主要来自于互联网行业。这既体现在硬件上——互联网和计算机这些基础设施为信息的大量传递与存储提供了基本的物质条件，也体现在软件上——各种复杂专业的信息处理软件被开发出来，并为交易提供分析参考。这两者构成了现代交易行业的最主要“生产资料”，互联网行业即提供给交易行业这些无形的“生产资料”——软件和由软

硬件结合的服务。所以，互联网时代的交易费用的主要组成有三部分：劳动力、交易所需的硬件设备、交易所需的互联网技术服务和软件服务。第二部分需从相应的设备制造厂商购买，形成了进行交易活动的固定资本。第三部分又可分为两类，一类是互联网通信服务，这类服务通常由大型的电信企业提供，让进行交易的人和企业能够使用互联网，是互联网的基础设施；另一类是提供各种各样的收费或者免费的软件服务，这类软件或者存在于使用者的终端上，或者存在于提供商的服务器中，属于互联网的应用层面。本文所讨论的互联网产业显然是第三部分的提供者。

根据前面的分析，互联网通信服务和软件服务的边际成本已经变得很低。随着技术的发展，其边际成本在继续降低甚至接近零，服务品质则不断提升，类型不断增多。交易行业所需的服务，尤其注重信息的交流互通、客户之间的联系、操作上的简洁便利。而这些恰是互联网通信和软件服务的优势。因此，作为交易手段的互联网通信和软件服务，其网络平台化、信息集中化、易用性等特征更为明显。在交易行业的服务器—客户端这样的网络软件服务模式中，客户端的比例很小甚至没有，而服务器端对硬件和软件要求都非常高，尤其是要具有庞大数据的存储和运算能力。因此，作为交易手段的互联网通信和软件服务，其高固定、低边际成本的特点更为突出。提供互联网通信和软件服务的市场，是竞争非常激烈的市场，特别是软件服务市场近乎一个完全竞争市场。在这样的市场环境下，提供服务的市场价格就会非常接近其边际成本，而提供服务的市场价格又构成了交易行业的成本即交易费用的一部分。按照这样一个过程，这部分交易费用在市场竞争机制下会接近互联网通信和软件服务的边际成本，并随着互联网技术的发展趋于零。

与互联网通信和软件服务配套的硬件设施，构成了前述交易费用组成的第二部分，其具体形态，如电脑、手机、网络终端设备，等等。这些硬件设施的价格在互联网刚兴起的时候是比较昂贵的，但随着信息技术的发展，这些设施的制造成本大幅下降，使其价格下降，到如今已经是个人使用的必要配置，交易甚至不是其专门功能。与传统交易方式的人际交往成本相比，这是非常少的成本消耗，并且同软件一样，其成本具有明显的下降趋势。

综合来看，互联网产业的发展使得交易费用的非劳动力部分不仅在形态上发生巨大变化，而且在数量上大幅度降低。通信和软件服务的费用降低到接近于零，硬件的费用也从一个较高水平降低到普通消费品水平。

4．互联网产业的发展对劳动力交易费用以及交易费用结构的影响

将从事交易活动同样视为一种劳动的话，交易的劳动成果的一个直观指标

就是单位时间内的交易总额 T，如果我们将交易的非劳动力费用记为 C，交易的劳动力费用记为 V，那么互联网产业发展就大幅改变了三者的比例。$T:C$ 及 $T:V$ 的大幅提高这是显而易见的，即单位非劳动力成本或者劳动力成本的消耗可以进行更大量的交易。对于 $C:V$ 的影响则需要仔细分析。

在传统的交易活动中，交易活动主要依赖劳动力，C 的主要组成来自于围绕人与人的直接交易产生的物质消耗，如交易场所设施费用、旅行考察费用、人际交往费用、信用担保费用，等等。在互联网产业充分发展后，上述费用大为减少甚至消失，C 的主要组成变成了必要的计算机网络硬件设施、互联网通信和软件服务，就互联网和软件服务而言，提供它们的边际成本很低乃至接近于 0，硬件设施的制造成本则在逐年下降。这些商品和服务市场在发达开放、技术成熟且有充分的竞争之后，其价格必然下降，乃至零边际成本，这种变化正在发生。另外，互联网通信与软件服务的广泛使用使得对从事交易的劳动力的素质要求从人际关系和交往能力转向了信息处理和分析，更加专注于交易的信息分析活动而非简单交易活动，对劳动力的要求从个人经验的积累转向了相关技术知识的培养。其结果是，从事交易活动的人群被扩大了，交易活动不再被掌握传统商业渠道和商业关系的人或者企业所垄断，一般人只要有相应的互联网相关服务使用知识，就可以进行交易。所以 V 在互联网交易充分发展后，相对于其他行业的劳动者，具有一个长期下降的趋势，但由于市场对劳动力流动的调节作用，这种变化将是缓慢的。

因此，我们可以做一个理论上的预计：随着互联网产业的兴起、发展直至其逐步取代传统交易方式，交易活动中的 $C:V$ 应是一个下降的过程，并且 V 将占据主要部分，而交易行业的 V 与其他行业相比，则有一个较缓慢的先上升再下降的过程。

5. 互联网产业的发展对相对交易费用的影响

从上面的分析可知，互联网产业的发展使得交易变得容易，即进行一次交易所需的费用降低。这样一种单位交易费用的降低，会打破许多具有自给自足性质的、其内部交易不进入统计体系的区域小经济体，使得它们参与社会分工，融合到社会化大生产中；也会使许多原来由于交易费用高而闲置、未能进入市场的资源进入市场进行交易，被利用到生产或者消费中，从而交易更加频繁，社会分工更加分化。那么对于落后经济体来说，短时间内由于交易次数、交易额的急剧上升，可能使得交易行业占国民经济的比例增加，交易行业增加值占总产值的比例增加。这一增加会体现在统计数据上，因为纳入统计的交易活动是迅速上升的。但是，当一个经济体成熟发达到互联网已经将所有资源链接，将所有大小区

域经济体连接时，互联网产业的发展对交易活动的根本影响会体现于统计上，即总体交易费用占比下降。中国目前的上网人数约为总人口的一半，还有许多经济落后地区未能参与依托网络的交易，同时互联网信息技术仍在不断进步，被认为将来会发展到具有“物联网”的特征。因此，中国相对交易费用预计在未来一段时间仍将持续增长。

综上所述，互联网产业的发展深刻地改变了交易费用，包括其物质形态、数量大小和构成比例。作为这种影响的表现，伴随互联网产业的发展，在短期内相对交易费用会增加，长期则会降低；在互联网交易的快速扩张期，交易行业的非劳动力成本会有先升后降的波动。

四、互联网产业对交易费用影响的实证分析

接下来本文将结合中国统计数据，对上述部分结论做一个实证分析。在分析之前，必须要注意到，前面理论上的分析是对一个孤立经济体而言，并未考虑外部影响，因此首先需要说明这一分析在中国经济开放条件下的可靠性。对开放经济体而言，如果在交易行业和非交易行业之间形成内外互补的关系，则对于单个经济体而言，上述结论是难以成立的。例如，对卢森堡或是香港这类以金融业为主的小经济体而言，交易行业所需的物品是从外部购买的，进行交易的参与者（如金融市场上的企业）也主要来自外部，所以讨论内部交易行业与互联网产业发展的关系毫无意义。但对于中国内地来说，国内交易行业所需的软硬件服务主要是从境内购买的，从事金融交易的企业（在上海、深圳上市交易的企业）也基本是国内企业。所以，相对国内而言，国外经济状况对国内交易行业的影响是次要和间接的。这说明接下来的分析对于中国来说是比较可靠的，即境外互联网产业对境内交易的直接影响是可以忽略的。

但中国自 2004 年开始才将信息传输、计算机服务和软件业单独作为一个产业进行数据统计，是一个小样本估计，导致其准确性不够高。事实上，互联网产业的兴起和发展也不过十余年时间。因此，实证分析的结论可能在数据上不是充分严谨的。

1. 相对交易费用和交易行业工资趋势性变化的实证分析

根据本文第二部分论述的方法，从国家统计局数据库的统计数据获得 1990—2012 年的 GDP 和交易行业增加值，以交易行业增加值占 GDP 比值为相对交易费用，计算结果如表 2 及图 1 所示。

观察中国交易费用 20 多年来的变化，我们可以看出，1990—1992 年相对交易费用快速上升，主要是批发零售业比例的上升，1992—1996 年所有行业均有

幅度不等的下降，随后缓慢上升至1999年，然后在这个水平上稳定到2005年，近年来又有一个明显上升过程。

从2005年开始，相对交易费用有一个明显的上升趋势。同时，根据《中国统计年鉴》的互联网主要指标发展情况，中国互联网技术的使用在2005年后有了一个迅速的扩张式发展，主要指标如图2所示。

表2　1990—2012年中国相对交易费用计算结果

年份	相对交易费用	年份	相对交易费用
1990	0.205 7	2002	0.212 9
1991	0.217 1	2003	0.210 8
1992	0.228 3	2004	0.211 3
1993	0.213 1	2005	0.211 2
1994	0.210 0	2006	0.220 2
1995	0.206 0	2007	0.235 5
1996	0.202 4	2008	0.239 4
1997	0.205 1	2009	0.254 5
1998	0.210 6	2010	0.257 8
1999	0.213 3	2011	0.259 1
2000	0.211 1	2012	0.266 5
2001	0.212 4		

资料来源：根据历年《中国统计年鉴》、国家统计局数据网站数据计算

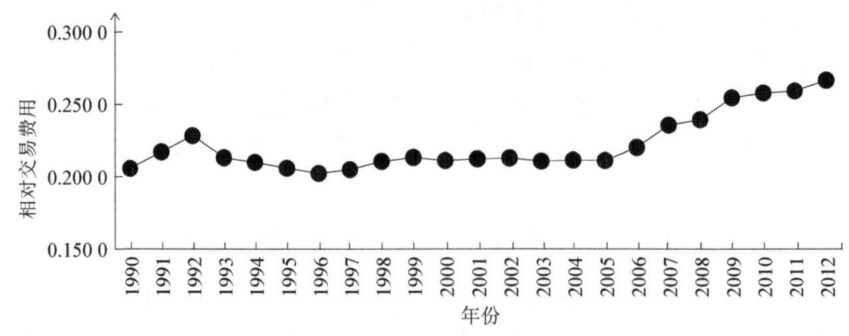

图1　1990—2012年中国相对交易费用

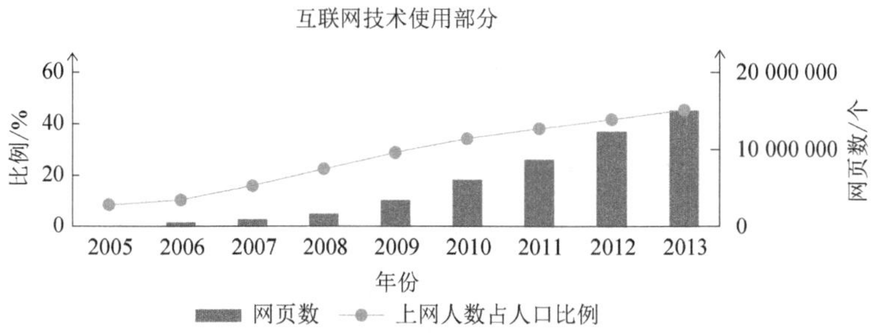

图 2　2005—2013 年中国互联网上网人数占人口比例和网页数

从图 2 可以看到中国互联网上网人数和网页数目都以极快的速度增长，这反映出互联网技术的应用在这一段时期处于快速扩张期。互联网上网人数比例从不到 10% 快速上升到接近总人口的一半，反映了互联网产业的受众已经占据了人口的主要部分。互联网网页数从零发展到如此巨大的数目，则说明互联网上的信息有了指数式的增长。根据本文第三部分第五点的分析，互联网技术应用的快速扩张，互联网技术逐步替代传统交易手段，使得相对交易费用上升，这与上面相对交易费用测算数据在这一段时期的表现是一致的。

交易行业工资根据第三部分第四点的分析，其相对其他行业的工资比例水平，应有一个先上升再下降的过程。本文根据国家统计局公布的城镇单位就业人员工资的相关统计数据，以交易行业数据比较齐全的 2003—2013 年进行计算（图 3）。

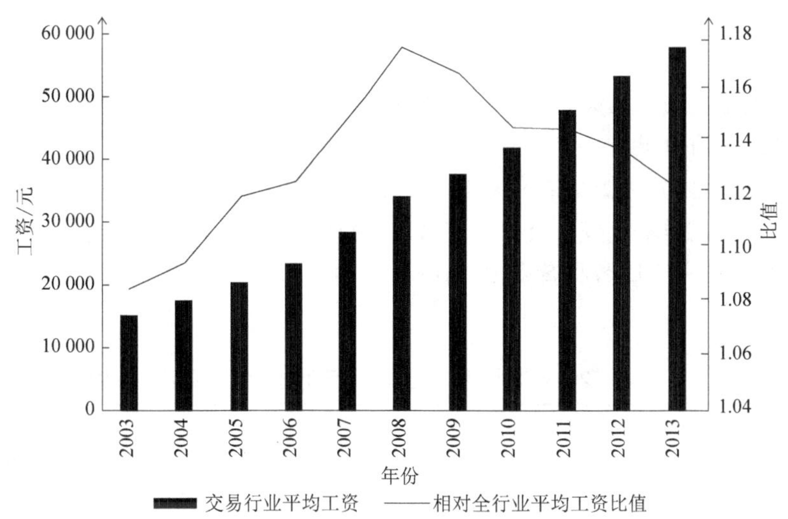

图 3　2003—2013 年中国交易行业职工平均工资和其相对全行业平均工资比值

从图3可以明显看出，相对全行业的平均工资，交易行业的平均工资是有一个先上升再下降的过程，而这个过程所处的时期，就是中国互联网行业快速发展和扩张的时期。

2. 互联网产业的发展和交易效率的相关性分析

交易的效率应当用单位时间单位成本下的交易总额来衡量，即一定时间内的交易总额 / 交易费用。对于交易总额，根据现有的统计数据，本文用如下数据的总和作为交易总额，即 批发零售业的销售总额、金融业的社会融资总额和保险赔付总额、房地产业的商品房销售总额、全国财政支出总额的总和。以上五项均为目前有统计的由市场实现或由政府实现的所有权转移额，采用销售、支出额也是因为这属于以交易行业为中介最终实现了的所有权转移，本文认为其总和可以作为表示交易总额的指标。

交易费用就其构成而言，主要来自于两个方面：一个是人力成本，另一个是物资和服务购买成本。人力体现在工资上，本文用交易行业工资总额来衡量。而物资和服务购买成本是向其他产业购买的，由于统计数据的缺乏，本文采取从交易行业增加值中扣减的办法。根据收入法核算，行业增加值等于该行业的工资、营业利润、固定资产折旧、税收这几个方面的会计核算加总。由于数据的缺乏，本文不得不作一些假定，即假定在折旧和税收政策的调节下，各交易行业自由进出的结果是实际利润率趋于一致。那么在这样的假定条件下，各交易行业增加值扣除工资总额后，所得结果和各行业交易费用是近似一致的，因为这里关注的是交易总额和交易费用比例的趋势变化关系，所以可以用上述数值替代交易费用。

互联网行业的发展水平这一指标，本文用不变价格的人均信息传输、计算机服务和软件业增加值来表示。如果互联网产业发展水平指标与交易效率指标具有显著的正相关和因果关系，那么可以在一定程度上说明互联网产业的发展具有提高交易效率的效果。

中国从2004年开始才将信息传输、计算机服务与软件业作为一个单独行业进行核算，因此样本较少（只有9个），会对计量模型的可靠性产生影响。

根据国家统计局数据库提供的统计数据，我们可以得到上述指标的列表（表3）。

表3　2004—2012年中国人均互联网行业增加值和交易效率数值

年份	人均互联网行业增加值/元	交易费用代表值/元	交易总额/元	交易效率
2004	325.9	29 485.1	155 424.2	5.271 274
2005	362.4	32 714.7	175 795.4	5.373 589
2006	399.3	38 553.5	215 438.0	5.588 031

续表

年份	人均互联网行业增加值/元	交易费用代表值/元	交易总额/元	交易效率
2007	442.2	55 229.4	274 339.2	4.967 266
2008	488.3	65 958.9	368 663.8	5.589 294
2009	523.7	76 066.0	464 050.8	6.100 636
2010	562.3	91 129.2	562 622.5	6.173 903
2011	613.0	107 503.2	660 577.9	6.144 730
2012	657.8	120 630.0	763 288.8	6.327 521

从表 3 我们可以看到，对于交易效率这一指标，除了 2007 年较为异常外，其他年份从整体上看是一个稳步上升的趋势。

五、总结与展望

本文对交易费用的本质及测算交易费用的行业划分法从理论上进行了探讨，并根据统计数据测算了中国近 20 多年的相对交易费用及其构成；通过分析互联网通信和软件服务这一关键纽带，进一步从理论上论证了互联网产业的发展对交易费用变化的影响，并以实证分析检验了理论上的相关结论。从实证分析的结果看，互联网产业的发展对交易效率具有较大的提升作用，对交易费用的组成结构有着深刻的改变。我们可以得出结论，互联网产业的发展使得互联网通信和软件服务的边际成本进一步降低甚至接近于零，从而大幅降低了单位交易的交易费用。这使得交易效率更高，也使得交易的劳动力门槛和物质门槛都降低，从而让交易的规模迅速成长。

单位交易费用的降低让原本闲置的社会资源进入市场成为商品得以充分利用，打破了一些原本存在的地域的或者行业的交易壁垒，将市场交换渗透到更细微的角落。这会促进市场的竞争，使市场竞争更活跃、范围更广，从而推动各行各业的加速发展和变革，为创造新产品新产业提供了有利条件。例如，房屋短租行业、网络出租车服务等新产业、新产品产生并迅速发展。我们可以预见在将来还会有更多的新产业、新产品的出现。这些新型产业和产品会进一步打破旧有的产业利益格局，不仅使旧的产业结构发生变化，也会促进政府机构和市场监管体制的改革，要求政府机构能够适应新的市场和产业，能够更有效地监管和运作，使用适合互联网时代的管理方式，淘汰旧的不合时宜的管理方法。我们可以预计，产业结构调整的节奏将会越来越快，而未来产业的发展趋势将建立在打破信息封闭、充分利用每一处信息的互联网信息结构上。充分利用互联网信息从而降低单位交易费用的产业会不断诞生，使用传统交易方式的产业将会被市场淘汰。

纵观历史上数次产业革命的进程，其主要领域在于两个方面——能源产业和通信产业。前者决定制造的效率，后者决定信息传播的效率，对应到康芒斯对经济活动的划分，便是生产活动和交易活动。互联网行业的发展便是后一领域的变革，把人类从成本高昂、信息传输效率低下的运输通信时代、中心结构单向式的电视电话通信时代带入网络互动式去中心化的大数据通信时代。这是在市场竞争机制作用下技术进步的必然趋势，这一机制的关键作用点，如同制造领域的生产成本，交易领域的关键点便是交易费用。互联网产业的发展，通过交易费用这个杠杆，影响到所有参与市场交易的商品，影响到所有的行业、产业，从而对整个国民经济的发展产生非常重要的影响。这同时为中国宏观经济结构升级和经济发展模式转型创造了机会，也提出了挑战，即究竟是顺应了经济浪潮而取得成绩，还是被其淘汰。研究和探索这中间的关系，寻找其中的规律，面对经济发展的历史潮流获得恰当的应对之策，才能够为促进国民经济的发展提供更好的理论指导，这也是本文的意义所在。

我国服务业现代化与基础理论的创新

柳昌清
中共河南省委党校

服务业可以分为服务产业和服务事业两大类。以增值为目的的企业提供服务产品形成服务产业；以满足社会公共需要提供服务和知识教育的政府及公共教科文行业形成服务事业。我国服务业现代化的关键和难点在于服务事业的现代化。在制约服务事业现代化的要素中，思想理论往往处于根基地位。

一、基础理论创新的重要性

中国人从古至今有一个价值观和思维方式上的整体偏向，这就是重视“务实”而轻视“求真”，重视“行动”而轻视“思考”。与中国相比，西方人既重视务实，跑遍全球，积累财富和资本；又重视求真，创立了系统的自然科学和哲学社会科学。由此，西方在现代化的过程中就捷足先登，而中国则陷入落后挨打的境地。中国在价值观和思维方式方面的这个偏向可以称之为短视偏向。它是中国在近代落伍的最深层的原因，也是中国现代化最大、最隐蔽的障碍。

根据李约瑟等国外科学技术史专家的研究，中国在16世纪以前，在自然科学技术方面一直处于领先地位。但是，中国古代的技术创造是依靠“务实”摸索完成的，而不是依靠科学指导发展起来的。在实用技术依赖于实践经验发展的早期阶段，中国在技术上处于领先地位；到了技术需要依靠科学作为基础发展的近现代，中国就开始落伍。许多人都把中国在近代的落伍归结于封建制度（实际上应该是专制制度更准确）。这在一定层面是对的。但是，我们进一步要问：为什么中国能形成这么严密的专制制度？为什么专制制度没有在数百次农民起义中被另一种制度所代替？这里面的深层原因也涉及短视偏向问题。由于“务实”而不“求真”，中国古代在社会科学的发展方面，只产生和传承下来怎样在宗法制度（西周建立）和专制制度（秦汉建立）的条件下使政治和社会更完善的政治伦理思想，却没有形成认识、批判、创新社会的社会科学。没有新制度的思想理论，就不会有大变革的社会运动。每一次农民起义最多只是推翻了一个专制王朝，新建立的则是另一个专制王朝。这样就使中国一直停留在自然经济和专制政治的社会形态中不能实现变革。这两个方面结合在一起，就使中国在近代陷入落后挨打的境地。

从洋务运动开始搞“中体西用”，一直到“文化大革命”，实际上是中国现代化的第一次循环——现代化的道路走了一个谜圈，现代化未能实现。党的十一届三中全会以来的改革开放，实际上是第二次现代化，也可以说还是从新的“中体西用”开始的。如果不能克服短视偏向，创立符合中国社会历史文化发展规律的现代化理论，实现制度创新，第二次现代化也有可能最终陷入循环。苏联及东欧的社会主义国家放弃社会主义道路，模仿西方民主制度，搞私有化的结果，又从另一个方面说明，退回资本主义也不是一条好的道路。不搞私有化和多党制，怎样在市场经济条件下搞好公有制（共有制）？怎样发展政治民主，实现依法治国？这些都是没有现成经验和答案的问题。这个问题和哥德巴赫猜想一样，许多人会认为有几步就能证明，实际上证明起来非常难，且非常复杂。只有经过视域更广阔、思考更深入的理论研究，才能够发现和提出解决这两个问题的理论和方案。这就需要完成马克思主义基础理论时代化、中国化的创新，对现代西方哲学社会科学进行第二次批判性吸收，对中国传统思想理论进行现代化甄别和提升，创建现代中国哲学社会科学。站得高才能看得远，看得远才能找对路。

马克思主义本来就是深刻的理论，我们现在搞中国特色社会主义和社会主义市场经济，比马克思所研究的资本主义市场经济和设想的社会主义更为复杂，所以需要用更深刻的理论才能解释透彻，解释全面；用更加完善和严密的科学体系（哲学社会科学学科体系）来指导，才能实现科学发展。科学发展离不开科学，自然科学可以引进，但哲学社会科学由于社会制度和历史文化不同，可以借鉴吸收，但不能照搬，必须自己创建。

二、基础理论创新缺位造成的损失

俗话说："种瓜得瓜，种豆得豆。"中华人民共和国成立以后，我国由于"务实"而取得了许多成就。但是，因为忽视"求真"或求真不到位，我国却走了很长时期的弯路，付出了巨大的代价。从思想理论方面看，改革开放前，我国可以说是走进了"误区"，这就是超越了历史发展阶段，在比发达资本主义还落后的国情条件下，按马克思、恩格斯设想的比资本主义高一个历史阶段的模式来搞现代化建设，与传统习惯势力相结合，形成了高度集权的体制，在一些问题上出现了决策失误，造成的损失巨大。当然，在思想理论走入"左"的误区以后，各级党和政府也"务实"地作出了许多正确决策，依靠包括科技人员在内的广大劳动者的艰苦奋斗，在经济建设、国防建设等方面取得了许多成就。

走出误区，在实践上的转折点是改革开放，回到了真正的历史阶段，转向搞社会主义市场经济；在理论上的转折点，是真理标准问题的大讨论。但真理标准问题的大讨论只是从"破"的角度，为改革开放解除了思想理论禁锢，而没有解决"立"的问题。而且在这个讨论中，由于把实践标准绝对化（看成是唯一的标准），也产生了新的思想理论偏向。这实际上还是传统的重视"务实"而轻视"求真"的短视偏向。这样做，在开始时是不得已而为之，有其必要性；但长期坚持，就使思想理论又走进了看不清长远目标的"雾区"。在基础理论上，形成了"哲学贫困""政治经济学无法解释现实""姓'社'姓'资'理难清"的社会呼声，使西方哲学社会科学乘虚而入，在很大程度上成了高校教学和科研的理论基础，甚至成了指导改革的理论基础；同时，传统的宗法思想、专制思想、宗教迷信思想，也死灰复燃，思想理论出现了混乱、分化和思想污染增多的局面，形成了"雾霾天气"。

三、基础理论创新的探索

"文化大革命"期间，笔者没有放弃学习，找当时能得到的书，通读了《毛泽东选集》4 卷，后来又通读了《马克思恩格斯选集》《列宁选集》，学习了政治经济学，阅读了中国古代思想家的著作。与当时的社会现实相对照，笔者开始研究社会和理论问题，特别是哲学问题。高中毕业到高考恢复之间 7 年多的社会实践，为理论研究奠定了实践和社会认识基础。高考恢复后，通过大学和研究生的正规教育和自学，笔者几乎全方位掌握了所需要的知识，坚持马克思主义基础理论时代化、中国化研究 40 多年。

1）在哲学方面，首先在历史唯物主义的基础上，笔者在研究中增加了 8 对基本范畴、3 条基本规律和 3 对变革社会的基本方法，得到张岱年先生的好评，有关成果被载入《中国哲学年鉴》。后来继续研究，把基本范畴由过去的 20 多个（对）增加到 57 个（对），并在观念上作了适应时代的转变，把考察的重点转向中国社会、中国历史和中国文化。1993 年出版专著《唯物辩证法范畴体系》。当时北大哲学系主任黄枬森建议开一次专门的讨论会（因经费问题未能开成）。

2）在辩证逻辑研究方面，笔者从现代科学思维、辩证法哲学思维、中国传统辩证思维等思维实际中抽取大量辩证思维形式，通过创立渗透集合论、初步实现了辩证思维形式的形式化，提出了渗透逻辑，解决了“辩证逻辑不像逻辑”的问题，1991 年出版专著《辩证逻辑新体系——渗透逻辑引论》，1998 年编写教学参考书《渗透逻辑及其应用——当代中国人的思维工具》。用渗透逻辑成功分析了毛泽东的《论持久战》、邓小平关于社会主义本质的论述、江泽民的《论十二大关系》、十六大报告的理论创新、先秦诸子的论述和汉语熟语等，均有公开论文发表。渗透逻辑得到辩证逻辑学界的承认，本人先后被增补为全国辩证逻辑专业委员会委员、常务委员。

3）在我国计划经济体制改革、转向发展社会主义市场经济以后，又以渗透逻辑为工具、以社会辩证法的新成果为起点，解决“政治经济学无法解释现实”的问题。通过区分“价值”与“实现”，把使用价值与交换价值联系起来，概括出市场经济的 3 条基本规律，创新了 10 个重要理论观点，例如，把劳动价值论发展为劳动力价值实现论，提出知识参与创造剩余价值、广义资本论、现代货币象征价值论、公有制与实现形式相反相成论、社会主义市场经济条件下利润率不断下降消灭剥削论等创新观点，建构起适应社会主义市场经济的新政治经济学，1997 年由中国经济出版社出版专著《市场经济的奥秘——新政治经济学探索》。该书的书评被人大报刊复印资料全文转载，并被编入教学参考书。

4）尔后，笔者又继续解决“姓‘社’姓‘资’理难清”的问题，最后找到了从研究世界现有不同文明入手、扩展视域、完善方法、变“单线发展”为多线互动的途径，提出了文明类型理论，2004 年出版专著《文明类型与中国文化的现代化》，获全国党校系统第六届优秀科研成果奖；2009 年在《河南社会科学》发表长篇论文《文明类型论纲》（26 000 字），在河南社科界召开了“文明类型与马克思主义基础理论创新”研讨会；2008 年“解放思想与基础理论创新”的选题获全国党校系统重点课题立项；2009 年参加人民网关于中国道路讨论的征文，用文明类型理论解释“中国模式”的论文获奖；2010 年用文明类型理论来解读中国特色社会主义道路的课题获国家社会科学基金立项，现已完成并结项。

5）笔者发表论文《中国政治的基本原理和基本发展规律——创建中国现代

政治学初探》，提出了“中国政治与伦理”的学科构想。至此，完成或初步完成从马克思主义基础理论“老三门”（辩证唯物主义和历史唯物主义哲学、政治经济学、科学社会主义）到“新五门”（唯物辩证法范畴体系哲学、辩证逻辑（渗透逻辑）、新政治经济学、历史文化社会学（文明类型理论）、中国政治与伦理）的马克思主义基础理论时代化中国化创新。

6）在文明类型理论的基础上，笔者提出创建中国现代哲学社会科学基本学科体系的构想，发表论文《试论创建中国现代哲学社会科学基本学科体系》、《重构公共文化与创建中国现代哲学社会科学》，提出基本学科除上述五门外，还包括自然与科技、美与文学艺术、信仰与宗教、政策 / 法律 / 民间规则、行政与人事管理、经济管理与企业文化、教育与人力资源、新闻与宣传、国际关系与外交、军事与战略、体育与健身、语言文字学、图书文献学等，均为复合型或发展型学科。这一特征与中国的社会和历史由政治主导、整体性强的特征相一致，也与中国文化重视联系和变易的思维逻辑相一致。渗透逻辑运用静态渗透（亦此亦彼）和动态渗透（发展变化）清晰刻画了这一与西方的形式逻辑有所不同的思维逻辑，为中国现代哲学社会科学的建立提供了科学的逻辑工具，在思维训练中可以起到显微镜和望远镜的作用。

在基础理论创新的基础上，笔者提出了较系统的改革纲领和方案。事实说明，如果这些方案能够被采用，中国的经济发展和社会进步可以避免走大的弯路、出现大的失误。例如，笔者在 2008 年就提出，根据我国的土地制度和条件，城市居民住房应实行公营和计划管理，而不是住房商品化。[①] 在第十期中国现代化研究论坛会议上，笔者也作了《统筹我国的工业化、城镇化与农业现代化应从城市住房公营开始》的发言。以后还有数篇论文发表，也受到局部的重视和转载，但并未进入决策。随着我国房地产业的畸形发展，其产生的严重后果越来越显露：住房的生产过剩带动了许多行业（如钢铁、水泥等）的产能过剩，这些行业的产能过剩又链条式引起相关产业（如电力、煤炭、铁路运输等）的产能过剩，给结构调整造成极大困难；住房商品化不应有地加快了贫富分化，使腐败问题爆发式大量产生；城市住房的拥有与居住脱节及高房价台阶，给城市化和农业现代化设置了障碍，搞乱了金融，绑架了政府。新时期的这一失误，可以与五十年代“批了一个人，多生几亿人”的计划生育人口政策失误相比，有过之而无不及。过去是多生了几亿难以养育的人口，现在是多生产出百万亿元难以销售的商品（包括商品房），并且形成了与之相适应的过剩产能。

留学并任教于美国的华人经济学家陈志武先生通过亲身感受的比较指出：

① 柳昌清. 试论房地产公营和计划管理——关于控制房价问题的深入思考. 产业与科技论坛，2008，(3)：40-41.

为什么中国是世界工厂，而美国却以金融、教育等服务业领先于世界？其实根源在两国的教育体系。如果中国经济要转型，教育就要转型，从小对孩子进行人文、通识教育，以及思维能力的训练。[①] 如果不完成基础理论时代化中国化的创新，就无法对中国的孩子正确地科学地进行人文、通识教育和思维能力的训练，中国的教育和服务业就永远要落后于发达国家，甚至无法实现现代化。

再例如，笔者在 2015 年就指出："中国现代化要经历三个发展阶段：第一个阶段的主要目标，是从政治上"站立"起来；第二个阶段的主要目标，是从经济上"富裕"起来；第三个阶段的主要目标，是从科技教育文化上"强健"起来。"[②] 这第三个阶段的主要目标——"从科技教育文化上"强健"起来"的提法，比后来确认的提法多了一个"完善"、一个"明确"：不仅要"强"，而且要"健"（健康、健全、保健等意），这是"完善"。有"健"，"强"才能持久。例如"强军"："能打胜仗"是"强"，"听党指挥"、"作风优良"是"健"。"明确"就是指明了"强健"起来的途径。这个途径可能出乎许多人的意料：过去只听说过政治、经济作为工作的中心，哪有科教文能唱主角？

社会（特别是现代社会）是一个系统化的有机体，只有各个部门都协调发展，才能实现进步，一味地只关注政治稳固，或一味地只关注经济发展，科技、教育、文化的发展就容易受到忽视，其本身的发展条件和规律就会被漠视，会被粗暴地按政治权力、经济利益的需要扭曲，并经常受到干扰和阻挠而不能正常发展。政治、经济部门的人才要靠教育部门培养，政治、经济、教育部门所需要的新知识、新观念、新创意要靠社科和文化来创造，社科、教育、文化的落后，会反过来影响到政治的进步、经济的发展和社会的公正和谐。在西方实现现代化的过程中，有许多重大变革就是科技、教育、文化唱主角，如大学自治、文艺复兴、宗教改革、自然科学建立、启蒙运动、社会科学创立、蒸汽革命、电力革命、核能革命、信息技术革命、知识经济，等等。但在中国，科技、教育、文化却难有这样大的作为。不是社会发展不需要，而是始终没有摆到"主角"的位置。这也是中国在近代落伍的重要原因之一。在新时期，党中央和中央领导也提出了与此有关的新理念，如科学技术是第一生产力、科教兴国、科学发展、科技兴军等，创新已成为五大发展理念之首。在此基础上，要进一步明确科教文创新在"强起来"（强健起来）时代的决定性意义和作用，以此为目标推进全面深化改革。

为什么我们要引进不完全合适的西方哲学社会科学而不创立中国现代哲学社会科学？为什么许多人都把孩子送到国外去读书而不改革自己的教育？是中国的知识分子没有这样的智力吗？不是，完全是因为没有把教育和哲学社会科学放

---

① 陈志武 . 要经济转型，首先要教育转型 .http://www.aisixiang.com/data/97155.htm.2016-2-17.

② 柳昌清 . 全面深化改革要使中国从科技教育文化上"强健"起来 . 学理论，2015，(8)：80-81.

在应有的位置上并尊重其发展规律。如果能像经济体制改革那样，消除不必要的顾虑，给予我国科教文工作者以应有的资源和自主权，形成一种追求真理的、公平竞争的“学术市场”，让“学术市场”在精神产品生产和资源配置中起决定性作用，也会像经济改革一样，使其获得突破性发展，从而补上我国综合国力软实力的“短板”，并反过来推动经济改革完成，推动政治进步。

中国与西方从古代起，就沿着不同的道路发展，形成了不同的文明类型，在现代又形成了不同的社会制度。因此，我们必须建立起符合自己社会历史文化的现代哲学社会科学，才能引领中国比较顺利地实现现代化。如果只是照搬西方的哲学社会科学及具体做法，有时候就会南橘北枳。如果不靠科学指导，而靠领导意志、靠实践试错（错了换个方向再试），那付出的代价就会很大。

共同现代化：一种新的理论探索

柯银斌[1]　乔　柯[2]
1 北京大学互联互通研究中心　2 外交学院

一、现代化概念的界定

自第二次世界大战以来，现代化研究从美国兴起，逐渐成为国际学术界的一个热门课题，来自社会科学各个学科的学者纷纷涉足这个新兴研究领域，已有大批的研究成果。但是，关于现代化概念的定义，国际学术界并没有达成共识。本文主要采用北京大学罗荣渠教授的定义。

罗荣渠是国内现代化研究开拓者之一。在 1993 年出版的《现代化新论》中，罗荣渠将“现代化”这个概念分为广义与狭义两个方面来考察：“广义而言，现代化作为一个世界性的历史过程，是指人类社会从工业革命以来所经历的一场急剧变革，这一变革以工业化为推动力，导致传统的农业社会向现代工业社会的全球性的大转变过程，它使工业主义渗透到经济、政治、文化、思想各个领域，引起深刻的相应变化；狭义而言，现代化又不是一个自然的社会演变过程，它是落后国家采取高效率的途径（其中包括可利用的传统因素），通过有计划地经济技术改造和学习世界先进，带动广泛的社会改革，以迅速赶上先进工业国和适应现代世界环境的发展过程。”①

① 罗荣渠 . 现代化新论 . 北京：北京大学出版社，1993：16-17.

我们把罗荣渠的狭义定义作为现代化概念的界定，它有以下几个特征。

1）现代化的主体是发展中国家，即以发展中国家为起点，追求现代化目标，不涉及已经现代化的发达国家的再现代化问题。

2）现代化的目标是“以迅速赶上先进工业国和适应现代世界环境”，前者是指现代化主体作为迟发落后国家要赶上先发现代化国家的水平，后者是指现代化主体作为国际社会的成员要适应现代世界环境（当然包括生态环境）。

3）现代化的途径主要有三种：一是利用传统因素，主要是指对现代社会建设有价值的传统文化因素；二是学习世界先进，主要是指现代科学和技术知识的引进、消化和吸收及传播；三是有计划的经济技术改造。

二、现代化理论的传统范式

我们把已有的现代化理论称为“传统范式”或“传统现代化理论”。传统现代化理论不是一种理论，而是众多理论的集合，我们选择其中最有影响的经典现代化理论、依附理论、世界体系理论、生态现代化理论、可持续发展理论作为重点分析对象（图1）。

为了能够简明扼要地厘清传统现代化理论，我们设计出一个分类标准，即使用两对标量来对现有的现代化理论进行分类。这两对标量是：民族国家与国际体系；经济增长与全面发展。第一对标量描述的是现代化研究的视角，是以民族国家还是以国际体系为视角？民族国家视角是以某个民族国家的现代化为基本分析单位，以该国家内部发展为主要内容；而国际体系视角是以国家组成的国际体系为基本分析单位，以其中多个国家之间的关系为主要内容。第二对标量描述的

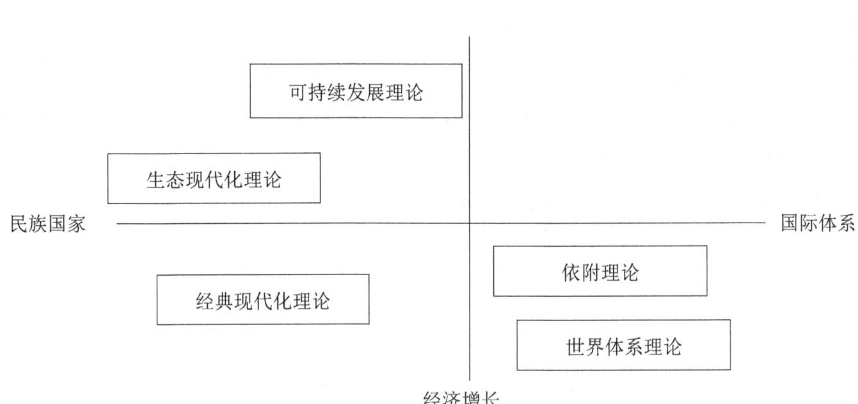

图1　传统现代化理论图谱

是现代化的目标，即为了什么进行现代化？是以经济增长为中心还是以全面发展为中心？全面发展不仅包括经济、政治、文化、社会多个领域的发展，而且包括人类社会与生态环境之间的协调发展。

使用上述两对标量，我们可以构造出一个坐标系。以上各种现代化理论在其中均可找到一个合适的位置，从而形成一个现代化理论图谱。

1. 经典现代化理论：民族国家视角 / 经济增长为目标

根据钱乘旦教授的归纳，20 世纪 50—60 年代形成的经典现代化理论包括经济学、政治学、社会学、心理学和历史学多个领域。[①]

经济学领域的现代化理论以罗斯托的经济增长阶段论最负盛名。在《经济增长的阶段：非共产党宣言》一书中，罗斯托从经济发展的角度，将人类社会的历史分为依次更替的六个阶段：传统社会、为起飞创造前提、起飞、走向成熟、大众高消费及追求生活质量阶段。在他看来，“在政治方面，建立一个有效的中央集权的民族国家是前提条件阶段的一个决定性因素，而且差不多是起飞的一个必要条件”。[②]他认为，任何社会 / 国家都会经历这样几个发展阶段，像西方已经完成现代化的国家那样，由低级向高级不断演进。对于发展中国家而言，最重要的阶段就是起飞阶段，只有完成了经济起飞，才能实现工业化，从而进入发达的现代社会。

在政治学领域，研究的重点是现代化进程中的政治发展问题。其中，阿尔蒙德的比较政治学理论令人关注[③]。在他看来，现代化的核心就是政治发展及其导致的现代政治体系的建立，政治发展表现在政治结构的分化与政治文化的世俗化。巴林顿•摩尔从各国现代化进程中，梳理出政治现代化的三条道路：以英、美、法为代表的西方民主道路，以德、日、意为代表的法西斯主义道路，以苏联、中国为代表的社会主义道路[④]。在他看来，民主和自由并没有成为衡量政治现代化的唯一标准，取而代之的则是一种行之有效的政治体系。塞缪尔•亨廷顿立足于第二次世界大战后第三世界国家政治现代化道路上的现状和问题，提出了政治秩序论或强大政府论[⑤]。他指出，从政治学角度而言，各国之间最重要的政治分野，不在于它们政府的形式，而在于施政的有效程度。

社会学者主要根据结构功能理论和社会系统理论来考察现代化所造成的社会

---

① 钱乘旦 . 世界现代化历程•总论卷 . 苏州：江苏人民出版社，2012.
② W. W. 罗斯托 . 经济增长的阶段：非共产党宣言 . 郭熙保，王松茂译 . 北京：中国社会科学出版社，2001.
③ 阿尔蒙德，鲍威尔 . 当代比较政治学——世界展望 . 朱曾汶，林铮译 . 北京：商务印书馆，1993.
④ 巴林顿•摩尔 . 民主与专制的社会起源 . 拓夫，张东东，杨念群等译 . 北京：华夏出版社，1987.
⑤ 塞缪尔•P. 亨廷顿 . 变化社会中的政治秩序 . 王冠华等译 . 上海：上海三联书店，1989.

变迁，代表性人物有帕森斯[①]、列维[②]、斯梅尔塞[③]等人。在他们看来，工业化造成的社会变革就是现代化的过程，现代化意味着从传统社会的传统性向现代社会的现代性转变的过程；现代社会与传统社会的根本区别是社会结构的层次化与精细化、社会功能的专门化与多样化、社会运行机制的市场化与法制化、社会阶层的流动化与平民化、国家制度的理性化与权威化、政府能力的综合化与权威化。

心理学者关注的是现代化进程中个人、人格、文化、心理等方面的变化。其中，英克尔斯、麦克莱兰、哈根等人研究成果引人关注。英克尔斯因提出“人的现代化”理论而著称[④]，他们认为，人的现代化是国家现代化必不可少的因素，它并不是现代化过程结束后的副产品，而是现代化制度与经济赖以长期发展并取得成功的先决条件。

在历史学领域，西里尔•布莱克提出的比较现代化理论影响力最大[⑤]。他认为，把现代化看作为一个传统体制适用于现代功能的过程是很有用处的。布莱克的比较现代化理论包括现代化进程的阶段论和政治现代化的七种国家模式。

综上所述，民族国家视角是经典现代化理论的共有特征。无论哪个学科的现代化研究都是以某个或几个民族国家为基本分析单位进行的，经济学和政治学较为明显，社会学研究中的“社会”一词实际上也是某个国家内部的社会，人的现代化中的“人”是不同国家的人，比较现代化理论更加突出了民族国家本位。钱乘旦教授明确指出，“在今天，现代化仍旧是国家的目标，是民族的追求”，“现代化研究，所关注的是新兴发展中国家的发展道路问题”，“民族国家是现代化的重要载体，没有统一的民族国家，现代化就无从开展”[⑥]。罗荣渠教授也说，西方的现代化理论一般是从社区和国家的角度来探讨现代化的各种问题的，把视野限制在很小的范围内。[⑦]这种民族国家视角的经典现代化理论忽视了国际关系或国际体系因素。

以经济增长为中心，兼顾政治、社会和文化发展，但是未考虑到现代化引发的生态环境问题，未考虑人类与环境的协调发展问题，这是经典现代化理论的第二个共性。

---

① 帕森斯．现代社会的结构与过程．梁向阳译．北京：光明日报出版社，1988.

② M. 列维．现代化的社会模式（结构）和问题．// 谢立中，孙立平．二十世纪西方现代化理论文选．上海：上海三联书店，2002.

③ N. 斯梅尔瑟．走向一种现代化理论.// 谢立中，孙立平．二十世纪西方现代化理论文选．上海：上海三联书店，2002.

④ 阿列克斯•英克尔斯，戴维•史密斯．从传统人到现代人——六个发展中国家的个人变化．顾昕译．北京：中国人民大学出版社，1992.

⑤ C.E. 布莱克．现代化的动力．段小光，译．成都：四川人民出版社，1988.

⑥ 钱乘旦．世界现代化历程•总论卷．苏州：江苏人民出版社，2012.

⑦ 罗荣渠．现代化新论．北京：北京大学出版社，1993.

2．依附理论与世界体系理论：国际体系视角／经济增长为中心

除上述民族国家视角与经济增长为中心之外，经典现代化理论的核心观点强调欧洲文明的普适性与现代化道路的唯一性，即西方资本主义的发展模式是普遍适用的，并且是世界各国的最终目标，由此产生了现代化就是“西方化”“欧洲化”“美国化”之类的说法。

钱乘旦教授指出，20 世纪 60 年代后，一度处于主流的经典现代化理论，无论在实践还是理论上都遭到强有力的挑战。从实践上看，因为种种主客观原因，一些被经典现代化理论视为样板的新兴亚非拉国家，陷入政治上的动乱以及经济上的停滞或倒退，从而暴露了经典现代化理论的缺陷。与此同时，人们在理论上对经典现代化理论进行批判，一部分学者致力于现代化理论的修正与发展，使其能适应新的变化；另一方面，来自西方学术界左翼学者或第三世界的学者，开始从国际经济结构的视角出发，对经典现代化理论提出批判或质疑，由此导致了依附论及世界体系论的兴起。[①]

对经典现代化理论的修正主要表现在倡导现代化道路的多样性上。印度德赛教授认为，现代化是一个所有国家都在追求的目标，实现现代化的途径不只一条，现实世界至少存在两条（资本主义与社会主义），它们都能指明一个国家成功地迈向现代化[②]。日本学者富永健一更加关注现代化在东西方国家的不同发展条件，他根据东亚国家的经验，归纳出非西方社会实现现代化的四个条件[③]：①输入工业文明而摆脱传统主义；②由现代化的杰出人物承担工业文明的输入和稳定；③出现使工业文明转向内部的承担者；④现代阵营与传统阵营之间对立的消除。德国学者查普夫也指出，通往现代化的道路并不是只有一条，而且道路也不是直线、渐进的，对于后进国家来说，也不只有一条卓有成效的实现转型的道路。[④]

与经典现代化理论相比较，依附理论和世界体系理论有一大根本的区别，那就是研究视角关注国际体系（或国际关系），而不是单个或多个民族国家。

依附理论先驱、阿根廷经济学家劳尔•普雷维什指出，拉美乃至整个第三世界国家的不发达状态，源于国际经济秩序中的“中心—外围”结构，不合理的国际分工及不平等的贸易关系，使得拉美等发展中国家无法进行资本积累，而资本积累恰恰是一个国家工业化的首要动力。[⑤]之后，一大批学者从国际经济结构这一外部视角来探讨第三世界国家经济落后的根源，并试图给出解决方案，依附

---

① 钱乘旦．世界现代化历程•总论卷．苏州：江苏人民出版社，2012.

② A.R. 德赛．现代化概念有重新评价的必要．// C.E. 布莱克．比较现代化．杨豫，等译．上海：上海译文出版社，1996.

③ 富永健一．社会结构与社会变迁——现代化理论．董兴华译．昆明：云南人民出版社，1988.

④ 李鹏程．茨阿波夫（查普夫）现代化理论研究的意义和启迪．国外社会科学，1997（4）：38-40.

⑤ 劳尔•普雷维什．外围资本主义：危机与改造．苏振兴译．北京：商务印书馆，1990.

理论得以形成。钱乘旦教授从价值倾向上将依附理论划分为激进的、正统的和改良的三种类型。依附理论内部派别庞杂、观点众多，但以下几个方面是基本一致的：①从不发达国家所处的国际经济体系出发，提出中心—边缘的二元结构，并从两者间的关系出发分析不发达的根源；②依附是不发达的表现形式，又是造成不发达的根源。依附是指边缘地区对中心地区的一种依赖关系或状态；③为不发达国家在依附条件下的发展指明道路。这与经典现代化理论的目的相同，但具体路径完全不同于“西方化”。

钱乘旦教授进一步指出，与经典现代化理论相比，依附理论最为突出的贡献在于，它将国际经济体系作为一个整体来看待，从而将第三世界的现代化研究置于一个更加广阔、更加合理的框架中。在分析不发达的原因时，依附论注重从全球资本主义经济体系中去寻找，这种开放性的视角比经典现代化理论更加深刻。更为令人关注的是，作为现代化理论的一个发展阶段，依附论对经典现代化理论所倡导的“西方中心论”提出了强有力的挑战，依附论否认了经典现代化理论对西方国家现代化道路普世性的推崇，而明确提出：不发达国家可以根据自己的国情，探索出一条非西方的现代化道路，这不仅是必要的，而且是可行的。因此，依附论为广大发展中国家探寻各具特色的现代化模式提供了理论支持。

20 世纪 70 年代初期，同样以国际体系为视角的世界体系理论兴起。其代表人物是美国学者沃勒斯坦，他提出的世界体系理论主要有以下观点[①]：①现代世界体系的实质就是资本主义世界经济体系，其中的内在基本矛盾主要表现为经济间的竞争及国家间的竞争；②现代世界体系呈现出“中心—半边缘—边缘”的结构特征，半边缘区兼具中心区与边缘区的经济特征；③对于现代世界体系未来前景做出了预测。他认为，解决当今不发达问题的关键在于重建世界体系，即以社会主义的世界体系来取代当今资本主义的世界体系。然而，这一体系单某个或某些国家的努力是行不通的，只有通过世界性的努力各国同时行动，才能完成整个体系的转化。

从以上简要介绍明显地看到，无论是依附理论还是世界体系理论，它们都是以经济增长为中心的，虽然从国际体系视角考虑到中心国家、半边缘国家与边缘国家之间的关系，但未涉及人类与生态环境的协调发展问题。

3．生态现代化理论：民族国家视角 / 经济与环境协调发展

生态现代化理论最早在 20 世纪 80 年代初由德国社会学家约瑟夫•胡勃提出，他认为，生态现代化理论是一种利用人类智慧去协调经济发展和生态进步的理论。

钱乘旦教授对众多学者的思想观点进行了总结，并归纳出生态现代化的几

① 伊曼纽尔•沃勒斯坦．现代世界体系．罗荣渠译．北京：高等教育出版社，1998.

个基本要点：①强调环境保护与经济增长之间的协调性，认为两者之间并非相互对立或冲突，而是相互协调、相互促进的；②强调技术革新对于经济增长和环境保护的推动作用；③在生态现代化推进过程中同时强调国家和市场的作用。[①]

综合而言，西方生态现代化思想的实质可以理解为在“反省式现代化”的基础上，对现代工业社会进行生态恢复和生态重建。生态现代化理论试图构建一种经济增长与环境保护协调发展、共生共存的双赢战略，并且从理论及实践方面论证了这一战略的可行性。作为一种仍在发展中的动态理论，生态现代化理论的兴起及其发展，不仅为西方发达国家，而且为后发展国家探寻一种有利于经济社会持续发展的现代化模式提供了重要的参考。因此，生态现代化理论属于以民族国家为视角的，而较少考虑国际体系的因素。

4. 可持续发展理论：民族国家视角 / 全面协调发展

1962 年，美国学者蕾切尔•卡逊发表《寂静的春天》一书。他认为，作为“自然界之一部分”的人类，与自然界的其他生命之间应该是一种共生关系；因此，人类的发展应当走“别的道路”。这是人类生态意识觉醒的标志。[②]

1972 年，罗马俱乐部发布研究报告《增长的极限》[③]。该报告第一次向世人展示了在一个有限的星球上无止境地追求增长所带来的后果：人口爆炸、粮食生产限制、不可再生资源的消耗、工业化及环境污染。

1972 年 6 月，联合国第一届人类环境会议召开。这次会议促进了一种为缓解人类社会困境的全新的可持续发展理念的兴起。

1980 年，世界自然保护联盟发表了《世界自然保护战略》，首次提出可持续发展的思想：人类要利用对生物圈的管理，使生物圈既能满足当代人的最大持续利益，又能保持其满足后代人需求的能力。可持续发展思想随后被联合国所接受，当年的联合国大会向全世界呼吁：必须研究自然的、社会的、生态的、经济的以及利用自然资源过程中的基本关系确保全球的持续发展。

1987 年，世界环境与发展委员会主席布伦特兰（Brundtland）夫人向联合国提出了一份题为《我们共同的未来》[④] 的报告，该报告系统研究了人类面临的重大经济、社会和环境问题，以可持续发展为基本纲领，从保护和发展环境资源、满足当代和后代的需要出发，提出了一系列政策目标和行动建议。这份报告的出台，标志着可持续发展战略的正式形成，核心内容如下。

定义：可持续发展是既满足当代人的需要，又不对后代人满足其需要的能

① 钱乘旦．世界现代化历程•总论卷．苏州：江苏人民出版社，2012.
② 蕾切尔•卡逊．寂静的春天．吕瑞兰，李长生译．长春：吉林人民出版社，1997.
③ 丹尼斯•米都斯．增长的极限．李宝恒译．长春：吉林人民出版社，1997.
④ 世界环境与发展委员会．我们共同的未来．王之佳，柯金良，等译．长春：吉林人民出版社，1997.

力构成危害的发展。

原则：公平性、协调性、质量、整体发展。

目标：经济持续、社会可持续、生态可持续。

可持续发展理论无疑是以全面发展为目标取向的。它要求世界上任何地区、任何国家的发展不能以损害别的地区、别的国家的发展能力为代价。钱乘旦教授认为，可持续发展理论的兴起，意味着人类社会发展观的深刻变革。近几十年来，人类社会的发展观经历了由以多以经济增长为中心的发展到可持续发展的转变。可持续发展理论及其所倡导的发展观，在当今世界已经被普遍接受。当代人类最终理智地选择了可持续发展观，是人类发展观由传统工业文明发展观向现代生态文明发展观的一次历史性飞跃。作为一种划时代的发展观，它已经得到联合国的确认。因此，可持续发展理论是全人类共同的发展战略，它不仅指引着发达国家的经济社会发展战略，而且正对发展中国家的现代化战略产生着越来越重要的影响力。

作为联合国倡导的现代化理论，可持续发展理论主要还是民族国家视角的，而较少在国际体系层次考虑问题。1992 年联合国环境与发展大会通过的《21 世纪议程》，已成为指导世界各国制定并实施可持续发展战略的纲领性文件，为人口、资源、环境，以及经济和社会的协调发展指明了方向。虽然该文件指出：任何一个国家都不可能光靠自己的力量取得成功，而联合在一起……就可以成功。全球携手，求得持续发展。但国家之间如何合作？并没有相应的理论指导和操作方案。

从传统现代化理论图谱来看，有一个空白处：以国际体系为视角，以国际共同体为本位，而不以民族国家为本位；以全面发展为目标取向，而不仅仅关注经济增长。

我们把这个新理论命名为“共同现代化”理论（图 2）。

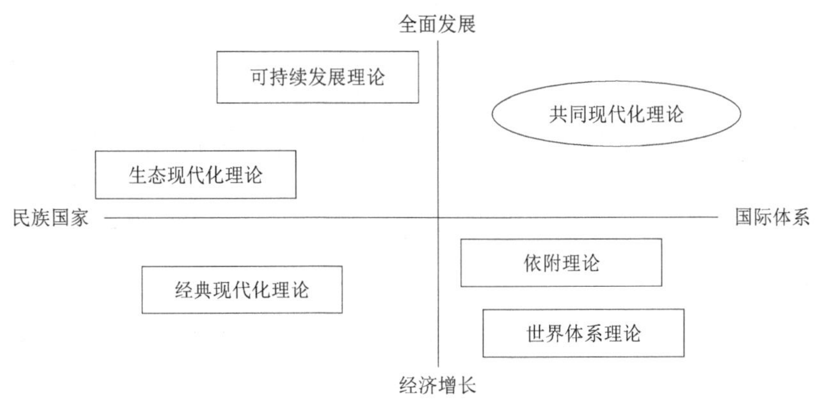

图 2　现代化理论新图谱

三、共同现代化：一个新的理论假说

我们采用了两对标量对传统现代化各种理论进行了逻辑上的梳理。结果表明：经典现代化理论以民族国家为视角，主要以经济增长为中心，忽视了国际体系和全面协调发展；依附理论和世界体系理论以国际体系为视角（这两个理论甚至被学术界视为国际关系理论），仍然以经济增长为目标取向，同样忽视全面协调发展；生态现代化理论和可持续发展论强调了全面协调发展的目标取向，但基本上仍然采取了民族国家视角。从逻辑推导来看，新的理论应该是以国际体系为视角，同时坚持全面协调发展的目标取向。

仅有逻辑推导是远远不够的。新理论的产生还应有两个条件：一是实践活动中存在有待解决的某类问题或者服务于某种目的；二是现有理论难以有效解决某类问题或者服务于某种目的。

1. 现代化进程中的“问题—理论”链分析

根据罗荣渠和钱乘旦的研究成果，我们对世界现代化进程中的“问题—理论”链进行了初步分析和归纳，主要内容如下。

（1）第二次世界大战后至20世纪50年代

第二次世界大战后新兴独立国家的发展问题。现代化研究是在20世纪50年代末和60年代中迅速兴起的，其重要背景是：战后初期，世界面临的众多新问题都是从战争引起的剧烈变动的现实生活中提出来的，其中最重大的问题是：受到战争创伤的所有国家面临重建与复兴的问题，以及战后摆脱殖民统治的新兴独立国家与地区的发展问题。对前者，美国以“马歇尔计划”为解决方案。对后者，1949年美国总统杜鲁门提出“第四点计划”(即对落后国家提供经济援助的计划)，用大量美援来支持和争取第三世界一些国家，为此，必须加强对接受美援的国家发展道路与模式的研究，以使把他们纳入美国设想的世界格局。

由此，经典现代化理论得以形成，其中罗斯托1960年发表的《经济成长的阶段》影响很大。按他的学说，美国不仅是现代化的国际样板，而且美国有责任在世界许多地区帮助现代化进程中的国家主权完整和独立自主。实际上，所谓的“独立自主”是指以美国为样板的现代化道路。

（2）20世纪60—70年代：贫富差距扩大与“人类困境”问题

20世纪60年代以来，发展作为第三世界的迫切问题也提上了联合国的议事日程。但是，联合国的十年国际发展战略执行的结果表明：第三世界与发达的资本主义国家在经济上的差距不是缩小而是增大。同一时期，在西方发达国家中，经济的巨大增长伴随着浪费的惊人增长，石油涨价问题引起严重能源危机等，《增

长的极限》提出了全球增长的“人类困境”问题。

为分析和解决发展的不平等问题，依附理论开始形成并产生影响力。它们重视殖民统治、帝国主义及其国际政治经济环境对正在实行现代化国家的外来影响，并曾在某个时期内上升为拉美一些国家的官方政治哲学，成为这些国家推行结构性变革的指导思想。

20 世纪 70 年代初期，当依附理论因遭遇挑战而陷入全面危机之际，世界体系理论在依附理论的基础上发展起来，其主要目的在于解决不发达问题以及发达国家与发展中国家贫富差距问题。从资本主义世界体系向社会主义的过渡，是沃勒斯坦对世界体系未来前途的构想，但是如何过渡，以及过渡后的状况怎么样，沃勒斯坦自己也说不清：“我们还不知道，一个社会主义世界秩序即一个急剧缩小所有人之间物质生活差距和实际权力鸿沟的世界秩序，将会怎样运行。现存的自称为社会主义的国家或运动对未来提供不了多少指导意义。”①

（3）20 世纪 80—90 年代：生态环境破坏问题

在现代化过程中，经济增长与环境保护之间的关系在 20 世纪 60 年代后成为人们关注的焦点。一些环保主义者极力抨击经济增长过程中的环境恶化、资源枯竭等现象，认为经济增长与环境保护之间互相对立，存在着此消彼长的关系。但到20世纪80年代后，人们开始尝试重新认识经济增长与环境保护之间的关系，一些在国际上有着影响力的工业家、政策制定者及学者提出，经济增长与环境保护之间协调发展是可行的，它们提倡一种有利于生态保护的经济增长方式，这就是生态现代化理论。

20 世纪 80—90 年代，世界环境与发展委员会、联合国环境与发展大会相继提出《我们共同的未来》报告和《21 世纪议程》文件，标志着为解决生态环境问题的可持续发展理论的形成。

（4）21 世纪前 20 年：全球问题

根据蔡拓教授的研究②，全球问题就是指当代国际社会所面临的一系列超越国家和地区界限，关系到整个人类生存与发展的严峻问题。20 世纪 60—70 年代全球问题日益突显，环境、人口、粮食、能源、南北差距开始成为国际社会的主要议题，并受到空前关注。全球问题的产生与发展与全球化进程密切相关，而全球化可以视为广义现代化的组成部分，因此，全球问题就成为今天的现代化理论需要解释和解决的重大问题。

目前，人类面临的全球问题主要有：①在传统安全领域，局部战争明显增

---

① 伊曼纽尔·沃勒斯坦. 现代世界体系. 罗荣渠译. 北京：高等教育出版社，1998.

② 蔡拓等. 全球学导论. 北京：北京大学出版社，2015.

加，地区冲突不断，恐怖主义日益猖獗，持久和平的目标远未实现。②在经济与发展领域，南北差距及其矛盾难以改观，从某种意义上说甚至是有增无减。全球经济更是遭遇到严峻困难。③在生态环境领域，人类赖以生存的耕地、淡水、能源，以及各种矿物、生物资源表现出供不应求的趋势，地球资源正在急剧减少。与此同时，全球升温、臭氧衰竭、森林锐减、物种灭绝、土地荒漠化、城市垃圾、工业污染已经成为当今人们生活中难以摆脱的生存威胁。④在社会与政治领域，伴随着民族主义浪潮与人权运动而出现的诸多政治事件导致了旷日持久的政治摩擦与纷争。世界人口继续快速增长，还有全球毒品泛滥和艾滋病传播的难以有效抑制。

以上全球问题除安全问题外，都应属于现代化理论需要解释和解决的问题，主要表现为南北国家之间差距扩大、生态环境破坏严重、人口增长压力增大、可再生资源浪费惊人等。现有的现代化理论（经典现代化理论除外）均涉及以上某类问题，但是，并没有有效地解决这些问题。这就迫切需要新的理论。

2. 共同现代化理论的基本特征

试图解释和解决全球问题的“共同现代化”理论应该具有哪些基本特征呢？

（1）目标取向：为了人类的共同利益

蔡拓教授指出：在当今世界，不管哪个国家、哪个民族，都不能摆脱全球问题的影响和制约，任何国家和民族若无视全球问题中所内含的人类共同利益的存在，不仅会损害自身，而且要殃及整个人类。[①]也就是说，人类的共同利益是存在的，它存在于全球问题之中。因此，人类共同利益就是全球利益的体现。殖民主义时代，世界列强追求的是自己的国家利益，绝不是全人类的利益，而且把实现自己国家利益建立在牺牲其他国家利益的前提下。在工业文明时代，各国现代化追求的也是自己的国家利益，依附理论和世界体系理论对此有过深入透彻的分析。

为了实现人类的共同利益和共同现代化，参与共同现代化的行为者必须坚持可持续发展的理念和原则，必须把共同现代化作为实现可持续发展战略的具体路径。

为了实现人类的共同利益，共同现代化的行为者不能把企业 / 组织利益置于国家利益之上，不能把国家利益置于全球利益之上。而是要寻找和追求国家利益与全球利益的“交集”、企业 / 组织利益与国家利益的“交集”。通过企业 / 组织利益的实现促进国家利益的实现，通过国家利益的贡献来实现全球利益。

---

① 蔡拓等 . 全球学导论 . 北京：北京大学出版社，2015.

（2）行为主体：国际共同体

谁来推进共同现代化？不是民族国家，而是由民族国家自愿组成的拥有共同命运意识和广泛深入合作机制的国际共同体；也不是国际体系本身，而是由民族国家为成员构成、相互形成国际体系的国际共同体。

我们知道，民族国家的形成是人类历史上的重大事件。民族国家对人类社会的进步有过重大的贡献，但是，民族国家作为现代化的行为主体，天然地会以自己的国家利益至上，有时甚至不惜损害其他国家的利益。当今世界存在的诸多全球问题，其根源之一就是民族国家本位的现代化模式。而且，在面对全球问题时，民族国家是难以提出有效的解决方案的。可持续发展理论由联合国和国际组织提出并倡导，就是一个例证。

全球问题的解决、人类共同利益的实现，客观上要求行为主体必须是国际共同体，而不是民族国家。国际共同体首先在拥有命运共同体意识的国家之间产生，在共同利益驱动下开展广泛深入的合作，进而形成利益共同体；然后，在共同利益不断实现过程中建立起责任共同体；最后，在利益共同体和责任共同体基础上，真正形成命运共同体。

与民族国家是传统现代化模式的前提条件不同，国际共同体与共同现代化是相互促进、相互推进的。国家之间为了共同发展、共同繁荣而开展的国际合作是初始条件，合作成员国家的增加、合作范围的拓展、合作程度的加深、合作成果的显现，既是国际共同体的形成过程，也是共同现代化的不断推进。国际共同体的形成、发展与提升，取决于共同现代化推进的广度和深度；共同现代化的有效推进也取决于国际共同体的建设水平和潜力。

以国际共同体为本位的现代化研究是一个全新的课题。中国的现代化及社会科学研究主要来源于西方社会科学知识体系，而后者一直是以民族国家为本位或研究中心。要从民族国家本位转向共同体本位，其难度是相当大的，秦亚青教授的开创性研究——过程建构主义的思路与方法是可资借鉴的[①]。

（3）核心原则：合作共赢

合作是指双方或多方投入资源、互相配合做某事或共同完成某项任务。合作不是单独做事，而是共同完成任务。共赢是指合作的双方或多方能够获得与其资源投入和工作努力相匹配的收益。共赢的前提是合作获得了预期的收益，共赢的实质是平等法则，即合作双方或多方能够获得与其资源投入和工作努力相匹配的收益。

合作是共赢的基础，共赢不一定是合作的必然结果。共赢的合作才是真正

① 秦亚青．关系与过程：中国国际关系理论的文化建构．上海：上海人民出版社，2012.

的合作，才是可持续的合作。单赢或少赢的合作是打着“合作”旗号的“剥削”，是典型的机会主义 / 功利主义行为。

合作共赢作为共同现代化的核心原则，主要有以下内容。

1）为实现人类共同利益，现代化行为者必须合作共赢。

2）合作共赢不仅限于国际共同体的成员国家之间，还要包括国际共同体及成员与其外部国家，甚至包括人类与自然界的合作共赢。

3）合作并不排斥竞争，只要这种竞争能够促进合作，即为了合作的竞争。在经典现代化理论中，竞争是主要的，即使存在合作，也是为了竞争。

4）共赢必须让合作方先赢。共赢往往被认为是不现实的，因为合作各方都希望先赢，这样共赢就难以实现。因此，合作倡议方、投入资源多的合作方，必须让合作方先赢，最后合作各方才能共赢。

5）合作共赢需要相应的文化支撑。源自欧洲的世界现代化进程主要是一部竞争的历史，这与西方社会的个人理性主义文化密切相关。今天，我们强调合作共赢为共同现代化的核心原则，这就需要关系理性主义文化作为支撑。东方文化尤其是中华文化对此将会有较大的贡献。

（4）战略重点：生态、人口、国际合作

现代化的本质是现代科学与技术知识的生产、积累、传播、应用、调适所导致的社会变迁过程。无论是传统现代化还是共同现代化，其本质是相同的。两者之间的主要内容区别在：①各有不同的重点领域；②同一领域的指导原则不同。

罗荣渠教授认为，在现实社会中，影响社会变迁的最重要的几组因素是：生态、人口、社会、经济、政治、文化及国际交往（合作）。[①] 生态因素具有长久稳定性；社会因素与文化因素是慢变因素，具有相对稳定性；人口因素是愈来愈受到重视的新的变量；只有经济因素与政治因素处在经常变动之中；国际交往（合作）因素在现代社会变迁中具有重要作用。

这些因素中的生态、社会、经济、政治与文化是现代化内容的主要领域，人口因素与现代化的关系在今天非常重要，但一直以来未得到重视，国际交往（合作）是方式因素，其内容可涉及现代化内容的各个领域。

经典现代化的重点领域是经济与政治，涉及社会与文化，未考虑生态、人口和国际合作；依附理论和世界体系理论的重点领域是经济与国际交往，其他很少考虑；生态现代化理论的重点领域是生态与经济；可持续发展理论的重点领域是经济、社会和生态。

由目标取向和行为主体属性所决定，共同现代化的战略重点是生态环境领

① 罗荣渠 . 现代化新论 . 北京：北京大学出版社，1983.

域、人口因素与国际合作方式。这里并不是不考虑经济、政治、社会与文化因素，而是把它们作为内容都纳入国际合作。

生态环境领域的现代化，一方面要承继和发展生态现代化理论，切实贯彻可持续发展战略，把共同现代化作为可持续发展战略的具体路径；另一方面要加强生态环境保护的国际合作。

人口因素与现代化。罗荣渠教授在西欧与东亚现代化比较中谈到，西欧国家是现代化启动在前、人口高增长在后，而东亚国家的情况却是人口高增长在前、现代化启动在后，涉及人口增长与现代化启动的时序关系。我们认为[①]，人口基数是现代化模式或道路选择的重要因素。从世界现代化历程来看，18 世纪西欧国家现代化启动时各国人口规模在千万数量级，19 世纪美国、日本、中国等国家现代化启动时各国人口规模在亿数量级，20 世纪中国、印度进入现代化时各国人口规模在 10 亿数量级。经典现代化理论适用于人口规模为亿数量级的国家，但完全不适用于人口规模为 10 亿数量级的国家。因为经典现代化理论推崇的欧美现代化模式依赖于大量消耗不再可生资源，仅美国占世界人口 6%，却消耗了全球资源的 1/3。因此，无论是中印人口超过 10 亿的国家的现代化，还是众多发展中国家的现代化（人口总规模在几十亿），都不能再走欧美现代化的老路，而必须开辟新的道路。这个新道路就是共同现代化。

共同现代化以国际合作为主要方式，具有与传统现代化不同的指导原则。

1）国际经济合作：共同发展、共同繁荣，促进国际经济秩序向更加公平、合理的方向发展，而不是只顾自己发展，不顾他人发展，更不是在损害他人的基础上谋求自己的发展。

2）国际政治合作：相互尊重政治制度，共同应对全球问题，而不是把自己的政治观念和政治制度强加于他人，不是在应对全球问题时推卸责任。

3）国际社会合作：发挥国际非政府组织的积极作用，促进全球公民社会的形成和发展，建设全球和谐社会，而不是通过非政府组织的活动去干涉他国内政，颠覆他国政权。

4）国际文化合作：尊重文化多样性，促进不同文明之间的交流互鉴，而不是强调自身文化的优越性，贬低甚至毁灭其他文明。

综上所述，共同现代化理论是一种新的理论探索，它试图解释和解决人类社会面临的全球性问题，它是国际共同体本位的现代化，不是民族国家本位的现代化；它是共同利益优先的现代化，不是国家利益优先的现代化；它是合作的、共享和共生的现代化，不是竞争的、独享和独大的现代化。

---

① 关于人口因素与现代化的关系，主要观点来源于康荣平先生（中国社会科学院世界经济与政治研究所研究员）。

试论文明发展的机理

夏振坤
湖北省社会科学院

用什么来衡量发展的好坏？这并不是一个杜撰出来的问题，而是一个现实存在而且正在愈演愈烈的问题。大千世界，芸芸众生，或多或少都有一点“夜郎自大”。究其原因，我们彼此没有一个“最大公约数”——共同的、公认的“发展的最高标准”或“终极价值”。所谓终极发展价值，就是一种公认的、可以包含一切发展标准的“最大公约数”，就像度量衡那样，两尺就应该比一尺更前进了。

今天的人类可能并非宇宙中的第一茬有智慧的生物——从茹毛饮血到今天，经过千万年的演化与进化，从野蛮的动物态到今天的人模人样，这其中总应该有一个最本质、原根性的标准来衡量人类的进化与进步的状态。当今，恰恰在这个问题上，人类往往有一种盲目的偏见，这种偏见或出于认识的局限，或出于眼前的私利。当下人类社会已发展到了一个生死攸关的十字路口：生态危机，核灾难，机器智能化，都有可能自我毁灭！如不能达成一种普遍的共识，实现和谐共存的确令人担忧。

我认为，这种共识首先就是发展的最终价值问题。因为是最终价值，又需要人类取得共识，所以它必须立足于人类的命运来进行考量。我们从几万年的人类发展历史来审视，人类能从过去那种野蛮脆弱的状态，进入到今天的万千气象，绝不是臆想出来的“高论”编造出来的，而是实实在在的亿万人们的科学思维和辛勤劳动创造、积累起来的“文明与进步”。

一、文明的旨意

在正式讨论这个问题之前，我想先厘清两个相似的概念，即文明与文化。因为在中外学术界往往把这两个概念混为一谈，进行通用。我认为这是不科学的，但也有一些学者持不同看法。

1）文明仅仅只是促进文化创新的“社会秩序”吗？学界、政界天天都在说的“农耕文明”“工业文明”等概念，难道就是指的“社会秩序”？显然不是。它还应包括物质文明、精神文明、规制文明和生态文明。这其中，“社会秩序”只是规制文明的内涵，而且仅有社会秩序，没有相应的物质文明和精神文明，文化的创造也是无法进行的。同时，这说明文化只应是人类所取得进步中的一个部分，不是全部。社会上习惯于把经济（工具）、政治（制度），甚至生态（环境）

方面的成就都归入“文化”，我认为这是一种概念混淆。不错，经济、政治、生态系统中有文化现象，就像物质创造中少不了思想因素一样，但不能将物质称呼为精神。

2）文明与文化这两个范畴应该被允许继续混用吗？我是持否定的态度。其一，如果文明是相对于野蛮的词，则文化这个词的内涵并不能囊括“非野蛮”现象的全部。我们在现实历史与生活中可以得到很多的佐证，例如，一个有文化的人，一个文化发达的国家，完全可能做出十分野蛮的行为与国策。今天的美国文化不发达吗？它们怎么可能会做出那么多的违反文明的野蛮事情？这说明二者的混用是有害的，它为一些有文化但心怀鬼胎的人或国家会“理直气壮”地来做一些野蛮的事情，而且会打着“文明”的大旗来忽悠人类。试问“推广民主”可以和“杀戮别国人民”混同吗？其二，文明与文化应如何定位？我认为这是两个不同层次的概念，文明是一种“顶层”的概念，它应该是“总括一切”的东西；文化则属于“子系统”层次的概念，是文明这个大系统中的一部分。

3）文明这个范畴是应该作为“第一启动性元素”来用，还是作为“综合评价人类社会进步的标准”来用？我认为应该是后者。显然，把文明作为“第一启动性元素”好像提高了文明的档次，但却有点不伦不类。它本来具有综合性，确切地说是一种“结果”，怎么能是社会发展的第一元素或原因？这不又可能把“文明”和“经济”混同了？所以，把文明作为发展和人类进步的最高的综合性“标准”是最为合适的。

这样，我们就可以对文明这个词作一个初步的界定了。我认为文明是相对于野蛮而言的一个概念，它是综合反映人类不断由兽性进化为人性、由野蛮开化为文明、由“自在”转向“自为”的状态、程度与过程。作为一个顶级价值标准的“文明”，是一个巨系统，它包含五个相互联系的子系统。一是物质（以经济为主）文明——含工具、能源、科技等；它表现为人类在利用自然和自身以改善自身物质福利方面的能力及其进展的程度。二是精神（以文化为主）文明——含道德、学术、文学艺术、语言文字，等等；它表现为人类精神境界的提升和人文与艺术的繁荣程度。三是规制（以政治为主）文明——含约定、组织、管理、制度、法律，等等；它表现为人类行为有序性和可预知性的状况。四是习俗（以社会为主）文明——含风俗、习惯、社群，等等；它表现为社会的物质风貌、自组织程度及社会的和谐度。五是生态文明——含人与自然的关系；它表现为人与自然和谐度的提升以及可持续发展的状况。

由此，我们可以从五个方面设置一系列现代文明指标（仅供参考）：①经济物质文明发展水平，包括人均 GDP、全资源生产率、城市化率、每万人专利申请数（或科技在增长中的比例）、自有知识产权的品牌数，等等；②政治规制文明水平，包括宪法权威度、权力流动度、政令透明度、官员问责度，等等；③社会治理文明水平，包括犯罪率、基尼系数、社会保障水平及覆盖率、社会自组织程度，等等；④人民精神文明风貌，包括每万人大学生人数、媒体开放度、公共秩序状况、“义工”参与度、各类文化大师数量，等等；⑤生态环境文明状况，包括生态公害（或衣食住行安全）的程度、森林覆盖率、生态保护区的建设，等等。

二、文明是发展的最大公约数

千百年来，特别是近现代，好像人人都想占领“真理的制高点”，都想垄断“最大话语权”。难道这就是“人的本性”？我认为，人的本性是双面的，既有偏执狂的一面，又有反思自省的一面。而且，即使人类在某个历史阶段被偏执狂所绑架，但经过痛苦的野蛮折腾之后，也仍会有智者能回过头来反思自省，找到有利于文明演进的正道。我甚至认为，随着对“文明是最大公约数”认同者愈来愈多，人类的正面共识也会愈来愈大文明的演进也会愈来愈快。这个最大公约数体现在人类活动的各个方面。

1．文明是判别一切社会制度与政策优劣的最高标准

现今人类社会并不只有两种制度，实际上存在多种制度。

1）欧美的宪政民主制度。由于它的多元化利益主体、马太效应的市场经济和法治规约的权力结构，以及理性主义的精神文明，其科学技术与工具文明长期走在世界前列，物质福利大于其他制度。开放性与竞争型权力结构，使其在保障公民人权、社会流动性、防止专制等规制文明和精神文明方面，比其他制度具有更大的自由空间。这种制度在发展的前中期表现出很大的优势，从而带动了人类文明进入到工业文明阶段。但是，就像任何事物一样，它也逃不脱“生长—繁荣—衰退”的铁律。由于环境的变迁和自身本来就存在的弱点，加上“超越制度极限的错误”，从20世纪末至今，它开始显露出疲态并有文明衰退的兆头。例如，市场自由度过大和政治被资本绑架，导致难以防止两极分化与社会撕裂；形式主义的程序民主，导致“公民民主”有异变为“政客赌博”苗头；“利润最大化”的体制价值导致无节制的超需求消费主义和扩张主义，使人与人之间、人与自然之间的矛盾不断地激化。这一切的制度短板，加上党派精英的“超制度极限的错误”（迷信其制度的“万能”），致使其逆文明的野蛮倾向不断涌现，甚至开始威胁到人类文明的稳定和安宁了。诸如，大到伪造信息发动野蛮的侵略战争，使中东、北非陷入国破家亡，数十万人无谓牺牲，千百万人流离失所，社会文明一下子倒退几十年。这不仅造成了该地区的文明倒退，而且造成欧洲的秩序混乱，更

激起极端恐怖主义的兴起，威胁到整个人类的安宁与文明。小到美国内部，像“枪支公害”、种族歧视这些现象，这个看似文明的制度，却是那样显得软弱无力。特别是像美国那种以武力制造别国、别地区混乱的卑劣手法来保证自身繁荣和福利的“剪羊毛”国策来维系自身霸权的行径，与一个自称“世界最文明”的制度是不相称的。这与中世纪的“赢者通吃”和原始丛林中的“弱肉强食”的野蛮是多么相似。

2）东亚新权威制度。由于这种制度属于经济上开放自由，政治上开明集权的东西方“杂交型的体制”，故其文明演进表现为两个极端：一方面，在物质工具文明上展现出较大的活力，运用集权的优势保障了社会的稳定和决策的迅速，使经济得以较快地增长，国力与人民物质文明得以显著提高；另一方面，政治文明的滞后导致公权力缺乏有效的制约，从而对精神文明的演进，特别是社会创新的活力具有明显的压抑与阻滞。因此，这种制度用较高的速率推进物质文明的演进具有明显的优势，但保证文明的全面创新和持续发展则显得后劲不足。

3）拉美的民粹主义民主制度。这个地区就好像一个醒得较早而起得较迟的人，比起亚洲来，它更早穿上“民主”的外衣，但是它的文明演进步伐总是步履蹒跚，看不出那种稳定兴起的势头。这可能既有欧洲中世纪保守文明的遗存与殖民文明所杂交出的“变态文明”的掣肘，又有身旁强大的美欧帝国文明的抽吸等多重原因。这种复杂的文明交织，使得许多国家大都不同形式地形成了一种特权资本主义的社会结构。这种结构是一种“四不像制度”，既有现代资本主义的外壳，又有中世纪的奴隶文明，还有残余的殖民文明和所谓的“查尔斯社会主义”。在这种制度下，社会的两极分化相当严重，少数特权阶级掌控着国家权利，社会矛盾十分激烈。这正是民粹主义滋生的大温床。在 20 世纪后期，曾经反复出现过形形色色的民粹主义运动，有的还一度掌握了政权。民粹主义本来就难以有什么治国的大计，后来又换上了“左派上命”，还出现了所谓的“查尔斯社会主义”。从这种反反复复的“文明混战”中，我简直理不出一个清晰的脉络。但是，有一点是清楚的，即它全面妨碍了文明的健康演进，物质文明上没有完成工业化，精神文明上缺乏可圈可点的跃迁。

4）非洲。就是有过繁荣古文明的埃及，也长期陷入“文明徘徊陷阱”，从表面上看，这似乎与普遍存在的独裁专制制度有密切关系。正如《国家为什么会失败》一书的作者所说，那是一种“吸入式”的国家体制，在文明的演进上是必然会失败的。但是，问题还在于：那片黑色大地上何以至此？我的肤浅看法认为原因有三：一是“发源地滞后效应”。非洲号称人类发源地之一，自然资源比较丰厚，其中最有活力的种族纷纷迁出，留下的人们在那片广袤丰厚的土地上在环境没有大的变化的情况下，过着原生态的生活，没有强劲的发展压力与动力。这应该是一种深层的原因。这种“宏观慢节奏”的保守性使得非洲总是赶不上其他地区的发展速度。这种情况在我国的一些山区的少数民族集聚区也看得很清楚。二是外来的吮吸式掠夺。开始是西方强国的“黑奴掠夺”是资源优先的殖民统治，后来是扶持忠于宗主国的傀儡政权。这种百年持久的资源掠夺，使得非洲总是维持着那种“资源供应国”的原始地位，垄断资本主义永远缺乏帮助殖民地工业化、现代化的动机。那么大一片大陆，直到20世纪中叶，才有了一条中国人帮助修建的坦桑铁路，就很能说明问题。三是社会背景。一个缺乏环境变迁压力，又没有出现新兴的文明革新的阶层，还存在庞大的远离现代文明的人群，在这种社会背景下，怎么可能动摇独裁专制的根基呢！

2. 文明是判别一切“主义”优劣的最后试金石

一切“主义”，自有它产生与存在的现实原因，我无力深究其合理与否。这里只是讨论一下主义与文明演进的关系。

1）新自由主义。自由主义的派别很多，主要是两派：古典自由主义和新自由主义。前者也可称为消极自由主义，后者也可称为积极自由主义。前者认为自由就是不妨碍他人自由的自由，或不影响公共秩序以外的范围都属于个人自由的空间。也可以说，自由以不妨碍他人自由为原则。后者认为自由就是一种最优越的生活方式，这种生活方式应该普及全人类。我这是用最简单的方式来界定的，从这个界定中就可以看出，前者属于内敛式的自由，个体只要不妨碍公共和别人的自由，其自由（私人空间）是神圣不可侵犯的。这种自由曾经在西方长期存在并有利于文明的演进，因为它有利于个性的释放和创新的崛起，20世纪以前的西方工业文明的崛起，它有大半功劳。像今天的“私有产权（含知识产权）保护”“公权必须保护私权”的法制原则，其源头都在这种古典自由主义。积极的自由主义则认为，既然自己这种自由主义是这样好的生活方式，就应该让别人和别的国家也来按这种方式生活，这就具有一种强烈的“扩张性”。一些具有经济与政治野心的集团（党派）就利用这种自由主义作为他们的大旗——意识形态来干预别国的内政，甚至用武力颠覆别国的、不符合他们价值标准的政权。

2）新权威主义。我在20世纪90年代，曾经也主张新权威主义。不过，那只是作为向宪政民主过渡的一个“中间阶段”来肯定的。当时，西方民主的缺点还没有明显地暴露出来，所以“宪政民主”的概念还是一种抽象与模糊的东西。时至今日，客观的人类实践和信息化逐步把西方民主存在的另一面——不足和异化的一面，开始一个一个地摆放在了我们的面前，人们的认识也就逐步地明朗起来。

我现在的认识是，从文明演进的最高标准来审视，新权威主义当然还是一个过渡的阶段，但是并不是朝美国那种“民主模式”过渡，而是朝一种新型的宪

政民主过渡。值得注意的是，新权威主义只能是一种“权宜之计”。它的出现，属于那种由积弊较深的东方农耕文明向现代工业文明过渡的过程中采取的一种变通的“渐进之路”，因为它是具有“两重性”。从它的属性来说，一方面，它有塑造现代文明所需的“前提条件”的功能，如强化社会的法制水平，改善国民的生活水平，优化精英的现代管理能力，普及国民的文化知识等；另一方面，它又有某些天生的中世纪残余，使公权过大、民权过小，从而容易滋生腐败，容易束缚社会创新力，容易侵犯公民与地方的应有权利，容易由于社会监督的不足和信息来源狭隘而造成决策错误，容易弱化国家与社会的新陈代谢机能，等等。所以，它既有促进文明演进的一面，又有束缚文明演进的一面。这就要取决于政治家的博弈，其博弈前景往往是不确定的。这就是它的局限性。

3）社会主义。在这里主要是讨论“主义”与“文明演进”的关系，故只涉及实践的社会主义，主要是苏式社会主义、民主社会主义（社会民主主义）和中国特色社会主义。苏联实行的那种社会主义同马克思所设想的社会主义相去甚远，因为其“主义的原旨”并不是推进人类文明——人的全面发展，而是国家的强大与扩张。正因为如此，它在实现工具文明方面，将一个落后的俄罗斯变成了世界一流的工业国，在许多科学技术领域走到了世界前列。这本身并非社会主义独有的内涵，资本主义强国也都可能实现。它违背了马克思的文明原旨，在制度文明、精神文明等方面走向了文明的反面，实行了诸多封建暴政式的野蛮政策，这是众所周知的。这也是它不可持续的基本原因。北欧的民主社会主义或社会民主主义，把一个原来贫穷落后、而且是“海盗之邦”的瑞典变成了世界一流的富足、和谐和创新的国家，无论怎样辩论，人们都不能否认其文明演进的巨大功绩。当然，应该把承认事实和能否照搬区别开来。北欧那种“穷人好过，富人为难”的模式，在美国也是行不通的。如果是在美国，连一个“禁枪案”都通不过，那么高的税收，资本就会大量地外逃了。小国与大国，特别是人口众多的大国，文明演进的模式绝不可能一样。在小国，少数富人加高科技，可能承受得了那种普惠式高福利。但是，在众多庞大的草根族国家，可能就承受不了，更不用说还有文化因素。

3．文明是评价一切历史阶段与历史人物的最高标准

我们以中国历史为例。从春秋战国开始，当时的那种诸国纷争、战乱频仍、人无定所、国无定局的局面，若仅仅以物质文明的标准检验，可以说是文明的倒退。不然，就不会出现孔夫子的“克己复礼”，企望回复到周公的文明秩序中去。但是，若以整体文明的标准——特别以精神文明来审视，就可能恰恰相反，它应是中华民族文明奠基的灿烂的时期。作为中华文明最耀眼的诸子百家，大多都产

生在那个时代。几千年来，还没有哪个朝代能出其右。秦始皇统一中国，改变了万国纷争的局面，他的残酷苛政长期受到谴责，成为“独夫”“恶政”的代名词。但是，若从文明演进的角度来看，他在规制文明上，雷厉风行地实行“三同”——书同文、车同轨、度同衡，则有着“一石定乾坤”的伟大意义。它奠定了中国几千年的“大一统”文明的初始根基。当然，对于大一统，史界有褒有贬，多是从当代落后的原因来说事。不过，我认为应该把历史的功绩同当代的问题区别开来。历史上几千年维系了中华民族的一统不散，不仅保证了“四大文明古国”唯一的硕果，而且，在西欧崛起以前，保持了世界文明领先的地位。这一点是不应该被抹杀的。但是，就像任何事物一样，谁都不可能万世不衰。在几千年之后，它成为现代化的掣肘，这本属事物发展的正常现象，不应功过不分。到了“五胡乱华”后的南北朝时期，又似乎再现了春秋战国的局面。从表面上看，也是诸侯割据，战乱纷纷，民不聊生。但却没有出现百家争鸣，而是出现了一个“百族融合”、文明大合唱的局面。以北朝魏孝文帝为代表的非汉帝王推行了“汉化改革”，不仅使一个落后的鲜卑族一下跃迁到了汉文明的高度，而且也使汉文明注入了新鲜血液而升华，由于“北人南下”大大加速了中国南方的开发与提升，北魏孝文帝成为中华文明发扬光大的大功臣。再后，是大乱后的大治，唐代出现了中华文明的第二次大跃迁和多民族文明大融合。这中间出现了两个重要的历史人物，一个是唐太宗，一个是武则天。因为这二人开创了中华文明空前的盛世，无论是物质文明还是精神文明，都是前无古人，从而永垂千古。宋代继承了五代十国的乱局，始终受到周边异族的侵凌困扰，国家版图也缩小了许多。但是，“以文治国”的宋代却将中华文明推到了世界的高峰。

三、文明的层次性

“文明”这个词是一种大概括，前面虽然从系统论的角度做了一般性的划分，但在具体的研究和衡量方面还似嫌笼统。它还可以由大到小划分为时代文明的阶段、国家文明的程度、社会文明的风貌和个人文明的素质等层次。从时代文明到个人文明是由宏观到微观、从大系统到微系统，故文明的标准虽然都属既定但也应逐步具体化、形象化、可操作化。

1. 时代文明的阶段

历史学界习惯地把人类历史划分为狩猎文明、农耕文明、工业文明等阶段。我补充一点，还应将 20 世纪 70 年代以后到今后这一段历史称之为“智能文明”阶段（为了叙述的方便，我把前面所述的文明大系统的五个子系统简化为三，即工具文明，就是原物质文明；符号文明，包含精神文明、规制文明、习俗文明

等；生态文明）。具体地说，划分时代文明的标准是：①人类在获取生存与生活资料上的能力和对自然的依赖程度；②人类对相互间的约束能力与方法及其广度与深度；③人类对道德情操和美的追求程度与质量；④人类自省能力的提高程度和传承能力；⑤人类相互间交往和信息沟通的能力、深度与广度。

在狩猎文明阶段，工具文明表现为石器骨器等原始工具和人自身的能量，谈不上什么科学技术。精神文明表现为结绳记事、岩画艺术、氏族约定等。生态文明还处于完全无知的状态。在这一阶段，一般地说，人类文明还处在半野蛮状态，生存与生活完全依赖自然，还没有系统的语言，更没有文字，氏族活动的范围很狭小。

在农耕文明阶段，工具文明表现为手工与畜力工具并用、畜力能源为主。符号文明则表现为“始作文字，乃服衣裳”，有了朴素的道德规制和少数人专制的国家制度，各种古朴的文学艺术和学说科技发轫。生态文明还处于人类开始由完全依赖自然进入驯化动植物以满足增长人口需要的阶段。用帝王专制的方式约束社群，用简单的书传和艺术作品记载史实和自省。由于有了自然力的车船和通信，人类的交往广度有了扩大。

在工业文明阶段，人类文明进入了一个大革命时代。工具文明表现为工具的革命，机械化电气化代替了畜力工具，化石能源取代了畜力能源，科学技术空前繁荣，人类的生产力取得了翻天覆地的变化，物质财富神奇般地大量涌流。符号文明表现为规制文明由少数人专制的社会秩序过渡到多数人表决的民主制度；精神文明由神本世界走向人本世界，由一元化走向多元化，由禁锢性走向开放性，文学艺术、学术流派和道德规范都有了前所未有的大发展大繁荣。生态文明表现为人类开始由单纯的适应自然走向改造自然。在这一阶段人类基本摆脱了原始的野蛮状态，自我规范的人性有了巨大张扬。这是积极的一面。同时，由于刚刚摆脱野蛮的人类还不甚成熟盲目的个人（集团）追求和放纵的自由价值导致阶级矛盾、民族矛盾、国际倾轧急剧尖锐起来，人类中心主义导致日益严重的生态危机，使得人与人、人与自然的矛盾成了人类能否持续发展的紧迫问题。这一阶段既是人类文明高歌猛进的时代，又是人类忘乎所以造成野蛮（兽性）局部返祖的阶段。

随着人类完成或接近完成工业化的人口愈来愈多，一些主要的国家开始进入或接近进入后工业时代。我把它暂且称为“智能化阶段”。由于这个阶段的文明还处于刚开始的时期，许多特征尚不甚明显与定型，还难以准确地进行描述，初步看来，其工具文明表现为由机械化、电气化转变为信息化、网络化，由化石能源向可再生能源转化。科学技术的日新月异使得人类既有可能由单纯使用机器转向机器的智能化人性化，又有可能使人体器官人造化（机械化）。其符号文明，由于上层建筑发育的滞后性，还没有从工业文明的胎胞中完全分娩出来，故还难以明晰地描述，如道德标准的混乱、民主规制的变性，以及由此而生的民粹化趋向，社会习俗在工业文明的多样化开放化的基础上似乎在向社群化个性化甚至封闭化的趋向发展。生态文明则比较明晰地表现为扭转“人类中心论”的趋向，开始朝着恢复人与自然的动态平衡的方向努力。但是，在这新旧更替的混沌过程中，确有一些绝不能掉以轻心的问题，包括核灾难问题、生态——生存危机问题、基因工程与机器人性化的管控问题，等等。这也是衡量人类文明程度的最重要的试金石。

2. 国家文明的程度

国际社会习惯把国家区分为发达国家和发展中国家等。一般地说，前者属于工业化已经完成了的国家，后者属于工业化尚未完成的国家。本人不成熟的想法是，后一类国家差别实在太悬殊，还可以再细分成两类：新兴国家和发展滞后国家。这样就成为三类国家：发展先行国家、发展新兴国家和发展滞后国家。我这是用“文明”的尺度来区别的。之所以把发达国家换成发展先行国家，是因为：其一，那些国家的发展并没有“登峰造极”，它们还在向后工业（或智能化）发展；其二，以文明的尺度来衡量，还有明显的短板与“老化”的迹象，故以“先行”来概括似乎更恰当。这样，也可以使那些国家避免骄傲自满。所谓发展新兴国家，是指那些工业化（工具文明）已接近完成，而符号文明还在进行中的国家。所谓发展滞后国家，则是工业化（工具文明）尚在前期或中期，符号文明还基本没有脱离中世纪窠臼的国家。具体地说，在今天这个划分可以依据如下标准：①以工业化为主要标识的现代物质文明（工具文明）结构的状况；②以权力结构为主要标识的由少数人专制的中世纪权力结构向现代法治民主的权力结构转化的规制文明状况；③以创新旺盛思想活跃为主要标识的学术、文学与艺术的多元化、健康化的精神文明繁荣程度；④以人与自然关系为主要标识的“绿色化”的生态文明程度；⑤以“和平、平等、合作、共赢”为主要标识的国际关系的文明程度。依此，可以将国家分类如下。

一是发展先行国家。这主要是指那些老牌工业化国家，其工具文明早已经完成了工业革命，并在20个世纪后期开始先后不一地进入了信息化、网络化乃至智能化的阶段。它们的科学技术一般都走在世界的前列，其经济结构目前大致都处在高科技产业和金融等现代服务业顶端。但是，“产业空洞化”的问题开始导致经济的寄生化和过度的军事化。其符号文明，由于在几百年工业文明阶段积累起来的老底子和近代前半期相对于中世纪文明的先进优点，在这些国家逐渐形成了一种“西方中心论”，在其他国家则形成了一种“盲目崇西癖”。在这两种倾向的基础上，加上那些国家工具文明的病态发展使其走向“不劳而食”、霸统天下的腐朽化邪路，成为当今世界矛盾的策源地。因此，对于那些先行国家的符号

文明，应该持以一分为二的态度，既要肯定其对于农耕文明的先进性，又要看到其由于本身的老化、异化和不适应新的基础（工具文明）而出现的过时和不足。

二是发展新兴国家。这主要是指那些近半个多世纪以来迎头赶上的一些“半工业化国家”，其工具文明表现为工业革命接近完成，科学技术开始进入现代行列。由于后发优势，信息化、网络化乃至智能化也都有长足的进展。符号文明相对滞后，这类国家还处在传统与现代之间选择与较量的过程之中，故其大都程度不同地表现为传统与现代交错并存，保守与革新激烈较量的复杂状态。也由于此，其工具文明已经接近甚或局部超过发展先行国家，而符号文明形态还不够成形，不够稳定，还有待发展。

三是发展滞后国家。这主要是指那些迄今为止中世纪（农耕）文明还大量存在，工业革命还处在启动或尚未启动的国家。

3．社会文明的水平

我们每到一个城市或乡村，第一印象往往是文明水平：文明的公共设施如何，社会秩序怎样，清洁卫生如何，等等。这里面既有工具文明，又有符号文明。武汉市在以前曾经有过“大县城”的绰号，其实指的就是既缺少物质文明设施，又缺乏精神文明风貌，各种城市管理往往都不很到位。近几年，经过硬件和软件的大力建设，其文明程度在总体上有了突飞猛进的提高，被国际上评为“最有潜力城市”就很能说明这个问题。所以，对社会文明的评价应侧重如下文明指标：①现代文明设施的物质水平；②社会管理的规范水平；③生态文明，如卫生状况、空气与水的环境指标；④社会和谐度，如社会治安与人际关系的礼仪水平和商业诚信度，等等。

4．个人文明的素质

需要首先说明一点，个人文明虽然离不开宏观文明和物质文明的大背景，但个人文明更多的是建立在个人的道德修养和文化素养的基础上的，故在不同的人群之间会表现出巨大的差异。特别是在物质文明和精神文明之间，往往会出现巨大的反差。一位住着豪华别墅、开着高级轿车的人，其精神文明不一定就是很高尚的，而且在现实生活中，那些“土豪”式的人物几乎处处可见。所以，对于个人文明的评价，更多的要看其精神文明、规制文明和生态文明的表现。在这里，只想着重讨论一下家庭在文明演进中的作用问题。

从现有的历史经验中可以看出：一个有着稳定家庭的社会制度对于一个民族或国家的文明进步是十分重要的。大多家庭稳定的民族与国家，其文明的稳定性与持续发展的概率便会大一些；反之，就容易衰落或消失。为什么？因为家庭在保持和繁衍本土文明上有着不可替代的作用。第一，家庭是文明延续的基础单位。中华文明之所以千年未衰，与我们的家庭——宗法传承分不开（我在这里不是肯定宗法的长期合理性，而是说明它在历史上把古老文明传下来了，这其中自然既有金玉又有糟粕）。如果没有它，可能就像已经消失了的文明那样，糟粕和金玉都没有了，而文明衰落或消失与家庭制度不稳定有很大关系。第二，家庭稳定是社会稳定的必要条件。在现实生活中，单亲家庭的犯罪率比正常家庭高，高犯罪率肯定不是文明的表现。第三，家庭教育是文明进步的第一课。为什么会大量出现“书香世家”和“闻名乡里”呢？其中，虽然有某种“权力垄断”的原因，但家庭教育与熏陶是基础性原因，这是不可否认的。

四、文明演进的机理

人类文明由原始的茹毛饮血到今天的智能化，大到整个人类，小到一个种族，大都是受到了某种动力的推动，经历了一系列由因到果，甚至是叠加的“程序”演进的。

1）环境的变迁是演进的动力来源。人类在远古时期，主要是自然环境的变迁（如到了冰河期）；尔后，是自然环境与社会环境的交叉变迁；到了近代，则主要是社会环境的变迁和生态环境的恶化。环境的变迁使原来在旧环境下形成的文明结构已经不能适应和生存下去，于是，逼迫人们思考如何改变生存方式与结构，这就是客观的变迁形成了对主观的演进压力。为了生存与发展，人们不能不“义无反顾”地集中思考如何改变或调整已经过时的文明结构，接着就会有各种各样的主张出现，形成一种“文明内部的冲突”过程。这是正常的现象。经过内部冲突与争论就可能达成某种“社会共识”，这时的政府最要紧的是不要压制这种争论或冲突，更不要鲁莽地去“简单裁定”，而是要积极引导。

以中华文明与西欧文明为例，这两种文明的差异及其演进速率的快慢与二者的环境状况及变迁有着密切的关系。在东方，神州大地的优良自然环境孕育了最早的农耕文明，最早地脱离了狩猎文明。这种文明使得其维系原旨的稳定性具有最大的必要性与可能性，其中包括安土重迁、祖宗崇拜、皇权至上、无须宗教权威，等等。这种“超稳定结构”使得“求变”的压力与动力十分微弱，最多也只是换个朝代、变个皇帝就可以平息众怨。而西欧多是滨海小国，严峻的自然环境使得其狩猎文明和海盗文明难以顺利地向农耕文明过渡，也难以保持其原有文明的稳定性。为了更好地生存，改变现状的工业文明的萌芽更容易从内部滋生。而在中国，向工业文明的过渡基本属于外来压力，是社会环境变迁的推动，不改变就可能“亡国灭种”。这只是以宏观文明为例。以微观个人为例也可以得到说明，例如，一个农民，当他还在故乡的时候，随地丢垃圾、高声呼喊这些行为不

会妨碍什么人。可是，当他搬到城里居住后，这种行为就会成为不文明的典型，就面临生活危机。环境变了，文明也会随之改变。

2）精英人物的创新是文明演进的精神基础。西方的工业文明，如果没有像卢梭、孟德斯鸠等这些思想精英的理论创新可以想象吗？中华传统文明，如果删去了周公、孔子、老子等这些先贤的智慧能够形成吗？在任何一个社会里，总会有一批先知先觉的人群，是他们站在时代的前沿，以其智慧引领大众前进的。思想精英之所以有这种智慧，主要并不是什么天生的基因——当然，智慧也有基因的成分，但不是主要的——而是取决于三大要素：一是对社会发展的高度责任感，不受自身权利取舍的局限，具有高尚的超脱性；二是对人类文明进程的系统了解、掌握和深厚的知识积累；三是要有充足而较长的能够自我掌控的时间。这三点缺一不可。

3）工具文明的演进是整个文明演进的物质基础，这是由工具文明的三大作用决定的。工具文明，由于它的中性不受意识形态和价值传统的约束，较符号文明的普及性更广。同时，一种新的工具文明取代旧的工具文明，必然要符合一个铁的定律，即使用新工具所消耗的劳动必定小于使用旧工具所消耗的劳动。人是依赖工具而生活的，人类创造了工具，反过来工具又约束住了人。自由散漫的农耕文明遇到高速规范的工业文明，就一筹莫展了。人们必须服从工业文明的要求，否则，就无法生存下去。一种工具文明的演进周期一般是比较长的。在周期之内，人们必须保持那种文明的定势，习惯成自然，这就形成了一种具有相对稳定性的文明形态。

当然，这种工具文明的演进是有空间与时间上的差异性的。而且，由于工具文明是整个文明形态演进的物质基础或“第一推动力”，它的差异性必然会造成不同国家与地区、一个国家与地区在不同时期文明整体的差异性。例如，在农耕文明时期，简单的工具与家畜动力只能维系依靠土地的简单再生产。这时，家长和男性劳动力就成为这种文明得以维系的决定性因素。为了固化这种因素，保证家长权威与劳动力的稳固，诸如“百德孝为先”“父母在不远游”“安土重迁”“安贫乐道”“奉公守法”等精神文明的标准也就随之而生。但是，到了工业文明时代，由于工业文明不受土地的约束又对效率与成本的要求极高，上述农耕文明的价值显然过时了。于是，一种适合工业文明需要的新的精神文明就应运而生，“开拓创新者”“勇闯天下者”“标新立异者”，等等就成了新文明的佼佼者。

4）国家规约与倡导是文明成长定型不可少的推手。从历史发展的进程来看，文明的成长虽然是以社会性的“自然演进”为基轴，但作为上层建筑的国家，它的因势利导、采取有利于文明成长与稳定的政策和制度则有着巨大的、全方位的促进与定型的作用，诸如教育的教化、法制的规引、宗教的扶持、道德的提倡，等等。也正因为如此，以上所述的文明演进的重要机理或者说是“四大源泉”在我看来还属于“支流”，其真正的“主流”则是“开放 + 融汇”。文明的演进与否，归根到底取决于那个文明体是否处于一种“耗散结构”的状态，是否能够使系统保持“外部有源头活水”和“内部能良性消化”的动态平衡从而使系统可能长期保持“新陈代谢”的生命活力。

一是环境的压力。从客观过程来看，对于一个特定的文明体，由客观的环境的变迁到主观感受到的压力，中间并非是必然畅通的，需要一种媒介，这个媒介就是“开放的国策 + 融汇的思想”。以我国为例，在 20 世纪 80 年代以前，由于闭关锁国，又害怕“精神污染”（缺乏自信），虽然外界环境早已发生翻天覆地的变化，但是我们也没有感到压力，没有压力自然就没有动力。可是，20 世纪 80 年代以后，国家实行了改革开放的政策，国门打开了，我国看到了自己同发达国家的巨大差异，意识到自己远远落在了后面，又加上文明的自信，压力与动力都形成了，这才可能有以后的文明的巨大提升。

二是精英与工具的创新。精英与工具的创新不是从天上掉下来的，一个即使天生十分聪慧的人，如果长期生活在一种与世隔绝的环境中，他也无法有什么超越和创新。一般情况下，创新萌发的机理首先是出现内部的现状危机，不能照原样生活下去了，有了压力其次是要有改进的外部参照系，这种条件在一个封闭而保守的旧环境中是不可能产生的。大到中国在鸦片战争以前的千百年为何就没有制度的创新，老是“改朝换代”地平面循环；小到那些大山区里的原始种族几千年还是刀耕火种，都可以充分证明，一个封闭的国家或地域如果没有“外来活水”的冲击与融汇，就像一潭死水那样，只会细菌滋生、污秽堆积，成为腐朽的废水，何谈精英创新和技术革命。

三是政府的导引问题。对一个国家来说，开放与文明演进是呈正比的，封闭必然与保守结缘而与革新则是成反向发展的。那些最专制、最保守的国家，一般都是最封闭的国家，它不仅不可能成为文明演进的强力推手，往往还是压制革新、复辟旧制的源头。

参考文献

辞海编辑委员会 . 1979. 辞海 . 上海：上海辞书出版社

费尔南 • 布罗代尔 . 2003. 文明史纲 . 肖昶，冯棠，张文英，等译 . 桂林：广西师范大学出版社

威尔 • 杜兰特，阿里尔 • 杜兰特 . 2015. 历史的教训 . 倪玉平，张阅译 . 北京：中国方正出版社，成都：四川人民出版社

宁夏丝绸之路经济带文化产业发展的SWOT分析[①]

周泽超
中国共产党宁夏回族自治区委员会党校

态势分析法也称为SWOT（strengths，weaknesses，oppotunities，threats）分析法，是由美国哈佛大学安德鲁斯（Andrews）在1971年出版的《公司战略概念》一书中首先提出来的。是将对企业内部和外部条件各方面内容进行综合和概括，进而分析组织的优劣势、机遇和挑战。这种分析可以对研究对象所处的环境进行全面、系统、准确的研究，进而制定相应的发展战略、计划及对策。本文采用SWOT分析法研究宁夏丝绸之路经济带文化产业发展现状及竞争力，目的是为宁夏打造开放型文化产业发展提供理论支持。

一、宁夏丝绸之路经济带文化产业发展的优势与机遇

（一）发展优势

1．地理位置较为优越

宁夏是古丝绸之路北段的必经之路，历史上，丝绸之路通常是指欧亚北部的商路，也称为“陆路丝绸之路”，分为南、中、北段三条路线，宁夏为北段必经之路，地理位置优越。2014年6月22日，在卡塔尔首都多哈举行的第38届世界遗产大会上，中国与吉尔吉斯斯坦、哈萨克斯坦联合提交的“丝绸之路：‘长安－天山廊道’路网”（原为“丝绸之路：起始段和天山廊道的路网”）成功入选《世界遗产名录》，这标志着中国政府倡导的“一带一路”得到了世界的广泛认同。与此同时，国家文物局就我国6省区进入申报丝绸之路世界文化遗产的遗址地做了认定评估和筛选论证，有48处遗产地进入备选名单，其中，丝绸之路宁夏段入选4处，分别是固原古城、须弥山石窟、开城遗址、固原北朝和隋唐墓地（其中，北朝隋唐墓地遗址已被列入《中国丝绸之路首批申遗名单》），也是宁夏大力发展“丝路文化产业”的重要抓手（表1）。

与此同时，古丝绸之路宁夏段还遗存了大量古城、古镇，体现出当时的宁夏商旅云集，贸易繁华的景象（表2）。

---

① 本文为周泽超主持的国家级软科学科技攻关项目《西部民族地区文化产业发展的战略研究》（2012GX-S4D103）阶段性成果之一。

表 1　丝绸之路宁夏段主要历史遗存点

城市	历史遗存点
银川市	西夏王陵、海宝塔、承天寺塔、贺兰山岩画、贺兰山双塔、永宁纳家户清真寺
石嘴山市	北武当庙、平罗高庙
吴忠市	灵州遗址、北魏隋唐墓地、一百〇八塔、同心清真大寺
中卫市	中宁石空大佛寺、中卫高庙、长流水唐代古城遗址、胜金关古城堡遗址
固原市	须弥山石窟、固原古城墙、北朝-隋唐墓葬群、开城安西王府遗址、战国秦长城、丝路古关隘、（萧关、石门关、三关口等）、西吉火石寨石窟群

资料来源：根据宁夏博物馆出版的《宁夏文物志 2010—2015》整理而来

表 2　“丝绸之路”宁夏段丝路古镇

城市	丝路古镇
固原市（原州古城）	固原古城、瓦亭城、朝那古城、平夏古城、大营城、西吉火家集城、海原古城、西安州古城、甘盐池古城、七营北嘴古城、李旺堡古城
吴忠市（灵州古城）	灵州古城、中宁鸣沙古城、韦州古城、下马关古城、清水营古城、石沟驿古城、盐池野狐井城
银川市（兴庆府）	横城堡古城、兴庆府古城

资料来源：根据宁夏博物馆出版的《宁夏文物志 2010—2015》整理而来

2. “丝路文化”展现魅力

2015 年 10 月，宁夏回族自治区政府结合国家“一带一路”倡议，制定了《关于贯彻落实国家〈丝绸之路经济带和 21 世纪海上丝绸之路建设战略规划〉重要政策举措的分工方案》（宁政办发〔2015〕147 号），提出了加强文化产业合作。在丝路文化旅游、中阿合作交流、回族文化产业等领域培育具有显著示范性和产业聚集效应的先导项目，加快实施丝路遗产保护开发、丝路特色文化促进、宁夏丝路品牌传播、网上丝绸之路建设、新型生活形态示范、丝绸之路跨省联动等六项工程。借助国家平台，与丝路沿线国家互办文化产品展览展示活动，鼓励回族文化产品、非遗产品、回族保健产品、回族歌舞等走出去。引进丝路沿线国家优秀文化产品来宁夏展览展销，丰富群众文化生活。加大招商引资力度，加快推进中阿文化园建设的“丝路文化”建设思路。宁夏演艺集团创排的话剧《丝路天歌》，将古代丝绸之路沿线国家的商旅汇聚宁夏、和谐发展的动人故事表现出来，赢得丝绸之路经济带沿线国家的高度重视，纷纷邀请到本国演出，目前，已在沙特阿拉伯、伊朗、阿尔及利亚、埃及、阿联酋等国家演出，受到普遍赞誉。此外，宁夏黄河传媒出版集团与阿拉伯国家联盟签署合作协议，成为中国最大的阿拉伯语文学出版单位。

3. 文化产业发展迅速

据《2015 宁夏文化蓝皮书》介绍，2013 年宁夏回族自治区文化产业单位达

到5956个，其中，法人单位3145个，文化产业从业人员近5万人，占全宁夏回族自治区从业人数总数的1.23%。2015年宁夏文化产业实现增加值63.8亿元，比2014年的58.73亿元增长9.2%，占地区生产总值的2.2%。到2016年底，上述文化企业基本保持运营稳定状态，成为宁夏文化产业发展的“中流砥柱”[①]。

（二）宁夏丝绸之路经济带发展机遇

1．经济向好面扩大，为文化产业发展提供有力支撑

近年来，宁夏回族自治区党委、政府提出“四个宁夏”建设的新目标，为宁夏加快对外开放，发挥比较优势指明方向。2015年宁夏全年实现生产总值2911.77亿元（2016年统计数据尚未公布），其中，第三产业增加值1294.26亿元，增长7.9%。按常住人口计算，全区人均生产总值43805元，增长6.9%[②]。经济的快速发展，为文化产业发展提供有力支撑。从2012年起，宁夏回族自治区党委、政府每年安排不低于1000万的专项资金用于扶持全区文化产业发展，而且连年呈现递增态势，2016年更是达到2500万专项资金[③]，基本缓解了宁夏文化企业发展缺乏资金、支撑力度较弱的瓶颈。

2．文化市场需求强烈

党的十八大以来，中央加大了供给侧改革的力度，“去库存、调结构、补短板”的发展思路成为全社会的共识。文化产业也由以往注重生产数量向提高质量转变。从以参评获奖、年末考评数量的文化产业发展思路向质量要效益、让市场评价的“更加积极”的发展方式转变。这种转变使宁夏的文化市场更加活跃，特别是在广大农村，政府通过购买公共文化服务的方式，扶持了一大批深受广大农民欢迎、传递正能量、作品短小精悍、内容喜闻乐见的文化小微企业；演艺进景区、已经成为新常态，琳琅满目的旅游产品随处可见。整个宁夏充满了文化的气息，到处可以看到文化消费者的身影，文化产业迎来大繁荣的春天。

二、宁夏丝绸之路经济带发展劣势与挑战

1．文化产业发展远落后于中、东部

宁夏回族自治区的文化产业的开发与开放要远远落后于东部，虽然目前东、中、西部的文化产业发展趋势相近，但在大区域内存在着极大的差距。宁夏的文

---

① 宁夏文化厅2016年终总结报告，内部资料。
② 《2015年宁夏回族自治区统计公报》，宁夏回族自治区人民政府网站，2017年2月24日发布。
③ 宁夏文化厅2016年年终总结报告，内部资料。

化产业全国排名第29位，西部第10位，文化产业增加值占GDP的比例也低于全国，文化产业增加值年均增长速度勉强能跟上国家的平均水平，这些状况使得宁夏文化产业的基数处于一个很低的水平[①]。

2. 区域经济基础薄弱，文化产业竞争力不足

宁夏回族自治区地处内陆地区，交通相对于东、中部不便，对外交往相对较少，产业基础薄弱，经济发展的先天条件较差，思想观念的转变还需要更长的时间。求平、求稳、安于现状的心态较为突出，常常是步东部后尘而错过了发挥政策效益的最好时机。以“内陆开放型经济试验区”建设为例，早在2012年，中央就批准允许宁夏“先行先试”“内陆开放型经济试验区”，但时至今日，宁夏尚未形成“先行先试”的氛围。文化产业的发展是需要依靠高技术和高资金支撑的，而宁夏经济发展的滞后直接导致了文化产业物资设备的落后，严重限制了宁夏文化产业开发的条件和能力。投入不足一直以来就是制约地方经济快速发展的瓶颈也是地区文化资源优势向产业优势转换面临的一个大问题。其主要表现为：一是文化产业规模不大。2014年文化产业增加值占GDP比例为2.13%，低于全国平均水平（2014年全国文化产业占GDP比例为3.76%），与发达省区相比差距较大；文化产业投入较少，投融资渠道不宽，2013年全区文化产业固定资产投资仅占全社会固定资产投资1.25%。[②]二是文化产业特色还不鲜明。区域民族历史特色文化资源挖掘不深，粗放式经营，利用率不高，优势产业专而不精、特而不强，产业园区、基地同质化、低层次竞争问题突出；文化产业结构不尽合理，文化科技创新能力不强，新兴产业发展较慢，传统产业升级改造任务艰巨，在产品设计研发、衍生产品生产、文化市场开拓等方面明显滞后，尚未形成内生增长的产业生态系统。三是文化企业实力不强。国有改制企业遗留问题较多，民营企业普遍呈现“小、散、弱”的状况；文化产品品牌缺失，市场竞争力不强，科技含量和附加值较低；群众文化消费能力较弱，文化消费市场尚未形成，支出比例偏低。四是文化人才缺乏。从业人员的综合素养偏低，特别是懂文化、会经营、善管理的文化产业人才较少，文化创新能力亟待提高，成为制约宁夏文化产业发展的瓶颈。

3. 尚未形成开放型文化产业格局

所谓开放型文化产业，是指在保障国家安全的前提下，通过文化产业要素、商品与服务自由地跨国界流动，允许游客自由进出化、产业服务的系统化、标准化，文化产品的多样化，从而实现文化资源最优配置和最大产业效益。2009年

① 宁夏文化厅2016年年终总结报告，内部资料。
② 宁夏回族自治区宣传部《2014年宁夏文化产业发展态势》，内部资料。

初，宁夏回族自治区党委、政府开始对国有文化事业单位进行了改革，组建了宁夏电影集团公司、黄河出版传媒集团公司、宁夏广电传媒集团公司、宁夏报业传媒公司、宁夏演艺集团公司、宁夏互联网新闻中心等六家国有文化企业。经过七年发展，这六家国有文化企业依然需要政府财政补贴过日子，当初制定的改革五年后与政府脱钩的愿景已经落空。究其原因，一是宁夏文化市场空间狭小，生产的文化产品缺乏吸引力，还没有成为城乡居民消费的目标之一；二是抢抓中阿合作机遇缺乏必要的手段，还没有为“丝绸之路经济带”沿线国家量身定制的文化产品；三是尚未形成开放型文化产业发展的鼓励性政策，文化企业对外发展的战略目标难以明确。

4．“丝路文化”定位尚未明确

一是对外贸易水平较低，对外影响力较弱。据宁夏海关统计，2015 年全年实现进出口总额约为 37.91 亿美元（约 231.3 亿人民币），比上一年下降 30.3%。其中，出口贸易额为 29.76 亿美元，进口贸易额为 8.14 亿美元。全年累计实现贸易顺差 21.62 亿美元[①]。2015 年，全国全年货物进出口总额 245 741 亿元，其中，出口 141 255 亿元，进口 104 485 亿元。货物进出口差额（出口减进口）36 770 亿元，比上年增加 13 244 亿元，宁夏仅占全国外贸进出口总额的 0.094%[②]。除了汽车轮胎、制药添加剂长期保持较为稳定的出口外，宁夏自身的产业发展不足，市场需求较低，进口产品也受到销售的限制，造成整体对外经济供需不旺。这种状况的最直接结果就是自有的特色文化难以伴随经济走出国门，这也是国外大多数国家对宁夏较为陌生的主要原因。二是“丝路文化”建设思路不明确。“丝路文化”既是内生外辐的文化形态，也是由内向外通过产业形态传播的外向型文化产业。单纯地依靠内生性文化与丝绸之路经济带沿线国家相互认知，只能是自己能看懂，他国一知半解的状态。相反，如果单纯引进丝绸之路经济带沿线国家的文化，在中国，同样会遇到水土不服的问题。因此，“丝路文化”是通过文化产业形态达成相互认知、相互包容、相互接受的文化。目前，宁夏尚未出台“丝绸之路经济带文化产业”相关的政策、规划等指导性文件，也没有单列针对丝绸之路经济带沿线国家推动文化产业发展的扶持资金，类似于宁夏演艺集团打造的《丝路天歌》所使用的各项资金，是在每年宁夏回族自治区 1 000 万文化产业专项扶持资金中列支[③]，也就是说，占用了专项资金，其他的文化产业扶持资金就会相应减少。这种状况，不利于“丝路文化”的建设。

① 宁夏回族自治区 2015 年国民经济和社会发展统计公报，宁夏回族自治区统计局 2016 年 5 月 25 日发布。
② 国家统计局，《2015 年国民经济和社会发展统计公报》，2016 年 2 月 29 日发布。
③ 宁夏财政厅 2015 年社会文化项目列支要目，内部资料，第 28 页。

5. 对外开放型文化人才不足

宁夏尚未构建起“丝路文化”政策性指导框架，因此，“丝路文化”开放性文化产业人才的培养和使用也就无从谈起。2013 年，全自治区文化产业单位有 9 887 家，其中，在全区工商管理部门注册登记的文化产业法人单位有 2 756 家，其他的企业分散到制造、批发零售、服务贸易及文化专业的个体经营，但规模以上（注册资本在 500 万元以上）的文化企业不足 10 家，而且大多是国有文化企业。[①] 如果对规模以上国有文化企业进行分析，还没有找到结合“丝路文化”形成外向型文化产业发展路径，相应的外向型文化产业人才也就无从谈起。

三、宁夏丝绸之路经济带文化产业发展的对策

1. 高起点谋划丝绸之路经济带文化产业相关政策

一是尽早谋划《宁夏丝绸之路经济带文化产业发展规划》，确立开放型文化产业的发展指导思想，形成“主动跟进、主动沟通、主动对接、主动投入”的发展思路；二是加快制定《宁夏丝绸之路经济带文化产业发展扶持政策》，在政策保障、资金扶持、税费减免、进出口奖励、人才培养等方面提出明确的发展思路，重点鼓励、支持文化企业走出去，不断构建国际性的具有一定影响力的文化企业；三是通过政府扶持、企业参与，构建“丝绸之路经济带文化产业发展基金”，专门用于扶持、帮助宁夏具有外向型文化企业的发展；四是加快文化产业人才建设，充分发挥宁夏大学、宁夏师范学院、宁夏艺术学院等高等院校师资队伍的优势，大力培养在语言、艺术管理、非遗保护等专业背景的人才队伍。

2. 加快促进宁夏与丝绸之路经济带沿线国家文化产业交流

一是建立丝绸之路经济带文化产业发展政策机制。定期与丝绸之路经济带沿线国家举办文化产业贸易、学术等交流活动，形成互认互知的良好氛围。二是坚持特色文化对接路径。丝绸之路经济带沿线国家众多，要做到知彼知己，就要在特色上下功夫，充分挖掘具有鲜明特色的民族文化资源，形成特色文化品牌，吸引沿线国家走进、了解中国、宁夏的特色文化，只有对彼此当地的特色文化发生兴趣，才能相互交流、愿意交流、主动交流。三是加快培育特色文化产品。文化产业是通过文化产品的形态表现出来，没有文化产品，也就谈不上文化产业。因此，要经常性举办文化产品贸易大会，吸引丝绸之路经济带沿线国家的文化企业积极参与，让文化产品交流成为引领沿线国家合作共赢的牵引力。

---

① 宁夏回族自治区党委宣传部、宁夏统计局，《宁夏文化及相关产业统计概览（2014）》，内部资料，第 7 页。

3. 加快培养宁夏丝绸之路经济带文化产业人才

一是制定丝绸之路经济带文化产业人才培养和使用规划，用三到五年时间培养和引进一批较有影响的具有一定影响力的文化产业人才。二是从当地学校、企业、行政事业单位中，选拔一批具有培养潜力的人才送到国外培养，特别注重培养在语言、翻译、文化产品的识别与评定等方面的人才，形成国际化的文化产业人才团队。三是定期举办国内外较有影响力的文化产业高峰论坛，广泛交流丝绸之路经济带文化产业发展的各种议题，形成会议品牌，吸引国内外相关方面的专家学者经常性关注宁夏，形成文化产业人才高端智库。

4. 加快宁夏丝绸之路经济带文化产业资金融通

一是建立由政府主导、社会参与的“宁夏丝绸之路经济带文化产业发展基金”，通过低息贷款、项目资金扶持等方式，专门用于鼓励、扶持宁夏及丝绸之路经济带沿线国家文化企业的发展。二是建立文化产业小微企业扶持专项资金，大力扶持宁夏小微文化企业在产品研发、技术提升等。三是建立非物质文化遗产转化文化产业的专项资金。非物质文化遗产项目具有大量转化为文化产品的潜力，而且大多特色鲜明、市场吸引力强，通过专项资金扶持，形成外向型发展路径，鼓励非遗产品走出国门，就能引领一大批非遗项目得到转化，进而形成市场前景良好的文化产品。四是大力推动网上文化产品交易平台建设。通过“互联网+”等形式，形成丝绸之路文化产品网上交易平台，让丝绸之路经济带沿线国家的人民享受到更多的文化大餐。

5. 以旅游业带动丝绸之路经济带文化产业发展

一是充分发挥丝绸之路经济带线路长、特色文化鲜明、旅游资源丰富的特点，大力开展文化旅游、文化探秘、文化之旅，形成“旅游+”文化的产业发展形态。二是旅游带动文化产品发展。设计适合丝绸之路经济带沿线国家需求的旅游产品，与旅游同步发展，旅游线路延伸到哪里，文化产品就要伴随到哪里，形成跟随型、伴生型的发展格局。三是经常性举办丝绸之路经济带沿线国家文化旅游对接会、文化旅游产品贸易交流会，让文化产品与旅游业相互促进、共赢发展。

参考文献

陈岗.2016.宁夏丝绸之路经济带发展战略研究.现代经济信息，(9)：477-479.

国家发展改革委.2015.中华人民共和国国务院推动共建丝绸之路经济带和21世纪海上丝绸之路的愿景与行动.

康彦华等 . 2014. 丝绸之路经济带战略框架下宁夏向西开放战略选择 . 西部金融，（12）：57-60.
刘锋 . 2001. 中国西部旅游发展战略研究 . 北京：中国旅游出版社：119.
毛凤玲 . 2004. 宁夏旅游业客源市场分析及营销创新 . 宁夏大学学报（人文社会科学版），（1）：99.
宁夏回族自治区人民政府 . 2016. 中国共产党宁夏回族自治区第十一届委员会第八次全体会议公报 . 宁夏新闻网 . 2016-07-28.
陶伟，郭来喜 . 2000. 宁夏旅游资源及其功能分区评价研究 . 地理学与国土研究，（1）：55.
中共中央文献研究室 . 习近平重要讲话文章选编 . 北京：中央文献出版社 .

中小学信息化科学研究及其教育发展思考

唐青梅
内蒙古乌海实验小学

引言

随着信息科学与技术的飞速发展及广泛应用，对社会生活、经济发展、科学研究、文化教育等领域都产生了深刻的影响。信息技术在各个领域创造新的可能性的同时，也产生了网络时代所独有的新的行为模式。在中小学科研领域，国内外已有相当多的研究关注信息化环境下的创新科研，例如，英国、德国及我国在科研信息化基础设施建设、资源网格服务方面都取得了新的进展，支持信息化科研的虚拟研究环境的开发与应用提供相应的各种支持工具，比如支持信息的获取、数据的可视化、数据的建模等工具。这些研究为科研团队实现计算资源的共享、数据的分布式访问及研究工作的协同开展提供了技术上的可能性。教育信息化领域的研究更是离不开对先进信息技术的应用与创新。

1. 信息化科研技术支持

中小学信息化科研是指以现代信息技术科学为支撑，以创新型、全方位、立体开发、基础性普及化研究实践。信息技术通过新一代基础设施提供可共享的高性能计算资源，通过海量的数据存储技术提供分布式数据库服务，以及在此基础上的协同研究的虚拟环境支持，在不断涌现的高新信息技术支持下，科学研究的领域与方法能够得到促进、支持、扩展和延伸，从而体现为中小学科研活动的创新，可实现跨地区的科研人员能够通过宽带网络共享研究仪器和工具，分享数据仓库及与之配套的管理工具，共享高性能计算资源，研究人员借助信息化科研

软件和基础设施服务，建立起相互依赖和互信的协同研究关系，进而协同地开展数据的挖掘、数据的模拟、数据的分析与整合。利用领域特定的研究工具，如可视化工具、仿真软件和交互工具等，研究人员能够开展更具建设性的研究实践活动。中小学信息技术在科研领域的应用也经历了以下三个发展阶段：一是对技术的研究阶段，如技术创新、技术应用（包括教育应用）、数字鸿沟、创新扩散等；二是利用技术开展研究的阶段，如计算机辅助的访谈、技术支持的数据分析、社会性网络分析等：三是技术使用的研究阶段，如数据挖掘、数据处理、数据整合、数据分析、协同研究、模拟、可视化，等等。现代信息化科学技术为中小学教育服务实现时空无限扩大、资源高度整合利用、教育服务升级提质增效提供新的发展模式。

2．信息化科研服务机制

中小学信息化科研资源共享和协同工作在服务机制上实现资源共享，意味着跨部门、跨地区、跨学科的科研人员能够共享数据资源、科研仪器资源和计算资源，所有共享的资源构成了信息化科研的基础服务设施，从而为信息化科研的进一步资源共享提供保障。协同工作作为信息化科研将会使一种崭新的从事科研活动的方法和模式成为可能，从而实现跨时间、地点、物理障碍的共同研究。信息技术在科研领域的创新应用体现为对共享与协同的支持。信息化科研的技术与工具为研究过程提供促进、支持、扩展和延伸。数据资源的获取、设备的访问和链接、数据的处理与操作、数据的可视化等都能够得到信息技术的支持，确保研究人员在需要的时候链接所需的系统、设备和网络，确保研究人员便捷地搜寻到其所需的数据资源并且恰当地共享和使用这些数据资源。建议国家层面成立中小学信息化科研统一服务平台，建立可信与共享的网络基础设施，平台保证数据资源的完整性、准确性和质量，提供深层次的中小学教、科、研三位一体信息处理服务网，通过对现有中小学教学资源的分析和处理对未来趋势作出相应基础性科研预测和政策指导，确保中小学科研工作者的研究成果被完整地保存、共享，为日后的研究再利用，提供一个独立的地区基础设施，从而整合大量的计算和信息资源。利用先进的信息服务技术促进和支持协作研究，并且为跨地区中小学协作研究过程和虚拟网络实验提供相应的技术支持，实现网络研究共同体。信息化科研使得建立跨学科、跨地域的科研团队成为可能，研究人员能够借助信息技术开展合作与交流，开展创新的研究与实验，分享数据、分享成果，为研究成果创造更大的应用前景。传统科研的一个主要缺陷就是科研活动是处于一个相对封闭的环境中，不同地区、国家的研究人员之间的信息交流不顺畅。信息化科研所支持的基于数字化、网络化、虚拟化、可视化桌面应用的现代科学研究，能够为基于协作的科研提供所需要的研究平台和研究环境，从技术上解决了限制协作科研的制约因素，从而提高了信息交流和共享的渠道，进而支持研究共同体的建立和协作研究过程的开展，促进知识共享、知识的创造与分享成为协同研究的重要目标。

3. 信息化科研基础设施

中小学信息化科研信息技术建立以新一代的电子基础设施为基础，并在此基础上提供信息化的科学服务研究环境，扩展科学研究方法、手段及应用。许多国家和地区正在逐步完善科学研究的环境，创造信息化、网络化、智能化、虚拟化的研究平台和相应软件、工具和基础设施，以促进信息化科研所要求的知识共享、协同工作和虚拟研究的要求。国家电子基础设施的开发与研究、网格技术和中间件研究、数据处理与共享技术研究等方面，体现了数字化，使得可以在十分精确和复杂的水平上进行分析、洞察事物规律。数据的规模和复杂度的增长给研究工作带来了全新的工作情景。为中小学信息化科研创建一个面向社会科学与现代工程技术的信息化基础设施开放的平台；支持中小学基础性教育科学和技术研究提供高性能的计算、数据的搜索和分析、网络虚拟资源的共享、虚拟团队的协作科研。充分利用中国教育和科研计算机网（CERNET）基础设施，并建立在它上面的丰富资源与信息，在中国建立一个“最大最先进、最实用”的教育网格服务系统，从而支持广大的教育科研人员开展并实现各种教育、科研项目和活动。加强网络资源管理、信息管理、数据管理、屏蔽网络资源的异构性和动态性、网络安全等多种功能，能够对教育和科研系统中的丰富的资源进行整合，从而为教育和科研提供高性能、安全可靠的网格应用。支持虚拟研究环境（virtual research environment，VRE）是数字化的、基于信息化科研基础设施的协同研究空间及其服务。虚拟研究环境与学习管理系统在系统架构、数据资源方面越来越趋向于统一的面向服务的架构、服务及元数据标准，为研究共同体成员提供了一个适合协同工作和交流的虚拟环境，并提供了一系列通信工具，使科研活动克服时空的局限。

4. 结语

作为社会科学研究领域的重要分支，教育信息化的技术手段和先进理念同样适用于中小学教育科研信息化的实现。在教育科研领域的研究包含了信息化的教育软硬件环境建设、信息化教学过程、教学管理和教学科研活动。教育科研已经逐渐实现了信息化，并逐步向网络化、虚拟化、电子化和协同化的方向发展，能够实现教育教学的资源共享和协作交流。中小学教师可以通过网络实现教育教学科研的优化。随着科研信息化的不断发展，科研基础设施和平台工具的不断完善，科研信息化进程将极大地促进教育信息化进程，科研信息化所支持的知识共

享、协同工作和虚拟科研的思想也将在中小教育科研领域产生更加深远的影响。

参考文献

陈琳．2013 中国教育信息化发展透视．教育研究，（6）：136-141.

陈琳，李振超．2014. 2013 年中国教育信息化十大新闻解读．中国电化教育，（3）：38-41.

傅首清．2014. 技术推动教育变革——海淀区从数字教育到智慧教育发展探析．现代教育技术，（1）：5-11.

杨现民．2014. 信息时代智慧教育的内涵与特征．中国电化教育，（1）：29-34.

杨现民，刘雍潜，钟晓流，等．2014. 我国智慧教育发展战略与路径选择．现代教育技术，（1）：12-19.

国家自然科学基金地区科学基金资助成效总结与未来展望①

高阵雨[1]　陈　钟[1]　王岐东[1]　肖凤军[2]

1. 国家自然科学基金委员会计划局　2. 北京航空航天大学公共管理学院

国家自然科学基金地区科学基金（简称地区基金）设立于 1989 年，目的在于支持特定地区的部分依托单位科学技术人员在科学基金资助范围内开展创新性研究，培养和扶植该地区科学技术人员，稳定和凝聚优秀人才，为区域创新体系建设与经济、社会发展服务。地区基金最初是作为面上项目的一个亚类，2007 年正式成为自然科学基金中一个新的项目类型。为突出其稳定地区人才的项目定位，2008 年将其划归自然科学基金人才项目序列。设立之初，地区基金资助范围只包括新疆维吾尔自治区、内蒙古自治区、广西壮族自治区、青海省、宁夏回族自治区、海南省及西藏自治区 7 个省区；1990 年增加了贵州省和江西省；1991 年增加了云南省；1993 年增加了吉林省延边朝鲜族自治州；2010 年增加了甘肃省；2012 年增加了湖北省恩施土家族苗族自治州、湖南省湘西土家族苗族自治州、四川省凉山彝族自治州、四川省甘孜藏族自治州和四川省阿坝藏族羌族

① 高阵雨（1986—），男，内蒙古巴彦淖尔人，博士，研究方向为科技管理（zhedagaozy@126.com）；陈钟（1961—），男，天津人，教授级高级工程师，硕士，主要研究方向为管理科学；王岐东（1964—），男，山东莱州人，研究员，博士，主要研究方向为大气污染控制、科研管理；肖凤军（1988—），男，彝族，四川盐边人，博士研究生，研究方向：科技政策与管理、科学史。

自治州；2016 年增加了陕西省延安市和榆林市。至此，经过 27 年发展，地区基金资助地区已扩展到 19 个，越来越多的科研人员因此获益。

作为自然科学基金三大基本项目之一，地区基金的申请、评审和管理机制与面上项目基本相同，同时体现出促进区域基础研究人才稳定和成长的管理特点。在申请条件方面，申请人必须具有高级专业技术职务（职称）或者具有博士学位，若上述条件不具备，有 2 名与其研究领域相同、具有高级专业技术职务（职称）的科学技术人员推荐也可申请。这种较低的申请门槛设置几乎允许所有从事基础研究的科研人员申请。在评审标准方面，除考察申请人和参与者的研究经历，研究队伍构成、研究基础和相关研究条件及项目申请经费使用计划合理性等因素之外，还考察研究内容与该地区经济、社会与科技发展的关联性，项目实施对该地区人才培养的预期效果等因素，这样的标准设置引导广大科技人员结合地区实际需求开展有针对性的科学研究，以提高地区科技发展水平。

据来自国家自然科学基金委的数据显示，在国家财政大力支持下，地区基金的资助体量不断攀升，资助数量从设立之初的 100 项 / 年增长到现在的 2800 项 / 年，资助强度从设立之初的 2.5 万元 / 项增长到现在的 40 万元 / 项（直接费用）。截至 2016 年，地区基金共资助 19 437 个项目，经费总计约 70 亿元。其中，江西省、云南省、新疆维吾尔自治区获资助数最多，分别为 3419、2914 和 2818 项。获资助的项目负责人中，男性 13 905 人，占 71.54%，女性 5531 人，占 28.46%。副高以上职称的共 16 650 人，占 85.67%，中级职称及以下的有 2786 人，占 14.33%。同时，参与基金研究的项目组成员中博士生、硕士生的比例也逐年加大。自实施以来，地区基金在人才培养方面取得了显著成绩，扶持和培养了一大批科技人才扎根边远地区开展创新研究。

党的十八大提出创新驱动发展战略，把科技创新摆在重要的位置，是因为创新是加快转变经济发展方式、破解经济发展深层次矛盾和问题、增强经济发展内生动力和活力的根本措施。人才作为开展科技创造的主体，直接决定了创新“驱动力”的力度和强度。地区基金的资助区域大多是科技、经济欠发达地区，它们对科技进步和经济发展的需求更为强烈，这就赋予了地区基金这样的人才专项项目更多的历史使命。新时代有新的科技发展形势，新形势又对科技资助提出了新要求，为进一步加强基础研究薄弱地区科学人才培养，国家自然科学基金委员会（简称国家自然科学基金委）应当在以下几方面认真思考、积极谋划，提出新的改革举措。

一是不断提高资源的整体配置效益。地区基金作为支持特定地区的专项人才项目，其目的在于稳定地区科技人才，通过一段时间的倾斜培养提高其创新研究能力。通过调研发现，一些研究人员获得过多次地区基金资助而很少申请其他

基金项目，这使得这些研究人员长期享受地区基金的“照顾”而不向更高水平的项目发起冲击。从个人来讲，其不利于其成长和长远发展；从整体来讲，其降低了资源的配置效益。为此，国家自然科学基金委于2016年出台政策规定作为项目负责人获得地区基金资助累计不超过3项，以鼓励那些已经具备高水平的研究人员去争取高水平项目。今后，国家自然科学基金委应持续关注地区基金资助范围内研究人员获资助情况，加强形势研判，实现稳定支持与积极引导并举，不断提高整体资助效益。

二是缩短地区间差距。地区基金设立的初衷是为缩短地区间科技水平差距，而对基础研究薄弱地区进行倾斜资助。但从目前统计结果来看，地区基金资助区域内也呈现出不平衡现象。比如，江西省27年来共有3419个项目获得资助，而西藏自治区只有216项；2015年，四川省3个少数民族自治州没有获得资助，而吉林省延边朝鲜族自治州获得38项。伴随此类现象存在的另一个情况，是一些具备条件的地区纷纷开拓其他渠道加强地区科技人才的资助，长期下去这种不平衡无疑会加剧。在统筹考虑各地区基础研究水平差异、可获取资源分布等情况的基础上，进行地区基金更合理地配置，是平衡地区科技发展差异、提高我国科技整体水平的必然要求。

三是研究资助区域的设置标准。地区基金不像大多数自然科学基金项目那样面向所有地区，而是只针对部分地区的科研人员，因此这就涉及一个资助区域的界定问题。对于有基础研究力量且整体水平较差的地区，应该将其及时纳入资助范围；对于那些已受到多年地区基金资助、整体科技水平有较大提升、已具备同其他地区展开竞争的区域，也应该使其退出资助范围，把资源投向更需要的地方，从而提高地区基金资助的边际效益。未来，国家自然科学基金委应当在适当时机综合考虑各地科技水平发展和地区基金资助体量变化，科学设置资助区域标准，动态调整资助范围。

当前，我国区域间发展不平衡的矛盾还很突出，许多“老、少、边”地区经济发展滞后，环境污染严重，人民生活水平普遍偏低。这些问题要想从根本上得到改变，就需要不断培养高素质地区科技人才，以强大的科技创新能力和充足的科技创新成果带动经济快速发展。现阶段的差距造成了这些地区科研人员在科研项目申请中处于劣势，因此像地区基金这样的专项项目就显得尤为重要，并在稳定地区优秀人才中发挥着“定海神针”的作用。近30年来，地区基金在培养优秀人才、服务地方发展等方面发挥了巨大作用，国家自然科学基金委应该系统总结、认真梳理，通过分析成功实施经验不断提高治理能力，通过研判资助需求变化不断调整资助政策，使地区基金未来取得更大的资助效益。

参考文献

崔岩，李龙 . 2014. 地区基金资助模式对经济欠发达地区医学科技人才影响的探讨 . 中华医学科研管理杂志，27（3）：306-309.

管仕平 . 2012. 区域基础研究援助机制研究 . 合肥工业大学博士学位论文 .

李冬梅 . 2003. 我国区域科技资源配置效率评价实证研究 . 北京机械工业学院北京信息科技大学硕士学位论文 .

吴善超，陈敬全，韩宇 . 2009. 关于加强国家自然科学基金与地方基础研究工作战略协作的思考 . 中国基础科学，11（6）：64-67.

赵磊，张鹏，徐峰，等 . 2012. 国家自然科学基金资助呼吸系统研究项目的总体回顾与分析 . 中华结核和呼吸杂志，35（7）：540-544.

Ⅳ. 中国服务业现代化的政策和实践

Policy and Practice of China's Service Industry Modernization

中国服务业发展现状与趋势研究

赵西君
中国科学院中国现代化研究中心

产业结构演变规律表明，随着经济的不断发展，第三产业比例将会日益提高并逐渐成为推动国民经济发展的主要动力[1-5]。2013 年中国第三产业比例开始超过第二产业，2015 年中国服务业比例超过 50%，标志着中国经济正式迈向服务经济时代。未来，如何引导中国服务业健康稳步发展，如何更能发挥服务业对经济增长和就业吸纳的引擎作用，值得深入研究。

1. 中国服务业发展的现状与特点

（1）服务业经济与人口规模不断增加，但劳动力比例低于增加值比例

中国服务业规模不断增大。根据《中国统计年鉴 2016》和《中华人民共和国 2016 年国民经济和社会发展统计公报》显示，2010 年中国服务业增加值为 182 038 亿元，2016 年达到 384 221 亿元，年均增速为 13.3%，高于第二产业增加值增速 5.7 个百分点。服务业增加值占 GDP 比例由 44.1% 增长到 51.6%，比第二产业高出 11.8 个百分点（图 1）。

就业人员不断向服务业转移，服务业就业人员数量持续增加，2010 年中国

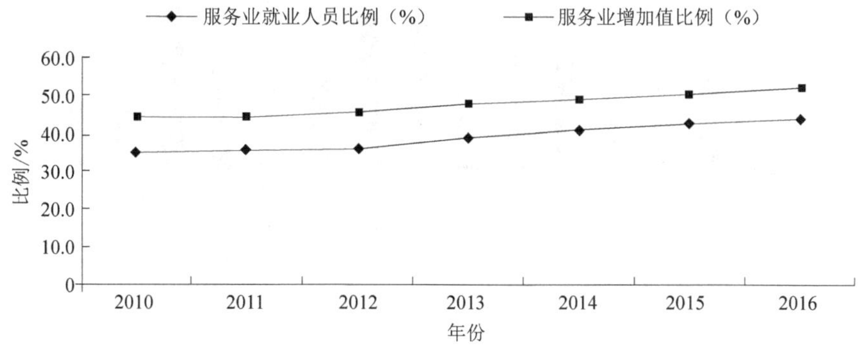

图 1　2010—2016 年服务业就业人员与增加值比例

资料来源：《中国统计年鉴 2016》和《中华人民共和国 2016 年国民经济和社会发展统计公报》

服务业就业人口为26332万人，2016达到33757万人，年均增速为4.2%。服务业就业人口占全国总就业人口比例由2010年的34.6%上升到2016年的43.5%，成为我国吸纳就业人口的绝对主力产业。

中国服务业增加值占GDP比例一直高于就业人口占全国总就业人口的比例，2010年高出9.6个百分点，2016年高出8.1个百分点，说明服务业就业人员人均创造的产业增加值在提升。

（2）服务业分行业增加值比例不断增加，运输邮政、金融和房地产业增加值比例位居前三位

中国服务业分为批发和零售业、交通运输、仓储和邮政业、住宿和餐饮业、信息传输、软件和信息技术服务业、金融业、房地产业、租赁和商务服务业、科学研究和技术服务业、水利、环境和公共设施管理业、居民服务、修理和其他服务业、教育、卫生和社会工作、文化、体育和娱乐业、公共管理、社会保障和社会组织14类产业，其中，2010—2014年，增速最快的是卫生和社会工作服务业，年均增速达到21.43%，其次是科学研究和技术服务业年均增速为21.13%，租赁和商务服务业年均增速为19.56%，说明“十二五”规划以来，我国在卫生、科研等公共服务业发展较快，商务服务业也较为活跃（图2）。

2010—2014年，批发和零售业在我国服务业中所占比例一直稳居首位，其次是金融业，房地产业在服务业中的占比位列第三。住宿和餐饮业在服务业中的地位不断下滑，由2010年的第8位，下降到2014年的第11位；卫生和社会工作在服务业中的地位不断上升，由2010年的第11位上升到2014年的第9位（表1）。

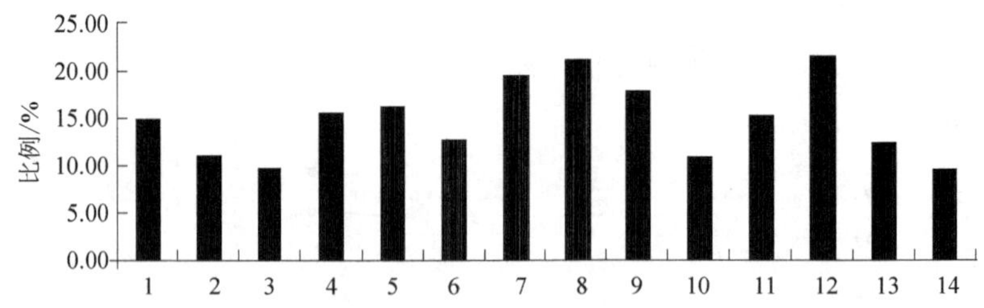

图2　2010—2014年第三产业细分行业增速对比

注：1. 批发和零售业；2. 交通运输、仓储和邮政业；3. 住宿和餐饮业；4. 信息传输、软件和信息技术服务业；5. 金融业；6. 房地产业；7. 租赁和商务服务业；8. 科学研究和技术服务业；9. 水利、环境和公共设施管理业；10. 居民服务、修理和其他服务业；11. 教育；12. 卫生和社会工作；13. 文化、体育和娱乐业；14. 公共管理、社会保障和社会组织

资料来源：《中国统计年鉴2016》

表 1　2010—2014 年服务业分行业增加值比例排名

分行业服务业	2010年	2011年	2012年	2013年	2014年
批发和零售业	1	1	1	1	1
交通运输、仓储和邮政业	4	4	4	4	4
住宿和餐饮业	8	9	9	10	11
信息传输、软件和信息技术服务业	7	7	7	7	7
金融业	2	2	2	2	2
房地产业	3	3	3	3	3
租赁和商务服务业	9	8	8	8	8
科学研究和技术服务业	12	12	11	11	10
水利、环境和公共设施管理业	14	14	14	14	14
居民服务、修理和其他服务业	10	10	12	12	12
教育	6	6	6	6	6
卫生和社会工作	11	11	10	9	9
文化、体育和娱乐业	13	13	13	13	13
公共管理、社会保障和社会组织	5	5	5	5	5

资料来源：《中国统计年鉴 2016》

（3）服务业分行业法人单位数持续增加，文体娱法人单位增速最快

近年来，我国服务业市场异常活跃，法人单位数持续增加。从服务业细分行业来看，2010—2015 年，增速最快的是文化、体育和娱乐业，年均增速达到 25.46%，其次是科学研究和技术服务业年均增速为 20.81%，金融业年均增速为 19.24%，位居第三位。公共管理和社会组织服务业增速较低，为 3.02%，教育和卫生社会服务业增速比较稳定，分别为 6.15% 和 5.71%（图 3）。

（4）服务业分行业固定资产投资不断加大，房地产业固定资产投资接近一半

近年来，我国服务业固定资产投资不断加大，2010 年全社会固定资产投资 152 096.7 亿元，2015 年达到 320 199.1 亿元，平均增速为 13.2%。服务业固定资产投资占全部投资的比例由 2010 年的 54.7%，上升为 2015 年的 57.1% 。在服务业细分行业中，房地产业在服务业全社会固定资产投资中比例最高，2010 年为 42.66%，2012 年达到最高为 48.27%，随后降到 2015 年的 42.5%，尽管如此，房地产业固定资产投资比例仍高于位居第二位的水利、环境和公共设施管理业约 25 个百分点。交通运输、仓储和邮政业在服务业固定投资中占比也较高，为 15.57%（表 2）。

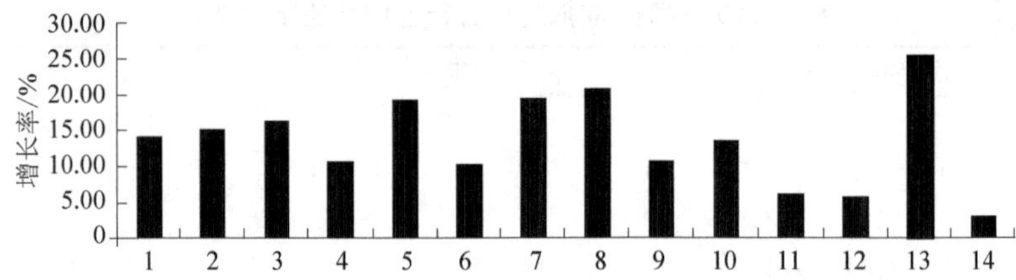

图 3　2010—2015 年服务业分行业法人单位增长率

注：1. 批发和零售业；2. 交通运输、仓储和邮政业；3. 住宿和餐饮业；4. 信息传输、软件和信息技术服务业；5. 金融业；6. 房地产业；7. 租赁和商务服务业；8. 科学研究和技术服务业；9. 水利、环境和公共设施管理业；10. 居民服务、修理和其他服务业；11. 教育；12. 卫生和社会工作；13. 文化、体育和娱乐业；14. 公共管理、社会保障和社会组织

资料来源：《中国统计年鉴 2016》

表 2　2010—2015 年服务业分行业全社会固定资产投资占服务业比例（单位：%）

分行业服务业	2010年	2011年	2012年	2013年	2014年	2015年
批发和零售业	3.97	4.37	4.78	5.15	5.51	5.99
交通运输、仓储和邮政业	19.77	16.62	15.31	14.89	15.06	15.57
住宿和餐饮业	2.21	2.32	2.51	2.44	2.17	2.07
信息传输、软件和信息技术服务业	1.61	1.28	1.31	1.25	1.43	1.75
金融业	0.32	0.38	0.45	0.50	0.48	0.43
房地产业	42.66	47.98	48.27	48.07	45.78	42.50
租赁和商务服务业	1.77	1.99	2.29	2.38	2.78	2.99
科学研究和技术服务业	0.91	0.99	1.21	1.27	1.47	1.50
水利、环境和公共设施管理业	16.32	14.40	14.42	15.24	16.11	17.62
居民服务、修理和其他服务业	0.73	0.85	0.93	0.85	0.83	0.86
教育	2.65	2.29	2.25	2.20	2.34	2.45
卫生和社会工作	1.39	1.37	1.27	1.27	1.39	1.64
文化、体育和娱乐业	1.95	1.86	2.08	2.12	2.15	2.13
公共管理、社会保障和社会组织	3.73	3.32	2.94	2.38	2.51	2.49

资料来源：《中国统计年鉴 2016》

2. 中国服务业发展存在的问题分析

（1）中国服务业劳动生产率低于世界平均水平，也低于工业劳动生产率

中国服务业劳动生产率低于世界平均水平。2000 年中国服务业劳动生产率为 2505 美元，为世界平均值的 12%，2010 年为世界平均值的 35%。在与美国、德国、法国、巴西和印度的各年比较中，中国服务业劳动生产率除比印度高外，都明显低于其他各国 [6]（表 3）。

表 3　2000—2012 年中国服务业劳动生产率的国际比较（单位：美元 / 人）

区域	2000年	2005年	2010年	2012年
中国	2 505	4 090	10 312	13 269
美国	69 316	83 329	94 842	—
德国	50 293	72 710	77 954	82 728
法国	53 385	79 975	93 254	99 650
巴西	—	9 913	—	—
印度	2 392	3 606	7 186	6 557
高收入国家	48 627	61 001	69 193	—
中等收入国家	4 398	5 650	11 097	—
世界平均	20 256	24 340	29 851	—

资料来源：World Bank，2015

中国服务业劳动生产率低于工业劳动生产率。2000 年中国服务业劳动生产率约为工业劳动生产率的 74%，2010 年约为 81%，2013 年约为 83%，说明我国服务业劳动生产率仍低于工业劳动生产率（表 4）。

表 4　2000—2013 年中国服务业效率的变化

指标	2000年	2005年	2010年	2013年
服务业劳动生产率/美元	2 505	4 090	10 312	14 280
工业劳动生产率/美元	3 393	6 017	12 672	17 393
服务业生产率/工业生产率	0.74	0.68	0.81	0.82

资料来源：World Bank，2015

（2）中国劳务型服务业比例居高，服务业质量有待提高

2000 年，中国人均劳务型服务业增加值为 221 美元，人均知识型服务业增加值仅为 62 美元，2012 年，中国人均劳务型服务业增加值达到 1534 美元，人均知识型服务业增加值则为 1136 美元，人均知识型服务业明显偏低[6]。

从劳务型和知识型服务业增加值比例来看，2000 年劳务型服务业增加值比例为 78%，知识型服务业增加值比例仅为 22%，2012 年劳务型服务业增加值比例下降为 57%，知识型服务业增加值比例上升为 43%，但知识型服务业增加值比例仍低于劳务型服务业增加值比例（图 4）。

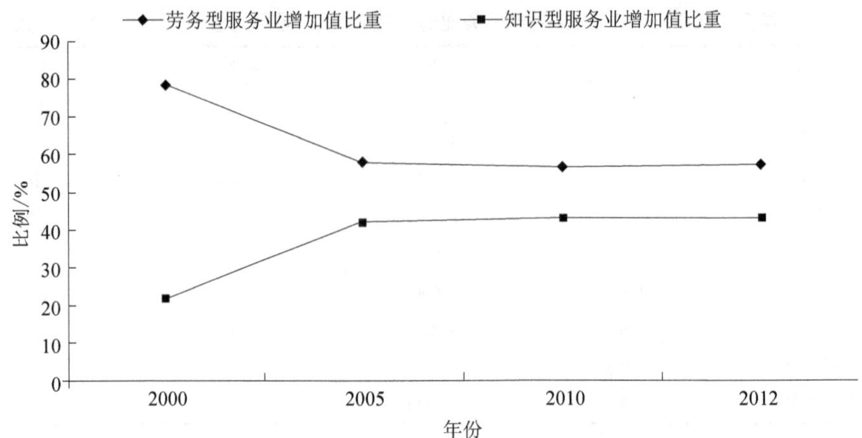

图 4　2010—2012 年劳务型与知识型服务业增加值比例

资料来源：何传启 . 2016. 中国现代化报告 2016——服务业现代化研究 . 北京：北京大学出版社

（3）中国服务出口比例低于进口比例，人均知识产权进口使用费远高于出口使用费

2009 年以来，中国服务进口比例超过服务出口比例，2013 年中国服务出口占国内生产总值的比例仅为 2.27%，服务进口占国内生产总值比例为 3.49%，并且两者之间的差距呈增大趋势，说明我国服务严重依赖国外进口。

2005 年人均知识产权出口使用费为 0.1 美元，人均知识产权进口使用费为 4.1 美元，到 2013 年中国人均知识产权出口使用费为 0.7 美元，人均知识产权进口使用费达到 15.5 美元，绝对差距明显增大（表 5）。

表 5　2005—2013 年中国服务业贸易结构的变化

指标	2005年	2007年	2009年	2010年	2011年	2013年
服务出口占国内生产总值比例/%	3.93	4.19	2.85	2.84	2.47	2.27
服务进口占国内生产总值比例/%	3.71	3.70	3.15	3.21	3.19	3.49
人均服务出口额/（美元/人）	68	112	108	128	137	158
人均服务进口额/（美元/人）	65	99	120	145	178	244
人均知识产权出口使用费/（美元/人）	0.1	0.3	0.3	0.6	0.6	0.7
人均知识产权进口使用费/（美元/人）	4.1	6.2	8.3	9.7	10.9	15.5

资料来源：World Bank，2015

3．中国服务业发展的对策建议

（1）大力发展知识型服务业，提高服务业劳动生产率

服务业可以分为知识型服务业和劳务型服务业，其中，劳务型服务业主要

是指家政、零售、餐饮、保洁、修理等劳动密集型的产业[7]，这类产业是保证人们日常需求必不可少的产业，但目前在我国占比较高，并且这类产业由于知识含量少、吸纳人口多，整体上拉低了我国服务业的劳动生产率。所以，未来应在保证满足生活服务的基础上，大力发展知识密集型服务业，特别是现代服务业，如金融服务、研发设计服务、医疗教育、信息服务等现代服务业，以提高知识型服务业在国民经济中的比例。

（2）大力发展服务外包经济，提高服务出口比例

服务外包是指企业将服务生产活动以商业形式发包给本企业以外的服务提供者的经济活动，它具有信息技术承载度高、附加值大、资源消耗低、环境污染少、吸纳就业能力强，国际化水平高等特点[8]。长期以来，我国作为服务的输入地，美国、欧盟、日本等发达经济体为主要发包方[9]，但近年来，我国的劳动力成本、土地成本、资源成本都在不断攀升，致使企业生产成本明显上升，我国应该大力发展向泰国、缅甸等其他经济体的服务外包业务，以降低中国企业的生产成本。并且，当前我国对外开放重点是制造业领域，服务业开放相对滞后，在各国服务业相互渗透、融合和依存，以及国际化的服务供给和消费不断增加的背景下，我国更应该鼓励发展对外服务外包产业，大力提高服务出口比例，以增强我国服务业的国际竞争力。

（3）加快互联网与传统服务业的融合发展，大力推动新兴服务业发展

随着物联网、云计算、新一代信息技术的迅猛发展，以互联网为核心的网络技术正在日益成熟，并推动整个人类社会进入网络经济时代，互联网对各行各业尤其是服务业的全面渗透开始加速。互联网必然会推动传统产业转型升级，研发设计、第三方物流、商业咨询等生产性服务业将获得加速发展。同时，互联网与服务业各领域的融合，必然会促进服务业的社会化分工重组，一大批以互联网为基础的新兴服务业将得以快速发展，如已经催生出网络购物、互联网金融、互联网交通、在线租车等大批新兴行业和新型业态。但从当前来看，“互联网 +”在与服务业融合发展中尚处于初级阶段[10]，仍有广阔的发展前景，未来，应深入贯彻国务院发布的《关于积极推进“互联网 +”行动的指导意见》，一方面大力引导互联网与传统服务业的深度融合；另一方面应积极推动以互联网为基础的新兴服务业快速发展。

参考文献

[1] 库兹涅茨 . 1999. 各国经济的增长 . 常勋，等译 . 北京：商务印书馆 .

[2] 罗斯托 . 2001. 经济增长的阶段 . 郭熙保译 . 北京：中国社会科学出版社 .
[3] 李江帆，黄少军 . 2001. 世界第三产业与产业结构演变规律的分析 . 经济理论与经济管理，（2）：29-34.
[4] 华而诚 . 2001. 论服务业在国民经济发展中的战略性地位 . 经济研究，（12）：3-7.
[5] 冯华，孙蔚然 . 2010. 服务业发展评价指标体系与中国各省区发展水平研究东岳论丛，31（12）：5-9.
[6] 何传启 . 2016. 中国现代化报告 2016——服务业现代化研究 . 北京：北京大学出版社 .
[7] 江小涓 . 2011. 服务业增长：真实含义、多重影响和发展趋势 . 经济研究，（4）：4-14.
[8] 黄建锋，崔荣燕 . 2007. 服务外包兴起与中国的对策分析 . 南通大学学报（社会科学版），23（6）：32-38.
[9] 夏杰长 . 2015. 面向“十三五”的中国服务业：总结与展望 . 北京工商大学学报(社会科学版)，30（6）：1-11.
[10] 毕明，袁一萍 . 2016. “互联网 +” 服务业发展问题研究 . 市场论坛，150（9）：74-77.

我国服务业现代化的历程和经验探析

李敬煊　陈瑞婷
华中师范大学马克思主义学院

党的十八大提出，发展服务业是我国产业结构优化升级的战略重点。服务业发展水平和现代化程度是衡量一个国家和地区现代化程度的重要标志，也是反映一个国家综合实力的重要内容。随着改革开放近 40 年的快速发展，我国服务产业规模不断扩大，产业结构不断优化，现代化程度不断提高，已经成为国民经济发展的主导力量，在社会主义现代化建设中发挥着举足轻重的作用。本文试图在回顾我国服务业现代化的发展历程的基础上，分析其中的成就与不足，总结经验教训，最后提出笔者粗浅的建议。

一、基本概念的厘定与相关学术史的梳理

（一）相关概念的厘定

1. 服务业

服务业的概念是从第三产业的概念衍生出来，有其动态性，随着生产力的进步，科技的发展，很难做出一个绝对的概括。在实践中，我们常把第三产业作

一种“排它式”或“剩余式”的界定，侧重于国内经济结构，但是服务业则是相对于工业制造业而言，具有跨产业的特点，不仅包含第一产业中的农、林、牧、渔服务业，还涉及第二、第三产业中满足消费者与企业的最终需求与中间需求提供服务的行业。

2. 服务业现代化

2002 年，党的十六大报告中明确提出，加快发展现代服务业，提高第三产业在国民经济中的比例，使现代服务业成为我国产业发展政策中的一个正式提法。现代服务业具有三个特点：第一，应以信息技术为支撑，具备知识经济特性；第二，既包括随着技术发展而产生的新兴服务业，也包括运用现代技术改造和提升后的传统服务业；第三，既包括生活服务与生产服务，也包括面向厂商的生产性服务业。

因此，服务业现代化就是实现以信息技术为支撑和促进来服务业发展，利用现代化技术改造提升、满足社会各阶层多重需求的传统服务业，以及随着社会分工细化与消费结构升级不断培育新兴服务业的过程。

综合考虑上述两个基本概念，我们认为服务业是国民经济的重要组成部分，服务业的发展水平是衡量现代社会经济发达程度的重要标志。加快发展服务业，实现服务业的现代化，在基本实现现代化的过程中有着重要的意义。

（1）有利于优化产业结构，是加快转变经济发展方式的必由之路

改革开放以来，我国处于产业结构不断变化的长期过程，产业结构优化升级成为未来中国经济结构调整的主要任务，而实现经济集约化发展和转变经济发展方式，是改变中国经济结构和产业结构不合理的重要内容。服务业具有污染少、资源消耗低等一系列优势，近年来，我国新的消费热点多集中于服务业领域，服务业已然成为新的经济增长点。当前，我国处于现代化全面建设的关键时期和产业结构快速变动，服务业加快发展的转折时期。抓住机遇、促进服务业不仅是加速发展、优化产业结构、转变经济增长方式的必然选择，更是加快我国现代化建设的重要推力。

（2）有利缓解就业压力，解决民生问题，促进社会和谐

构建社会主义和谐社会，关注民生是新时期我国全面建成小康社会的主要任务。要想解决各种民生问题，就要发展各种为民服务的机构和部门。由于庞大的人口基数压力，加之目前我国就业市场处于卖方市场，就业压力十分巨大；发展服务业，特别是低消耗、低污染、人力资本密集的现代服务业外包产业具有的多重特性，将有效缓解中国经济面临的资源短缺、劳动力过剩及环境保护的困境，更是缓解劳动就业压力的有效途径，有助于解决民生问题，维护社会稳定，

促进社会和谐。

（3）有利于推进城市化进程

服务业的发展，特别是现代服务业的发展有利于资金流、人才流、信息流、技术流等流动，使一个城市保持了高度的竞争力，同时明确了城市在新经济环境下的角色定位，加强了城市主导作用，加快了城市经济发展速度。

（二）相关学术史的简要梳理

目前，学界对服务业现代化问题进行研究和探讨大致存在三个维度。

第一个维度是以现代服务业作为研究对象，将服务业现代化作为一个整体，以此来研究影响实现服务业现代化发展的关键因素，并根据这些因素提出相应的建议。例如，有的借助其他学科理论来研究现代服务业的发展，将现代服务业作为一个系统来研究，并分成研究、规划和执行三个子系统，提出要加强创意产业的建设，在创意、技术、产品、市场有机结合的基础上构建起完善的产业系统（夏善晨，2009）；有的运用交易成本的理论分析我国商品流通体制变迁的制度动力，并指出该体制的变迁是现代服务业产生与发展的基础，同时提出现代服务业发展的新途径（裴长洪，谢歉，2009）。

第二个维度则是仍然将现代服务业作为一个产业来研究，以区域性或地方性的现代服务业为研究对象，结合其现代服务业发展的现状，分析影响发展的制约因素，提出相关政策建议。例如，有学者阐述北京现代服务业发展现状和基本特点，并在此基础上着重分析北京现代服务业的国际竞争力状况，并得出结论，寻找造成这种状况的影响因素（翟青，2007）；有学者以粤港合作为研究对象，从服务业与制造业的互动关系来研究现代服务业的发展模式，提出生产性服务业与现代制造业结合起来的现代服务业发展模式（刘璟，2009）。

第三个维度是通过分析某一类服务业现代化发展过程中的影响因素，并根据这些影响因素来制定相关的有针对性的政策建议。例如，有学者以创意开发型现代服务业为例，分析影响其发展的关键因素，从而有针对性地说明影响整个现代服务业发展的关键因素，同时根据这些关键因素设计相应的政策，以促进其发展（商禹，2011）。

本文综合学术界的多重视角及其成果，从梳理新时期我国服务业现代化历史进程入手，宏观探讨其中的经验教训，并提出个人相应的粗浅对策。

二、我国服务业现代化的历史进程

（一）十一届三中全会到十四大

在此期间，随着改革开发的开展，经济体制不断进行调整与改革，国民经济的不断发展壮大，出现了的一些新现象、新特点、新情况，传统的计划经济体制模式无论是在现实还是在理论两方面都已无法解释，为更好地促进服务经济的发展和满足人民群众物质文化需求的日益增长，一系列新的划分标准和政策措施相继出台，不但重新认识了服务经济在国民经济中的地位问题和重新界定了服务劳动概念，也促进了服务经济的发展。

1985 年，国家统计局决定采用 GNP 指标，并向国务院提出了《关于建立第三产业统计的报告》，首次确立了三次产业的划分范围，并于同年 8 月发布第三产业统计数据；1987 年，国家统计局正式对第三产业做出界定，将第三产业定义为除农业、工业和建筑业以外的其他各业的总称；1992 年，中共中央、国务院又出台了《关于加快发展第三产业的决定》。

（二）十四大至十八大

这段时期，随着改革开放的不断深入和社会主义市场经济制度逐步确立与完善，国民经济发展成绩显著，一系列促进服务发展的政策和措施也相继出台，促进了服务业迅速发展。服务业发展进入“全面开花”的阶段，在国民经济中的比例也不断增长，门类不断完善，逐渐成为中国经济增长的主导力量。

在 1997 年十五大报告中，中共中央首次正式提出要鼓励和引导第三产业加快发展；在 2000 年的“十五”规划中，国务院首次又将第三产业改为“服务业”；在 2002 年十六大报告中，中共中央又提出要大力发展现代服务业，推动经济结构战略性调整；在 2007 年十七大报告中，中共中央提出发展现代服务业，提高服务业比例和水平，同年 3 月，国务院出台了《国务院关于加快发展服务业的若干意见》，明确提出服务业是国民经济的重要组成部分；2008 年 3 月，国务院制定《国务院办公厅关于加快发展服务业若干政策措施的实施意见》，将大力发展服务业作为国民经济科学发展的战略选择；在 2012 年十八大报告中，中共中央提出加快传统产业转型升级，推动服务业特别是现代服务业发展。

（三）十八大以来

十八大以来，在以习近平总书记为中心的党中央的一系列治国理政新理念、新思想、新战略指引下，我国继续制定和出台促进现代服务业发展的政策和措施，服务业规模持续增大，现代化全面快速发展，新兴产业不断涌现快速成长，传统产业加速转型升级，内部产业结构进一步优化，对促进就业、拉动消费、改善民生等方面发挥了积极重要作用，成为拉动国民经济增长的主要动力和新引擎，2015 年服务业成为第一大产业。

自 2013 年始，国务院陆续制定和出台《国务院关于促进信息消费扩大内需若干意见》《国务院关于促进健康服务业发展的若干意见》《关于政府向社会力量购买服务的指导意见》《国务院关于进一步促进资本市场健康发展的若干意见》《国务院关于促进旅游业改革发展的若干意见》《国务院关于加快发展生产性服务业促进产业结构调整升级的指导意见》《关于加快发展服务业若干政策措施的实施意见》等一系列有关促进服务业发展的政策文件。

三、我国服务业现代化的成就与不足

党的十一届三中全会以来，随着改革开放的不断深入，社会主义市场经济的确立和发展，我国经济取得了举世瞩目的成绩，经济现代化程度不断提高，人民生活水平明显改善。同时，我国服务业也进入全面快速发展阶段，其规模不断增大，内部结构进一步优化，对促进就业、拉动消费、改善民生等方面发挥了积极重要作用，成为拉动国民经济增长的主要动力和新引擎。

（一）我国服务业现代化取得的成就

1．规模不断扩大，在国民经济中的比例不断提高

改革开放以来，我国服务业规模不断扩大，占国内生产总值的比例不断提高，到 2015 年已成为第一大产业，2016 年对国民生产总值的贡献率达 53.7% 并处于持续上升状态，服务业已成为我国经济增长的新兴主导力量。

2．内部产业结构不断优化

改革开放以来，随着服务业规模的不断扩大，服务业内部各行业增加值持续增长，服务业内部产业结构也不断优化，传统服务业比例下降，转型升级，互联网经济、现代金融服务业等新兴服务业和现代服务业比例不断上升。

3．服务业从业人员稳步增加，成为吸纳就业的主阵地

改革开放以来，我国服务业逐步成为吸纳就业的主要渠道。截至 2016 年底，服务业就业人员占全部就业人员比例为 42.4%，分别比第一产业和第二产业高出

14 个百分点和 13.2 个百分点。服务业成为拉动社会就业总量上升的主要力量。此外，就就业结构而言，传统服务业就业比例在下降，现代服务业和新兴服务业就业比例在上升。

（二）我国服务业现代化的不足

1. 内部产业结构不合理

虽然我国现代服务业取得了长足的发展，产业结构也不断优化，但是由于观念、体制、我国基本国情加之我国经济发展所处现阶段等原因，服务业内部结构仍然是以传统服务业为主。从服务业内部各行业增加值来看，批发零售、交通运输仓储、住宿餐饮业等传统服务业比例最高；而金融保险、信息传输、计算机服务和软件业、科学研究与技术服务等现代服务业和新兴服务业比例还比较低。

2. 区域发展的不平衡

由于历史原因、投资环境和经济基础的差异，我国东、中、西地区经济发展水平和经济总量存在着明显差距，作为国民经济重要部门的服务业的发展水平也因此受到影响，呈现出明显的地区不平衡性。单从服务业增加值的绝对总量来看，我国东部沿海地区服务业增加值在绝对总量上均超过中部与西部地区两者总和，且这一特征具有不断增强的趋势，中部地区服务业增加值占中国整个服务业增加值比例甚至出现了下降趋势。而且，在区域内部不同的省市，无论是服务业增加值占本省市生产总值比例还是占整个区域服务业增加值比例情况，也存在明显的不平衡性。

3. 就业比例偏低

虽然中国服务业在缓解国内就业问题上发挥了重要作用，但是相对发达国家来说，这一比例仍然偏低，发展潜力有待进一步挖掘，而且就业结构仍然以传统服务业为主。究其根源在于中国工业化问题，中国的工业化时间不长，在工业化尚未彻底完成的情况下要求大力发展服务业，这必然导致中国劳动力的产业转移带有“中国特色”。

四、我国服务业现代化的经验及路径

（一）我国服务业现代化的经验

在我国改革开放将近四十年的过程中，服务业现代化取得了突出成就，也面临一些不足，总结其中的经验，有利于为我国服务业现代化的长远发展制定合理的路径提供有益的帮助和参考。

1．工业化、城市化的推动

随着改革开放的进行和不断深入，一方面，我国原有的城乡分割和所有制分割的体制障碍被逐渐打破，城市的国有工业开始慢慢向乡镇集体工业扩散和转移，大批国有工业企业的隶属关系也随着下放到中小城市当地政府，由此形成了工业化的加速发展和与新体制相适应的城镇化的新发展；另一方面，在不断扩大对外开放的进程中，大量面积不等、行政层级不同的经济技术开发区和高新技术开发区在经济特区、沿海开放城市、沿边、沿江及全国的开放城市中被建立起来了，而且大多数坐落在大中城市附近，形成了依附于原有中心城市的新的工业聚集区，带动了工业的积聚和搬迁，大大扩展了原有中心城市的空间、人口及经济容量，为原有中心城市的改造提升提供了历史性机遇。

一方面现代服务业的发展离不开工业化发展，另一方面我国工业经济体制改革和开放优于和领先于服务业的改革和开放，必然在工业现代化继续完成的条件下加快发展服务业，这决定我国服务业和工业化发展要同时进行。而工业化的发展不但需要劳动力的集中，也需要各产业集聚在一起，这导致人口大量向城市集中，城市规模集聚扩大，城市化急剧发展，这仅产生了对服务业的最大需求和集中需求，而且为服务业发展创造了产业规模的市场基础。同时，城市提供了服务业各种要素积聚的产生条件，特别是先进要素积聚的产生条件，引导了服务业发展的生产与技术环境，以及经济外部性的发育形成。

因此，在新体制的工业化、城市化发展推动下，我国服务业也呈现较快发展。

2．组织的创新和商品的市场功能化

商品市场成为中国经济领域的创造点，通过商品市场的建立促进地区发展。改革开放以来，我国服务业的发展是从搞活商品流通开始的。随着市场准入的放宽，领域不断扩大，商品流通领域的经营形式日益多样化，商品流通组织也呈现不断分散化的趋势，对市场的组织化的要求不断提高，同时对商品市场服务提出了新的要求，推动了服务业发展的制度创新。

改革开放以来，随着我国商品市场快速发展，商品市场交易规模和辐射领域不断扩大，各类商品市场得到空前发展，与相适应之，我国也逐步形成了商业地产商（市场业主）+ 分散小商户 + 各类服务供应商 + 公共服务部门的商品市场服务业的模式，实现了小商户与大市场、大流通的衔接，成为各类各式服务业发育的重要摇篮，降低了服务业发育成长的制度成本，为服务业的延伸发展奠定了重要基础。

3. 产业引导和政策扶持

在改革开放以前，特别是在计划经济时代，服务业基本上是被打入冷宫的，只保留了少数生活性服务业，其他领域的服务业几乎是空白。改革开放初期，中国服务业总体上规模很小、结构单一、功能很弱，单纯或者主要依靠市场的力量是难以推动服务业发展的，更何况当时市场的力量也很弱小。在这个阶段，只有依靠政府加强规划与引导和政策支持来促进服务业的发展壮大。1985 年，中共中央十二届四中全会通过《中共中央关于制定国民经济和社会发展第七个五年计划的建议》，把“加快发展为生产和生活服务的第三产业，逐步改变第三产业同第一、第二产业比例不相协调的状况”列为经济建设的重要战略布局开始，在历次五年发展规划中都明确发展服务业的重要性，并不断给予政策大力扶持。1992 年、2007 年国务院又分别出台了《关于加快发展第三产业的决定》和《关于加快服务业发展若干问题的意见》。这些文件的颁布和实施，不但明确了服务业发展目标和指导思想，而且使公众逐渐摆脱了对服务业认识的偏差，极大地推动了中国服务业大跨步发展。

（二）我国服务业现代化的路径

1. 横向

（1）解决观念问题

一方面受马克思传统经济学的影响，加之我国长期实行的计划经济体制，粗放式经济思想根深蒂固，只重视服务行业的社会属性，忽视其经济属性；另一方面由于服务业投资见效慢，而工业的投资见效快、利润率高，在地方经济发展战略中，各级政府多选择优先发展工业，经济发展战略仍然偏重于工业，加大政策扶持，在财政、税收方面给予照顾，而对服务业的扶持力度相对不足，我国服务业发展较为缓慢，且长期存在着“重产品、轻服务”和片面追求 GDP 的增长而忽视了优化产业结构等问题的倾向和传统偏见，严重地制约着中国服务业的长远可持续发展。因此，要想实现中国服务业的进一步发展与现代化改造，必须改变这些传统偏见与思想观念，树立正确的发展观和政绩观。

（2）解决体制性问题

当前中国服务业发展过程中出现的种种问题，很大程度上是体制改革的滞后与制度规章的不完善所造成的。虽然在“管制政府”向“服务政府”的转变过程之中，政府取得一些成绩，但其公共职能的发挥仍没有完全到位，还承担着一些本应由社会机构承办的事务。这限制了行业服务体系的发展，使社会力量的作用没有得到充分的发挥，行业服务机构与政府部门的关系无法理顺。此外，服务业内部的一些行业存在着各种形式的进入壁垒与垄断现象，限制了这些行业的发展与效率。因此，中国服务业的现代化改造应沿着市场化、产业化、社会化的方向进行。首先，离不开政府公共平台的建设与体制环境的营造，尤其是信息平台的建设；其次，要完善中国服务业的市场化机制，消除阻碍服务业现代化发展的壁垒，进一步规范服务业市场准入；最后，要加强监管力度，加强对服务业的总体规划和统筹管理，维护公平竞争和市场秩序，强化市场竞争机制。

（3）解决资金、技术和人才问题

当前中国服务业的现代化改造要沿着市场化、产业化、社会化的方向发展，对资金、技术和人才的需求就会不断扩大，这不但会扩大服务业规模，降低企业经营成本，而且有助于保持核心竞争力。因此，在资金层面，要大力拓宽服务业的资金融通渠道，营造宽松的环境，加大招商力度，形成多元化的投资结构；在技术层面，不但要鼓励传统服务业的创新，建立健全创新机制，大力发展信息技术，以信息化来服务业的现代化改造，而且要实施名牌战略，打造大企业集团，增强竞争力；在人才方面，不仅要营造良好的人文关怀氛围，在全社会形成尊重人才的氛围，还要大力培养国内服务人才，广纳海外人才。

2. 纵向

（1）从宏观层面来讲，要营造良好发展环境

中国服务业现代化改造，在宏观层面，不仅加强政策法规的导向作用，制定和完善相应的法律法规，建立真正有利于现代服务业中小企业的政策体系，运行机制和咨询服务机构，为现代服务业中小企业创造良好的发展空间，为现代服务业中小企业提供公平竞争的经营环境，而且要发挥税收政策的扶持和激励作用，同时要扩大服务领域的对外开放，引进先进的知识、技术与经营管理理念，熟悉国际规则，与国际接轨。

（2）从中观层面来讲，要优化重点行业与区域结构布局

从产业内部结构来看，不但要创造条件，扶持现代服务业中小企业的发展，改变企业“多”而“小”的局面，而且要顺应当前世界服务业发展新趋势，立足于当前我国服务业发展中存在问题，重点改造对整个国民经济具有全局性的基础性产业，大力培育和发展有利于提高劳动者素质的行业及其与知识经济和创新能力相关的新兴行业、高技术服务业。

从区域差异来看，中国服务业现代化改造应将各自比较优势与区域经济发展的实际相结合，强调区域协作与功能互补，科学合理规划，形成各具特色的、

充满活力的中国服务业发展格局，切不可盲目复制，进行不切实际的攀比；此外，需要不断健全和完善市场机制，发挥市场机制的作用，促进生产要素的自由流动和优化配置，引导产业在不同区域与城市间的合理转移。

（3）从微观层面来讲，提高企业自身素质

对中国服务企业而言，在全球竞争中建立竞争优势的关键在于能否抓住在当前全球价值链整合过程中的关键环节，只有抓住了高附加值、高技术含量的战略环节，才能在整个价值链中占据话语权与统治地位，拥有整个价值链和相应行业的控制权。因此，提高中国服务企业的综合竞争力，能否向“微笑曲线”两端延伸，而这一目标的实现取决于中国服务企业知识、技术、经营组织方式的创新能力的提升。为此，企业不仅要坚持人才战略，重视人才的引进，同时增强自主创新能力，应用先进的生产技术、组织管理方法，提高科技化和信息化水平，增强自身核心竞争力，而且要坚持品牌战略，形成强大的品牌效应，在激烈的竞争中保持长久生命力。

总之，改革开放 40 年来，中国的服务业现代化取得很大进展，正在逐渐缩小服务业现代化的国际差距。尽管中国的服务业现代化之路任重道远，但中国服务业现代化的前景仍然乐观。梳理新时期以来我国服务业现代化的历程，针对我国服务业现代化出现的不足，需要解决观念问题，体制性问题，资金、技术和人才问题，从而营造良好发展环境，优化重点行业与区域结构布局，提高企业自身素质。我国服务业现代化是国家现代化的重要组成部分，没有服务业的现代化就没有也不可能基本实现现代化。

参考文献

崔丹 . 2013. 我国现代服务业发展的对策研究 . 东北师范大学硕士学位论文：4-6.

郭玉辉 . 2007. 我国服务业发展现状分析与政策选择 . 厦门大学硕士学位论文：3-4.

国家统计局 . 2009. 缅怀统计，我们一起走过—— 1985 年 .http:/www.stats.gov.cn/ztjc/zthd/xzgcl60zn/xzg60ntjdsj/200909/t20090921_68886.

国家统计局 . 2015. 中国统计年鉴 2015.http：www.stats.gov.cn/tjsj/ndsj/2015/index.htm.

国家统计局 . 2016. 中国统计年鉴 2016.http：www.stats.gov.cn/tjsj/ndsj/2016/index.htm.

国家统计局 . 2017. 服务业擎起半壁江山新兴服务业蓬勃发展——党的十八大以来经济社会发展成就系列之十五 . http://www.states.gov.cn/tjsj/sjjd/201707/t20170725_1516453.html.

李昌庚 . 2011. 国有企业治理拷辨，经济法研究（第 9 卷）. 北京：北京大学出版社：260.

林俊 . 2010. 中国服务业现代化改造问题研究 . 上海社会科学院博士学位论文：106.

刘璟 . 2009. 泛珠三角现代服务业发展路径选择 . 国际经贸探索，9（4）：26-29.

孟潇，聂晓潞 . 2014. 关于现代服务业内涵辨析与发展经验的辨析 . 经济研究参考，14（26）：41-49.

裴长洪．2010. 我国现代服务业发展的经验与理论分析．中国社会科学院研究生院学报，10（1）：5-15.
裴长洪，谢歉．2009. 集聚、组织创新与外包模式——我国现代服务业发展的理论视角．财贸经济，9（7）：5-15.
商禹．2011. 现代服务业的创新发展研究．吉林大学硕士学位论文：11.
夏杰长．2008. 中国服务业三十年：发展理财、经验总结和改革措施．首都经济贸易大学学报，8（6）：42-51.
夏善晨．2009. 提高现代服务业水平，推动服务贸易发展．国际经济合作，9（4）：4-9.
翟青．2007. 北京市现代服务业发展的国际竞争力研究．首都师范大学硕士学位论文：3.

养老服务提质增效的政策建议

杨宜勇　邢　伟　李　璐　关　博
国家发展和改革委员会宏观经济研究院社会发展研究所

养老服务体系建设是缓解我国人口老龄化带来养老服务压力的重要手段。经过“十一五”和“十二五”时期的发展，养老服务的数量缺口基本上已经填补，但是养老服务质量上升为主要矛盾。因此，养老服务提质增效必须提高养老服务的最低标准，同时坚持养老服务实行优质优价，还要加强社区居家养老、机构养老和养老服务产业之间的部分交融性和交叉性，实现融合式共享发展。

一、大力发展社区居家养老服务，满足 90% 的老年人的基本需求

1）优惠政策平等化。全面放开社区居家养老服务市场，鼓励社会力量通过独资、合资、合作、联营、参股、租赁等方式，参与日间照料中心或其他养老服务平台设施的运营建设。现有政府投资建设和购置的养老设备、居民社区按规定配建的养老服务场地，可以在承担基本养老服务任务基础上，以免收租金方式转交专业社会力量团队经营，为扩大社区居家养老服务供给，进一步提高服务质量创造有利条件。

2）能力建设均衡化。进一步加强农村社区养老服务建设力度。到 2020 年，在确保符合标准的日间照料中心、老年人活动中心等服务设施覆盖所有城市社区基础上，使 95% 以上的乡镇和 75% 以上的农村社区建立包括养老服务在内的社

区综合服务设施和站点。在有条件的地方，应加大农村社区养老服务设施建设密度，缩小服务半径，强化社区设施的辐射效应；推动城市社区居家养老服务均等化供给；进一步统筹规划社区服务设施建设，充分利用现有公共设施，提高市社区服务中心、区社区服务中心、街道社区服务中心、社区服务站及其相邻服务设施的养老共享程度；鼓励社区敞开服务项目，引导精品社区和老旧社区结对抱团发展，实现社区间资源共享、相互支持和联动协作。通过新建、改扩建、购置改造等方式完善城市老旧社区养老服务设施，确保各项公共服务覆盖到社区居民。

3）补贴机制差异化。改变均等化分配按人头补贴办法，采用政府购买服务方式，提高补贴资金使用效率。在服务保障对象方面，优先解决生活贫困的高龄、独居、失能老人的购买服务需求。在支出方向方面，优先向高水平、高质量服务机构倾斜，撬动形成需求领先，质量优先的发展格局。

4）人才建设标准化。加强专业人才培养工作。支持高等院校和中等职业学校开设社区居家养老护理和运营管理相关学科专业，规范并加快培养养老护理员、社区养老团队管理人员等从业人员。加强护理院校、职业技术学院、医院等机构与社区居家养老服务机构的合作，提高专业人才对社区居家养老服务的适应性。

二、不断完善机构养老服务，满足 10% 不能自理老人的特殊需求

1）推动公办养老机构改革，提升行业发展效率。加快推进具备向社会提供养老服务条件的公办养老机构转制成为企业或开展公建民营，到 2020 年政府运营的养老床位数占当地养老床位总数的比例应不超过 50%。逐步建立养老服务机构建设与运营分离的基本思路，政府重点发展公建民营型养老服务机构。建设环节以政府投资带动社会投资，逐步尝试公私合营的建设模式。运营环节充分发挥市场机制，培育和吸引养老服务行业专业机构负责运营，政府采取税费优惠、运营优惠、购买服务、岗位补贴等形式，支持各类专业性服务机构发展。

2）加快护理型养老机构发展，解决老年群体的刚需。各地政府应放缓泛泛地建设一般性的养老服务床位，转而加大对康复护理床位的建设力度和扶持力度，并将每千名老人的康复护理床位拥有率作为统一的建设发展指标。加强我国老年医院、老年病房建设力度，在人口居住密集、医疗资源过盛的城市地区，推进养老机构与医疗机构的整合发展。一般不批准新增医疗资源，适时适量地将闲置或低效运转的医院转型成为老年护理院，或者将部分医院床位调整为养老护理床位，形成规模适宜、功能互补、安全便捷的健康养老服务网络。

3）全面放开养老服务市场，大力发展民办机构。加大宣传，落实政策，促进民办养老服务机构健康发展。鼓励民办养老服务机构提升服务，差异定价。放宽养老服务机构收费标准，鼓励养老机构发展专业化护理、康复功能。协调卫生部门、人保部门共同探索养老机构与医保定点医院的有机结合，鼓励各地探索护理保险的建立。养老机构根据设施条件、服务项目和标准确定收费标准。政府投资的养老机构收费标准报价格管理部门备案。结合地区实际，在地区土地利用总体规划中预留用于养老服务机构建设的公益用地。搞活机制，探索对企业性质养老服务机构和居家养老服务中心的政策扶持。

4）加强标准建设和监督管理，推动市场良性竞争。建立统一的行业准入制度，加强对养老服务机构的行业准入管理，完善相关准入条件。实现对在工商部门登记的养老服务企业和在民政部门登记的各类非营利养老服务机构执行一致的行业准入和公告制度，规范机构养老服务市场。对符合行业准入条件的企业和非营利机构名单应及时对外公告，接受社会各方面的监督，实行动态管理。逐步建立养老服务机构退出机制，对不符合规范标准的企业或非营利机构，应依法要求其限期整改；整改后仍不合格的，限期退出，并提前向社会公告。

5）加强管理和服务团队建设，壮大从业人员队伍。逐步推进养老服务就业准入制度，制定岗位专业标准和操作规范。逐步建立养老服务从业人员岗前培训和养老护理员持证上岗制度，对养老服务从业人员进行职业资格和技能等级管理认证。加强养老服务业公益性岗位建设，由民政部门与劳动部门协调，设立居家养老服务和机构养老服务公益性岗位，增强民办机构的人员稳定性。各地探索建立养老服务人才建设引导资金，采取政府购买岗位等方式，对民办机构的养老服务护理岗位进行补贴。推进养老服务机构与各类护理院校的联系和合作，在大中专院校增设相关专业，建立与养老服务机构之间的对口实习机制。进一步推广养老服务从业人员和入住养老服务机构老人的人身意外险种，解决老人和从业人员的后顾之忧。

三、积极发展养老服务产业，满足老年人群体的多样化养老需求

1）推进养老服务产业相关法律法规建设。建议尽快制定“养老服务机构促进法”，对现有与养老服务机构相关的法律法规进行综合提炼，从性质定位、发展模式、资金来源、运营管理、政府职能和法律责任等角度对其进行统一规范，以改变现有综合性立法太宏观、专项立法不系统的格局。在此基础上，出台“养老服务机构管理条例”“养老服务实施办法”等规章制度，对养老服务机构和养

老服务的具体内容进行规定。法制建设的深层次意义在于，通过制定和完善相关法律法规来提升养老服务机构和养老服务产业的法律地位，规范政府、社会和个人的权利义务关系，为出台各项政策提供法律依据，以保障养老服务机构建设和养老服务产业发展的连续性与稳定性。

2）健全养老服务的财政投入机制。各级政府在安排好社会办养老服务体系建设资金的同时，根据需要适当安排一部分资金用于社会办养老服务机构的经费补助、购买服务和贷款贴息。以基本公共服务均等化为准则，公共财政投入应向低收入群体倾斜，扩大财政补贴的覆盖范围，提高低收入群体的补贴标准。坚持区域统筹发展，中央政府要加大对中西部地区和贫困地区的转移支付力度，尤其是在基础设施建设上，以保障老年群体的基本养老服务需求。建立和完善公共财政投入的效益评估机制，加强财政资金使用的监管力度，以提高社会办养老服务资源的使用效率。政府有关部门要主动做好服务，协调担保机构解决社会办养老服务机构的贷款抵押问题，财政对福利性、非营利性社会办养老服务机构承担保证和监管功能。对于规模大、前景好、市场急需的社会办养老服务项目，财政部门要给予必要的贷款贴息。

3）丰富养老服务产业的运营模式。目前，养老服务产业的运营模式主要有公办、公建民营、民办公助和纯民营四类，建议以公建民营和民办公助为主要模式，保留一定比例的公办养老服务机构，鼓励以高端群体为对象的纯民营养老服务机构的适度发展。对公建民营养老服务机构，在运营主体的遴选上实行竞标制度，政府主管部门与入选运营主体就双方的权利义务关系签订合同，政府对养老服务机构的相关资产享有所有权和处置权，入选运营主体允许在适度范围内获取赢利，但不得以赢利为目的。对民办公助养老服务机构，政府提供床位补贴和人头补贴，在营业税、所得税、车船税等税收上给予减免优惠，并协助解决水、电、气、通信等方面的优惠措施，政府也可以通过购买服务的形式来资助民办养老服务机构。对纯民营养老服务机构，实行完全的市场化运作，政府扮演好市场秩序维护者的角色即可。

4）规范养老服务产业的运营管理机制。当前应进一步转变政府职能，真正实现行政部门与养老服务机构的管办分离。鼓励和引导养老服务机构组建行业协会，在业务合作、资源共享和行业培训等方面充分发挥其纽带作用和行业自律功能。建立和健全养老服务的人力资源管理体系，组织开展护理人员的系统化专业培训，并加强在岗技能培训，实行市场化的薪酬管理制度。大力促进养老服务体系的信息化建设，实现老年人基本信息的联网管理，提高其运营效率和管理效能。尽快制定和出台规范化的养老服务标准体系，并加强政府的行政监管，严禁危害老年人的合法权益。加快研究制定养老服务人身意外伤害事故的处理办法，为保护老年人的合法权益和养老服务机构的利益提供基本依据。优化养老服务体系的运转流程，鼓励养老服务机构独立或联合开展全方位的综合性服务，以提高养老服务资源的利用效率。

5）完善养老服务产业的相关配套措施。建立和完善养老服务机构与社区、家庭之间的合作平台，开展养老服务机构的上门服务试点工作，实现三者之间的资源共享和优势互补。政府各有关部门要按照各自职责密切配合，依法履行监管和服务职责，完善相关制度，认真落实各项扶持政策，形成扶持养老服务产业发展的合力。

中国交通2050现代化发展愿景

宿凤鸣

国家发展和改革委员会综合运输研究所

交通运输的发展深植于人类自身原具的跨越时空欲望，交通发展史与人类文明的历史进程相呼应。在漫长的人类交通史中，我国曾经当之无愧位列世界前沿。然而，蒸汽机的诞生将人类引入现代之境后，西方科技、制度、文化以迅猛之势彻底改变了世界力量格局。

改革开放后，历经三十多年努力，我国的交通运输现代化程度得到了极大提高，一个具有较高技术水平与经济地理规模相适应的相对完备的现代综合运输体系基本形成。但必须清醒地认识到，与西方发达国家比较，我们差距仍存。站在即将进入小康社会的今天，我国的交通运输正处于一个史无前例的变革阶段，为在21世纪中叶实现交通运输现代化，支撑引领富强、民主、文明、和谐的社会主义现代化国家的建成，我们需要探寻交通运输发展规律、从中发现必然，并对2050年的发展愿景进行预判和展望，确保交通运输在未来30年更好地满足我国的需求，并为改进既有系统、迎接明日挑战制定战略，实现交通运输现代化，全面提升中国在全球的连通力，助力实现中华民族伟大复兴的中国梦。

对中国交通2050的蓝图描绘，将基于人类对交通运输“去远求近、经济适用、灵活自由”的追求，结合对我国经济发展、社会文化、技术进步、制度创新等的设想进行预判。根据未来经济社会发展趋势，尤其以技术发展为坐标，我国交通现代化将可能出现乐观跃升和自然进步两种情景，其关键在于是否出现能源技术革命进而催生新型交通运输工具。

一、快速通达：经济社会繁荣下的畅通快速交通

从对“日行千里、夜行八百”宝驹的追求，到对超音速飞机的研发，速度从来都是人类追求的终极目标之一。但人们对快速的追求并不仅仅意味着一段距离内的速度，更多的在于对点对点行程的快速要求。中国交通 2050 将呈现更高速的长途交通、畅通无阻的城市交通、更为平滑的密切衔接配合。

到 2050 年，我国将建成的交通系统将能够更充分地发挥各种运输方式的优势，按照功能组合、优势互补、结构优化、技术先进、合理竞争、资源节约的原则进行网络化布局、组合协调发展、一体化紧密衔接。

在“自由跃升”情景下，全新的交通运输工具更有可能出现，包括“来去自由”的自动驾驶汽车（已出现）、“贴地飞行”的超级高铁、“移动岛屿”类型的海上船舶，甚至是全方位的一体化交通工具等。与之相应，将配套形成新型的交通基础设施网络，建设材料、施工技术等都可能实现翻天覆地的变化。

二、畅美宜人：更好生存状态下的绿色有氧交通

地球上既有的能源、空间等各种资源是有限的，而人类的欲望是无止境的。工业革命以后，科技的迅速发展使人类利用资源的能力突飞猛进，对地球环境的影响和资源的消耗在短短几百年内远远超过了工业革命前几千年的积累，极大地改变了地球环境。雾霾、污水、土壤污染等，逐渐对人类的生存造成了不可承受的负面影响。在人类科技水平达到可以开发其他星球资源之前，需要更合理、更经济地分配资源以支撑人类的可持续发展。

目前，国际社会已经形成共识，应在世界范围内酝酿进行一场大规模的发展模式和结构升级。其关键在于建立低碳经济发展模式和低碳社会消费模式，努力减少能源资源消耗、降低污染物及二氧化碳等温室气体排放，协调人类社会经济发展和地球自然环境之间关系。与之相伴的必然是一场大规模的新能源革命，能源开发与消费趋向多元化、低碳化。在此背景下，到 2050 年，我国的交通将是生存状态下的绿色有氧交通，在人类可支付、可承担的能源资源成本内进行，而且将使人民感受到出行的愉悦。

能源和载运设备的清洁化成为现实。预计到 2050 年，航空业使用低碳燃料比例达到 40%，海上运输的二氧化碳排放量减少 40% ～ 50%，铁路的电气化将达到 90% 以上。随着电池储能技术的成熟，预计到 2050 年，通用的高能量密度的能量块将在生产生活领域广泛应用，届时传统燃料汽车将全部退出城市。

运输选择向铁路和水路等低碳方式转移。到 2050 年，超过 50% 运距在 300

公里以上的公路货运转移至铁路或水路运输，大部分中远途旅客运输由铁路承担；所有机场与铁路网络特别是高速铁路网络连接，所有重要海港与铁路网和内河水运系统连接。在城市中，60% 以上的出行由利用土地、能源等资源效率更高的公共大容量交通完成，并为步行、骑行等与自然环境直接接触的交通方式提供系统、充分的空间。

交通不再仅仅是出行的手段，更是承载了体验感受美好生活的“新时空”。随着现代工业文明的迅速发展，人与人交往逐渐陌生化、数字化、虚拟化，然而对人与人之间亲密感、人与自然之间亲近感的追求却是人的本源追求（宿凤鸣，2013）。因此，交通在满足旅客位移需求的同时，还要强调出行中的美感、舒适感及其他精神层面的享受。到 2050 年，我国的交通“新时空”在发挥交通本源功能的同时，还将具备休闲、娱乐、消费等多重属性，相较于传统交通运输系统，兼具人性化、过程性、多元化、生态化、定制化等特征。同时，交通“新时空”能够与旅游、住宿、餐饮等不同产业逐渐融合，共同形成经济新业态。交通基础设施、载运工具等力求与周围的自然环境协调共生、交相辉映、融为一体，将形成风景铁路、景观道路、休闲步道等新型设施系统。交通枢纽等换乘空间，不但能够通过细化设计提升换乘体验，还将配套设置商业、休闲、居住、公共交流、聚会等活动便利设施，引入文化元素，更好发挥公共空间作用。在交通工具内，能够充分享受出行过程的美妙时光。

三、人人享有：更多体现人文关怀的公平良心交通

人们在物质性需求得到满足的前提下，进而需要满足安全、社会交往和社会公正等社会性需求，以及更高层次的心理性需求，而每个层次的需求也有高低之分。到 2050 年，我国将建成现代化国家，向物质极大丰富进一步靠拢，对安全、公平社会性需求也进一步提高，将更多体现人文关怀，建成更好保障人民生命财产安全和国防安全的交通运输系统，以及“地不分南北、人不分老幼”的公平交通运输体系。

到 2050 年，交通运输不仅能够使人民免于交通事故等导致生命财产损伤的心理恐惧，亦能实现以交通拱卫国防安全，使人民免于忍受外侮的心理畏惧。在乐观跃升情景下，将打造“零伤亡”的交通系统，形成人、车、路协调统一的“万物互联”安全交通系统，载运设备之间、设备与基础设施之间自行进行“对话”，在可能出现危险的时刻进行预警并自动应对。

到 2050 年，人民将得到更为公平的交通运输服务，交通发展成果由人民共享，实现地区间、群体间的交通发展普遍享有，增强人民的幸福感。实现不同地

区之间的交通共享，消除区域间、城乡间的交通差距，实现交通基础设施与服务的一体化与均等化。实现不同群体间的交通共享，充分保障弱势群体的基本交通权，并为“有恒心”的“恒产者”提供高质量、品牌化的交通服务，实现“各得其所”。

四、兼行天下：支撑大国崛起定位的开放互联交通

进入21世纪以来，世界经济重心东移速度持续加快，尤其以中国为首的亚洲新兴市场和经济体发展迅速，成为世界经济增长的主要带动者。东方在世界经济中的地位愈加突出，从消费、生产和贸易等多方面看，亚洲都将成为世界经济更强大的增长极。在全球交通网络体系中，中国将处于核心枢纽地位，成为全球举足轻重的交通网络的“轴心”、全球物资的集散地和转换地、交通运输的主要投送基地，以及交通规则和标准的输出中心。

到2050年，完善的泛亚交通网将建成。在过去30多年来，我国运输系统的建立是为了将中西部的资源运往东部沿海进行加工并销往欧美等地。随着内需的进一步扩张、亚洲地区贸易一体化的推进、美洲等地制造业的回流，我国在世界产业链中的定位将有所变化，与传统相反的西向货流将逐渐增长。到2050年我国将重组区际、洲际网络，形成强大的“陆相”交通运输系统。通过加强尚未联通的一些区段的交通连接，实现东北亚、东南亚、中亚、西亚、北非的陆路连接。通过建设我国与东南亚等周边国家之间的铁路及公路连接，实现与东南亚、中亚、西亚之间的畅通连接。目前，亚欧之间已经形成了两条大陆桥通道，未来将规划建设第三条通道，中国—中东—欧洲通道，连接亚欧、亚非（李欠标，2013）。依托泛亚交通网，我国将形成覆盖全球的互联互通交通运输网络，并有可能主导建造一到两条“超级高铁”洲际通道。

到2050年，建成海运和民航强国。实现以我国港口为平台的海上物流信息化合作，扩大与全球沿海国家的海运互联互通。在传统东向太平洋通道基础上，开辟直通印度洋、北冰洋的通道，借助运河打造图们江出海口，实现我国东北地区的对外直接联系，积极推进红海—地中海高铁建设，打造“陆上苏伊士运河”，参与克拉地峡运河建设，开辟太平洋新通道。形成强大并具有国际竞争力的远洋船队和国际航空公司，使运输服务贸易保持顺差。建成3个以上国际航运中心，在航运服务、航运金融、智慧航运等方面掌握标准、价格等话语权，具备强大的全球资源配置能力，并在交通的“全球共治”中发挥重要作用。

参考文献

国家发展和改革委综合运输所课题组 . 2016. 我国现代交通运输发展战略研究 . 2015 年度国家发展和改革委员会综合运输研究所负责司局重点研究课题 .

国家发展和改革委综合运输所课题组 . 2017. 中国 2050 交通运输发展愿景与战略 . 2016 年度国家发展和改革委综合运输研究所基本科研业务专项资金课题 .

李欠标 . 2013. 全球交通运输互联互通现状及发展趋势 . 综合运输，（11）：12-16.

宿凤鸣 . 2013. 改善交通空间 发展宜居交通 . 综合运输，（12）：54-57.

2030 年我国运输需求展望和供给侧发展思路

李连成

国家发展和改革委员会综合运输研究所副所长

一、现代客货运输发展的规律

（一）客货运输需求和运输结构的影响因素

经济社会生活基于优化资源配置而对位移的需要是派生出运输需求的根本原因。运输具有很多经济特性，最重要的特性莫过于派生性[①]，因此只要生产或生活活动是刚性的，那么由此派生出来的运输需求必然是刚性的，运输价格的影响主要是在出行方式的选择，而对是否有位移行为的影响较小。

J.M.Thomsom 提出产生运输需求的资源分布、社会分工、政治军事、文化交流等 7 个原因。一般而言，运输需求的主要影响因素有经济发展水平、产业结构、区域经济发展、城镇化、对外贸易和技术进步等。总体来看，经济社会发展是一个系统工程，相互支撑、互为关联，客货运输需求的影响因素难以完全割裂，但客运需求与货运需求的影响因素存在一定差异。客运需求的主要影响因素包括人口总规模及其布局、居民收入水平和消费结构、城市化及其空间布局。货运需求的影响因素主要包括经济发展水平、产业结构（特别是工业结构）、生产力布局（与城市布局大体一致）、对外贸易。

我们在考察历史上和当前运输市场上的各种运输方式的市场份额时，一般采用运输量结构。在分析研究客货运输需求发展趋势时，指向是运输需求结构。

① 关于派生性特点，虽有不同看法，但是运输经济学家普遍接受这一观点。

运输结构的另一个重要概念是运输供给结构，它是运输需求结构向运输量结构转换的重要基础。在三种运输结构中，运输需求结构是核心客观因素，它决定着供给结构和运输量结构。运输供给结构以运输需求结构为中心波动，对运输量结构的最终形成有着重要影响。经济社会生产和生活环境的变化必然会引发客货运输需求变化，进而影响到交通运输结构变化。运输方式的技术经济特征差异是形成运输需求结构的技术基础。此外，政府制定和实施一系列交通运输发展政策，这些政策会不同程度地影响到交通运输结构。

三种结构及其影响因素的逻辑关系见图1。

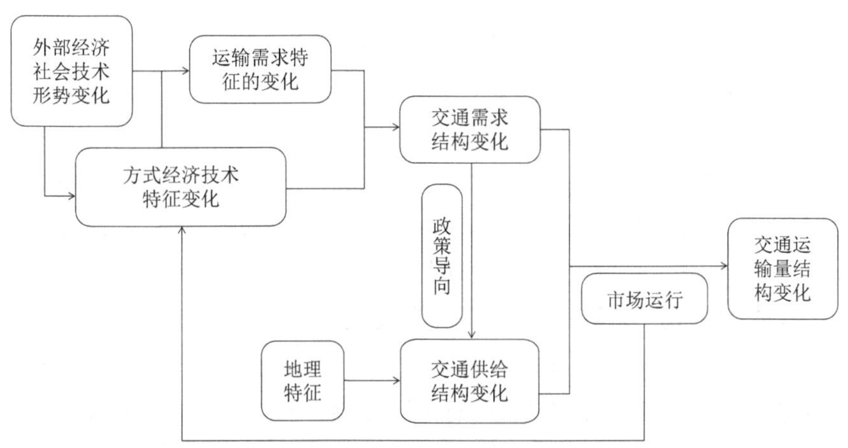

图1　运输结构概念及其影响因素的逻辑关系

（二）交通现代化的基本方向

1. 更快速更经济是现代交通运输的基本特征

更快的交通使世界各地的距离大大缩短，进而使人类活动的空间范围显著扩大，原材料和产品等经济要素的流动性大幅度提高。交通更快本质上是运输链条的时间更短，因此，交通更快不只取决于更快的交通工具，在交通载运工具运行速度稳定在一定水平以后，如何减少衔接时间就会逐渐成为“交通更快”的关键问题，联运及其装备、适时配送等现代物流组织应运而生。

交通运输现代化的另一个要素是经济，主要是指运输费用的低廉。运输费用应该理解为经济增长过程中克服空间阻碍需要付出的代价。历史上，运河的开挖、轮船的出现、铁路的发展、公路的兴起，无不是竞争中显现出明显的运输成本相对优势而获得生命力的。现代经济增长过程表明，交通运输发展始终是沿着运输成本不断下降这一方向发展的（图2）。

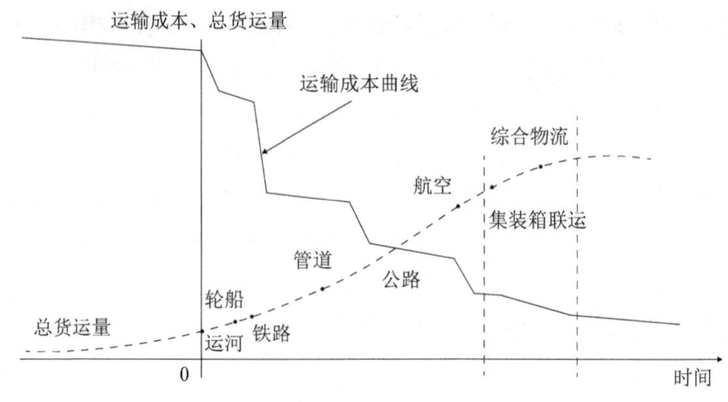

图 2 运输成本变化示意图

快速与经济这两个交通现代化的基本特征是对立统一的关系，经济与快速经常是一对竞争性的目标，寻找二者的平衡点往往因人、因时、因事、因地而不同。无论如何，现代交通运输始终追求着快速和经济，新式交通或新型交通运输组织模式以更快速或更经济的强大力量，推进交通运输现代化进程，进而改变经济社会的时空尺度助推着经济发展和社会进步。

2. 科技革命和产业变革推动交通运输融合发展

在新一轮科技革命和产业变革背景下，特别是信息化、互联网技术推动人类生产生活方式大变革，传统产业或行业跨界融合创造出新的产业链、供应链或价值链。对交通而言，现代交通运输越来越与其他功能或要求融为一体，例如，出行过程与娱乐、景观、休闲等一体融合也成为现代客运发展的重要内容。货运方面则呈现仓储包装、保险、票据抵押等行为融合的趋势。

二、我国客货运输发展演变

（一）我国客货运输量发展变化情况

2003 年和 2008 年的交通运输部门统计口径发生较大调整，统计调整前后数据不可比。因此，采用各个时期客货运输主要统计指标的年均增长速度变化，反映运输量发展情况（图 3）。

1981—2012 年，我国客货运输量增速虽有波动，但是基本处于高速增长时期。内因主要在于改革开放后激发经济活力，经济高速增长，工业化和城镇化快速推进，刺激运输需求爆发式增长。但是 20 世纪 90 年代中期以前交通基础设施能力制约明显，如，铁路货运满足率 1985 年为 75%，1990 年为 68%，1992 年

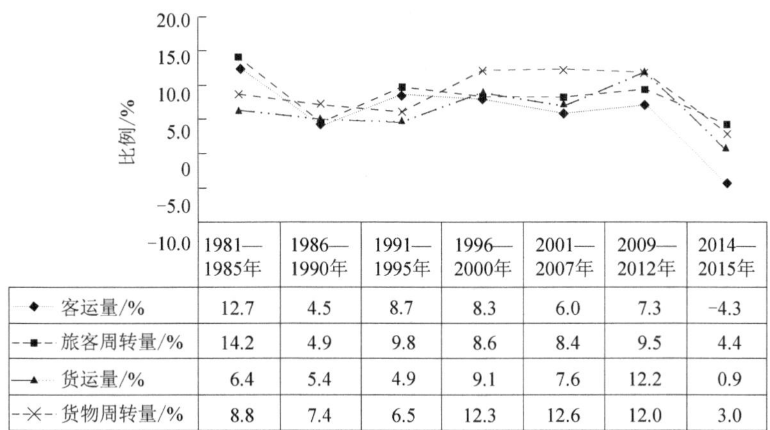

	1981—1985年	1986—1990年	1991—1995年	1996—2000年	2001—2007年	2009—2012年	2014—2015年
客运量/%	12.7	4.5	8.7	8.3	6.0	7.3	-4.3
旅客周转量/%	14.2	4.9	9.8	8.6	8.4	9.5	4.4
货运量/%	6.4	5.4	4.9	9.1	7.6	12.2	0.9
货物周转量/%	8.8	7.4	6.5	12.3	12.6	12.0	3.0

图 3　我国改革开放以来各时期客货运输量年均增速变化情况

资料来源：中国统计年鉴

又下降至 60%[①]，运输需求没有全部转化为运输量。20 世纪 90 年代以后高速公路逐步成网，高速铁路起步发展，交通运输供给能力大幅提升，“十一五”末（2010 年）“运输能力紧张状况总体缓解”[②]。

2013—2015 年（“十二五”后期），客货运输量增速急剧下降，呈现低速增长态势（旅客周转量和货物周转量年均增速分别为 4.4% 和 2.8%），处于转型发展期初期。这一时期我国步入经济发展新常态，经济增速放缓，产业结构也发生较大变化，第三产业比例提高，占比超过 50%。这一时期，交通运输供给能力基本适应经济社会发展的要求，客货运输量基本体现了运输需求的实际情况，我国交通运输由长期的供小于求逐步进入供需基本平衡的新阶段。

（二）我国客运运输量结构变化情况

1. 客货运输量结构变化

2015 年，我国客运市场呈现三分天下的局面，铁路市场份额最大，公路次之，民航约占 1/4 左右。1980 年以来，各运输方式旅客运输周转量结构变化总体上公路比例总体持续上升，铁路份额持续下降，水运比例萎缩，航空比例大幅提高。但 2013 年以来的旅客运输市场结构变化趋势出新变化：铁路和民航市场份额提升，公路市场份额下降。各种运输方式旅客周转量市场份额变化情况见图 4。

1980 年以来，国内货运市场各运输方式货物运输周转量结构变化呈现以下趋势：公路货物周转量比例总体持续上升，2015 年占到 47.06%；铁路由 2/3 的

① 杨洪年 . 综合运输与能源运输 . 北京：中国财富出版社：126.

② 国务院 .“十二五”综合交通运输体系发展规划 . 2012.

份额下降到2015年的19.29%；水运比例持续增加，2015年约占30%；管道萎缩，由1980年的5.78%下降为2015年的3.36%；航空比例由1980年的0.02%提高为2015年的0.17%。各种运输方式货物周转量市场份额变化情况见图5。

总体上看，从中华人民共和国成立至改革开放，铁路运输在我国客货运输市场上均占有主导地位。改革开放后，公路客货运输、民航客运、水路货运发展较快，铁路运输逐渐失去客货运输市场中的主导地位；近些年，铁路和民航客运市场份额不断提升成为新的发展趋势。

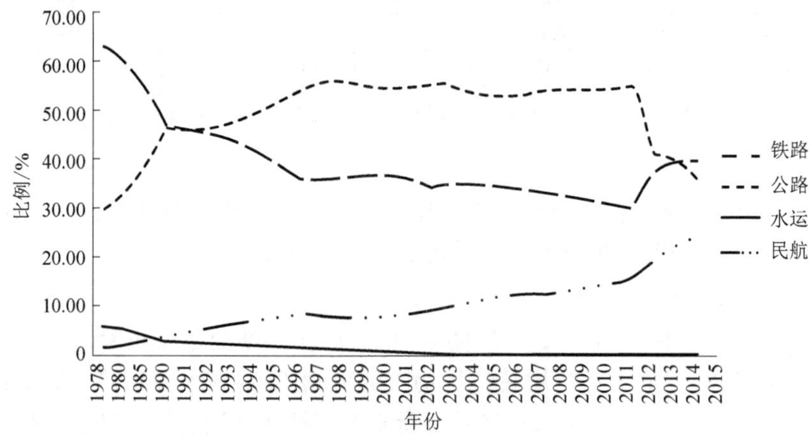

图4 我国旅客周转量市场份额变化情况

资料来源：根据中国统计年鉴数据整理

图5 我国货物周转量市场份额变化情况（不含远洋）

资料来源：根据中国统计年鉴数据整理

2. 运输量结构变化

1）经济社会发展阶段的变化是引起交通运输结构变化的内生因素。工业化进程通过影响产品结构对货运的影响比较大，工业化中期阶段之前我国铁路运输市场份额一路下滑。进入重化工业化阶段后，铁路货物运输市场份额提升。进入重化工业化后期运输需求结构再次发生变化，铁路占市场份额由升转降。城镇化对客运的影响比较大，其核心是人民生活水平提升使人民对出行的总次数、对舒适性和快捷性的追求越来越高。

2）国家或者各方式的发展政策通过改变运输供给结构从而影响运输量结构。改革开放后 20 多年，随着我国公路、港口等领域逐步实施市场化改革，公路、航运领域的能力快速获得增长，而铁路在运输市场中的比例不断下降。直到 2003 年以后，我国推行部省合作建设铁路模式，拓展投融资渠道，同时国家规划也力推加快铁路发展。铁路尤其是高速铁路运输能力的增加，为近年来铁路旅客周转量比例提高奠定了坚实基础。

3）运输方式的技术进步改变了各方式技术经济特征对比关系，从而对运输结构产生重大影响。20 世纪 90 年代高速公路和 21 世纪初高速铁路的出现，使得公路和铁路的技术经济特征发生了重大改变，综合运输体系的各种运输方式形成了新的相对优势，进而改变了运输市场上的运输量结构。

4）基于交通现代化快速和经济两个基本特征分析，哪种运输方式变得更快速或更经济，哪种方式的市场份额就会得到提升。根据中国统计年鉴数据，民航在运输市场的份额一直提高：旅客运输市场上，其比例由 1978 年微不足道发展到 2015 年的 24.2%；货物运输市场上，民航比例由 1980 年的 0.02% 增长到 2015 年的 0.17%。铁路六次提速，特别是高速铁路出现并逐步成网后，铁路客车时速有较大提升，呈现质的变化，提升了铁路市场竞争力，市场份额持续增加，由 2009 年的 31.73% 增加至 2015 年的 39.81%。

三、2030 年我国客货运输需求发展趋势

（一）运输需求主要影响因素的发展态势

当前，我国经济发展进入新常态，其发展速度、发展特征和发展动力发生显著变化，对交通运输的发展趋势和特征产生重大深远影响。分析中长期客货运输需求趋势和特征，首先需要准确把握宏观影响因素的演变趋势。

1. 我国经济发展仍将保持较快增长，但增长速度将进入平缓期

“十三五”时期，我国 GDP 年均增长速度在 6.5% ～ 7%；预计 2030 年，我

国GDP总量接近美国发展水平，2020—2030年的年均增长率预计为4%左右。

2. 全国人口仍保持较低增长速度

我国计划生育政策由夫妻单独可生育二胎演变为全面放开二胎政策，对人口增长有推动作用，但是作用有限。中央电视台新闻频道曾预测，2030年我国人口大约在14.5亿人左右，比2015年的13.75亿人增加约8000万人口。

3. 我国产业结构加快转型发展

预计到2020年，服务业在三次产业结构中占比将达到55%。在工业内部，逐步向高加工度化和技术密集化升级。预计2020—2030年，我国产业结构将保持相对稳定，产业结构呈现向更高端、更加融合的转型发展态势。

4. 新型城镇化稳步发展，城镇化率发展由快到缓

2020年，我国常住人口城镇化率达到60%以上、户籍人口城镇化率达到45%，基本实现半数人口真正过上城市生活。2020年以后城市化率增速趋缓，预计到2040年城镇化率达到70%～75%的峰值。

5. 我国居民收入水平持续增长，消费结构不断升级

2020年以前，全国居民收入水平将保持比经济增速略高的增长速度，在城镇居民收入保持较快速度增长的同时，农村居民收入水平将会以更快的速度增长。2020—2030年，我国居民收入仍将保持一定增长速度，但增速将会有所放缓，同时城乡居民收入差距将会有所减少。

6. 技术创新应用不断加快，各方式技术经济特征保持稳定

高速化、智能化、绿色化应是未来重要的发展方向，2030年前后，新能源交通工具、无人驾驶等新交通技术有望出现突破性发展，但应用范围不大对运输结构产生有限影响。从总体上看，到2030年左右高速铁路、民航机场、公路等基本达到稳定规模，各种运输方式的技术经济特征和相对优势保持稳定。

（二）客货运输需求的预测分析方法

1. 数学模型预测方法的局限性

考虑到以下因素：①公路运输在客货运输市场上占有较大份额，但是受其统计方法局限公路运输量数据与实际出入可能较大；②三次口径调整使得公路运输量统计数据出现跳跃式变化；③数学预测模型本质上是以历史统计趋势预测未来，经济发展新常态带来客货运输阶段性变化，对数学模型预测效果有很大影响，用数学模型对2030年的客货运输量进行预测是不适宜的。

2. 运输需求的相似情景分析法

交通运输发展有一定的内在规律，特定地区和特定阶段的客货运输需求围绕着规律曲线或上或下波动。发展中国家借鉴发达国家或地区的经验，可以较好地分析本地区未来运输需求发展趋势。相似情景分析法的主要步骤有：①研究对象在规划期的情景环境；②寻找具有相似情景环境的参照对象；③总结参照对象的客货运输需求的特征，并在此基础上通过；④分析研究对象特有的时代和个性约束条件，分析其对运输需求的影响；⑤研究对象和参照对象间有无重大的交通技术革新及其对运输需求影响，对研究区域的客货运输需求进行调整。其中，在参照国家或地区的选择中，本国的优于国外的。

（三）客运需求中长期发展趋势分析

1. 客运需求发展总趋势

决定客运需求总规模的直接因素有两个：一是总人口规模；二是平均每个人的出行规模。在我国，人口总规模的增加有限，进而对旅客运输总规模的影响是有限的，客运需求的增长主要受个人出行规模的影响。

“十三五”期间，我国经济发展速度在 6.5% 以上，2020—2030 年，经济增长速度约为 4%，未来我国居民收入将略高于国内生产总值增速。由此计算，到 2030 年我国居民人均可支配收入约为 44500 元，接近北京市 2014 年人均可支配收入。以目前北京市的人均交通消费水平为参照对象，我们以交通消费变化来近似分析人均出行规模的变化。人均出行规模变化结合总人口规模的变化，可以预测未来客运需求的变化速率。根据前文分析，到 2030 年我国人口总规模预计增长至 2015 年的 1.058 倍。据表 1 计算，到 2030 年，我国旅客周转量年均增速为 4.06%。

表 1　我国客运需求增长趋势预测　　（单位：元）

序号	指标		数值
1	人均出行规模变化	2015 年人均交通通信消费	2 086.9
		2030 年人均交通通信消费预计	3 578.6
		增长倍数	1.714 792
2	人口规模变化	增长倍数	1.058 394
3	客运需求变化	增长倍数	1.814 926

考虑到以下因素：①不同群体的消费倾向（如现在的年轻人比过去的年轻人更愿意出行）变化；②收入差距水平的缩小；③高铁、民航网的完善以及运输服务水平提升带来的交通出行便利化等因素，我们有理由认为未来的交通消费倾向会高于目前水平。因此，预计年均增长速度在4.2%以上。按照客运需求增速趋缓考虑，“十三五”期间，我国旅客周转量年均增速4.5%左右，2020—2030年预计约为4%。

借鉴国际经验，从旅客周转量与经济增长的弹性系数分析，其结果基本一致。

2．客运需求结构变化

（1）客运需求特征

1）高速运输需求快速增长。伴随经济发展水平的提高，人民收入水平有较快增长，对交通运输服务质量提出更高要求，将促进高端运输方式及其市场的发展，包括航空、高速铁路、私人小汽车、需求响应交通等。

2）城际客运需求增长更快。随着区域经济一体化进程的加快和城市群快速客运系统的不断完善，城际以通勤、公务、商务、旅游、探亲等为出行目的出行次数增多。预计在2020年前，人们的平均出行距离会继续拉长，2020年后运距增长的速度会有所下降。

3）交通公平推进显著，不均衡客流将有所平衡。随着农民工市民化等政策推动，流动人口逐渐真正融入城市，农村人口的转移速度会逐步趋于平缓和下降，而转化为城市居民的流动人口客运出行特征将逐渐城市化，每年大规模的“候鸟迁徙”状态将得到缓解。

（2）客运方式结构趋势

旅客运输结构主要受经济发展阶段、国家交通供给政策和各方式的技术经济特征变化等影响。经济发展阶段影响需求特征，前文已经分析。各方式的技术经济特征在2030年前基本保持稳定，但是国家交通基础设施路网的建设会影响各方式的网络内部结构进行对整个路网的技术经济特征对比发生影响，这个影响主要是到2030年我国高速铁路和民航运输机场加快建设，不仅提高了铁路和民航运输能力，而且使整个铁路网和民航网更快捷更广泛。国家对绿色交通的重视，会使国家交通运输发展政策更加倾向于大容量的轨道交通发展。

我国公路旅客运输仅统计营业性运输。其未来发展一方面受到私人机动化分流，另一方面受到客运铁路的影响。因此，未来营业性公路旅客周转量市场份额仍将继续下降。

未来随着我国社会经济的不断发展和国民收入水平的提高，民航、高速铁

路快速客运方式的市场需求呈现不断上升的趋势。

综合判断，2020 年我国营业性旅客周转量市场份额中，铁路保持稳定，民航上升而公路下降。到 2030 年民航市场份额将超过公路而与铁路大致相当，形成铁路与民航为主、公路为辅、水运补充的市场结构。

（四）货运需求中长期发展趋势分析

1. 货运需求发展总趋势

当前经济发展阶段与美国 20 世纪 60 年代、日本和英国 20 世纪 70 年代时期第二产业比例达到峰值、第三产业比例反超第二产业的阶段相近（图 6）。采用相似情景分析方法，借鉴先行国家经验，考虑技术变化和我国国情，可以预测未来我国货运需求发展趋势。

从美国、日本和英国的经验来看，工业化后期货物周转量增速放缓是共同趋势，且均在工业化基本完成后再次下跌一个台阶。从日本的发展历程发现，工业化后期宏观经济形势是影响货运增速的重要原因。

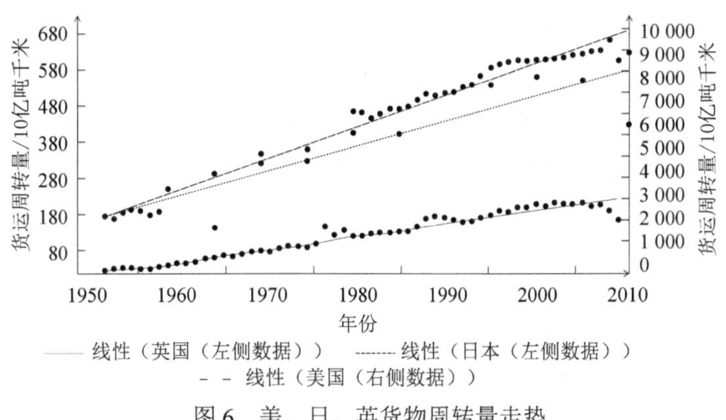

图 6　美、日、英货物周转量走势

“十三五”期货运需求呈现年均 3% 左右的增速。经过“十二五”末期经济发展剧烈变化后经济增速逐渐平稳，“十三五”时期货物运输将出现回升。但受产业结构调整的影响，特别是工业结构逐步向高加工度化和技术密集化升级，煤炭、矿石、钢铁、水泥等原材料和重工业产品产量增长趋缓甚至减少，与“十二五”时期相比，我国货运弹性系数仍将处于较低水平，全社会货运需求将呈现年均 3% 左右的增速。

2020 年前后我国货运需求将出现增速变快的拐点。2020 年以后，受经济顺利转型，装备制造等新兴产业不断崛起等影响，并考虑我国当前经济发展现状与日本20世纪70年代环境污染严重、外需减少、产能过剩和经济结构转型的发展背景十分相似，预计2020前后货运需求增长将出现拐点，2020—2030年运输弹性系数可能回归到1.0甚至以上，全社会货运需求保持4%～5%的增速。

2．货运需求结构变化

（1）货运需求特征

生产型货运需求增长放缓，工业结构将呈现重化工比例下降、新型制造业比例增长趋势，远距离及大批量能源和矿产原材料货运量短期内将仍有下滑，2020年前后稳定，生产型货运需求增长则逐步放缓。

生活型货运需求快速增长。我国第三产业超过50%，三产比例将进一步攀升，社会消费品和工业制成品将快速增长，生活型货运需求快速增长势头依旧持续。

高价值、分散性、小批量货运需求快速攀升。预计“十三五”期我国社会消费品零售总额年均增长10%左右。同时基于互联网，我国工业生产由集中式控制向分散式增强型控制转变。这种趋势将持续导致更多货物需运输至零散消费末端，加剧货物运输的分散性和小批量。

（2）货运方式结构趋势

美国、日本和英国货运结构比例的演变核心是铁路货运比例的演变，它们的货运结构在工业化阶段伴随铁路货运比例的快速下降、缓慢探底、稳定筑底和小幅回升（回升速度较慢），且全社会货物周转量结构在铁路比例稳定筑底阶段进入稳定期。在稳定阶段，美、日、英各方式货物周转量的比例具有明显差异。其中，美国幅员辽阔且资源产销地分离，对我国未来货运结构具有较大借鉴意义。

在新常态下，各方式的增速分化程度将明显加剧。大宗物资需求下滑导致铁路货运量持续下滑，货物周转量比例下降，但有望在“十三五”末期实现本轮止跌；公路运力充裕和机制灵活等优势将继续发挥，比例持续提高；水运货物周转量比例受大宗物资货运需求下降影响仍将下降；管道基础设施建设规模不断加大，油品运输回流带动其货物周转量比例将持续上升。

预计伴随着宏观经济顺利转型升级，在2020年左右迎来铁路货运比例降速放缓转折点。期间货运结构依旧总体呈现铁路降、公路升、水运降、管道升的发展趋势，预计在2030—2035年，我国全社会货物周转量结构趋于稳定，呈现水路、公路领先，铁路、管道次之的排序。

四、交通运输供给侧建设的主要任务

（一）运输供给与运输需求的适应性分析

1. 当前交通运输供给基本适应经济社会发展的需要

经过几十年特别是近20年的大规模建设，我国综合交通运输体系成就显著。初步形成以“五纵五横”为主骨架的综合交通运输网络，高速铁路、高速公路、城市轨道交通里程和沿海港口深水泊位数等位居世界第一位。交通运输供给能力总体适应经济社会发展要求，部分领域已经实现适度超前。

我国交通运输发展中仍存在一些潜在性和长期性问题，主要是交通运输体系仍不能满足居民日益提高的快捷、便利、舒适的要求；面对科技革命和产业变革，创新驱动能力不足，难以适应新的生产方式、新的业态模式、新的市场需求和全面适应“走出去”战略需要；交通运输的可持续发展能力不足，重大交通事故频发、应对突发事件能力不强、交通运输环境污染态势不减。

2. 新形势要求有新的交通运输发展思路

面向2030年的交通运输供给的发展，要改变历史长期以来以运输需求决定运输供给的发展思路。既要适应运输需求规模和层次的变化，更要重视创新、协调、绿色、开放、共享发展理念的要求，发挥交通运输供给对运输需求的导向和影响作用，为经济活力、社会和谐和资源环境可持续作出贡献，具体如下。

1）交通运输发展由支撑经济发展向引领经济发展转变。

2）发展重心逐步由基础设施网络建设向运输组织效率提升转变。

3）更加重视交通公平问题，让经济欠发达地区和弱势群体共享交通运输发展成果。

4）更加重视绿色发展，提高技术在交通运输发展中的贡献率，实现发展模式由资源利用的粗放向资源利用的集约转变。

（二）主要发达国家2030年交通发展战略的借鉴

2008年，美国运输部发布《2030年的交通运输愿景：为运动中的国家确保个人自由与经济活力》，2011年，欧盟出台交通运输白皮书——《一个单一欧洲运输区路线图：迈向竞争和资源高效的交通运输体系》（目标年为2050年），英国则出台《英国交通运输业的未来：2030年的路网规划》。总结发达国家交通运输发展战略，其特点如下。

1）强调交通运输对经济社会发展的支持保障。不再单纯以满足运输需求为目标，更加注重交通运输系统与经济社会发展的关系，如刺激经济发展、创造社会就业等。从空间视野看，发达国家重视交通在全球化竞争中的作用。

2）完善运输组织，提高交通运输系统的效率。发达国家在交通供给总能力与运输需求总规模基本平衡阶段，把挖掘运输组织效率作为使交通运输更快捷、更高效的源泉。

3）高度关注交通外部性，尤其是交通安全与交通环保。发达国家强调减少交通的负外部性，为人类可持续发展做贡献。在交通外部性上重点强调两个方面：一是交通安全；二是以减少碳等温室气体排放为核心的交通运输环境保护。

（三）面向2030年我国交通运输供给侧的主要任务

基于新形势和新要求，我国未来交通运输供给侧应积极适应交通运输需求的新趋势新变化，以更快、更经济和融合发展为发展导向，在创新、协调、绿色、开放、共享五大发展理念指导下，勇于担当，主动作为，加快完善综合交通运输体系，切实转变交通发展方式，全面提升交通网络整体效率和服务水平，提高交通发展质量和综合效益，着力构建网络完善、衔接顺畅、服务高效、安全绿色的现代化交通运输体系，增强交通对经济发展的支撑和引领作用。

基于未来客货运输需求的发展趋势和交通现代化的发展方向，借鉴发达国家交通发展战略，面向2030年，我国交通运输发展的主要任务如下。

1．完善交通运输网络，推进交通更快更便捷

满足更快速、更便捷的运输需求，大力发展高速交通，到2030年基本形成较为完善的高速公路网、客运铁路网、民航运输网。补齐贫困地区和大都市区交通短板，为贫困地区居民和城市居民提供更便捷的出行条件。

积极发展一体化交通，减少运输各环节的衔接时间。既要加强基础设施的一体化水平，也要提高运输服务的一体化水平。

完善客货集疏运系统、依托信息化创新组织模式，完善“最先最后一公里”运输体系，提高运输效率。

2．积极推动物流降本增效，实现运输更经济

建设无缝化衔接的货运枢纽。完善便捷、一体的货物枢纽，共享信息资源，提高中转效率。

健全机制，推进多式联运。发展联程联运、共同配送等先进运输组织模式。健全企业间联运机制，鼓励开展铁水、公水、公铁等联运。

3．拓展服务功能，促进交通与其他业态融合发展

鼓励城市交通场站充分利用地上地下空间，促进交通与商业、商务、会展、休闲等功能融合，建设城市交通综合体。

交通基础设施建设与商业、景观开发紧密结合，发展邮轮游艇、汽车营地、通航设施等，推动交通与旅游等相关产业融合发展。

4．以人为本，提高交通安全和应急保障水平

继续健全完善交通运输安全管理体制机制，提升交通安全管理部门之间的沟通协作水平。

构建交通应急保障机制，注重与全社会应急保障体系的衔接和配合，建立跨区域、跨境突发事件的应急预警、响应和处理机制，提高应急救援能力。

5．发展绿色交通、集约交通，实现可持续发展

大力推广节能环保型运输工具，降低能耗和排放水平。培育多式联运、甩挂运输等现代运输组织方式，降低资源占用和消耗强度。优先发展公共交通和公共型交通，集约利用交通运输资源。

五、推动交通运输发展的政策建议

推动交通运输的发展，一方面要大力推进市场化改革，充分发挥市场配置资源的决定性作用；另一方面要完善交通运输宏观管理，提高政府交通治理水平。

1．简政放权，放松政府管制，充分发挥市场主体作用

简政放权，推动政府职能由审批向市场监管和提供良好服务转变，进一步取消或下放交通基础设施审批，优化建设项目审批程序。按照网运分离、打破垄断、放开竞争性业务等思路，推进铁路改革。推进民航低空空域管理改革，促进通用航空发展，进一步促进航班时刻配置的市场化。

2．完善运输价格市场形成机制，促进各种运输方式合理分工

坚持市场化取向，推进交通运输价格改革，以价格机制促进市场配置交通运输资源，进而推动交通发展方式的转变。重点是推进铁路运价改革，发挥价格杠杆对运输需求的自发调节功能，以市场力量促进运输结构优化。规范公路、港口、机场等基础设施收费机制和收费水平，降低全社会物流成本。建立公益性运输价格形成机制的制度。

3．破除壁垒，吸引和鼓励社会资本，提高交通运输服务水平

以制度改革打破行业垄断、以标准规范等破除清算、接轨、联运等技术壁

垒，支持社会资本以独资、合资等方式参与交通基础设施建设和运营，推进投融资方式多样化。在基础设施建设、运营领域，积极推广政府和社会资本合作（PPP）模式，建立合理投资回报机制和有效的风险分担机制，增强交通运输服务供给能力，提高供给效率和项目效益水平。

4. 积极发挥宏观规划和政策对交通发展的引导作用

以宏观规划和政策为主要手段，更好地发挥政府在交通发展中的作用。通过规划和政策引导交通运输资源向优先发展领域和地区配置。强化政策对交通运输发展外部性的作用，通过完善法规、标准等相关政策，减少交通运输事故，促进交通与生态、环境的协调发展。

5. 实施事权和支出责任划分改革，强化财政资金导向作用

按照基础设施服务收益范围、政府职能和行政效率、权责利统一、支出责任与事权相匹配等原则，推进交通运输事权划分和支出责任划分改革。将国家高速公路、国家铁路等作为中央事权，将普通国道、重要机场和港口作为中央和地方共同事权，并将中央事权委托给地方政府，将地方公路、城际铁路、地方铁路、其他机场和港口作为地方事权。实施差异化政府性资金投资政策，加大对优先发展方式的中央和地方政府资金支持，近期重点是补老少边穷交通网、超大都市区的通勤（市郊 / 市域）铁路等短板。

6. 加大对交通技术研发投入，大力实施交通技术创新政策

实现交通现代化需要交通新技术的应用推广，保持交通现代化地位更需要新交通工具、新的运输组织技术等的前瞻性研发和推广。加大国家财政对新交通技术和交通工具的研发投入，建立鼓励企业新技术研发和新技术推广的政策鼓励制度。要加快电子商务、“互联网 +”、大数据等新思维、新技术手段在交通运输领域的应用。

参考文献

陈东琪等 . 2013. 我国中长期经济发展重大变化研究 . 北京：中国计划出版社 .

迟福林 . 2015. 走向服务业大国的转型与改革—— 2020 年中国经济转型升级的大趋势 . 上海大学学报（社科学版），32（1）：1-18.

樊桦 . 2010. 客运需求与社会经济发展的关系研究 . 国家发展改革委综合运输研究所 2010 年度基础课题 .

范振宇，杜江涛，林坦 . 2015. 加快发展多式联运：美国的经验启示 . 综合运输，（4）：53-58.

国家发展和改革委员会综合运输研究所 . 2009. 中国交通运输发展改革之路 . 北京：中国铁道出版社 .

黄民，张建平 . 2007. 国外交通运输发展战略及启示 . 北京：中国经济出版社 .
克里斯蒂安•沃尔玛尔 . 2014. 铁路改变世界 . 上海：上海人民出版社 .
李连成 . 2010. 经济社会环境与综合运输发展，基本科研业务经费课题 .
李连成 . 2011.“十二五”时期经济社会环境对交通运输发展的影响 . 宏观经济管理，（11）：50-51.
李连成 . 2011. 交通现代化的新挑战和发展重点 . 综合运输，（3）：19-22.
李连成 . 2011. 运输需求发展趋势的分析方法 . 综合运输，（12）：14-18.
刘冰等 . 2012. 日本铁路货运发展现状分析 . 铁道货运，31（12）：36-39.
刘鹏飞 . 2003. 美国交通运输政策的演变 . 交通企业管理，（6）：18-19.
刘伟等 . 2016. 经济增长与结构演进：中国新时期以来的经验 . 北京：中国人民大学出版社 .
罗仁坚等 . 2009.“十二五”期我国综合运输体系发展研究，交通运输部“十二五”规划重大课题研究项目 .
马超，郭军利，张晓东，等 . 2011. 美国铁路发展历史及现状 . 铁道运输与经济，33（9）：58-61.
马银波 . 2006. 美国运输业发展现状分析与启示 . 综合运输，（12）：69-73.
孟国连 . 2013. 发达国家综合运输发展经验探析 . 商业经济，（3）：40-42.
吴金宫 . 2009. 我国城市化背景下交通运输业的研究 . 上海交通大学硕士学位论文 .
习近平 . 2014. 让工程科技造福人类、创造未来 . 国际工程技术大会 .2014-06-03.
约翰•郝斯特 . 2011. 极简欧洲史 . 南宁：广西师范大学出版社 .
中华人民共和国国民经济和社会发展第十三个五年规划纲要 . 中国人大网 . 2017-01-21.

我国大数据服务业发展的路径、挑战与对策

赵　峥
首都科技发展战略研究院 / 北京师范大学

伴随着信息技术和互联网的快速发展，数据正在成为驱动经济增长和社会进步的重要基础和战略资源。基于海量数据资源的挖掘和应用催生的大数据服务业，不仅蕴含着巨大的商业价值和社会价值，更成为推动治理方式变革的重要力量，成为全球科技和产业发展的前沿领域。目前，世界范围内，美国、日本、法国、韩国、澳大利亚等国家相继启动了推动大数据服务业发展的政策改革，并把大数据服务业发展纳入国家发展战略，抢占大数据服务业发展的制高点。大力推动大数据发展和应用，运用大数据推动经济转型、完善公共治理正成为各国面临的共同选择。我国发展大数据服务业具有一定优势：互联网、移动互联网用户规模居全球第一，拥有丰富的数据资源和应用市场，大数据部分关键技术研发取得突破，涌现出一批互联网创新企业和创新应用；一些地方政府已启动大数据相关

工作，加快大数据部署，深化大数据应用，推动大数据服务业发展，已成为稳增长、促改革、调结构、惠民生和推动政府治理能力现代化的内在需要和必然选择。

一、我国大数据服务业发展的主要路径

我国在大数据服务业发展过程中，结合产业自身特点和经济社会发展需要，在推动技术、产品、商业模式创新等领域积累了一定经验，产业发展路径集中体现在坚持通过创新驱动支撑产品线，参与产业融合发展，服务公共治理需求和构建大数据生态系统等四个方面。

1. 创新驱动支撑产品线

大数据是信息技术不断发展的产物，其生成、处理与应用都离不开技术的支持，只有持续推进技术水平提高，才能更好地分析利用数据，提升数据价值。我国大数据服务业更加强调创新驱动发展，认识到大数据技术的战略意义不在于掌握庞大的数据信息，而在于对这些含有意义的数据通过技术创新进行专业化处理，形成丰富的数据产品线，提高对数据的“加工能力”，通过“加工”实现数据的“增值”。在实践中，很多大数据服务企业充分利用自身信息产业技术优势，以传统软件服务能力为基础，结合新兴产业发展需求，推动大数据与云计算、物联网、移动互联网等新一代信息技术融合发展，通过创新打造数据供应链，研发了商业智能、分布式计算平台、大数据平台、智慧城市、数据资产管理平台、MixData、互联网工具、一体机和供应链电商等大数据产品，覆盖大数据基础平台、数据集成与交换、大数据分析平台与工具和基于大数据的应用等多个领域，从底层数据的处理到中间的数据管理和数据分析，再到数据挖掘、展示的大数据产品线，形成了较强的产业创新竞争力。

2. 参与产业融合发展

在大数据时代，市场所拥有或希望掌握的数据日益激增。如何更好地挖掘数据价值，使其产生更高效益，是大数据服务业发展的关键。经过分析、加工后的数据，在输出给所需要的市场其他产业时，必须符合相关产业发展的实际要求，否则数据价值就会减少。同时，不同行业的数据需求特征差异较大，例如，医疗卫生行业关注用大数据解决医疗欺诈问题，而交通运输行业则关注用大数据解决拥堵问题，这就要求大数据服务业提供针对性、差异性的解决方案，与相关行业深度耦合。我国大数据服务业的需求导向性比较突出，往往能够深度参与相关行业互联网进程，为客户提供“产品 + 数据 + 应用”全方位的整体解决方案，推动大数据技术与具体的业务流程深度结合，通过促进相关产业“运营数据化、

数据资产化、资产效益化”，帮助相关产业实现数据价值最大化。例如，一些大数据服务企业，针对银行、保险等行业大数据需求特点，为银行行业提供分布式数据处理、数据资产管理、智慧营销平台和信用与反欺诈等解决方案，利用大数据推动零售银行业务、公司零售业务精细化运营，并提升银行风险管理水平。为保险行业客户提供大数据基础设施建设、保险业务营销与决策支撑和业务运营整体解决方案，帮助保险企业对接大数据价值，提升数据化运营能力，充分结合企业特点实现了数据价值的挖掘和增值。

3. 服务公共治理需求

大数据既潜藏着广泛的公共需求与公共问题，又蕴含着巨大的管理价值与能量，已经成为国家的重要资产，并进入公共事务管理领域，成为提升政府治理能力的新途径。我国大数据服务业不仅关注私营部门大数据的开发与应用，更加注重服务公共治理需求，并通过主动与公共部门合作，发挥大数据在完善政府治理体系与治理能力现代化，起到推动社会民生改善方面的积极作用。例如，一些大数据服务企业推出信息惠民服务、位置运营、舆情分析、智慧交通、智慧医疗、智慧城市运营等解决方案，运用大数据加速和改进市场监督，提高政府为市场主体服务效能，推动政府和社会信息资源开放贡献，整体提高政府运用大数据的能力，使政府部门与公众间的互动性不断增强，信息沟通与反馈机制逐步落实，部门之间相互联系程度持续加深。同时，很多大数据服务企业还积极倡导数据交易，推动政府数据共享与开放，推进数据流通和数据市场规范、数据标准、数据资产评估与定价、数据交易机制发展，并与地方政府共建区域数据交易市场，在推动公共信息公开、完善数据治理制度、推动政府治理理念和治理模式进步方面做出了有益的探索。

4. 构建大数据生态系统

大数据服务业不同于传统工业产业，其不是一个单向的、线性的链条，而是互动的、网状的、以价值为导向的生态系统。我国大数据服务业发展，也始终把握大数据服务业的生态特征，围绕“大数据转化为大价值”的各个关键环节，提供端到端的整体解决方案。在实践中，一些大数据服务企业保持开放合作的态度，通过大数据服务业联盟建设与推广，打造优化产业分工、促进要素流动的产业平台，共同打造大数据产品生态、数据生态和应用生态，推动全网数据多方链接、跨域流动，帮助数据需求方和供给方、政府和企业、社会和个人分享大数据红利，积极构建多方参与、共同繁荣的大数据生态。同时，还有一些大数据服务企业还积极推动大数据公有云和私有云平台建设，通过经济性云平台，大幅降低大数据流通成本、大数据产品与应用开发与创新成本，构建“大众创业 万众创新”的创客空间，催生大数据新业态和新模式，让政府、企业、个人和社会都能享受到大数据带来的红利，为大数据服务业发展释放更多活力，促进大数据生态系统的可持续发展。

二、我国大数据服务产业发展面临的主要挑战

我国大数据服务业发展方面已经做出积极探索。但是，我国大数据服务业发展仍然面临着数据源开放性不够、相关法规和标准不健全、大数据应用领域仍需拓展、产学研合作不足等问题。

1. 数据源开放性仍然不足

海量的数据和数据应用是大数据服务业发展的基础，即大数据服务业发展必须实现数据信息自由流动和共享。但现实中，我国仍然存在着各种形式的“信息孤岛”现象，跨部门、跨行业的数据共享仍有待于进一步提高，有价值的公共信息资源和商业数据的开放程度还比较低，还难以实现顺畅地流动。一方面，各级政府占有大部分的公共信息资源，特别是天气资源、交通资源等，但一些政府部门仍没有形成与大数据服务业发展相适应的全局思维或基于利益博弈而实行封闭性政策，导致这些大数据资源向社会开放和利用的程度仍然较低。另一方面，在商业领域，需要数据共享的各个行业之间，存在着各种壁垒，大数据的共享往往限于企业内部或相关联的合作者之间，企业间的大数据之所以没有做到完全共享，是因为企业对彼此数据安全不信任，企业之间的数据彼此孤立，所体现的价值也只是单一业务的价值。

2. 大数据相关法规和标准尚不健全

在信息社会，数据资源和土地、劳动力、资本等生产要素一样，成为促进经济增长的基本要素，是重要的资产，需要规范的产权制度保护和明晰的行业标准。但目前相关法规和标准尚不健全，适应大数据发展的个人信息保护、数据资产保护等体系还没有完全建立。不同行业和部门的数据标准各异，也容易造成信息资源封闭，不能实现释放和共享。特别是在数据交易和流动方面，由于数据的权属不明、规则和标准缺失，大量的数据交易存在不规范性，尤其是网络在线活动产生的数据，其产权模糊对于整个产业的发展和数据资源的配置都具有很大影响，同时伴随不规范交易、个人隐私界定模糊和数据产权划分不清晰带来的安全隐患，也束缚着大数据服务业的发展。

3. 大数据应用领域仍需拓展

大数据服务产业与信息、生物、高端制造、节能环保、新能源、文化教育、

公共服务等领域的深度融合和创新应用，将广泛带动行业和政府信息化发展，加速农业、制造业和服务业等产业转型升级和政府治理现代化进程。但从目前的情况来看，尽管我国大数据的应用和发展有广阔的市场空间和旺盛的需求，但我国中国大数据服务业发展还处于起步阶段，大数据应用领域分布仍然不够全面，相关大数据服务企业主要集中在互联网、市场营销、电商、广告和搜索等领域，而金融、交通、政府公共服务等领域应用发展还处于初始阶段。这一方面与大数据服务企业的自身成长和发展基础高度相关；另一方面也取决于相关领域市场准入情况。同时，大数据应用不仅体现在领域分布上，还体现在对推动产业转型升级和新兴产业培育上。在这方面，我国大数据服务产业带动技术研发体系创新、管理方式变革、商业模式创新和产业价值链体系重构的作用仍然需要加强，数据资源支撑创新的潜力仍然需要发掘。

4．大数据产学研用合作亟须深化

与基础软件行业追逐国际主流趋势不同，我国大数据服务业基本与发达国家同步，并在超大规模数据仓库、分布式存储和计算、基于人工智能的大数据分析等一批前沿技术领域的国际竞争中已具有一定比较优势，存在更大的发展空间和更多的发展机遇。但是，我国大数据服务产业的产学研合作的深度与广度仍然滞后于大数据服务业发展的现实需要。当前，科研院所的大数据基础研究成果的市场化应用仍然较慢，专业从事大数据开发与应用的企业发展很快，但仍然缺乏知识创新、技术创新、模式创新的整合机制，立足于产学研用一体化发展的人才、技术、资本协同创新体系仍不健全，涵盖数据采集、加工、管理、分析和应用全链条的大数据服务业生态体系还需要加大力度培育。

三、促进我国大数据服务业发展的对策

大数据服务业是影响国家发展的战略性产业。结合我国大数据服务业领域发展的经验和面临的问题，未来我国大数据服务业发展需要进一步完善数据开放共享机制、完善大数据服务业发展法规和标准、完善大数据纵深发展渠道、完善产学研用一体的大数据生态系统，通过营造促进大数据服务业发展的良好体制机制环境，促进大数据服务业健康发展。

1．完善数据开放共享机制

大数据产生价值必须开放与共享。推动数据开放共享机制完善，应在依法加强安全保障和隐私保护的前提下，以稳步推动公共数据资源开放为重点，推动建立公共机构数据资源清单，制定公共机构数据开放计划，推进信用、交通、医

疗、卫生、就业、社保、地理、文化、教育、科技、资源、农业、环境、安监、金融、质量、统计、气象、海洋、企业登记监管等公共机构数据资源统一汇聚和集中向社会开放；同时，应着力加强大数据交流平台建设，创建基于民间合作，并得到政府理解和支持的国际开放和透明的交流平台，支持大数据企业依托互联网建设具有数据集成、存储、挖掘、分析、可视化等功能的行业数据共享和应用平台，建立以政府为主导，行业协会共同发展的服务组织体系，以产业化、市场化为方向，打破数据垄断，建立以市场为主导的数据资源运行机制。

2. 完善大数据服务业发展法规和标准

应充分结合我国当前法制建设实际情况，修订政府信息公开条例，从数据开放、信息安全、大数据技术等多方面入手，制定完善的法律法规，界定相关数据主体的权利、责任和义务，保障数据资源权益，加强对数据滥用、侵犯隐私等行为的管理和惩戒，加强网络数据安全保护，为数据资源采集、传输、存储、利用、开放提供法治保障；同时，推进大数据服务业标准体系建设，推进数据采集、政府数据开放、指标口径、分类目录、交换接口、访问接口、数据质量、数据交易、技术产品、安全保密等关键共性标准的制定和实施；此外，应充分利用我国大数据服务业发展的比较优势，把握世界大数据服务业发展先机，组织和联系国际专业机构，共同开展全球大数据的标准、规范、伦理和法规的研究，通过广泛深入交流和业务合作来建立国际共识，积极主导和参与国际标准制定。

3. 完善大数据纵深发展渠道

明确大数据领域市场经济主基调，鼓励企业推动大数据在各行业的创新应用，催生大数据新业态与新模式，助推大数据向纵深发展。当前，应重点以公共服务领域为突破口，结合新型城镇化发展、信息惠民工程实施和智慧城市建设，围绕城乡建设、人居环境、健康医疗、社会救助、养老服务、劳动就业、社会保障、质量安全、文化教育、交通旅游等领域，鼓励政府与企业、社会机构开展合作，通过政府采购、服务外包、社会众包等市场化方式，依托专业企业开展政府大数据应用；同时，应结合传统产业升级和新兴产业发展，推动大数据在工业研发设计、生产制造、经营管理、市场营销、售后服务等产品全生命周期、产业链全流程各环节的应用，推动制造模式变革和工业转型升级，推动跨领域、跨行业的数据融合和协同创新，探索形成协同发展的新业态、新模式，培育新的经济增长点。

4. 完善产学研用一体的大数据生态系统

将发挥市场配置资源的决定性作用和更好的发挥政府作用结合起来，大力促进资源整合和协同创新，构建人才、技术、资本、数据、平台配置完善的大数据服务业生态系统。①加快培育大数据人才。支持大数据企业、行业企业与高

校、科研院所联合开设大数据课程和开展人才培训。②集中力量支持海量数据存储、数据清洗、数据分析发掘、数据可视化、信息安全与隐私保护等领域关键技术攻关、产业链构建、重大应用示范和公共服务平台建设，同时支持建立跨行业、企校、企企合作的大数据实验室，采取政产学研用相结合的协同创新模式和基于开源社区的开放创新模式，推动基础研究与应用推广的融合发展。③支持建立大数据创新创意平台和大数据孵化器，引导创业投资基金投向大数据服务业，促进形成良好的大数据技术和商业模式协同创新条件。④支持重点龙头大数据服务企业牵头建立大数据应用服务联合体，推动"大数据标准联盟""大数据交易联盟"等产业联盟发展，提升大数据服务业的竞争力。

参考文献

阿莱克斯·彭特兰 . 2015. 智慧社会——大数据与社会物理学 . 汪小凡译 . 浙江：浙江人民出版社 .

关成华 . 2016. 中国浦东干部学院学报，大数据视阈下的治理创新，16（3）：107-114.

赵峥，姜欣 . 2014. 北京理工大学学报（社会科学版），中国省际创新效率及其影响因素的实证研究，16（3）：61-66.

中国国企改革路径依赖及其治理模式回应

李昌庚

南京晓庄学院社会发展学院

2016 年 10 月，习近平总书记在全国国有企业党的建设工作会议上强调，"要通过加强和完善党对国有企业的领导，加强和改进国有企业党的建设……推动国有企业深化改革……坚定不移把国有企业做强做优做大"[①]。如果没有充分考虑到市场转型过程中乃至市场转型后的国企特殊性，尤其社会转型期的中国国情及其国家改革与发展战略大背景，而简单从企业市场经济法则尤其是西方国家公司治理来看，有些人或许对"加强国企党建、把国企做强做优做大"等存有疑虑，从而影响或误导国企改革。如何准确理解和把握习近平总书记上述讲话精神，研究中国社会转型期国企改革路径依赖及其治理模式回应就显得很有必要。

① 新华社 . 习近平在全国国有企业党的建设工作会议上强调：坚持党对国企的领导不动摇 .http://www.xinhuanet.com/2016-10/11/c_1119697415.htm.2016-10-11.

一、国有企业市场定位

关于国有企业的缺陷与不足，理论界已经阐述很清楚，实践也足以证明。从直接表象来看，主要包括效率低下、亏损严重、资产流失、债务危机、负担沉重等。从深层原因来看，主要包括两点：一是国有企业产权主体模糊而缺位，信息不对称严重，委托代理成本高；二是国有企业与行政权力存在千丝万缕的关系，具有公权力属性和超经济性，容易形成政经混合体，具有行政垄断倾向，有违市场公平竞争规律。因此，国有企业难以也不应当成为一般市场竞争领域的主要主体。[①] 20 世纪 70 年代末 80 年代初，西方发达国家国有企业在国内生产总值中所占比例平均为 7.7%，相对比例最高的意大利也仅占 24.7%。[②] 世界银行列举的 8 个发达工业国家在 1978—1991 年国有企业产值占 GDP 的平均值为 7.8%（未加权平均），列举的 40 个主要发展中国家大约在 10% 左右。[③] 由此可见，无论发达国家还是发展中国家，国有企业都不是一般市场竞争领域的主要主体，但发展中国家相对发达国家而言国有企业比例稍微高一些。至于极少数非市场化国家和依赖石油等资源的国家就市场而言则另当别论，也不具有可比性。

在市场经济社会，国有企业作为国家调控经济的一种手段，主要存在于市场机制无法或难以发挥作用的领域，以弥补市场失灵和起到再分配政策等作用。一般而言，国有企业主要存在于关系国家安全、国家经济命脉，以及涉及国计民生的公共基础设施等特殊行业。国有企业在世界各国产业分布总体上具有趋同性，主要分布在规模经济突出的自然垄断产业、资本技术密集型产业、公共性（或外部经济性）产业、基础产业、技术先导产业等。因此，国有企业总体上往往具有社会公共性、外部经济性、必要垄断性、非竞争性、非营利性等特点。除了苏联、东欧等传统社会主义国家及其他少数非市场化国家外，世界上很少有国家把利润作为国有企业的首要目标。如果单纯为了盈利，国有企业原则上就没有成立的必要。这是国有企业与私有企业的一种社会分工，体现了国有企业具有私有企业所无法取代的特殊职能。国有企业也只有在这些领域才能更好地发挥集中资源配置、集中力量办大事等特有的制度优势。

从市场经济及其国有企业发展的历史经验来看，市场机制一旦因战争、经济危机等因素受到较大破坏时，再加上受当时不同程度的意识形态影响，往往是国有化比例相对较高时期。包括西方国家在内的许多国家在两次世界大战和经济危机时期，通过政府投资或国有化等方式产生了一批国有企业，政府在推动大企

① 李昌庚. 金融危机视野下经济法价值拷辨——以国有企业为例的实证分析. 政治与法律，2010（6）：84.

② 世界银行.1983 年世界发展报告. 北京：中国财政经济出版社，1983：67.

③ 袁易明，魏达志. 危机与重构——世界国有企业研究. 北京：中国经济出版社，2000：84-85.

业集团发展方面起到了加速作用。比如，英国第一次世界大战时期投资成立了800多个军事企业，将铁路收归国有等。法国第二次世界大战时期建立了法兰西电力公司、法国雷诺汽车公司、法兰西银行等国有企业。美国第二次世界大战期间建立了约2600个国有企业。但是，一旦战争或经济危机等影响市场机制发挥作用的因素结束，这些国家又将战时或危机时期成立的许多国有企业通过私有化等方式清理掉。因而，包括西方国家在内的许多国家经历了多次国有化和私有化交替的浪潮。即使这些国家国有化浪潮时期，国有企业也从来没有占据市场经济社会的主体地位，仍把国有企业作为国家调控经济的一种手段以弥补市场缺陷作为基本原则。比如，英国在1974—1979年经过第二次国有化浪潮后，国有企业总产值也才约占国民生产总值的13%。即便在西方国家国有企业比例较高的法国，当时国有企业总产值才达到全国工业总产值的1/5；到1990年，国有企业总产值仅占国内生产总值的18%。①

然而，随着市场经济进一步发展及国家治理水平的不断提高，处于充分管制下的私有企业也能起到纠正市场失灵的作用，国有企业也并非是再分配政策的唯一有效工具。凡是私有企业及其社会资本能够解决的领域，政府原则上都要允许，实现国有资本有进有退。因此，国有企业的存在空间进一步收缩和限制。从发达国家来看，国有企业主要集中在交通运输业、邮电通信业、供水、供电、供气等公用事业和基础设施产业。即使这些垄断性产业、基础设施产业和公共事业领域，国有企业也没有绝对垄断，也开始引入私人资本，航空、铁路、石油、煤炭、汽车、钢铁、造船等重要领域大量引入私人资本，甚至全部私有化。比如英国的通信业、运输业的45%由私有企业承担，比利时的供水、供电、供气等国有化程度只有19.7%，日本国铁也实现了私有化等。在美国、加拿大、日本等国，除了邮政全部由国家投资外，其他领域都向私人资本开放。②

当然，对于后发型的发展中国家而言，为了发展经济和赶超发达国家，建立国有企业除了弥补市场失灵外，还要考虑构建国家工业及其国民经济体系、奠定经济基础、技术创新与先导、扶持和提高企业市场竞争力等因素。比如，20世纪90年代我国500家最大工业企业销售收入在相当长一段时期内还不及美国通用汽车公司一家企业。而西方国家在二战以后通过政府干预在较短时间内推动了大企业集团发展。这都值得包括我国在内的发展中国家借鉴。同时，作为发展中国家，无论国家治理水平还是法治化水平都相对不高，社会管制能力不足。以上因素决定了包括中国在内的发展中国家国有企业的存在空间会更多一些。但不管如何，市场经济及其国有企业发展方向都具有规律性。这要取决于不同国家历

① 史树林，庞华玲等.国有资产法研究.北京：中国财政经济出版社，2003：482-490.

② 袁易明，魏达志.危机与重构——世界国有企业研究.北京：中国经济出版社，2000：94-95.

史发展阶段的国情差异。

由此看来，立足于中国作为后发型发展中国家及其市场经济发展的阶段性，进一步深化国企改革，合理界定国有企业的国家所有权市场边界，是习近平总书记强调的“把国有企业做强做优做大”的逻辑前提。在国有资本应当进入的领域，把国有企业做强做优做大是毫无疑问的。这是政府有所为、有所不为的重要体现。唯此，才能更好地理解和把握习近平总书记讲话内涵及其精神实质。

二、中国国有企业改革现阶段所面临的问题

对于从社会主义计划经济向社会主义市场经济转型的中国而言，国有企业改革经历了“扩大企业经营自主权”“利润包干”“利改税”“两权分离”“企业承包经营责任制”“公司化改制”为主导的产权改革及其现代企业制度等诸多过程。国有企业改革也经历了从“政企分开”到“政资分开”的改革路径探索。

从中国社会平稳转型视角来看，相对于苏联、东欧等传统社会主义国家的“休克疗法”而言，我国国有企业改革采取的渐进式改革模式比较可行，实践证明也是比较成功的，初步实现了“软着陆”。但同时，它也带来了一系列的后遗症，比如国企改革不彻底、反复、停滞等，甚至今天提出的许多国企改革的问题及其对策与建议在多年前就已经出现。具体而言，其主要包括如下几个方面：①国有企业市场定位在国家立法和政策层面上还不是很明晰，虽然国有企业不断从竞争性领域退出，但比例依然过高，多数国有企业仍存在于一般竞争领域；②国有企业尤其中央国有企业数量虽然大幅下降，但依然相对较高，比如中央国有企业目前仍有 102 家，其中，每家企业集团内含大量大型国有或国有控股子公司等；③国有经济比例虽然不断下降，但仍达到国内生产总值的 1/3 左右，远高于世界平均水平；④中央与地方国有企业分工及其关系与中央与地方的财权和事权划分不是很协调；⑤国有企业按照公益类与商业类进行的分类监管及其区别法律规制还没有解决；⑥国有企业治理与普通商事企业公司治理混淆与模糊，不仅异化了公司法等私法规范及其公司治理，而且也没有真正解决国有企业治理问题等。

之所以如此，笔者认为，是因为原有的渐进式改革模式具有探索性与尝试性，常因不确定的改革思路、政府换届更替、人事变动、决策者之间的观念分歧等因素而容易导致国企认识模糊不定或缺乏明确的国企市场定位及其改革方向，甚至容易出现波折、反复或倒退等现象。而这在政治体制改革滞后等情况下又会进一步延缓国有企业深化改革。

这些问题如若不能得到及时、有效解决，将直接影响到市场主体、金融、证券、财税、社会保障等市场经济体制完善和政治体制改革等，进而影响到能否

为中国社会平稳转型提供适宜的经济土壤。这也正是党的十八届三中全会为何进一步提出深化国企改革的原因所在。

三、国外国有企业改革的经验教训

对于苏联，以及东欧的一些传统社会主义国家而言，计划经济向市场经济转型是历史发展必然的选择。毫无疑问，以意识形态为主导的计划经济基础上的国有企业必须进行市场化取向的改革。所以，这类国家的国有企业改革最为引人注目。即便以市场为基础的西方国家以及其他许多发展中国家，在经历国有化浪潮之后，一旦战争、经济危机等影响市场机制发挥作用的因素消除之后，也会面临国有企业改革问题。

学界早已关于国外国有企业改革的详细介绍，重复介绍并无多大意义，但从中梳理能够对中国国有企业改革有所助益的经验教训则是必要的。具体而言，主要包括如下几个方面。

（1）普遍设立国有企业改革主管机构

无论西方发达国家还是原苏联东欧等转型国家和其他发展中国家大多如此。比如意大利的国家参与部、西班牙的国家工业局（后来改制为国家工业控股公司）和资产剥离操作局、俄罗斯的国家和地方国有财产管理委员会、企业私有化委员会、德意志民主共和国的国有财产委托管理局（托管局）、波兰的所有制改造部、匈牙利的国家财产局、国家私有化署、罗马尼亚的私有化署、巴西的国有企业管理委员会、印度的国有企业局、工业与财政复兴局等。

（2）普遍为国有企业改革立法

无论西方发达国家还是原苏联东欧等转型国家和其他发展中国家大多如此。比如，俄罗斯早先有《俄罗斯私有化纲要》，1991 年颁布了《俄罗斯联邦所有制法》《俄罗斯关于国家企业和地方企业私有化法》，随后又颁布了《小私有化法》《长期归国家所有的财产使用法》等；匈牙利 1988 年颁布了《经济结社法》《改造法》等；波兰 1990 年颁布了《国有企业私有化法》《设立所有制改造部法》等；捷克斯洛伐克 1990 年颁布了《经济改革纲要》《财产归还法》、私有化法案，随后捷克也颁布了《小私有化法》和《大私有化法》等一系列私有化法案；保加利亚 1992 年颁布了《私有化法》等；美国 1945 年颁布的《政府公司控制法案》等；日本的《国有铁路改革法》《电信电话株式会社法》等；法国 1983 年颁布的《公营部门民主化法》等；阿根廷 1989 年颁布的《国家改革法》等；我国台湾地区颁布的《公营事业移转民营条例》及其实施细则等。

（3）苏联、东欧国家普遍采取“休克疗法”，付出沉重社会代价

苏联东欧等社会主义国家在经济领域普遍采取了“休克疗法”。国有企业改革也不例外。在东欧剧变前，许多国家国有经济比例高达80%以上，甚至90%以上。[①]这些国家政府与国有企业的关系还没有理顺，还存在非常严重的“大锅饭”问题。这些国家经济转轨普遍缺乏相应的市场基础，如资本市场、金融市场、人力资源市场等。[②]有效的私有化需要相应高效的金融市场等诸多市场基础支撑。没有巩固的经济制度和完善的竞争框架的私有化是毫无用处的。[③]因此，这些国家国有企业私有化改革付出了沉重社会代价，比如：“权贵资本主义”、外来资本垄断、国有资产流失严重、贫富差距迅速拉大、失业率严重、金融动荡等，进而影响到国家政局动荡与冲突，社会撕裂与对立，甚至国家分裂等。

当然，这些经验教训具有相对性和历史局限性。对于这些国家今天而言，这些到底是经验还是教训尚需要历史检验。但对于历史惯性下的今天的中国而言，以及如何实现国家治理现代化及其社会平稳转型，国有企业改革借鉴上述经验教训则是非常必要的。

四、中国进一步深化国企改革的路径依赖

我国国有企业改革已经进入与政治等因素处于胶着状态的攻坚期和深水区。现在的问题是，我国是继续采取原有的渐进式改革模式还是激进式改革模式（或“休克疗法”）。笔者认为，一方面，原有的渐进式改革模式相对于容易改革的领域是行得通的，但如果继续原有的改革模式，国企改革的攻坚期和深水区则无法突破，改革实践中面临的上述后遗症就证明了这一点，并将进一步延续。20世纪90年代提出的许多国企改革观点和对策至今依然存在就充分说明了这一点。因为这种改革模式最大的特点是，其有时是主动的，有时是被动的，甚至有时是倒退的，缺乏明确的顶层设计。这势必影响到我国市场经济体制完善和政治体制改革进程。另一方面，我国没有必要采取“休克疗法”。理由在于：一是我国国有企业改革已经初步实现“软着陆”，无论国有企业数量和经济比例的下降、私有企业的发展、市场基础的培育、社会保障制度的建立等都是当初原苏联东欧等国家所无法对比的；二是国有企业改革不是单纯的企业改革，还涉及经济体制改革、政治体制改革等一系列配套改革。当国企改革进入攻坚期和深水区时，尤其涉及诸多政治问题等胶着状态困扰，更需要顶层设计。此时，“休克疗法”不仅

---

① 资料来源：根据《经互会成员国统计年鉴》（1986年）（1989年）.

② 王金存．世界国有企业．北京：企业管理出版社，1995：323.

③ 王建铆，史璞兰．国有企业改革：中国的实践和西班牙的经验．上海：上海远东出版社，2003：39.

涉及国企改革，还涉及政治体制改革等，基于中国国情这是非常慎重的事情。当初英国等许多国家国有化浪潮之后私有化过程中有些国有企业改革也经历了10多年之久，中国国情下的国有企业改革也有很长的路要走。基于当下国企改革基础，不能毕其功于一役。

鉴于此，我国必须突破原有的渐进式改革模式和激进式改革模式困扰。一方面，在已有国企改革的基础上，主动深化经济、政治等领域的全方位改革，加强顶层设计，制定改革路线图，破除国企改革的瓶颈。另一方面，在主动改革的前提下，吸取苏联、东欧等国家"休克疗法"的经验教训，做好配套改革措施的衔接与完善。对此，我国既不能简单地以市场经济发达的西方国家标准衡量中国，也不能简单地以苏联、东欧等国家转型变迁后的现状苛求中国，而应当基于中国特殊国情，立足已有改革基础，遵循历史惯性，以史为鉴，政治权威主导下的主动改革，以尽可能小的成本与代价完成国企改革、实现社会平稳转型应当是我国较为理想选择。[①]

基于上述思路，我国进一步深化国有企业改革应当充分考虑如下几个方面。

1）借鉴国际做法，设立或授权类似国企改革领导机构，专门负责国企改革。我国现有的兼具出资人职能和监管职能而角色错位的国资委以及财政部门等均面临着改革，[②]不宜担任国企改革重任。较为理想的做法是，在党的十八届三中全会成立的"全面深化改革领导小组"基础上，下设或授权类似专门负责国企改革的主管机构，2015年成立的国务院国有企业改革领导小组即体现了这一思路，从而减少或避免部门之间的相互推诿、扯皮、利益冲突或内耗等。由国企改革主管机构按照市场规律列出改革路线图、时间表和改革清单。设立或授权类似专门机构既能把握改革实质和方向，也能尽可能减少或避免国资流失。

2）借鉴国际做法，加强国有企业改革立法，从而为国企改革提供法治保障。具体包括如下几点：一是现实环境具备立法条件的，应当立法，如《企业国有资产法》《国家出资企业产权登记管理暂行办法》等；二是现实环境尚不具备立法条件的，因为国企改革本身就具有探索性与突破性，留待条件成熟再考虑立法，如特殊企业立法、中央与地方国有企业关系问题等；三是某类产业或某个国有企业改革能够单独立法的，可以考虑单独立法，如《金融企业非上市国有产权交易规则》等，像当初的中国铁路总公司、中国盐业总公司、中国林业集团公司等改革可以考虑单独立法；四是国企改革立法暂不宜提高立法位阶的，或具有临时性、阶段性特点的立法，尽量以规范性文件或部门规章等形式出现，如《国务

① 李昌庚. 中国社会转型的路径依赖及其法治回应. 青海社会科学，2016（2）：67-76.

② 李昌庚. 企业国有资本出资人：国际经验与中国选择. 法学论坛，2014，29（2）：58-65；李昌庚. 国有财产监管制度研究. 法治研究，2014（4）：53-62.

院关于国有企业发展混合所有制经济的意见》《关于国有企业功能界定与分类的指导意见》等。我国目前关于国企改革的专门立法并不多，还需进一步加强立法工作。其目的在于，从立法高度明确国企改革方向和具体措施，为国企改革提供法治保障，尽可能减少或避免国资流失等。

3）为国企改革提供保障资金，减少改革阵痛。自2014年，我国多地通过企业联合或政企联合等多种方式成立国企改革发展基金，进一步拓宽国企改革保障资金来源渠道，支付改革成本与代价，减少改革阵痛。比如，北京成立京国瑞国企改革发展基金，上海成立信达国鑫国企混合所有制改革促进基金，广东成立了广东国资改革发展基金，云南成立了国资壹号产业基金，厦门成立了国有企业产业升级基金等。这些都是非常好的改革尝试与做法，值得进一步探索与推广。除此以外，我国还可以进一步探索国企改革保障资金筹集渠道。

4）凡是现有体制下能够改革的领域，优先改革。从我国目前来看，主要包括以下几点：①国企按照公益类与商业类以及商业一类与二类的分类改革。根据《关于国有企业功能界定与分类的指导意见》规定，国有企业分为公益类和商业类两种。所谓公益类国有企业，是指主要提供社会公共产品和公共服务，以保障民生、服务社会为主要目标的国有企业。商业类国有企业又分为商业一类和商业二类两种。商业一类是指主业处于充分竞争行业的商业类国有企业，即充分竞争类；商业二类是指主业处于关系国家安全、国民经济命脉的重要行业和关键领域、主要承担重大专项任务的商业类国有企业，即特定功能类。在市场经济社会，国有资本原则上将逐步退出一般市场竞争领域，主要向公益类和商业二类（特定功能类）国企集聚，并将成为国有企业主导类型。②按照国有企业市场定位目标及其分类改革要求，进一步重组国有企业，依产业或行业特点有序推进混合所有制改革和员工持股计划等，比如钢铁、能源、电力、交通、盐业、林场、金融等领域的国企改革。其中，西方国家国企改革中的“黄金股”制度值得借鉴[①]。③改革国资委和财政部门等，建立若干国有资本投资运营公司，构建科学合理的企业国有资本出资人制度和相应的监管制度。④在国企分类改革等基础上，国有企业按照国家公私产分类进行区别法律规制，加强国有企业特殊立法，准确界定国有企业治理模式及其监管制度。

5）凡是现有体制下难以改革的领域，则通过政治、经济等领域的改革进行协同推进。比如，某些领域的混合所有制改革、中央与地方国有企业的功能定位区分及其关系等。这些领域的改革尤其需要政治体制改革、金融财税、社会保障

① 所谓“黄金股”制度，是指国企私有化改革中，基于国家利益，发行由政府持有的特权优先股，不代表任何财产权利，没有投票权和收益权等，即便政府不再或少量持有企业股份，但政府可以通过特权优先股保留着或在一定阶段保留着企业某些重大经营决策中的“一票否决权”。该制度最早源于英国，以英国电信为典型。

等领域改革的协同推进。而这些改革又需要置身于整个国家改革的顶层设计蓝图中。因而，立足历史惯性下的今日中国，某些领域的国企改革暂时滞后是必要的，而非图一时之仓促改革而紊乱改革布局或致改革失败。

6）进一步深化国企改革需要注意的问题主要包括：①妥善、谨慎使用国企改革用语。国企改革在有些国家推行私有化阶段也有不同称呼，如墨西哥的“非参与化”、巴西的“灵活化”、玻利维亚的“资本化”等。考虑到中国国情、历史惯性及路径依赖等因素，尤其国企改革已经到了有进有退的阶段，我国更需要谨慎处理，所谓的“民营化”以及当下提出的“混合所有制改革”“员工持股计划”等均体现了决策者政治智慧与策略，绝非某些人所说的中庸或折中做法。关键要看国企改革的实质与方向是否符合市场规律。②无论理论界还是实务界都存在一个误区，即认为商业类国企尤其商业一类（充分竞争类）国企应当按照完全市场化方式运作，进退应由市场来选择。笔者以为，这是一种理想化的愿景，国有企业的公权力属性决定了其容易产生行政垄断倾向，有违市场公平竞争规律，挤压私人空间。因此，政府在市场竞争领域要尽可能减少既制定游戏规则、又直接参与游戏规则的现象，国有资本要主动退出一般市场竞争领域或尽可能降低国有资本比例。③通过社会保障制度、国企改革发展基金、供给侧改革等措施，尽可能减少或避免国有企业尤其央企混合所有制改革过程中可能出现的“下岗潮”，使我国失业率保持在合理控制范围。④通过专门机构，加强国企改革领导和国资监管，尽可能减少或避免“权贵资本主义”，以及某些不必要的外来资本垄断和国有资产流失严重等问题的发生。

五、中国国有企业治理模式回应

长期以来，我国在国有企业改革过程中，尤其是在某些产权改革难以推进的领域，一直试图通过借鉴普通商事企业的公司治理结构来解决国企问题，或作为其中的措施之一。固然，这在一定阶段起到了一定效果，但并没有根本解决国企问题。其结果是，这不仅异化了《公司法》等商事法律法规及其普通商事企业的公司治理，还混淆和模糊了国有企业治理的本质特征，无助于国有企业治理本身。问题不在于“政企不分”，而在于“政资分开”。解决问题的关键是，依循上述国企改革路径依赖，进一步深化国企改革，合理界定国有企业市场定位。这是国有企业治理的逻辑前提，也只有在此前提下，研究国有企业治理才有现实意义。

（一）国有企业治理模式

公权力属性的国有企业决定了“政企不分”是其主要特征。这是世界上国有企业的共同特征，不仅传统社会主义国家以及发展中国家如此，即使市场经济发达的西方国家也不例外。在西方国家，对于非独立法人企业的国有企业，所有者、经营者和决策者三者合一，不具有一般企业的内部治理结构，不设股东会、董事会、监事会等，如同政府模式管理，政府直接享有企业最终经营管理权，企业管理者按照政府雇员管理。对于独立法人的国有企业而言，其虽具有一般企业的内部治理结构，如股东会、董事会、监事会等，但董事会、经理层等构成受到政府严格限制。比如，美国国有企业董事会常由总统任命，并经国会批准；国有企业设立、变更、解散、经营范围和目标、重大投资计划、市场准入、销售价格、利润分配以及国有资本经营预算等需由国会审批等。比如，法国国有企业董事会实行国家、企业和职工比例构成；政府通过任免或提名董事长和总经理来实现对国有企业的管理；企业的重大问题常常受到议会和政府的决定和影响。日本国有企业员工多以国家公务员对待，其主要领导也需政府和国会审批决定，等等。

但这不完全同于有学者提及的“企业政治联系”。在国际上尤其在西方国家，私有企业为主导，有些私有企业作为“公司帝国”，利用财团优势影响或左右着选举及其政治人物等。即便在我国，私有企业也已出现端倪。这便是所谓的“企业政治联系”。对于私有企业而言，这具有后生性，并非都是必然的。这并非一定都是坏事，而是社会经济发展的一种规律及如何进行法律规制的问题。但这并不足以影响私有企业及其公司治理的本质特征。国有企业的“政企不分”则是国家所有权公权力属性决定的，是其本质特征，具有天然性，必然决定了国有企业治理的特殊性，从而有别于私有或公私混有等普通商事企业的公司治理。

因此，对于市场经济环境下的中国国有企业而言，应当立足于国企“政企不分”的本质特征，以及国有企业改革路径依赖，国有企业治理不能简单以普通商事企业衡量，更需要公权力的制度安排，即良好的国家治理及其民主法治化水平。国有企业治理追求的是一种以公权力制度安排为核心的行政型治理模式，而非一般意义上的企业型治理模式。国有企业治理的关键在于外部治理，而非内部治理。以此价值判断，构建国有企业治理结构方可起到事倍功半的效果。

从国有企业外部治理来看，关键是良好的市场经济和民主法治环境。一方面，需要成熟而健康的市场机制及其市民社会对国企的监督制约；另一方面，需要人民代表大会（简称人大）、司法机关及政府等公权力制度安排对国企的监督制约，包括人大对国有企业设立、变更、重大事项、国有资本经营预算、行政首长提名或选聘国企负责人等的审批、监督等。这是国有企业治理的关键。这在西方国家体现较为明显。比如，美国国有企业实行国会和审计署等多重监督。国会对国有企业设立、董事会、经营范围、经营目标、市场准入、销售价格、利润分配等都要审批、监管。加拿大联邦政府拥有的国有企业，主要受到议会、总督、

国库委员会、主管部长和财政部等多方公权力监督。德国国有企业实行双重委员会制度，即管理委员会和监事会组成。联邦政府通过派驻监事会的政府代表控制监事会。除此以外，财政部行使出资人监督职能、审计署行使审计监督职能等。

从国有企业内部治理来看，借鉴普通商事企业的公司治理结构如股东（大）会、董事会、监事会和经理层等方面仅具有相对意义，因为国有企业内部治理受到政府公权力影响，是一种低效率的内部治理结构。即便这种“借鉴”也显示出国有企业内部治理的特殊性。其中，国有企业出资人制度尤其值得关注，有助于改善国有企业内部治理。从我国现实来看，企业国有资本出资人既有国资委，也有财政部门，不仅造成出资人不统一，还导致出资人职能与社会公共管理职能混淆等一系列问题。因此，笔者不同意有学者提出的观点，即建议国资部门作为功能类和竞争类国企的出资人代表，专司功能类和竞争类国有资本监管职能；财政部门作为公益类国企的出资人代表，专司公益类国有资本监管职能。①鉴于此，笔者建议，企业国有资本出资人职能统一由财政部门履行，财政部门再下设若干国有资本投资运营公司行使具体出资人职能；国资委统一对所有国有财产专门履行社会公共职能的监管职能。②

当然，对于不同类型的国有企业，由于国有控股程度或国家控制力不同等因素，其行政型治理模式也存在差异。比如公益类国有企业外部治理较少受到市场环境影响，更多受到公权力制度安排影响；其内部治理借鉴普通商事企业的公司治理也并无多大意义，更多比同政府模式管理。对于商业类尤其商业一类（充分竞争类）国有企业，由于国有控股程度及其国家控制力不断降低，其外部治理除了受到公权力制度安排影响外，还要受到市场环境的影响；其内部治理相对于公益类国企而言更多借鉴普通商事企业的公司治理。总之，公益类国企、商业二类（特定功能类）国企、商业一类（充分竞争类）国企依序受市场环境影响程度不断提高，受国家公权力制度安排影响程度不断降低。

（二）国有企业治理立法

从立法来看，我国国有企业一方面依附着诸多行政权力及其资源；另一方面却以普通商事企业的公司治理审视或解决国有企业治理问题。国有企业并未严格区别法律规制，大多一概适用《公司法》等私法规范，不仅未能管束国有企业，而且使《公司法》等私法规范异化，结果必然发生企业治理异化，无助于国有企业问题的解决。即使近几年颁布的《企业国有资产法》也难见成效。因此，在市

① 张林山等. 国资国企分类监管政策研究. 北京：中国言实出版社，2015：25-26；温源. 国企如何动“手术”. 光明日报. 2015-1-8.

② 李昌庚. 企业国有资本出资人：国际经验与中国选择. 法学论坛，2014，29（2）：58-65.

场经济社会，国有企业应按国家公私产分类区别法律规制，并主要以特殊企业立法等公法规范调整国有企业及其治理既是国际惯例，也是我国未来发展趋势。作为国有独资或绝对控股的公益类国企和商业二类（特定功能类）国企应当作为特殊企业对待，主要以特殊企业立法等公法规范考量国有企业治理。在国际上，这类国有企业一般作为特殊企业实行“一特一法”或“一类一法”，而非适用于普通商事企业立法。比如，美国的田纳西流域管理局有《美国田纳西流域管理局法》等专门立法、阿巴拉契亚区域开发委员会有相应的“阿巴拉契亚开发法案”等；又比如日本的《邮政公社法》《国营铁路公司法》《电信电话株式会社法》等；再比如新加坡为每个法定机构专门立法等。[①] 至于国有相对控股的商业一类（充分竞争类）国企除了适用公法规范外，还可以与私有企业一道适用《公司法》等私法规范，但这类国有企业都将面临进一步市场转型改革的任务，国有股权因经济、政治等因素需要逐步退出一般市场竞争领域，至多多以国有参股形式进入此领域。

（三）加强国企党建与国有企业治理的关系

如何理解加强国企党建与国有企业治理的关系？加强国企党建工作是否影响国企治理？如果脱离了前述的国企改革路径依赖，则容易产生误读。唯有立足于我国现实国情下的国企改革路径依赖及其国家顶层设计改革的大背景，方能准确理解和处理两者之间的关系，从而使我国国企行政型治理模式增多一些中国元素。具体包括如下两点。

1. 社会转型期国企改革的需要

在我国经历了近 40 年的改革后，相对容易的改革领域已经或几近改革完毕，当前改革已经进入攻坚期和深水区，面临着诸多利益藩篱。因此，基于中国国情和历史惯性，为了深化改革，打破既得利益障碍，以尽可能小的成本与代价实现社会平稳转型，就需要强有力的政治权威主导改革，相应的法治回应就不能简单地以理想化的法治标准衡量。[②] 国有企业改革也不例外。要想啃国企改革领域的“硬骨头”，打破既得利益障碍，就需要强有力的国企改革领导权威主导改革。这是前已述及的我国国企改革路径依赖的必然体现。因此，基于中国共产党作为执政党的改革任务，进一步加强国企党建工作就显得很有必要，从而把党的十八大关于深化国企改革的意图和决策贯彻到国企改革中，把握国企改革方向，保持国企改革政策的稳定性和连续性，实现国企改革的既定目标。

---

① 法定机构是新加坡政府设立的特殊国有企业。

② 详细论述参见李昌庚．中国社会转型的路径依赖及其法治回应．青海社会科学，2016（2）：67-76.

2. 国企行政型治理的需要

前已述及，国有企业治理主要是一种行政型治理模式。虽说国企行政型治理模式并非必然体现出企业党建特征，但基于社会转型期国企改革及中国的政党政治特色，国企行政型治理模式必然体现出国企党建工作。同时，借此将加强国企党建与企业文化建设进行有机结合，从中凸显企业文化精神，也便于国际接轨。

在此背景下，现阶段如何妥善处理好企业党委会与董事会、监事会和经理层的关系就显得非常重要。笔者认为，在我国社会转型期，在国企董事长或总经理是中共党员的情况下，国企党委书记兼任国企董事长或总经理、党委会与董事会成员交叉以及党委会与董事会在企业许多重大事项中合并会议等是较好的选择，可以较好地处理企业党委与行政的关系，减少或避免内耗，提高企业效率。

六、余论

必要的改革成本与代价是需要付出的，但立足于当下中国国情，遵循历史惯性，以史为鉴，包括国企改革在内的政治权威主导下的主动改革，以尽可能小的成本与代价实现社会平稳转型，则是较为理想的选择。既要认清国企改革的问题实质和改革方向，也要妥善选择改革路径。看不清国企改革的问题实质或激进做法均是改革天敌，不能毕其功于一役。当然，这种改革路径依赖有时因既得利益障碍或决策者人事变迁等因素而怠于改革，步入原有渐进式改革陷进，甚至异化改革，从而延缓国企改革进程。这关键取决于执政者的政治智慧与勇气！

国企行政型治理模式受制于我国政治、经济以及国企改革路径依赖等诸多因素，无论市场经济环境还是公权力制度安排背后的民主法治环境均有待完善，尚需与我国国企改革以及相应的经济、政治等领域的改革协同推进。在此阶段，就不能简单地用一般市场经济法则来衡量国有企业。

服务业现代化与宁夏地区的旅游业发展

狄良川

宁夏大学政法学院

一、引言

服务业是国民经济的重要组成部分，服务业现代化的发达程度既是衡量一个国家或地区经济社会发展水平的重要标志之一，也是检验一个国家或地区是否进入现代化的重要指标之一。尤其是在中国，在经历了三十多年的跨越式发展之后，我们有理由相信，通过合理的规划和布局，中国有可能在现代化的进程上实现超越式的发展，服务业现代化的提前布局和前瞻规划就成为当今学界和有志之士共谋的战略大计。

宁夏，地处西北一隅，面积6.64万平方公里，截至2016年底，人口674.90万人[①]，无论是经济规模还是国民生产总值所占比例，都离现代化的标准相差太远。但服务业的现代化，特别是作为宁夏最主要的第三产业——旅游业，有广阔的发展前景，值得深思和探讨。

二、旅游业发展对宁夏服务业现代化的重要性

2016年，宁夏实现地区生产总值3150.06亿元（现价），按可比价格计算，同比增长8.1%，增速比全国高1.4个百分点，增速居全国第9位，西北五省第1位；分产业看，第三产业增加值1434.59亿元，增长9.1%，第三产业对宁夏经济增长的贡献率已达到了50%[①]。所以说，宁夏服务业现代化的实现也就意味着宁夏地区现代化的实现。同时，在2016年7月，国家旅游局同意宁夏创建“国家全域旅游示范区”，宁夏作为继海南省之后第二个从省级层面提出发展全域旅游的省区；2016年7月26日，宁夏回族自治区党委办公厅、自治区人民政府办公厅联合印发了《宁夏全域旅游发展三年行动方案（2016—2018年）》（宁党办发〔2016〕65号，以下简称《行动方案》）；2017年6月6日召开的宁夏第十二次党代会报告中提出：加快全域旅游示范区建设，把旅游业融入经济社会发展全局，推进旅游向全景全业全时全民的全域旅游转变，建设一批精品旅游景区，优化旅游综合配套服务，创新多形式、多业态、多元化商业模式，发展休闲旅游、体验旅游、康养旅游，吸引游客、留住游客，打造西部独具特色的旅游目的地。[②]这是宁夏回族自治区党委对宁夏全域旅游发展做出的新部署、指明的新方向、确立的新目标。

从以上数据和说明都可以看出，旅游业已经成为宁夏战略性支柱产业，在稳增长、调结构、扩内需、惠民生等方面发挥了积极的作用。因此，以宁夏旅游业为代表的服务业现代化的提前布局，已成为实现宁夏现代化的重要前提。

---

① 资料来源于“宁夏回族自治区政府”网。

② 石泰峰在宁夏第十二次党代会上的报告（全文）.http://www.nxdjw.gov.cn/zt/d12cddh/ttxw/201706/t20170612_4288288.html

三、宁夏旅游业的发展现状

本文以2007—2016年宁夏旅游经济发展统计公报为准，通过对宁夏旅游业近十年的数据统计和图表分析，揭示出宁夏旅游业发展状况的以下特征：

一是主要旅游经济指标实现稳步增长。从表1中可以看出，无论是接待游客人数还是旅游总收入，宁夏旅游业的增加值从2007年开始，逐年呈上升态势。接待游客总人数从2007年的731.33万人次增加到2016年的2150万人次，年递增率基本维持在8%左右，只有2014年出现了负增长，原因尚不明确；旅游总收入从2007年的31.64亿元增加到2016年的210亿元，年递增率也基本维持在8%以上，且10年保持连续上升。

二是增速变化幅度总体不大，但近几年上升趋势明显。从表1中可以看出，2007—2016年的十年中，宁夏旅游业的经济指标增速幅度变化不大，相对平稳，但近三年来上升趋势比较明显，这说明，宁夏旅游的知名度得到了进一步提升，宁夏旅游的产业规模变得日益壮大，旅游经济总体上呈现出稳定、健康、协调的发展态势。尤其近年来，宁夏旅游总收入占全区GDP的比值越来越高，旅游业已经成为宁夏战略性支柱产业。

表1　2007—2016年宁夏旅游业经济指标数据表

年份	接待游客总人次/万	旅游总收入/亿元
2007	731.33	31.64
2008	777.16	40.32
2009	910.35	53.10
2010	1 020.60	67.80
2011	1 169.61	84.21
2012	1 340.89	103.39
2013	1 820.42	127.30
2014	1 674.99	142.70
2015	1 839.48	161.30
2016	2 150.00	210.00

资料来源：根据2007—2016年宁夏旅游经济发展统计公报整理

三是旅游产业的附加值逐步增加，休闲旅游、高端旅游及旅游品牌意识加强。近年来，宁夏旅游开始从传统的景点旅游转向“旅游＋”产业融合模式，大力开发与文化、农业、工业、地产、商贸、生态、医疗等行业相关的休闲旅游和跨界旅游，优化旅游综合配套服务，充分挖掘旅游业的附加值；制定实施“十百千万”工程，即计划三年内创建十条旅游特色街区、做强十大精品景区、发展十大旅游购物商店、打造十强旅行社、做优十家旅游饭店、扶持十大特色农家乐、推广十大金牌旅游小吃、选树十大金牌导游（讲解员）、评树百名旅游服务之星、培育千名乡村旅游带头人、培训万名旅游从业人员；不断提高宁夏旅游业的现代化水平。

四、宁夏旅游业现代化发展的SWOT分析

1. 优势

（1）政策优惠

早在1958年，宁夏就成为中国唯一的省级回族自治区，享受民族区域自治政策的优惠；2012年宁夏成为中国首个内陆开放型经济试验区，并提出建设“大城市”，成为中国唯一将全境作为一个城市来规划建设的省区，享受开放政策优惠；2016年，宁夏又成为全国第二个全域旅游示范（省）区创建单位，是继海南省之后中国第二个将整个省域作为一个“大景区”来规划建设的省区，具有先行先试的政策优势。

（2）旅游资源丰富

宁夏既有以水洞沟、西夏王陵、须弥山、贺兰山岩画等为代表的历史文化景点，又有以中华回乡文化园、中阿文化城、同心清真大寺等为载体的回族文化品牌，也有以镇北堡西部影城为代表的人文特色基地；同时，宁夏还以沙湖、沙坡头、腾格里沙漠湿地等为依托，打造世界级沙漠主题旅游精品，以六盘山避暑休闲旅游度假区、贺兰山国家森林公园、罗山生态旅游区、星海湖旅游度假区等为龙头，打造具有宁夏特色的避暑度假旅游及生态度假旅游品牌；并以贺兰山东麓葡萄文化旅游长廊为基础，重点开发葡萄文化旅游产品（图1）。

（3）区域位置优越

宁夏东邻陕西省，西部、北部接内蒙古自治区，南部与甘肃省相连，自古就为兵家必争之地；宁夏也是中华文明的发祥地之一，“丝绸之路”必经之地，历史上曾是东西部交通贸易的重要通道，素有“塞上江南”的美誉；同时，地处黄河上游，有自流灌溉优势，从而得称“天下黄河富宁夏”，具有发展现代旅游业的天然优势；同时，宁夏还是连接中国与阿拉伯世界的贸易通道和友谊桥梁，无论是在“向西开放”还是“一带一路”倡议中都将突显其不可或缺的重要地位。

2. 劣势

（1）旅游空间布局较差

从宁夏旅游产业发展现状看，在空间上形成了“西线强、东线弱”“中间强、

南北弱”“沿山强、沿河弱”的格局，旅游产业发展空间存在缺陷，区域发展不平衡。

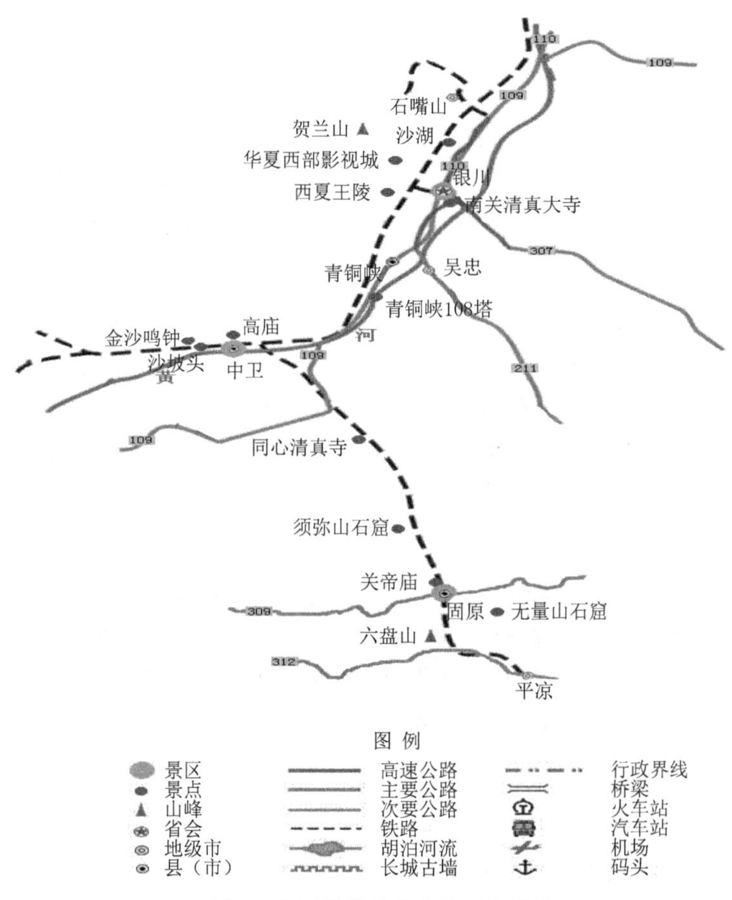

图1　宁夏旅游景点分布示意图[①]

（2）适合户外旅游时间较短

宁夏为典型的大陆性气候，具有冬寒长、夏热短、春暖快、秋凉早等特点，因此，真正适合户外旅游的时间主要为每年的5—10月，仅有半年多的时间，严重制约了宁夏的旅游业。

（3）现代化交通发展缓慢

宁夏自古以来就是内接中原，西通西域，北连大漠，各民族南来北往频繁的交通要道。但宁夏的现代化交通发展却比较缓慢，截至目前，宁夏尚无高速铁

① 宁夏旅游政务网。

路通行，并且只有一个外联世界的河东机场，其进出口航班也较少，成为掣肘宁夏旅游业现代化的瓶颈。

3．机遇

（1）符合国家五大发展理念

党的十八大提出“创新、协调、绿色、开放、共享”五大国家发展理念，宁夏提出的发展全域旅游则是全面贯彻五大发展理念的战略载体，因此，在制定宁夏旅游业现代化的战略目标上，一定要对接和遵循“五大发展理念”的要求，借力推动旅游产业转型升级，走现代服务业发展的跨越型道路。

（2）紧抓“一带一路”发展机遇

2015年，国家在发布的《推动共建丝绸之路经济带和21世纪海上丝绸之路的愿景与行动》纲领性文件中，就明确把宁夏作为“一带一路”的重要组成部分，这不仅为宁夏经济社会发展和改革开放带来了一次千载难逢的新机遇，也为宁夏旅游业融入“一带一路”倡议工作，将服务业现代化融入“一带一路、建设开放宁夏”的战略部署提供了新机遇。

（3）推动“向西开放”

宁夏成为内陆开放型经济试验区后就因地制宜地提出了“向西开放”，并及时制定了“向西开放、旅游先行”的战略部署，同时依托中阿博览会的平台，加强与国家战略对接，努力将宁夏打造成为中阿合作的先行区、内陆开放的试验区、丝绸之路经济带战略支点，并逐步成为中阿旅游中转港和国际旅游目的地。

4．挑战

（1）传统与现代化的矛盾与调适

旅游业的发展离不开优秀的历史文化传统，也不可能抛弃本地区业已形成的民俗风情特色，但在发展宁夏全域旅游业的现代化进程中，两者之间必然会发生一系列的矛盾和分歧，因此，如何调适并和谐发展是摆在宁夏旅游业现代化发展的现实挑战之一。

（2）全域旅游规划上的公平与公正

全域旅游强调要把一个区域整体当作旅游景区，是空间全景化的系统旅游，并以旅游业为优势产业，以旅游业带动促进经济社会发展的一种新的区域发展理念和模式。这就要求在全域旅游现代化的顶层规划和设计上，要充分考虑到不同地区、不同民族的利益分配和社会公平，否则只能造成新的不平等和不公正。

（3）对外开放进程中要警惕泛伊斯兰化

宁夏日益成为面向阿拉伯国家、伊斯兰国家开放的重要窗口。但在向西开

放的过程中，一定要防范“清真”化、阿拉伯化、伊斯兰化的倾向；特别是在宣传和扩大回族文化传统与特色的旅游项目，以及与海外阿拉伯国家的国际旅游对接中，要时刻警惕这类现象的发生。

五、基于服务业现代化的宁夏旅游发展策略

1．突出政府主导作用，贯彻五大发展理念，合理制定宁夏旅游业的现代化标准

要充分发挥宁夏回族自治区的民族区域自治优势，借助内陆开放试验区、全域旅游示范区的政策优惠，以政府为主导，加大核心旅游区的投资力度，集中力量，打造出一批具有示范性的精品旅游项目；同时，将旅游业内生的创新引领性、协调带动性、开放互动性、环境友好性、共建共享性，与国家五大发展理念相契合，制定出切实可行的宁夏旅游业现代化新标准。

2．围绕全域旅游发展战略，整合资源，实现宁夏旅游业现代化发展方式再提升的战略新定位

紧紧围绕全域旅游的战略思想和战略部署，把宁夏全域旅游作为一个全局性战略进行统筹谋划和系统推进。按照“全景、全业、全时、全民”要求，全力创建全域旅游示范区，把宁夏打造成一个旅游目的地；同时，整合一切资源为旅游所用，发展旅游＋工业、旅游＋农业、旅游＋金融、旅游＋交通、旅游＋体育等产业结合新模式，使宁夏全域旅游发展成为优化供给侧结构的有效抓手，最终实现宁夏旅游业现代化发展方式再提升的战略新定位。

3．借助云数据大平台，构建现代信息化的宁夏旅游网络经济

2014 年，西部云基地数据中心就在宁夏中卫市落户，目前项目正按计划有序实施。宁夏旅游业现代化战略可就近借助这个“云数据”大平台，逐步建立旅游相关的信息化数据库，如目的地数据库、旅行社数据库、宾馆酒店数据库等，打造一条旅游产业可持续发展的和谐生态链，并通过整合旅游产业空间内的各种资源、条件，互补共生，构建现代信息化的宁夏虚拟旅游生态系统和旅游网络新经济。

4．以共享、开放、跨界理念为指导，大力发展休闲旅游业

以发展全域旅游业为前提，统一思想，以共享、开放、跨界的理念为指导，突出自然、文化、民俗、美食、节庆等主题，混合搭配，跨界组合，大力发展休闲旅游业，使旅游业与产业发展、城乡建设、生态环保等方面有机结合，优化配套城乡旅游要素，开发城乡旅游产品，增强城乡旅游功能，优化消费需求供给，满足游客多样化需要。

六、结语

服务业现代化理念的提出，为宁夏旅游业的现代化发展提供了新的思路；而宁夏回族自治区的身份特征，以及内陆开放实验区和全域旅游示范区的机遇，则为宁夏旅游业现代化发展的实施提供了基础和保障。因此，只要做好顶层设计，整合资源，扬长避短，在借鉴和引用成功经验的基础上，大胆创新，就一定能实现宁夏全域旅游业的现代化，进而打造出一个全面现代化的美丽新宁夏。

参考文献

郜海燕 . 2015. 打造特色鲜明的国际旅游目的地“神奇宁夏”迈向国际舞台 . 经营管理者，（16）：145.

吕俊芳 . 2015. 基于 SWOT ＋ AHP 分析法的旅游发展战略研究——以宁夏回族自治区为例，宁夏大学学报（自然科学版），（3）：288-292.

汪克会 . 2017. 基于全域旅游视角的宁夏文化旅游产业发展对策研究 . 商业经济，（7）：84-86.

王磊，刘家明 . 2016. 宁夏建设全域旅游示范区研究 . 宁夏社会科学，（7）：123-127.

太原服务业发展情况及特点分析

张晨强

太原社会科学院

服务业发展水平是衡量现代经济社会发达程度的重要标志。加快服务业发展，对于太原改造提升传统产业，增强中心城市的辐射力和凝聚力，提高省会城市首位度，实现资源型地区中心城市创新发展、转型发展都具有十分重要的意义。“十二五”以来，太原市服务业发展总体向好、结构不断优化，保持了较快发展的态势，呈现出一些鲜明的特征，已成为保持太原市地区经济活力的重要因素。

一、太原服务业发展基本状况

1. 服务业规模不断扩大

近年来，太原市大力推动经济结构调整和产业结构优化升级，大力推进服务业发展。2011—2016 年，全市服务业增加值逐年上升（图 1），由 2011 年的

1123.69 亿元增加为 1849.34 亿元，增加 725.65 亿元，占山西省服务业增加值的 25.6%。2016 年，在万达综合体、绿地中央广场、茂业天地等一批服务业项目的带动下，增加值比 2015 年增长 7.7%，服务业增速在周边省会城市中排名第 4，拉动经济增长 4.73 个百分点，增速分别高于第一、第二产业 4.69、2 个百分点。2016 年，服务业增加值占地区生产总值比例达到 62.6%，所占比例比 2011 年上升 8.7 个百分点（表 1），成为太原经济发展的主导产业。按当年价格计算，服务业对全市经济增长的贡献率达 77.89%，远高于第一、第二产业。2011—2016 年，年均增长速度为 10.48%，高于地区生产总值年均增速 3.23 个百分点，为太原城市经济转型发展注入强大动力，是全市经济增长的主要推手。但是，2016 年太原市服务业与其他省会城市相比规模还不够大，增加值绝对量在全国省会城市排名靠后，处于中部城市末尾，需要进一步提升服务业规模总量。

2. 服务业吸收从业人员能力提升

太原市服务业中传统的劳动密集型行业仍占较大份额，随着服务业总体规

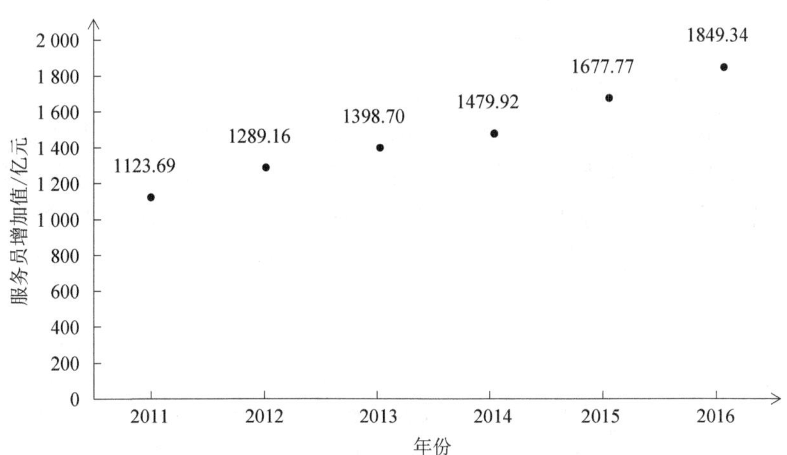

图 1　2011—2016 年太原市服务业增加值变化

资料来源：《2016 年太原统计年鉴》和 2016 年太原市 2016 年国民经济和社会发展统计公报

表 1　2011—2016 年太原市三产占地区生产总值比例　　（单位：%）

产业类型	2011年	2012年	2013年	2014年	2015年	2016年
第一产业	1.7	1.6	1.5	1.5	1.4	1.3
第二产业	44.4	43.1	41.7	40	37.3	36.1
第三产业	53.9	55.3	56.8	58.5	61.3	62.6

资料来源：《2016 年太原统计年鉴》和 2016 年太原市 2016 年国民经济和社会发展统计公报

模的不断扩大，其吸收就业人员的能力也不断增强（图 2）。2016 年，太原市服务业从业人数为 141.76 万人，是第二产业从业人数的 2 倍以上，较上年增长 6.86%，从业人数远高于第一、第二产业，比 2011 年增加 45.09 万人，年均增长 7.96%，高于全社会从业人员年均增长率；其人数占全社会从业人员总数的 61.05%，比去年增加 1.5 个百分点，比 2011 年提高 6.5 个百分点。

3．服务业投资规模进一步加大

由于部分工业企业存在产能过剩，固定资产投资逐步由煤炭、装备制造等行业转向服务业。“十二五”以来，服务业固定资产投资均高于第一、第二产业投资之和。2016 年太原市服务业固定资产投资额为 1601.28 亿元，同比增长 4.3%，占全市固定投资总额的 78.97%，比例比上年增加了 3.3 个百分点。2011—2016 年，服务业固定资产投资逐年提升（图 2），年均增长率为 17.32%，占全社会固定资产投资的比例由 2011 年的 70.33% 提高到 2016 年的 78.97%。服务业发展后劲比较充足，太原市通过招商引资为全市服务业注入新活力，2016 年太原市签约服务业类项目 64 个，占项目总数的 38.09%，项目总投资达 1895.94 亿元，占项目总投资的 49.41%。

4．服务业结构呈现积极变化

2011—2016 年，太原市服务业内部结构发生了积极变化。从行业结构看，2016 年其他服务业、金融业、批发和零售业增加值在服务业内部行业排名前三，可以说，金融业、商贸业支撑了太原市服务业发展。其他服务业中，物联网、云计算、电子商务、现代物流等新兴生产性服务业发展迅速，健康养老服务、家政

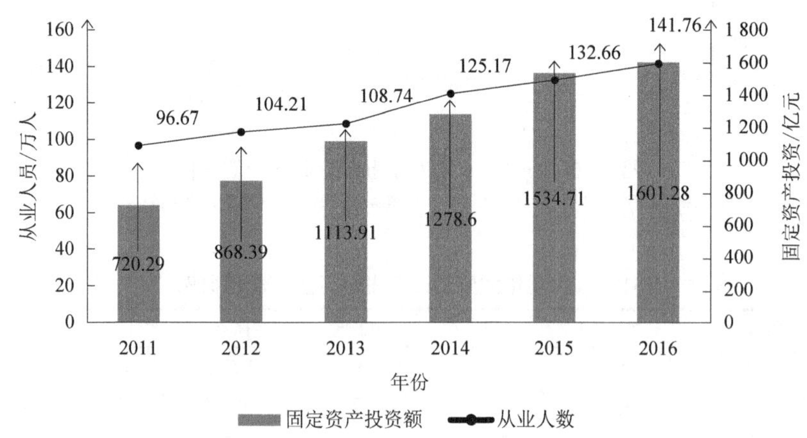

图 2　2011—2016 年太原市服务业固定资产投资和从业人数变化

资料来源：太原市 2011—2016 年国民经济和社会发展统计公报

服务、生态旅游等生活性服务业新业态成长加快，已成为服务业新的增长点[①]。从产值结构变化看，受2013年以来市场需求不足等因素的影响，传统服务业中交通运输仓储和邮政业、批发和零售业、住宿和餐饮业的增加值占第三产业增加值的比例逐年降低，2016年比2013年（9.44%、23.29%、6.86%）分别下降了1.19个百分点、5.07个百分点、0.43个百分点；房地产业增加值占比在2013年达到9.21%后，又下降到2016年的8.65%。金融业、其他服务业增加值占第三产业增加值的比例分别为23.67%、34.78%，比2013年分别提高2.87、4.48个百分点，占比逐年增大。其他服务业中，营业性服务业发展迅速，2016年增加值实现353.02亿元，同比增长15%，极大地拉动了服务业产值增长。从固定资产投资结构变化看，传统的交通运输仓储和邮政业、商贸业的固定资产投资额占第三产业固定投资额的比例总体呈现波动下降趋势（图3），房地产业、金融业的固定资产投资占比相对稳定，分别围绕61.4%、0.03%上下波动，房地产业成为固定资产投资占比最高的行业；其他服务业固定资产投资比例则呈现上升趋势，由2011年的23.23%提升为2016年的33.72%（图3），现代服务业尤其是服务业中的新兴服务业成为繁荣服务业的重要方面。

二、太原服务业发展的特点

随着云计算、互联网、物联网等各种新技术、新手段融入生产生活中，不

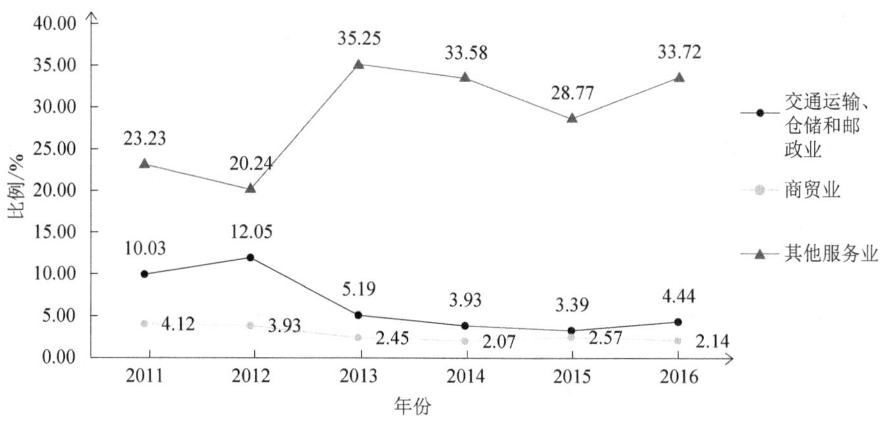

图3　2011—2016年太原市交通运输、仓储和邮政业、商贸业、其他服务业固定资产投资比例变化

资料来源：太原市2011—2016年国民经济和社会发展统计公报

① 太原市服务业发展“十三五”（2016—2020年）规划，http://www.taiyuan.gov.cn/zfwjzflgfgfxwj/351645.jhtml.

断涌现出服务业新产品、新业态、新模式，为改造提升传统服务业、发展新兴服务业提供了技术支撑。太原市立足省会优势，加快推进金融、现代物流、电子商务等现代服务业发展，大力发展总部经济、楼宇经济、研发设计等新兴业态，服务业总体运行呈现传统产业加速转型升级、比例减小，新兴服务业壮大发展，新业态发展成为服务业的新增长点。

（一）生活性服务业支撑服务业发展

1. 商贸业支撑太原服务业发展

2016 年，太原市商贸业（批发零售业和住宿餐饮业）增加值达到 455.8 亿元，约占第三产业增加值的 24.7%，其中批发和零售业占比最高（73.9%），除其他服务业外，商贸业仍是占服务业比例最高的产业，吸收从业人数占服务业总人数 40% 以上，依然是生活性服务业发展的主体，是促进太原服务业稳定发展的主力军。2013 年受市场需求不足的影响，商贸业增加值较上年有所降低，但在积极调整后，虽然占服务业的比例由 2013 年的 30.15% 逐年下降为 2016 年的 24.65%，但其增加值在逐年提升。2016 年，全市全社会消费品零售总额达 1666.24 亿元，同比增长 8.1%，比 2011 年增长了 71.2%。其中，批发和零售业消费品零售额为 1587.4 亿元，占全社会消费品零售总额的 95.3%，限额以上批发零售业企业通过互联网实现商品零售额为 16.45 亿元，同比增长 56.3%。

2. 旅游、文化产业蓬勃发展

太原作为国家历史文化名城，有着 5000 多年文明史和 2500 多年建城史。近年来，太原市文化产业加快发展：改扩建太原美术馆，成功举办第十二届全国美术作品展览雕塑作品展，并连续四年在太化工业遗址举办国际青年金属雕塑创作营活动；完成创作和拍摄电视剧《廉吏于成龙》和《钟楼街往事》；建成西山文化创意和清徐陈醋等特色文化产业园。太原实施以晋祠为龙头的景区建设和基础建设得，积极打造“唐风晋韵、锦绣龙城”的新形象，吸引了越来越多的中外游客到太原旅游。2016 年，太原旅游总人数为 5688.12 万，比上年增长了 15.8%，是 2011 年的 2.31 倍，以年均 18.23% 的增速快速增长。客源以国内游客为主，2016 年接待国内游客 5666.17 万人次，旅游总收入为 683.98 亿元，比上年增长了 16.3%，是 2011 年的 2.47 倍，年均增长速度达 19.84%，占全省旅游总收入的 16.2%。2016 年，旅游总收入占 GDP 的比例已达 23%，已成为拉动太原经济转型发展的重要力量。

3. 健康养老服务业快速成长

太原市高度重视养老产业发展，市政府牵头制定《太原市关于加快促进社会

资本投资养老产业的实施办法》，组织成立“太原市养老产业促进会”，推进“1+9”产业发展格局，出台了10个扶持政策、配套文件，确保养老服务业健康快速发展。2016年，太原市作为中央财政支持开展居家和社区养老服务改革试点20个城市之一，获民政部和财政部资助3900万元；新建社区养老服务中心60个，城乡老年日间照料中心113个；筹建1+10市县两级公办老年福利院、6个民办养老机构、7个老年宜居住区、1058张医养结合床位，投资建设力度前所未有。太原市依托“12349”公共服务热线，利用线上线下资源，为全市63万老人提供紧急救援、健康管理、生活照料、康复护理、亲情关怀等一系列居家养老服务。健康养老服务业已经越来越成为服务业发展的新亮点。

4. 房地产业助力服务业发展

太原房地产业高速发展，在城市经济中已经占据重要地位。从2013年开始，太原房地产逐渐成为太原市服务业的支柱产业，当年房地产业增加值占服务业的比例也上升为9%左右，增加值为128.75亿元，约是2011年的2.5倍，并且产值逐年提升。到2016年，房地产增加值为159.99亿元，同比增长10.1%，增速大于服务业增速。“十二五”以来，太原房地产开发投资大幅增长，由2011年的310.55亿元增加到2016年的681.9亿元，增长了119.58%，高于全国66%的增速，在中部六省及周边省会城市中，增速居第三位，仅次于郑州（200.01%）和西安（146.15%）。房地产开发投资中，住宅投资由2011年的245.8亿元增加到2016年的495.54亿元，增长了101.6%；办公楼投资由2011年的6.47亿元增加到2016年的45.99亿元，增长了610.8%，比上年减少18.0%；商业用房投资由2011年的22.4亿元增加到2016年的52.05亿元，增长了132.37%。办公楼投资增速远远大于住宅和商业用房增速。2016年，太原房地产开发投资较2015年增长12.9%，高于全国平均水平6.9%，高于中部地区平均水平10.7%，并继续保持高速增长的态势（张晨强，2017）。投资增加使得太原房地产市场供给稳步增长。

（二）生产性服务业加速发展

1. 金融业引领作用不断增强

2016年，太原金融业增加值为437.73亿元，同比增速为12.8%，高出服务业增速5.1个百分点，占服务业增加值的23.67%，地区生产总值的14.8%。2011年以来，太原市金融业对经济增长的贡献持续增大，2016年其对服务业增长贡献率达到37.4%，高于服务业其他行业，带动服务业繁荣发展。2016年金融市场稳健运行，金融机构本外币存款余额11497.49亿元，同比增长6.2%，占全省存款总额的37.2%；金融机构本外币贷款余额10103.36亿元，同比增长12%，占全省贷款余额的49.6%；年末上市公司达到19家，“新三板”挂牌企业发展到37家，占全省2/3。

2．交通运输、仓储和邮政业掀起发展新浪潮

2016年，交通运输仓储和邮政业增加值为152.57亿元，同比增长10%，快于服务业增速2.3个百分点，比2013年增加近20亿元，吸纳从业人员占服务业从业人数的10%，虽然2014年产值（127.01亿元）较2013年有所降低，但2015年开始又恢复增长。其中，2011年以来，客运中铁路客运占比呈现波动上升，2016年，铁路客运量2641.40万人次，同比增长1.7%，公路客运则在2014年时大幅减少，比2013年减少50%左右，到2016年仅为876万，下降19.3%；铁路货运量呈现波动下降态势，2016年比2015年下降22.9%，为3403.64万吨，比2011年下降1311.32万吨；公路货运量则以年均增长11.26%的速度增长，2016年为15043.00万吨，同比增长5.3%；航空客运量与航空货运量逐年递增；繁荣的互联网商品零售带动了邮政快递业跨越式发展，2016年邮电业务总量154.60亿元，同比增长44.2%，快递包裹5004万件，比上年增加2373万件。

现代物流产业发展是以信息技术为依托、基础设施为支撑的。太原形成了中国煤炭交易中心、太原武宿综合保税区、美特好物流配送中心等大型物流中心。2016年太原市铁路与省内外企业共同打造的全国性物流中心，即太原枢纽（北六堡）物流中心（中鼎物流园）。2016年，太原润恒现代农副产品冷链物流交易中心、山西恒田科贸有限公司低聚木糖综合开发现代物流工程争取到农业发展银行贷款1.35亿元，规模和增速位居全省前列。

3．科技服务业服务功能显现

太原工业、农业的转型发展离不开产前、产中、产后的技术支撑。2016年，太原市拥有国家认定的企业技术中心11家，省级企业技术中心90家；累计建成13个国家级重点实验室（国家级工程实验室、国家级工程研究中心）；拥有8个国家级科技企业孵化器和35个“院士工作站”。随着科研院所和企业开展创新成果对接和技术合作，科技在产业发展中的作用逐步显现。

三、结论

太原作为资源型地区中心城市，近年来，工业经济发展受资源价格大幅下跌，市场总体萎靡不振的影响，工业增速大幅度下滑，受此影响，服务业在地区生产总值中的比例大幅上升，服务业的稳定增长就成为新亮点。但是，太原服务业的发展也反映了当前我国服务业发展的一般规律，即随着经济的发展，服务业

增速快于其他产业，在国民经济中占比逐年增加；服务业中传统行业增速整体趋缓，部分传统行业甚至萎缩；现代服务业尤其新业态的新兴服务业总体上呈快速发展态势，日益成为服务业的新支柱；传统服务业只有借助互联网的新技术、新业态、新理念才有可能转型发展，稳定发展；服务业的新业态对于其他产业的带动作用明显，要推动城市经济的发展，必须将服务业尤其是生产性服务业的发展放到更加重要的位置。

参考文献

霍永刚，张桂香，文培红. 2010. 太原市现代服务业发展探析. 中共太原市委党校学报，(5)：9-14，33.

张晨强. 2010. 太原生产性服务业发展研究. 科技创新与生产力，(4)：33-37.

张晨强. 2012. 创新思路加快现代服务业发展. 太原日报，2012-08-10，第 10 版.

张晨强. 2017. 太原房地产市场发展调查和研究. 中共太原市委党校学报，(3)：19-27

张伟豪. 2010. 太原市服务业发展与中部省会城市的比较研究. 太原城市职业技术学院学报，(6)：5-7.

基于节能减碳视角的北京市服务业发展研究

刘觅颖　王继龙　杨　冰

北京节能环保中心

经济、能源、环境三者之间相互依赖、相互制约。经济高速发展带来能源消耗的快速增长，而能耗的增长也加大了对环境的压力。自 1994 年，北京市服务业得到了迅猛发展，1994 年，占地区生产总值比例首次超过第二产业，达到 49.1%，到 2016 年，占地区生产总值比例已经超过 80%，成为支撑首都经济发展的主导产业。在服务业总量规模不断扩大的同时，产业能耗也逐年攀升，占全市能源消费量比例已接近 50% 并继续呈现增长态势。另外，随着资源环境约束的日益加剧，绿色发展理念将作为“指挥棒”，贯穿于经济社会发展的全过程和各领域。按照国务院《“十三五”节能减排综合工作方案》，“十三五”期间我国将在各地区实施严格的能耗总量和强度“双控”管理，节约能源的要求更为严格。北京市也做出了“二氧化碳排放总量在 2020 年达到峰值并尽早达峰”的承诺，这对北京市大力推进能源消费革命，提高能源利用效率，降低能源活动碳排放提出了更高的要求。针对北京市服务业发展现状及特征，研究服务业发展对其能耗变化及碳排放的关系，提出未来北京市服务业发展及转型升级方向，具有十分重要的现实意义。

1．北京市服务业发展现状及特征

服务业是北京市经济增长的主要贡献产业，近年来，在服务业稳定运行的同时，产业内部结构不断优化，新兴产业快速发展。与此同时，相较于第一、第二产业，服务业单位增加值能耗较低，也是北京市实现能耗总量和强度“双控”目标的关键部门。

（1）服务业总量规模稳步扩大，创新驱动成为发展动力

近年来，北京服务业总体保持平稳健康发展态势，占全市经济的比例逐年提高，主导地位进一步巩固。纵观改革开放以来北京市服务业规模变动情况，总体上实现了三次飞跃：第一次飞跃是在1995年，服务业增加值比例首次超过50%，“服务经济”特征初步呈现；第二次飞跃是在2003年，北京市服务业比例超过中国其他城市，成为全国最大的服务业中心；第三次飞跃是在2008年，北京市服务业比例超过75%，达到了发达国家和地区水平。2016年，全市服务业实现增加值19995.3亿元，占地区生产总值的比例突破80%，达到80.3%，对全市经济增长的贡献率达到84.4%。按可比价格计算，“十五”“十一五”“十二五”期间服务业增加值年均增长分别为12.8%、12.3%和8%，分别高于地区生产总值年均增速0.7、0.9和0.5个百分点（图1）。

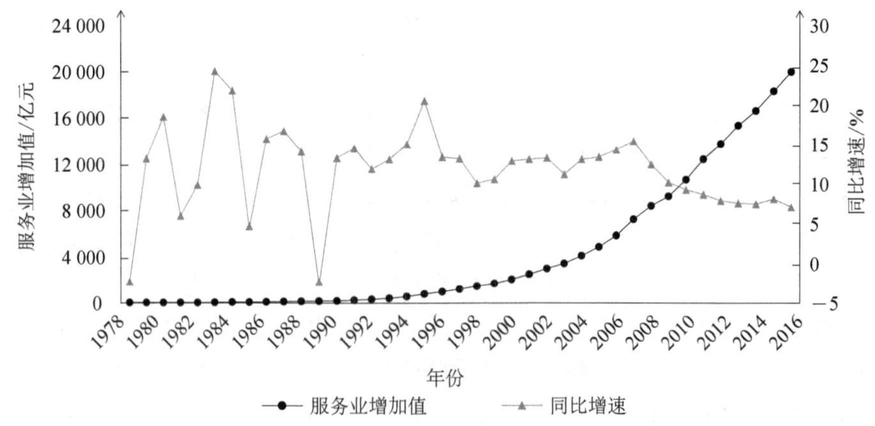

图1　1978—2016年北京市服务业增加值及增长率

资料来源：北京市统计局《北京统计年鉴》各年的数据。未特殊标注的同此资料来源

随着首都经济结构不断优化调整，增长动力由要素驱动、投资驱动向创新

驱动、消费驱动转换，特别是立足于全国文化中心和科技创新中心的城市战略定位，北京市的现代服务业和文化创意产业实现了快速增长，成为新时期首都服务业转型升级的两条主线。数据显示，北京市现代服务业[①]和文化创意产业占地区生产总值的比例由2005年的46%和9.7%，分别提高到2016年的59.2%和14.3%，分别提高了13.2和4.6个百分点（表1）。

（2）内部结构持续优化，高端化趋势更加凸显

现代服务业比例持续提升，特别是以金融服务、信息服务、科技服务为代表的知识和技术密集型行业增势强劲，在服务业中的占比明显提高，“十二五”期间三个行业年均增速分别为12.4%、12%和10.8%，均明显高于服务业平均水平。2016年，金融服务、信息服务、科技服务行业分别实现增加值4266.8亿元、2697.9亿元和2077.9亿元，占服务业增加值的比例分别为21.3%、13.5%和10.4%，比2005年分别提高4.0、1.4和3.2个百分点，在全市“高精尖”经济结构构建中发挥了重要作用。而批发零售业、交通运输业、住宿餐饮业等传统行业比例则有所下降，2016年分别占服务业增加值的11.8%、5.3%和2.1%，比2005年分别下降2.7、3和1.7个百分点（表2）。

表1　2010—2016年北京市三次产业结构变化　（单位：%）

年份	第一产业	第二产业	第三产业
2010	0.9	23.6	75.5
2011	0.8	22.6	76.6
2012	0.8	22.2	77.0
2013	0.8	21.7	77.5
2014	0.7	21.4	77.9
2015	0.6	19.7	79.7
2016	0.5	19.2	80.3

表2　2000—2016年北京市服务业主要行业增加值及增速变化

时间	单位	第三产业增加值总计	其中					
			信息传输、计算机服务和软件业	金融业	科学研究、技术服务与地质勘查业	交通运输、仓储和邮政业	批发与零售业	住宿和餐饮业
2000年	亿元	2 049.1	164.4	425.2	123.0	220.6	372.5	81.2
2005年	亿元	4 854.3	586.6	840.2	347.4	403.3	704.3	182.3

① 根据《北京市统计局 国家统计局北京调查总队关于执行新的现代制造业等新兴产业统计分类的通知》（京统发〔2012〕43号），现代服务业涵盖信息传输、软件和信息技术服务业，金融业，房地产业，租赁和商务服务业，科学研究和技术服务业，水利、环境和公共设施管理业，教育，卫生和社会工作，文化、体育和娱乐业，公共管理、社会保障和社会组织，一共10个门类。

续表

时间	单位	第三产业增加值总计	其中					
			信息传输、计算机服务和软件业	金融业	科学研究、技术服务与地质勘查业	交通运输、仓储和邮政业	批发与零售业	住宿和餐饮业
2010年	亿元	10 600.8	1 214.1	1 863.6	941.1	712.0	1 888.5	317.3
2015年	亿元	18 331.7	2 383.9	3 926.3	1 820.6	983.9	2 352.3	397.6
2016年	亿元	19 995.3	2 697.9	4 266.8	2 077.9	1 060.7	2 352.9	411.8
“十五”期间年均增速	%	12.8	17.9	11.2	15.8	5.30	12.4	11.1
“十一五”期间年均增速	%	12.3	12.4	11.0	19.0	6.80	19.0	6.3
“十二五”期间年均增速	%	8.0	12.0	12.4	10.8	6.20	4.6	-0.4

（3）服务业能源消费量增速放缓，能源利用效率逐年提高

在“服务型”经济背景下，北京市服务业能源消费量保持持续增长态势，2008 年本市服务业能耗首次超过第二产业，成为最大耗能部门。从图 2、图 3 可以看到，一方面，北京市服务业能耗比例及年均增速一直低于其产业增加值比例及增加值增速，产业能源利用效率显著高于全市平均水平。另一方面，随着北京市服务业高端化特征日趋明显，金融、信息、科技等现代服务业快速发展，服务业能耗量增速逐步放缓。“十二五”期间，北京市服务业能耗年均增长 4.5%，比“十一五”和“十五”期间分别下降 4.1 个百分点和 7.7 个百分点。

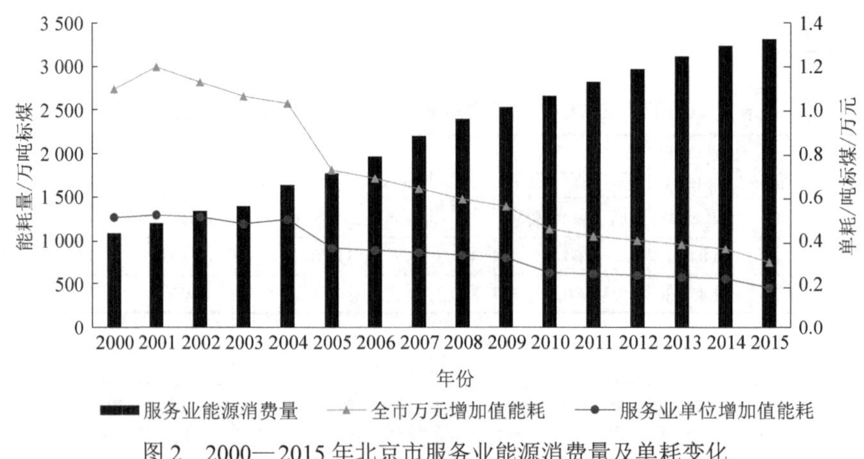

图 2　2000—2015 年北京市服务业能源消费量及单耗变化

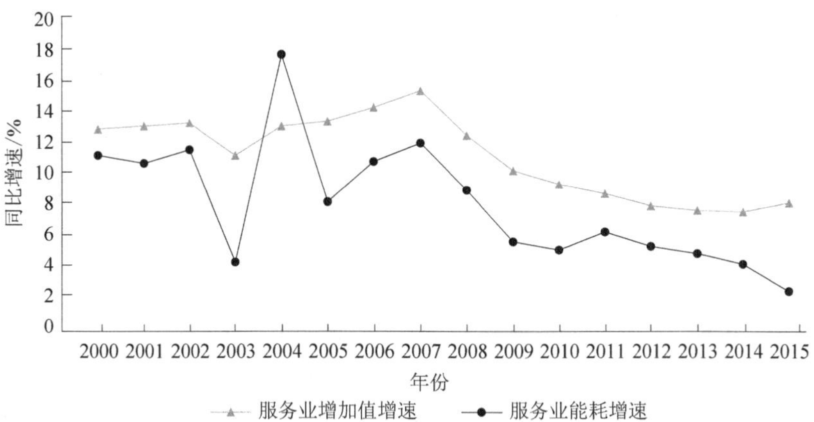

图 3　2000—2015 年北京市服务业增加值及能耗增速变化

（4）服务业碳排放逐年增加，占全市排放总量的 2/5 左右

随着服务业能源消费量的增长，其碳排放量也逐年攀升，占全市能源活动碳排放总量的比例由 2005 年的 26% 提高至 2015 年的 42%。其中，交通运输业增加值占全市 GDP 的比例不足 5%，但其碳排放占全市碳排放总量的 17% 以上（图 4）。

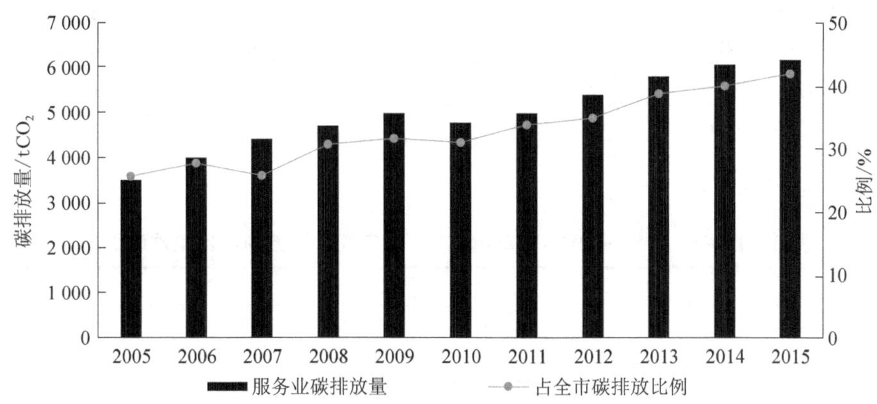

图 4　2005—2015 年北京市服务业能源活动碳排放量及比例

资料来源：根据《北京市能源平衡表》《行业温室气体排放核算方法报告指南》数据计算而得

2. 北京市服务业发展与节能减碳相关性分析

能源消费量及其碳排放量的大小与经济增长方式、产业结构调整、技术创新和进步，以及管理制度的变迁等因素密切相关。本文以“十二五”期间（2011—2015 年）数据为例，重点研究产业结构变化、产业能效变化与能源消费量及能

源活动碳排放量之间的关系。

（1）服务业发展与能源消费量相关性实证研究

计算结构节能的方法包括迪维西亚参数法、迪维西亚分解法、能源强度法等，结合各种方法的优缺点，本研究采用改进型结构分析法来研究产业结构变化对北京市能源消费的影响，基本思路是把一个目标变化分解成若干个组成要素的变化，辨别各要素的影响程度，并将各影响因素对目标变量的影响区分开来。如公式 1 所示。

$$\Delta e=\sum_{i=1}^{n}(e_{it}-e_{io})[\tfrac{1}{2}(s_{it}+s_{io})]+\sum_{i=1}^{n}[\tfrac{1}{2}(e_{it}+e_{io})](s_{it}-s_{io}) \tag{1}$$

式中，e_i 为分产业单位 GDP 能耗；s_i 为各产业增加值比例。

公式（1）中，等式右边第 1 项为部门能源强度变化导致的总能源强度变化；第 2 项为部门结构变化引起的总能源强度变化。由此计算得 2011—2015 年北京市单位 GDP 能耗变化的结构贡献率及效率贡献率（表 3）。

从表 3 可知，2011—2015 年，结构及效率贡献率均为正数，表明两者均对北京市单位 GDP 能耗下降产生积极影响，但能源利用效率提升的贡献率要明显高于产业结构调整带来的贡献率。在结构贡献中，北京市第一产业比例近年来基本保持稳定，可以看到第三产业比例的提高是促进全市单位 GDP 能耗下降的主要力量。

从服务业内部看，低能耗、高附加值的现代服务业比例逐年提高对降低服务业能源消费量产生积极影响。表 4 显示，金融、信息、科学研究等现代服务业单位增加值能耗远远低于交通运输、住宿餐饮等传统服务业，其行业规模的不断扩大对服务业单位增加值能耗下降的贡献率接近 70%。若仅考虑服务业结构调整因素，“十二五”期间，北京市现代服务业占第三产业比例提高 1 个百分点，可节约 75 万吨标准煤。

表 3　北京市 2011—2015 年单位 GDP 能耗变化的结构贡献和效率贡献

年份	2011	2012	2013	2014	2015
结构贡献/%	14.2	6.5	10.4	6.9	20.3
效率贡献/%	85.8	93.5	89.6	93.1	79.7

表 4　“十二五”期间北京市服务业主要行业单位增加值能耗变化

序号	行业	2015年行业单耗（现价）/（tce/万元）	“十二五”单耗累计下降率/%
1	金融业	0.02	−26.8
2	信息传输、计算机服务和软件业	0.07	−21.9
3	批发与零售业	0.08	−17.3
4	科学研究、技术服务与地质勘查业	0.09	−28.0
5	租赁和商务服务业	0.11	−42.2

续表

序号	行业	2015年行业单耗（现价）/（tce/万元）	"十二五"单耗累计下降率/%
6	文化、体育与娱乐业	0.14	-32.9
7	卫生、社会保障和社会福利业	0.15	-44.6
8	公共管理与社会组织	0.16	-36.2
9	居民服务和其他服务业	0.21	-38.3
10	教育	0.24	-38.7
11	房地产业	0.26	-32.3
12	水利、环境和公共设施管理业	0.33	-37.3
13	住宿和餐饮业	0.75	-0.3
14	交通运输、仓储和邮政业	1.27	-18.2

（2）服务业发展与碳排放相关性实证研究

碳排放与经济发展及能源活动密切相关，北京市 95% 以上的二氧化碳排放来自于能源消费和使用，而经济社会发展带来的能源消费增长使得碳排放总量持续增加。经测算，"十二五"期间北京市能源活动碳排放量年均增长 1.0%，但年均增幅呈现逐年下降趋势。特别是 2015 年全市能源活动碳排放量出现负增长，同比下降 3%，能源结构中煤炭消费量的大幅下降以及产业结构进一步转向低碳化是碳排放出现下降的主要原因。

分部门看，北京市第一产业碳排放量在"十二五"期间逐年下降，占能源活动碳排放量的比例基本稳定在 1.5% 左右。第二产业碳排放量最高，但"十二五"期间其占能源活动碳排放总量的比例一直呈现下降趋势，由 2010 年的 47.6% 下降至 2015 年的 37% 左右。服务业和居民生活碳排放量逐年上升，"十二五"期间年均增速分别为 5.3% 和 4.2%，占碳排放总量的比例由 2010 年的 34.2% 和 16.7% 上升至 2012 年的 42.0% 和 19.4%（图 5）。

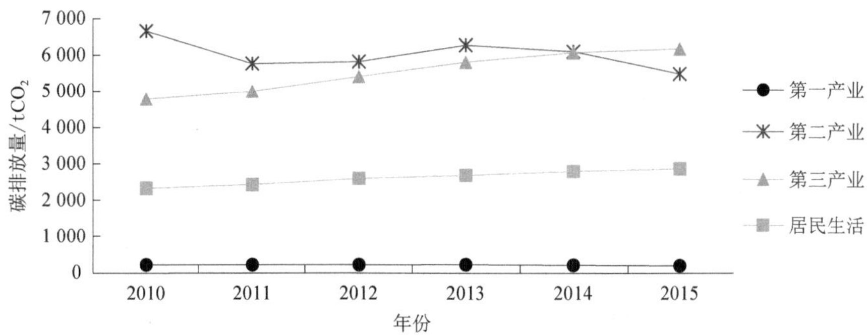

图 5　2010—2015 年北京市分部门能源活动二氧化碳排放量

（3）产业结构与碳排放相关性分析

碳排放与经济发展之间的相关性通常用碳生产力这一指标进行衡量。碳生产力指的是单位二氧化碳排放所产出的GDP，碳生产力的提高意味着排放更少的 CO_2 产生出更多的社会财富。数据计算显示，2011—2015 年，北京市服务业碳生产力最高，单位二氧化碳排放所产出的 GDP 平均值为 2.42 万元，是全市平均水平的两倍左右（表 5）。初步测算，不考虑能源消费量及品种结构变化影响，2015 年服务业增加值比例的提高减少了全市碳排放量约 140 万吨。

表 5　2011—2015 年北京市分部门碳生产力变化　（单位：万元 /tCO_2）

年份	北京市	第一产业	第二产业	第三产业
2011	1.14	0.56	0.60	2.34
2012	1.17	0.60	0.63	2.34
2013	1.18	0.64	0.61	2.36
2014	1.25	0.63	0.67	2.43
2015	1.38	0.62	0.73	2.62

从服务业内部看，现代服务业碳生产力均处于较高水平，其中，金融业、信息服务业及批发零售业的碳生产力最高，2015 年分别达到 33.3 万元 /tCO_2、7.3 万元 /tCO_2 和 6.4 万元 /tCO_2。而传统服务业中，交通运输邮政业、住宿餐饮业碳生产力分别仅为 0.4 万元 /tCO_2 和 0.8 万元 /tCO_2（表 6）。

表 6　2015 年北京市服务业主要行业碳生产力水平（单位：万元 / tCO_2）

序号	行业	碳生产力
1	金融业	33.29
2	信息传输、软件和信息技术服务业	7.22
3	批发和零售业	6.37
4	科学研究和技术服务业	6.09
5	租赁和商务服务业	4.95
6	文化、体育和娱乐业	4.24
7	卫生和社会工作	4.18
8	公共管理、社会保障和社会组织	4.07
9	教育	2.85
10	居民服务、修理和其他服务业	2.28
11	房地产业	2.10
12	水利、环境和公共设施管理业	1.46
13	住宿和餐饮业	0.73
14	交通运输、仓储和邮政业	0.39

（4）能源消费与碳排放相关性分析

能源消费量与能源结构变化对碳排放的影响可以用综合碳排放系数来表示，该系数指平均消耗1吨标准煤化石燃料所产生的二氧化碳排放量。从表7可以看到，受不同部门间能源消费品种结构差异影响，2011—2015年，北京市服务业单位能源消费量综合碳排放系数最低，平均值约为1.8tCO_2/tce，而第二产业单位能源消费量综合碳排放系数最高，平均值接近2.9tCO_2/tce。不考虑经济增长因素，仅从能源消费活动自身看，2015年分部门能源消费结构的变化对全市碳减排的贡献率约为15%，而单位能源消费量综合碳排放系数的降低对全市碳减排的贡献率达到85%（表8）。

表7　2011—2015年北京市分部门能源活动综合碳排放系数（单位：tCO_2/tce）

年份	第一产业	第二产业	第三产业	居民生活
2011	2.23	2.67	1.77	1.84
2012	2.22	2.79	1.82	1.83
2013	2.28	3.02	1.87	1.86
2014	2.31	3.05	1.88	1.86
2015	2.34	2.88	1.86	1.84

表8　2015年北京市服务业主要行业能源活动综合碳排放系数（单位：tCO_2/tce）

序号	行业	能源消费量综合碳排放系数
1	居民服务、修理和其他服务业	2.06
2	水利、环境和公共设施管理业	2.05
3	交通运输、仓储和邮政业	2.01
4	信息传输、软件和信息技术服务业	2.00
5	批发和零售业	1.86
6	租赁和商务服务业	1.82
7	住宿和餐饮业	1.82
8	房地产业	1.81
9	金融业	1.77
10	科学研究和技术服务业	1.75
11	文化、体育和娱乐业	1.73
12	卫生和社会工作	1.64
13	公共管理、社会保障和社会组织	1.57
14	教育	1.48

3. 结论和建议

1）2011—2015 年，北京市服务型经济特征进一步稳固，产业内部结构不断优化，金融、信息、科技等新现代服务业得到快速发展。在总量规模稳步扩大的同时，服务业能耗强度逐年下降，能源利用效率显著高于全市平均水平。

2）2011—2015 年，产业结构调整对北京市单位 GDP 能耗下降的平均贡献率为 11.7%，服务业比例提升是主要推动力量。从服务业内部看，信息、金融等现代服务业的快速发展对行业减少行业能源消费量产生积极贡献，经测算，“十二五”期间，北京市现代服务业占第三产业比例提高 1 个百分点，可节约 75 万吨标煤。

3）2011—2015 年，北京市能源活动二氧化碳排放量增速逐年下降，除能源结构中煤炭消费量大幅下降的因素外，产业结构进一步转向低碳化也是本市碳排放出现下降的主要原因。经测算，北京市服务业碳生产力最高，单位二氧化碳排放所产出的 GDP 平均值为 2.42 万元，是全市平均水平的两倍左右。在服务业内部，信息、金融等现代服务业碳生产力水平、碳排放强度水平均优于传统服务业。

4）在绿色发展理念的指引下，北京市将进一步统筹经济社会发展与能源利用、应对气候变化的内在联系，以最少的资源环境消耗支撑经济社会持续健康发展。因此，在“十三五”及未来一段时间内，北京市需要着眼提质增效，加快构建“高精尖”经济结构，特别是继续优化调整三次产业内部结构，推动现代服务业向轻型化、低碳化、专业化和价值链高端延伸，提高服务业可持续发展能力。

参考文献

陈阿文，陈春华 . 2013. 中国产业碳减排驱动因素分析——基于产业结构调整 . 莆田学院学报，（68）：36-39

路正南，杨洋，王健 . 2014. 基于 Laspeyres 分解法的中国碳生产率影响因素解析 . 工业技术经济，（8）：82-90

覃梓盛，张仁寿 . 2009. 基于 L-P 指数均值分解法对单位 GDP 能耗变化的分析——以广东为例 . 经济研究导刊，（7）：129-131

孙天晴 . 2007. 基于结构分解分析法的 L-P 指数均值分解法的实证研究 . 商场现代化，（17）：22-23

吴常艳，黄贤金，揣小伟，等 . 2015. 基于 EIO-LCA 的江苏省产业结构调整与碳减排潜力分析 . 中国人口 • 资源与环境，（4）：43-51

张宏艳，江悦明，冯婷婷 . 2016. 产业结构调整对北京市碳减排目标的影响 . 中国人口 • 资源与环境，（2）：58-67

气象大数据服务对社会影响分析

魏学军
内蒙古自治区乌海市气象局

1. 气象大数据的分类

气象数据本身而言，气象大数据是指所有与气象工作相关的数据总和；从来源渠道划分，气象大数据可分为行业大数据和互联网大数据两类。其中，气象行业大数据由与气象部门各项工作相关，且产生自气象部门内部的所有数据组成，包括由气象部门建设具有国内最高专业水准的气象探测体系所产生的气象专业探测数据，其他部门自行采集、通过数据共享 / 交换等方式汇聚到气象部门，且经过气象部门严格质量控制的气象要素探测数据，由气象业务部门和业务系统产生的各类气象服务产品数据、派生数据及中间产品数据，职能部门各管理系统所产生和管理的数据，各业务和管理系统的状态数据和日志数据，等等。气象互联网大数据由互联网上与气象相关的所有数据所组成，包括：移动终端搭载的气象要素传感设备的探测数据，搜索引擎对气象相关敏感词的统计分析数据，其他所有可供气象部门业务和服务应用的互联网数据等。气象行业大数据与气象互联网大数据间存在差异，简言之，气象行业大数据属于气象业务数据，其生成的直接目标是服务于气象业务和工作，气象信息浓度高、各种技术指标亦最为符合气象业务和工作的各项要求。气象互联网大数据不是专为气象工作而生成的，它产自于其他非气象部门的行业或企业，为满足某些行业和企业自身业务目标而生成的。这些数据之所以被纳入气象互联网大数据的范围，是因为这些数据包含有与特定气象应用相关的信息内容，这些数据弥补气象行业大数据在内容和时空密度等方面的不足而从互联网上收集来的；故其气象信息的精度、数据质量等参差不齐，各项技术指标不尽相同，但是体量很大，在互联网中的共享相对自由。从内容上划分，气象行业大数据大致有气象观测原始数据、气象观测产品数据、气象业务产品数据、气象服务产品数据、业务日志数据、设备及系统状态数据、气象管理数据，等等。目前，对气象数据范畴的界定，只包含前四项，即气象观测原始数据、气象观测产品数据、气象业务产品数据和气象服务产品数据。其后的业务日志数据、设备及系统状态数据、气象管理数据等尚未正式纳入气象数据的定义范围。从性质上，气象行业大数据属于气象业务数据范畴，即每类数据都有其特定的使用目的、使用对象及数据形态，且所有数据的初始目的都是围绕满足气象部门自身运转所特有标准化的数据需求。

2．气象大数据的价值分析

气象大数据是以业务和科技工作需求为引领。当业务或工作中出现的问题没有合适的数据信息，或者虽有数据但常规处理方法无助于问题的解决时，气象大数据策略是一种可以尝试的解决途径。气象行业大数据中的各类数据，在履行其各自的直接业务目标之外，使各类数据间彼此有机融合并协同分析，发掘出新的数据价值、信息价值和知识价值，从而推动业务的发展和管理的进步，不断提高气象部门的工作水平和服务品质。通过管理信息的整合，优化管理流程，增强职能部门间的工作协同，提高管理效率。通过充分挖掘和发挥出管理信息应用的价值来提高管理工作效率，进而提高气象部门整体的工作效率，通过大幅提高工作效率来创造价值，等等。与此同时，促进气象行业大数据与气象互联网大数据之间的有效融合，有可能大幅提高气象观测的时空密度。互联网技术的有效应用，可以使气象行业大数据中专业气象探测的时空分辨率变得富有弹性，以更加有效地应对各种业务需求和社会服务需求。此外，高时空分辨率的探测卫星和遥感数据也可为气象科学家发现新的大气运动机理和客观规律提供前所未有的数据资源。就应用对象及范围而言，气象互联网大数据中气象要素数据的产生是与搭载传感仪器的拥有者密切相关的，随时对各种场所进行气象基本要素探测。此外，利用已广泛布设的非气象监测设备所采集的信息，通过分析得出所需要的气象要素，以弥补专业气象探测设备无法获得的探测信息，是一条值得深入探索的途径，GPS/MET[①] 的发掘和广泛应用就是一个典型的成功事例。可以预期，气象互联网大数据与气象行业大数据，以及其他行业大数据之间的有效融合，使气象数据社会服务领域更加宽阔、潜在的价值更加广泛。

3．气象大数据的共享与应用

气象大数据管理是共享和应用的前提，气象数据规划是整体梳理、谋划和设计，气象数据治理是具体实施执行。气象数据自产生开始，经历的采集、传输、处理、存储、操作以及质量控制和安全保障等生命周期诸多环节中的每一个环节，都处在一个统一、自洽、协同的规则之中，以使得气象数据在部门间和社会数据资源始终处于科学有效的管理之下。气象数据的治理就是治理气象数据的政策、方法、措施和具体落实。气象数据规划实质上就是气象部门的信息资源规划，是对气象部门日常运转所需要的各种信息，从采集、处理、传输到使用等生命周期各个环节的全面规划。通过有效管理气象数据，实现气象部门内外数据流的畅通以及数据资源的有效利用，进而达到工作的流畅、业务的融合和整体的协

① GPS 为 global positioning system 的缩写，译为全球定位系统。MET 为 meteorology 的缩写，译为气象学 .GPS/MET 为 GPS 气象学简称。

同，从而提高气象部门的工作效率和社会服务效益。气象数据规划可以梳理业务流程和运行程序，厘清产品信息需求、建立部门行业的信息标准和信息系统模型，并据此来继承、整合、优化、改进乃至再造服务流程及新业务系统，从而积极稳步地推进气象大数据战略，推进气象数据的社会共享和有效应用。气象行业大数据中的各类数据都是由气象部门业务或管理系统产生，以服务于气象自身业务和社会化气象服务工作为首要目标。根据属地化管理原则，规范管理数据，负责这些数据的社会化共享服务，是气象部门的职责。因此，气象大数据中心所管辖的数据包含气象行业大数据。同理，由于气象互联网大数据中的所有气象数据皆非产自气象部门，参与全球诸多领域的交流与共享，其这部分数据是否适应属地化管理原则值得深入研讨。按照业界“算法找数据”的原则，应尽可能采用诸如与数据源拥有方建立协作联盟、占有对方一定规模基础资源等方法，达到在数据源近旁完成处理工作的目的，以减少海量数据整体搬迁所造成的高昂代价，并提高共享和应用效率。将数据源整体复制到自己的属地，这方面的工作需要慎重筹划，以免付出数据搬迁和数据更新成本的代价。与此，为社会气象数据资源在设计和实际操作过程中预留一定规模的基础资源预储空间，为在极端情况下互联网大数据的载入和处理预留一定的管理空间和能力拓展留有余地是必要的。

4. 构建气象大数据云中心

气象大数据共享的形态和分布应当是气象云中心构架。在资源充沛且数据处于规范管理的前提下，数据的集约化程度越高，应用的效果越理想。构建一个气象数据汇聚、规范化管理且资源处理模块丰富、充沛的大数据中心。目前，先进的云计算中心是大数据处理、整合、分析、应用、运营、服务理想物理形态，气象大数据中心应以云计算中心为基础平台，集成气象区域无缝隙观测、长序列精准预报、高端均等化服务为一体互联互通全球共享的气象大数据中心。积极鼓励气象行业数据社会化增长规模的扩大。完善气象数据资产的价值评估体系，不断对互联网上各种气象数据资源以及气象数据服务市场的动态整合。针对多元化用户提出气象数据资源需求策略，及时通过互联网提供气象数据资源的各类咨询服务，并能推荐合适的气象数据资源参考，以及相关资源的连接情况。针对应用对象或目标提供气象数据源拓展性创新方案，制定出相应的气象数据分析模型。从气象行业社会管理层面提供必要指导并完成对行业外互联网中气象数据的搜集、分析、整合到集成性规范应用。气象大数据云中心的建立可以提高气象大数据在各项气象现代化建设中理论研究、科技研发、管理优化、服务智能的整体效能。气象大数据中心结合地理空间数据，或被纳入进国家地理空间数据的一部分，至少气象大数据是此框架不可缺的一部分，其中基础天气气候动力模型和现代先进的气象数值模式及广泛地域多方位气象空间数据源，形成了国家地空间三维立体时间动态数据体。气象大数据云中心作为国家地理信息子模块，拥有气象多数据源无缝隙查询、数值模型动态分析、可视化现代媒体展示、集成准确的气象服务产品、多角度科学的气象防灾减灾预案、集满足社会多领域服务气象数据潜在价值挖掘的智慧平台。

5. 结语

"互联网 +"时代的气象大数据建设，在顶层设计上，呈现出以核心向外的原子能量级式的统筹布局；在业务架构上，以数据为核心运营来促进各应用系统融合；在建设方式上，充分激活部门内外以及社会力量的参与。气象大数据以应用为先导，以改善各项工作为主导，以技术、业务、服务和管理创新为引导，稳步推进气象大数据信息化战略；从长远规划，以新应用理念来引领技术应用，在积极探索创新社会各领域应用的同时，应冷静分析气象大数据的特点和可能的社会适用范围，明确效能边界。开展气象大数据工作不等于在各地盲目开展数据中心重复性建设。此外，基层开展气象大数据工作，力求基础工作先行、专业团队建设先行和应用试点研究先行。通过对气象大数据不断深入的共享与应用，持续改善气象服务全社会的生产质量、产品质量和生活质量的水平。

参考文献

崔巍 . 2016. 大数据在气象服务中的应用与分析 . 低碳世界，(26)：121-122.
冯登国，张敏，李昊 . 2014. 大数据安全与隐私保护 . 计算机学报，37（1）：246-258.
李社宏 . 2014. 大数据时代气象数据分析应用的新趋势 . 陕西气象，(2)：41-44.
王珊，王会举，覃雄派等 . 2011. 架构大数据：挑战、现状与展望 . 计算机学报，34（10）：1741-1752.
温建伟 . 2016. 大数据分析在气象部门中的应用探索 . 信息化建设，(2)：46.